AF281246

Colección
"Un deporte, una ilusión"

Martínez, Isidoro

La historia del baloncesto en León / Isidoro Martínez, David Rubio,
Roberto Fernández. – [León] : Universidad de León, Área de Publicaciones,
[2024]
409 p. : il., fot. bl. y n. y col. ; 24 cm. -- (Un deporte, una ilusión)
ISBN 978-84-19682-44-4
1.   Baloncesto-Historia. I. Rubio, David (1977-). II. Fernández, Roberto
(Fernández González). III. Universidad de León. Área de Publicaciones. IV.
Título. V. Serie

796.323(460.181)(091)

Edita: UNIVERSIDAD DE LEÓN. Área de Publicaciones
Diseño: JUAN LUIS HERNANSANZ RUBIO
Maquetación: ROBERTO FERNÁNDEZ Y JUAN LUIS HERNANSANZ RUBIO

Ilustración de portada: ADOLFO ÁLVAREZ BARTHE

ISBN: 978-84-19682-44-4
Depósito legal: LE-48-2024

Imprime: CELARAYN comunicación gráfica
Impreso en España / *Printed in Spain*
Febrero, 2024

La historia del baloncesto
en León

Isidoro Martínez
David Rubio
Roberto Fernández

AGRADECIMIENTOS

Son muchos los componentes de la familia del baloncesto en León que han prestado sus testimonios, sus recuerdos, sus impresiones o sus fotografías para poder realizar este libro, o bien los que han ayudado a contactar con todos ellos. Sin ellos no hubiera sido posible realizar este proyecto, porque también son parte de su historia. A riesgo de que se olviden algunos nombres importantes, pero con la intención de reconocerles su aportación, los autores quieren agradecer la ayuda que les han prestado, entre otros a **Emilio López Castellanos**, José Cruz Vega, **Maximino Cañón**, Pepa Rodríguez, **Ricardo Rubio**, Alejandro García 'Jandri', **Enrique Gil Alonso**, César Fernández ('meprestaelbierzo.com'), **Vicente Bultó**, Roberto Herreras, **Ángel Sevilla**, Carlos Colinas, **Suso Pascual**, Bea Pacheco, **Archivo Histórico Provincial**, José Manuel Vázquez, **Ignacio Corral**, José Luis Prada, **María Victoria López 'Vicky'**, Miguel Ángel Estrada, **Quintanilla**, Toni Iglesias, **Rycardo de Paz**, Luis Alberto Fernández, **Ángel Martínez**, Piluca Alonso, **Ramón Fernández**, Gustavo Aranzana, **Manuel Aller**, Joaquín Rodríguez, **Josecho Pardo**, Norberto de la Mata, **Marisa Barrientos**, Benigno Paramio, **Pepe Estrada**, Manolo Armendáriz, **Laure**, Biblioteca Leonesa Diputación-ILC, **Rafa González**, Alfonso González, **Nacho Coque**, Ignacio Prieto, **Alejandro Vaquera**, Familia de Albino de la Varga.

Capítulo 5 - Más baloncesto

Prólogo

Quizás por la influencia de países como Estado Unidos, el baloncesto es el deporte colectivo más arraigado al ámbito universitario en todo el mundo; aquí en nuestra Universidad es sin duda el de mayor pedigrí, el más laureado de los de sala tanto en categoría masculina como en femenina.

No fue fácil que enganchara en León. Incluso los primeros intentos, promovidos por el ejército para que llegara a nuestra tierra fracasaron, y aunque se hablaba de un deporte curioso que llamaba la atención por su movilidad, todavía a principios de los 40 se comenzaban a explicar las normas para tratar de familiarizar a los leoneses con esta modalidad deportiva. Precisamente el primer partido del que hay registro fue entre dos de las organizaciones dependientes del régimen instaurado en España a finales de los 30: el equipo del Sindicato Español Universitario (SEU) y la Academia de Aviación. Como en el resto de deportes, el gran problema en León eran las canchas, concretamente el baloncesto en León se comenzó a practicar en la Corredera, pero si jugaba el fútbol no podían. Algo parecido les pasó en Cacabelos en el 66: se jugaba en la plaza Calvo Sotelo pero al romperse las canastas no tenían donde hacerlo. También los centros educativos, colegios e institutos, lo practicaban en campos tan embarrados que no podían botar y el balón se les escapaba de las manos. A partir de los 80 se dio el empuje definitivo y en León se escribirían grandes éxitos tanto en ámbito masculino como femenino que se trata de relatar lo más fielmente posible en el libro.

Curiosamente el origen del baloncesto femenino fue más rápido que el del resto de deportes. Considerado apto para las mujeres desde el principio, no faltaban en los periódicos de la época comentarios que aparecen reflejados en el documento y que sin duda sorprenderán a los lectores.

Se describen las mejores páginas de nuestro baloncesto, fruto de una amistad personal de Pepe Estrada con Marcelino Elosúa, y lo que fueron trece años de historia con el apellido más conocido en el baloncesto leonés. También se escriben hechos más tristes, como el maleficio de nuestro equipo en las islas. Otros grandes equipos como el JT de Ponferrada, equipo en el que apareció nuestro querido Urbano que dejaba el Elosúa; o el Bembibre, San José, Agustinos Eras, y el BFL entre muchos otros tienen también su protagonismo.

Además de algunos trofeos que se organizaban en León como el de San Juan y San Pedro, el Ciudad de León, u otros como el del Colegio Leonés, Trinitarias, o los que organizaban clubes bercianos como Santa Marta y el Trofeo de Reyes del Instituto Álvarez de Mendaña; se van destacando historias de personas que fueron relevantes. Jugadores como Salvadores que fue el primer internacional leonés, Sevilla, Emiliano, Manuel Aller "Pataslargas", Armendáriz, Beirán, Hollis, Javi Fernández, Óscar Yebra, Mario García que ha sido el techo leonés, Roberto Herreras como jugador y técnico; y mujeres como Piluca, Mónica Pulgar (la 'repe'), Ángela Salvadores o Alicia Flórez que también han sido referentes o están comenzando a destacar. Técnicos como Chiqui Barros, Pepe Estrada, Paramio, Toño Garrido, Mario Pesquera, Miguel Ángel Estrada, Carlos Colinas, Tito Sobrín, Aranzana y Toni o el siempre recordado Hansi en la Universidad. Árbitros como Cruz Vega (árbitro y Delegado Comarcal), Enrique Gil, Felipe Llamazares o Vicente Bultó. Gestores como Pepa en el Bierzo, una adelantada a la lucha por la igualdad de oportunidades, Manso, Antonio Vecino en el JT, Josecho Pardo, Ramón Fernández o Joaquín Rodríguez son también destacados. No nos hemos olvidado de apuntar algunas ayudas privadas que facilitaron el crecimiento de distintos clubes: desde la discoteca Nelson, Santa Claus, Fiat, Congelados Elmar, Climalia, Páginas Amarillas, Código 100, Embutidos Pajariel o sociedades como Casa Galicia.

Dedicamos uno de los capítulos a equipos que sin llegar al máximo nivel, fueron también parte importante de esta historia, como el FORECU (Formación Recreativa y Cultural), el GAB (Grupo de Amigos del Baloncesto), el Básket Bierzo, Santa Claus y Nelson, Casa Galicia, JT Ponferrada, Agustinos Eras, Fundación Baloncesto León como heredero de lo que fue Elosúa, o el Ciudad de Ponferrada con quien la universidad firmó un acuerdo de colaboración.

Y no podíamos olvidar, siendo este un proyecto promovido por el Servicio de Deportes de la Universidad de León, los éxitos y el prestigio que siempre ha tenido nuestra institución en las ligas y Campeonatos de España universitarios de baloncesto, éxitos que siguen cosechando en la actualidad sobre todo en el área femenina.

'La historia del Baloncesto en León' es el tercer volumen de la colección 'Un deporte: una ilusión', un libro que ha llevado mucho tiempo, y cuyo objetivo no es otro que ofrecer a todos los leoneses un relato histórico que deje constancia escrita de este deporte del que tanto han disfrutado los aficionados.

Es de justicia agradecer a los coautores del libro su trabajo: a Roberto Fernández por tantas horas dedicadas a la recopilación de datos y por entrevistarse con multitud de protagonistas, y a David Rubio por el toque de calidad en la redacción.

Finalmente, procede adelantar las disculpas por si se detectan omisiones, que habrán sido involuntarias. Prevalece el deseo de que el libro resulte agradable al aficionado al baloncesto y al curioso.

Salud para todos.

Isidoro Martínez Martín

Vicerrector de Responsabilidad Social, Cultura y Deportes

Capítulo 1
El baloncesto se pone en marcha

UN BALÓN Y UN CESTO

Un balón y un cesto (o canasta), como su propio nombre indica, fue el comienzo de este deporte que a finales del siglo XIX se inventaba y no despuntaba hasta mediados del XX, cuando las actividades deportivas empezaban a incrementar su auge en detrimento de las guerras que habían sido la principal actividad de los jóvenes durante demasiados años de la primera parte de ese siglo.

Se inventó en Estados Unidos en el año 1891. Más concretamente en la localidad de Springfield, Massachusetts. Pero no fue un estadounidense el 'padre' de la idea. Fue un canadiense, James Naismith. Este profesor de educación física en la YMCA de aquella localidad buscaba algún deporte que se pudiera practicar bajo techo ante la dificultad de practicar los habituales de entonces durante los meses de duro invierno que se sufrían en la zona (en otras versiones fue un encargo que le realizaron con ese objetivo). Pero Naismith quería que fuera un juego de pelota diferente de las habituales prácticas físicas que se desarrollaban entonces, conocidas como el estilo alemán en los que predominaban la fuerza y el contacto físico, menos adecuados para un gimnasio.

Los mayas y los aztecas en sus juegos de pelota ya tenían antecedentes similares a la idea que entonces tuvo este canadiense, aunque también se les puede considerar la base del balonmano simplemente por tener que lanzar una pelota. Sin embargo Naismith desconocía esos juegos de pelota cuando pensó en el nuevo deporte, pero sí recordaba un juego de su infancia que consistía en alcanzar un objeto sobre una roca lanzando una piedra. Con esa base lo adaptó a la pelota. Mandó hacer unas cajas para utilizar como blanco, pero solamente encontraron en el colegio unas cestas de melocotones. Fue entonces cuando pensó en colgar las cestas en las barandillas de la galería superior del gimnasio y empezó el baloncesto.

Inicialmente fueron trece las reglas que puso en marcha este educador tan avanzado para la época:

1.- El balón puede ser lanzado en cualquier dirección, con una o dos manos.

2.- El balón puede ser golpeado en cualquier dirección con las manos, nunca con el puño o mano cerrada.

3.- Los jugadores no podrán correr con el balón. Deberán pasarlo incluso desde otro lugar en el que lo cogieron, aunque se concederá una relativa tolerancia al jugador que en plena carrera reciba el balón y deba pararse.

4.-El balón no debe llevarse en ambas manos o entre ellas. Los brazos o el cuerpo no se deben usar para sostenerlo.

James Naismith fue el creador del baloncesto

5.- Está prohibido cargar con el hombro contra un adversario, así como agarrar, empujar, poner la zancadilla o golpear de manera alguna al oponente. Toda infracción a esta regla por parte de cualquier jugador se considera una falta y en caso de reincidencia será eliminado hasta que se consiga un nuevo cesto. Si la intención al golpear es evidente será eliminado por el resto del partido y no podrá ser reemplazado.

6.- Golpear con el puño el balón es falta al ser violación de las reglas 2 y 4, sancionándose del mismo modo que la regla 5.

7.- Si cualquiera de los equipos hace tres faltas personales consecutivas, se contabilizará una canasta para el equipo contrario (consecutivas significa que durante ese tiempo el oponente no haya cometido ninguna falta).

8.- Se contará canasta cuando el balón sea lanzado, golpeado o palmado desde el suelo hasta la cesta y se quede en ella. Si el balón se queda en el borde de la cesta sin llegar a entrar y el oponente mueve la canasta, se contabilizará como punto.

9.- Cuando la pelota salga fuera, la pondrá en juego el equipo que la coja antes. En caso de duda, el segundo árbitro la lanzará al terreno.

Una foto de Naismith realizando pruebas a finales del siglo XIX cuando ideaba este deporte

Hay 5 segundos para ponerla en juego; si se tarda más la pelota será para el equipo contrario. Si un equipo reincide en retrasar el juego, el árbitro podrá pitarle una falta.

10.- El segundo árbitro controlará a los jugadores, anotará las faltas, avisará al árbitro cuando un equipo cometa tres seguidas y tendrá la potestad de expulsar a los jugadores según la regla 5.

11.- El árbitro controlará el balón y decidirá cuándo está en juego y en poder de quién y controlará el tiempo. Decidirá cuándo se ha conseguido una canasta, contará las canastas y tendrá la labor habitual de un árbitro.

12.- El tiempo será de dos partes de 15 minutos, con 5 minutos de descanso entre ellas.

13.- El equipo que haya conseguido más cestas en ese tiempo será declarado vencedor. En caso de empate podrá continuar el partido, previo acuerdo de los capitanes, hasta que se consiga otra canasta.

Estas reglas se publicaron el 15 de enero de 1892 en 'The Triangle', el periódico de la International Young Men's Christian Association Training School, y a partir de ahí su desarrollo en el país resultó imparable, primero con competiciones en las universidades que fueron su principal impulso y con nuevos matices en las normas, como la inclusión de los tableros para que las personas que se encontraban cerca de las canastas no las pudieran mover para evitar que los rivales anotaran puntos.

De igual forma se empezaron a conocer partidos en muchas zonas del mundo como París, China o Tokio, como exhibición de una novedad, pero todavía sin competiciones como ya existían poco antes de iniciarse el siglo XX en los Estados Unidos. Su desarrollo más estable en Europa fue con una desgracia, la Primera Guerra Mundial. La llegada de soldados norteamericanos al 'Viejo Continente', que eran o habían sido universitarios, permitió su expansión al mostrarlo en los pocos momentos de ocio que disfrutaban. En esta expansión se incluía que era un deporte también femenino, aunque en este caso cada país lo aceptó de una manera diferente. El espaldarazo definitivo le llegó en 1928 con motivo de los Juegos Olímpicos de Amsterdam, en los que ya fue un deporte de exhibición, y a partir de ahí llegó de forma progresiva a las cotas que se le conocen en la actualidad.

En España su conocimiento llegaba en 1912 gracias a otro pedagogo, en este caso Eladi Homs, que lo conoció cuando estuvo en Chicago y lo introdujo en la escuela Vallaparadís de Tarrassa. Sin embargo ese recorrido fue corto y el que lo popularizó fue el padre Eusebio Millán, que lo había conocido en Cuba en 1906 y a su regreso a España en 1921 lo implementó en las Escuelas Pías de San Antón de Barcelona. Pero en esos años otro deporte tenía entusiasmados a los

Uno de los primeros partidos internacionales, en España tardó más en llegar el baloncesto

jóvenes en toda España, el fútbol, y la competencia entre ambos la empezó perdiendo el baloncesto, que le costó mucho más trabajo desarrollarse. De hecho el propio Millán tuvo que esconder los balones de fútbol para que los estudiantes quisieran jugar al baloncesto, pero no le sirvió de mucho ya que la juventud seguía prefiriendo el fútbol y tuvo que hacer un pacto con ellos, jugar tres días a cada uno de los deportes para que de esta forma cogieran afición al que él prefería, el baloncesto.

En 1922 el propio Eusebio Millán creaba con exalumnos un equipo, el Laeieta Basket Club, que el 8 de diciembre de ese año se medía al CE Europa en el primer partido más o menos oficial, que fue ganado por el Europa por 8-2. Ya en 1923 tenía lugar el primer torneo también en Barcelona.

Esos años 20 del siglo XX sólo tenían al fútbol como gran protagonista. Mientras que en otros países el baloncesto calaba algo más, en España el 'deporte rey' ya era el balompié en detrimento de un baloncesto que se quedaba con un margen residual en la mayoría de las provincias. Y una de ellas iba a ser la de León, en la que costó que empezara a introducirse entre los aficionados al deporte. Había otros que no eran el fútbol que ya formaban parte de la sociedad como el tenis, el ciclismo o el atletismo, pero aunque ya se conocía, el baloncesto en los años 20 y 30 tuvo una presencia muy testimonial y en muchos casos inexistente en la capital leonesa e incluso en el resto de la provincia.

Antes de la guerra la menciones a este deporte prácticamente brillan por su ausencia, limitándose en la mayoría de los casos a su presencia como una actividad escolar. Conocido ya era como se puede ver en una sección literaria del periódico Democracia en el año 1928 con la dedicatoria de unas curiosas líneas poéticas tituladas 'Baloncesto' firmadas por Jorge Moya:

¡Baloncesto, baloncesto! / Lo que decía yo es esto: / ¡Vaya sport / gracioso y educador! / ¡Esto, mi amigo y señor, / es equipo / de los que quitan el hipo! / ¡Esto es tener un buen tipo! / ¡Cómo va usted a poner / frente a esto la zapateta / que da al viento el guardameta / o cualquier otro 'equipier'!

Gracia fina; / sólo por ser femenina, / ya su sonrisa ilumina / todo esto. / Cosa vista: / yo, hasta anteayer futbolista, / hoy me paso al baloncesto! / ¿También aquí se hace gol? / Vuelvo ahora. / Y usted que admira a Zamora, / puede quedarse al fútbol.

Me voy con el pantalón / y la camiseta grana. / ¡Qué a gusto rueda el balón / que empuja la capitana! / ¡Como un queso de burgués de poco seso! / Para ver quién es quien gana, / con ahínco / lucha un cinco y otro cinco. / Yo haré votos, ¡vive Dios!, / para que triunfen los dos. / (Y así oiga el Señor mi acento, / de seguro /que me complace al momento, / mejor que a El Siglo futuro).

Simpáticas señoritas, / sanas, alegres, bonitas, / yo, vuestro devoto fiel, / os admiro en el papel. / Me parece de primera / que ejercitéis la puntera / (que puede ser un camino / del porvenir femenino); / hallo gentil vuestro gesto, / y si en persona no os vi, / es…, la verdad, porque a mí / como me gusta es así, / ¡de lejos, el baloncesto!

Como se ve en el ejemplo era una cosa curiosa antes de la Guerra Civil Española y un ejemplo de ello se podía ver con las sociedades deportivas que se creaban en la ciudad, como pudo ser la Cultural y Deportiva Leonesa y en los años 30 del siglo XX el Deportivo Leonés, que no enganchaban a los leoneses con este nuevo deporte que estaba asentándose lentamente. La petición a la Cultural llegaba en ese mismo año 1928 cuando el Regimiento de Burgos estaba en proceso de formación de sus equipos de "balón-cesto y balón-volea" como preparación militar. Los catalogaban entonces como deportes "verdaderamente espectaculares por la gran movilidad en que se ven obligados los jugadores como consecuencia de las incidencias del juego. El terreno es poco más o menos como una cancha de 'tennis'; y la instalación no puede ser más económica: dos redes en forma de cesto y dos puntos". La petición no llegó a buen puerto.

Por su parte el Deportivo Leonés en los primeros momentos de su irregular trayectoria como sociedad deportiva, en la que el fútbol era el gran protagonista, hacía un llamamiento a finales de 1931 para que "las personas de ambos sexos que quieran inscribirse como jugadores de Basket ball (baloncesto), pasen por la secretaría de la sociedad donde se les dará a conocer el reglamento". Su intención era la de crear tres equipos, uno "para señoritas", otro con jugadores de 14 a 18 años y el tercero para los que superaran esa edad. Dado el desconocimiento que todavía se tenía de esta especialidad, además de la oferta para conocer el reglamento de juego, en la nota de la sociedad se explicaba que "el traje para jugar será pantalón corto y amplio y camiseta sin mangas; calzado único, alpargatas; no usándose medias para mayor libertad en los movimientos. Las señoritas traje especial y adecuado (sin especificar más)" Incluso debían dar una ligera noción de este comentando que "en el baloncesto -que se practica con balón más grande que el del fútbol y en el que actúan únicamente las manos- está compuesto cada equipo por cinco jugadores y dura cada partido cuarenta minutos dividido en dos tiempos". Finalmente pese a todas las buenas intenciones y el interés demostrado, no tuvo recorrido esta parte de la sociedad.

El avance era tan lento que incluso diez años después, en diciembre de 1941, todavía era preciso explicar las normas a los leoneses como realizaba el periódico Proa para que se fueran familiarizando con el mismo. Así, sacaba una nota firmada por José Segurado en la que explicaban brevemente los aspectos básicos y cómo "debe marcarse un campo de baloncesto" porque "muchas veces al comenzar un encuentro, los espectadores no saben lo que quieren decir las rayas y círculos que ven sobre el campo". De igual forma en otros artículos explicaban cómo debía rellenarse un acta.

BALONCESTO MILITAR

Los titubeantes comienzos de antes de la Guerra Civil cambiaron algo después de la contienda e incluso en el transcurso de esta al no haber combates directamente en la capital leonesa aunque sí destacamentos militares como 'descanso' del frente. Esos regimientos militares empezaron a dirimir diversos enfrentamientos deportivos entre ellos con el fin de mantener una actividad física.

En 1938, dentro de las actividades de la Falange con los jóvenes, se celebraban festivales gimnásticos deportivos como el que tuvo lugar en La Bañeza el 25 de septiembre. Allí se reunían las organizaciones juveniles del partido de corte fascista y se inculcaban sus ideales, todo en torno a la celebración de muchas competiciones deportivas. Los Cadetes y Flechas (las categorías en que dividían a los niños según su edad) de toda la provincia que se hubieran clasificado tomaban parte en las competiciones atléticas de lanzamientos, saltos o carreras y "basket-ball". Los mejores serían los que representarían a León en la 'Olimpiada' nacional que las organizaciones juveniles celebrarían una semana después en Zaragoza.

Concluida la contienda, pero todavía con la situación muy inestable sobre todo tras el inicio de otra guerra en Europa, las organizaciones dependientes del régimen de Franco que se había instaurado en toda España eran las representantes del deporte. La Organización

Salvadores, el internacional emigrante

El primer internacional de la historia cuyo nacimiento estaba registrado en la provincia de León apenas vivió en su lugar de origen. Nacido en Magaz de Abajo en 1928, a los dos años emigró a Chile, por lo que realizó allí su vida. Pronto empezó a destacar en el mundo del baloncesto. Con quince años comenzó a jugar con una ficha que decía que tenía 18. Cuando se organizó el primer campeonato del mundo de selecciones nacionales, que iba a ser en Argentina en 1950, se ofreció al equipo español por carta por su nacimiento en tierras leonesas incluyendo recortes de prensa en los que se decía que era el máximo anotador de la liga chilena y lo aceptaron. Como ya se encontraba al otro lado del Atlántico, esperó allí a sus compañeros y allí fue donde los conoció. Defendió la camiseta en cinco ocasiones, las de ese mundial, y ya no lo volvió a hacer más. España quedó penúltima y solamente ganó un partido, haciéndolo por incomparecencia de su rival como protesta por la dictadura de Franco. Salvadores fue acusado en aquella competición de demasiado individualista y aunque fue el máximo anotador español, sus compañeros decían que "lo tiraba todo". Fue elegido para el mejor quinteto y el máximo anotador del torneo. Después de este campeonato fue a jugar al Racing de París con el que se proclamó campeón de Francia anotando 47 pun-

Salvadores de portada de una revista.

tos en la final. Empezó a jugar con la selección de Chile (anteriormente no le quisieron por su individualismo) y estuvo en los Panamericanos de 1951 y los Juegos Olímpicos de 1952 celebrados en Helsinki según escritos de la época porque aceptó empezar "a pasar la bola", lo hizo de tal manera que hubo partidos en los que no anotaba cuando era su mejor virtud.

Su vida está llena de leyendas y realidad entremezcladas que hacen difícil distinguir la verdad de lo que no es. Empieza por su lugar de nacimiento, que ubican en la localidad chilena de Lanco (fue donde se crio) hasta la palentina Magaz de Pisuerga. Otra de esas historias narra que en el viaje a tierras sudamericanas, antes de cumplir los dos años, fue robado por unos gitanos pero su madre lo encontró con la ayuda de unos hombres y pudo ser recuperado. Menos leyenda era su fama de galán, que cultivó siempre y a la que ayudaba que medía 1,86 metros que no era muy habitual en la época. En un viaje a Colombia para jugar un partido de baloncesto conoció a la que sería su mujer y se quedó a vivir en Cartagena de Indias, olvidando el deporte para pasar a ser diplomático (cónsul de Chile en esa localidad) aprovechando su don de gentes. Siempre estuvo cerca del cine y rodeado de estrellas, llegando a participar como extra en algunas películas. En tierras colombianas fallecía en 2002.

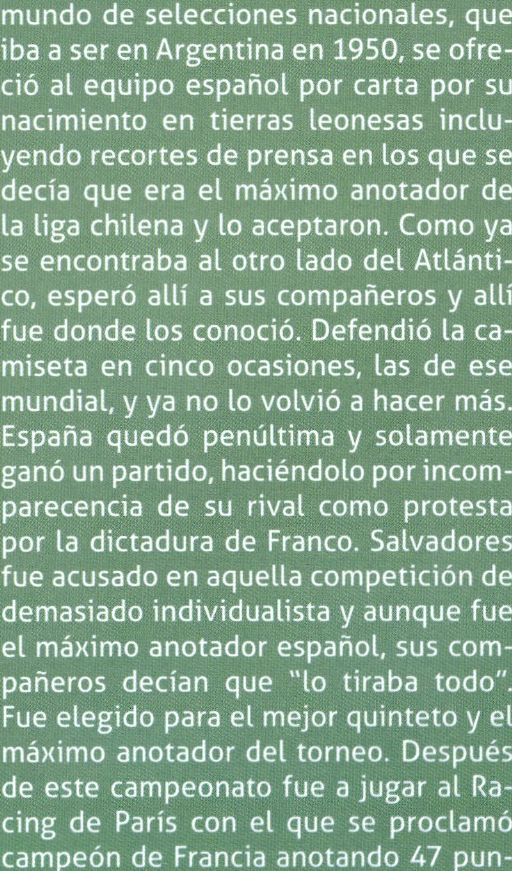

Juvenil Española (OJE) y el Sindicato Español Universitario (SEU) eran los que empezaban a jugar al baloncesto, que ya empezaba a formar parte de la vida deportiva leonesa con algo de retraso con respecto a otras provincias.

Poco a poco se reconocían sus enormes cualidades, como en un escrito de este año en el que destacaban que "el baloncesto, jugado al estilo norteamericano, es rápido y desconcertante, ya que el balón pasa de un jugador a otro con rapidez vertiginosa. Esta combinación rápida favorece tanto físicamente como espiritualmente, ya que dada la rapidez de la jugadas, ha de ser efectuada al mismo tiempo que es concebida por la razón". Pero eso sí, el régimen no ayudaba mucho a esa 'libertad espiritual', puesto que en una nota de entrenamiento del SEU decía "se ordena a todos los camaradas componentes del equipo de baloncesto se presenten esta tarde en nuestro Campo de Deportes para entrenarse y recibir instrucciones".

Después de varias exhibiciones en diferentes concentraciones deportivas (principalmente entre la OJE de diferentes localidades), con partidos que eran más un espectáculo que una competición, en 1940 se fue abriendo camino el baloncesto hasta conseguir tener un hueco en los medios de comunicación esos enfrentamientos. Así, a finales de ese 1940 se conoce el primer partido al que se dio el talante deportivo que requería pese a ser también un amistoso. El choque tuvo lugar en el campo del SEU y se enfrentaron un equipo de la Academia de la Aviación con el propietario del terreno de juego. Ganaron los del SEU por 18-6 con un equipo formado por Escapa, Norzagaray, Ramón, Rodiles y José María, siendo los tantos marcados por Rodiles, Ramón y José María. Pocos días después el mismo SEU se medía a un equipo del Regimiento de Infantería número 31. Tuvo lugar el choque en el campo de La Corredera, por esas fechas el que utilizaba la Cultural para sus partidos de fútbol, lo que demuestra donde debían jugarse los partidos. En esta ocasión la victoria cayó del lado del equipo del Regimiento por 10-5.

Lo más positivo en esos comienzos es que sí se consideraba un deporte apto para las mujeres, que tenían muy difícil en estas fechas poder practicar cualquier actividad física. Antes de la guerra ya existía, pero las críticas que recibían eran muy fuertes como se pudo ver en 1928 cuando se hablaba en León de las imágenes del periódico ABC sobre un partido femenino jugado en Madrid, diciendo frases tan poco adecuadas como: "lo que buscaban con esas indumentarias y esos esfuerzos físicos las mujeres era parecer feas". En un resumen del año 1940 presentado en el V Consejo Nacional de la Sección Femenina que tuvo lugar en Barcelona ya se reconocía que contaban con 137 equipos de baloncesto que habían jugado competiciones nacionales y varias provinciales.

León todavía no era una de esas provincias por falta de afición. De esta forma se veía que ya existía el beneplácito de las autoridades para que fuera así, lo cual era muy importante en esas fechas, mientras que otros deportes lo tuvieron que sufrir al no contar con ese respaldo. No tuvieron que esperar mucho para competir y solamente unos pocos meses después se ponía en marcha el Torneo Interescolar con varios equipos que entrenaban en las instalaciones del SEU de Suero de Quiñones de la capital leonesa como eran el Frente de Juventudes, Carmelitas Fajeros, Instituto y Politécnica, algunos de ellos con más de un conjunto.

Ya estaba dado el primer paso y la evolución lógica en estos casos era la de llegar a competir en los diferentes sectores que se desarrollaban para tomar parte en las competiciones nacionales para las diferentes categorías que había en esos comienzos de los años 40 del siglo XX. Por ejemplo en 1940 una de las competiciones que hubo en León era el Campeonato Militar Regional. En el mismo se disputaba un partido entre el 7º Regimiento de Ingenieros y el 31 Regimiento de Infantería, que fueron los que se llevaron la victoria por 2-6. La influencia del fútbol era todavía muy grande y en las crónicas deportivas del partido se destacaba por los visitantes a "su extremo izquierda y defensa".

El SEU por su parte tomaba parte en la competición de los primeros Juegos Universitarios Nacionales en 1942 con un equipo de baloncesto. No es que este conjunto hubiera superado una serie de eliminatorias, es que al igual que los Juegos Escolares en sus comienzos, iban en bloque los representantes de una localidad de numerosas disciplinas, ya que se sumaban los puntos conseguidos en cada uno de los deportes. La competición tuvo lugar en Madrid y León llevó a 30 deportistas que formaban los equipos de fútbol, baloncesto y hockey.

Una tercera competición era el Campeonato Nacional de la Sección Femenina. El equipo representativo de la Delegación Provincial Leonesa se estrenaba jugando en Ávila con un conjunto formado por María Luisa Benavides, Isabel Melón, Vicenta Esquivel, Maruja Arias y Mary Luz Nachón. Su recorrido no fue largo puesto que como se consideraba en esos momentos, León era una provincia nueva en este deporte, y de hecho se dividía a los equipos según pertenecieran a este grupo de equipos o fuera de los precursores del baloncesto y por consiguiente al contar con una mayor experiencia tenían un mayor nivel.

El Frente de Juventudes era el que desarrollaba una mayor cantidad de partidos. Efectuaban semanas deportivas en las que las diferentes organizaciones repartidas por la provincia se enfrentaban entre sí en muchas disciplinas deportivas y una de ellas era el baloncesto, que de esta forma se extendía a más núcleos urbanos, sobre todo escolares. En 1942 la capital leonesa acogió la fase de sector del Campeonato Nacional con las provincias de León, Lugo, Orense, Pontevedra, La Coruña y Zamora. En la parte de baloncesto (también se jugó balonmano) León tuvo un buen papel y se mostró a un alto nivel dentro de la escasa especialización que existía en esta parte de España en comparación con otras provincias más aventajadas. Llegó a dirimir la primera plaza contra el conjunto de Lugo. Los leoneses alinearon en esta cita del mes de junio a Llamazares, Paco, Rodríguez, Revenga, Gerardo y José M. No comenzaron bien el partido puesto que al finalizar el primer tiempo perdían por 12-4, pero en la continuación con los cambios efectuados pudieron darle la vuelta al marcador y llegar a ponerse por delante. No iba a ser tan sencillo y los lucenses antes de finalizar el tiempo reglamentario conseguían empatar, por lo que tuvo que disputarse una prórroga en la que ya definitivamente se imponía el equipo leonés con un marcador de 21-16. De esta forma alcanzaban una de las ochos plazas de la fase nacional en la que iban a estar junto a los equipos de Valladolid, Zaragoza, Sevilla, Barcelona, Bilbao, Murcia y Madrid. En la capital de España a finales del mes de julio de este 1942 fue cuando se disputaban estos Campeonatos Nacionales del Frente de Juventudes. En la primera cita de cuartos de final cayeron los leoneses en la prórroga por 23-19 ante Zaragoza. Por su parte las chicas en la fase interzonal no pudieron con Lugo y no accedieron a la fase final.

Pero este pequeño crecimiento contaba con un contratiempo, las canchas en las que jugar al baloncesto. Por el momento se utilizaba La Corredera, pero si había partido de fútbol no se podía jugar, y cada vez había más partidos de este deporte que ya era el más popular. El Frente de Juventudes puso en marcha de esta forma la construcción de un gran estadio al comenzar el año 1943. La instalación se iba a realizar en los terrenos del antiguo Parque de la capital leonesa. El Ayuntamiento de León cedió los terrenos y entonces esta organiza-

El Frente de Juventudes de Ponferrada en 1951 con Laredo, Gregorio, Fabiano, Moto y Marcial (CRUZ VEGA)

ción decidía que en la capital leonesa se ubicaría su cuarto estadio nacional. En el centro iba a haber un campo de fútbol (también utilizado para el rugby con un alto nivel en esos momentos en la ciudad) rodeado de una pista de atletismo de ceniza. Además de canchas de tenis y piscinas, se iban a poner en marcha dos campos de baloncesto en la amplia instalación que con los vestuarios proyectados iba a tener un presupuesto de 500.000 pesetas, una enorme cantidad en esa época. Y aunque empezaron los trabajos, no fue corto el tiempo necesario para su puesta en marcha.

Aunque ya había competiciones de clubes nacionales, más o menos modestas, en León costó mucho dar este salto y la década de los 40 del siglo XX estuvo presidida siempre por esos partidos sin que ninguna sociedad diera el paso adelante. Las competiciones se mantenían en militares (destacando el campo de baloncesto existente en el Cuartel de la Fábrica de la calle de la Rúa de la capital leonesa), del SEU y sobre todo de la Sección Femenina (con una importante cantidad de jugadoras existentes en Ponferrada) y el Frente de Juventudes, que mantenía sus campeonatos provinciales para las distintas localidades. También se disputaba algún partido de escolares como el que enfrentaba a Agustinos con la Academia Becker, pero como encuentros aislados y sin estar regidos por ninguna competición.

En esos comienzos la organización en León del baloncesto corría a cargo de la Federación Asturiana, cuyo delegado era Galán, que también ejercía funciones de árbitro por ejemplo en el campeonato organizado por Educación y Descanso, que era el organismo del régimen franquista de tipo cultural y recreativo que se dedicaba a promover las actividades artísticas, culturales y deportivas de los trabajadores. En 1944 esta competición contaba con cinco equipos como eran el Regimiento de Burgos, Educación y Descanso, Agustinos, SEU y Centurias Legión VII. Había diferencias dentro de la provincia y curiosamente en El Bierzo la división provincial para este deporte no se aplicaba y en muchas ocasiones dependieron de la Federación Orensana por lo que no participaban en los mismos provinciales.

LOS PRIMEROS AVANCES

Como se está viendo, la progresión del baloncesto fue lenta en la provincia de León, al igual que muchas otras especialidades que llegaban al panorama deportivo a excepción de un fútbol mucho más asentado tiempo antes de la Guerra Civil. Tuvieron que llegar los avances económicos y sociales de los años 50 para que se empezaran a ver competiciones de alguna índole más allá de las puestas en marcha por las diferentes organizaciones del 'movimiento' que regía en esos momentos España tras la contienda. Pero no fue un recorrido muy estable ni mucho menos regular.

Un primer paso fue la llegada de los partidos a la Plaza Mayor, la cancha de juego para esos deportes que su terreno de juego podía ser incluido allí. Con motivo de los actos de celebración del 18 de Julio en la víspera se disputaban partidos nocturnos allí, lo que también permitía que pudiera calar entre los jóvenes.

El segundo la celebración de un torneo como el que organizaba para jóvenes el periódico Proa que por ejemplo en su segunda edición en 1953 contaba ya con la participación de seis equipos como Maristas, Agustinos, SEU, Leonés, Derecho y Frente de Juventudes en una competición liguera a una sola vuelta. En el partido decisivo entre los dos primeros equipos el triunfo correspondió al conjunto de Agustinos por un ajustado 21-19 en la Plaza Mayor con la presencia de numeroso público. Las alineaciones que presentaron estos equipos en el encuentro fueron las formadas por Lera, Bardón, Pajares, Hermida, Solís, Saludes, Bandera y Colomer por el cuadro de Agustinos, mientras que por el de Maristas lo hicieron Conty, Martínez, Lacasa, Teófilo, Gil, Serrano y Corral. Incluso al vencedor de esta liguilla le correspondió el honor (no oficial) de ser considerado el campeón de León sustituyendo a la Escuela de Especialistas de Aviación que lo había sido con anterioridad.

También en otros lugares de la provincia querían dar a conocer al baloncesto en el largo proceso que esto supuso y Ponferrada, un lugar que luego resultaría muy importante, empezaba a dar pasos en octubre de 1953. Santa Marta acogía un partido entre los equipos de la Empresa Nacional de Electricidad y el Club Deportivo San Pedro. No es que fuera el primer partido que allí disputaban, ya que siempre hubo equipos relacionados con la OJE o la Sección Femenina, pero sí un paso adelante importante al ser otras las sociedades que querían formar parte de este deporte y que buscaban darlo a conocer en la ciudad berciana y buscar un equipo que pudiera tomar parte en diversas competiciones aglutinando a los cuatro bloques que había en esos momentos: El Trébol, Frente de Juventudes, San Pedro y la Empresa Nacional de Electricidad (Endesa).

Otro aspecto que ayudó a la evolución en la capital leonesa fue la llegada de la Sociedad Deportiva Hispánica. Sus posteriores instalaciones ayudaron mucho al desarrollo del baloncesto, puesto que la utilización de los campos de fútbol, muy escasos en todo momento, no era viable además de que el suelo no era precisamente el más adecuado. Aunque la Hispánica tenía una cercana relación con el Frente de Juventudes, posteriormente aceptaba socios que no pertenecieran al movimiento y curiosamente el fútbol, aunque también ayudó a la Cultural en momentos difíciles por la ausencia de campo, no era el deporte principal para ellos. Así, al poco de ponerse en marcha, ya organizaban el torneo 'relámpago' con equipos de la propia sociedad.

Y en 1954 la sociedad daba el paso adelante de decidir tomar parte en el Campeonato Regional de Primera Categoría de Valladolid ante la inexistencia de otros conjuntos que se decidieran a hacerlo en la capital leonesa. Era una liga a doble vuelta en la que el Deportivo Hispánica iba a jugar contra el Águilas Azules, Águilas Verdes, Real Valladolid, Lourdes-Lasalle, San José, San José Júnior y Josefinos, todos ellos de la capital vallisoletana, y el Juventud de Palencia. Era un complicado avance puesto que al ser el único representante leonés eran muy numerosos los viajes a los que debería de hacer frente la sociedad, con el consiguiente incremento de los costes, y que no estaba garantizado que luego las taquillas ayudaran al ser una experiencia novedosa. Eso sí, consiguieron reunir a todos los que jugaban al baloncesto y así en la presentación de la plantilla se hacía mención a que contaba con la presencia de "Conty, el magnífico atleta, Serrano, cerebro del equipo Maristas en los campeonatos escolares, Ángel González y J. Lobo, los duros y eficientes defensas de Maristas e Instituto; Devesa, Víctor y Córdoba, los tres 'peques' del desaparecido Barley BC; Joaquín Martínez, una promesa de excelente jugador; el desconcertante Pepe Pérez, que une fallos lamentables con extraordinarias jugadas; Luque, veloz delantero que defendió a Maristas y su capitán Pin Vélez, que pretende eclipsar jugando al 'Basket' sus éxitos como nadador". Muchos de los nombres han formado parte de la historia de otros muchos deportes como podían ser el balonmano, el atletismo o el hockey, pero en esos comienzos de los años 50 los jóvenes que se dedicaban al deporte (sin contar el fútbol), practicaban varios de ellos porque no eran muchos los que se solían juntar en estas incipientes modalidades entre las que se incluye lógicamente el baloncesto.

El Bierzo en los primeros años tuvo más equipos como el Trébol en 1952 (ARCHIVO CRUZ VEGA)

Emiliano, la gran estrella leonesa

En San Feliz de Torío nacía en 1937 Emiliano Rodríguez. No se crio en León ni hizo su carrera deportiva en la provincia en ningún momento, pero su sola presencia y su lugar de nacimiento fueron muy importantes en la promoción del baloncesto leonés. Simplemente verlo triunfar a nivel nacional y continental, con la selección española o en el Real Madrid que ganaba la Copa de Europa en los años 60 del siglo XX sirvió para que muchos leoneses conocieran y siguieran este deporte que por entonces tenía muy poco recorrido y en algunos círculos era simplemente para "cuatro entusiastas que fueran muy altos". Curiosamente su nacimiento en León marcó su trayectoria. Se cuenta que pese a su estatura (llegó a medir 1,87) le gustaba el fútbol. Se había trasladado a Bilbao solamente nueve meses después de su nacimiento y en el Athletic Club no pudo entrar en juveniles porque no había nacido en tierras vascas a las que se había desplazado su familia. Entonces descubrió la canasta y sin buscarlo se convirtió en su vida. Había estudiado en los Escolapios de Bilbao, y de este colegio se creó el Club Águilas en 1950 con los que quedó campeón de Segunda División. En 1958 fue cuando durante dos temporadas conoció el profesionalismo. Lo hizo en Cataluña, en la localidad barcelonesa de Montcada y Reixach que contaba con el Aismalíbar, uno de los conjuntos que había jugado la primera temporada de la historia en Primera División de baloncesto en 1957 y que había finalizado en la temporada anterior en tercera posición. Debuta en la máxima categoría en la temporada 1958-1959 y no lo hizo

Emiliano fue una gran estrella del baloncesto europeo (CÉSAR)

nada mal, puesto que fue el segundo máximo anotador con 381 puntos, aunque lejos de los 445 conseguidos por el puertorriqueño Johnny Báez del Real Madrid. Su equipo fue quinto en una competición con doce equipos que fue ganada por el Barcelona. Refrendó su condición de alero gran anotador en su segundo año en este equipo en el que fue el tercer máximo anotador de la liga con 394 puntos acabando el equipo en cuarta posición. En este conjunto, clave para el desarrollo del jugador puesto que además de continuar con sus estudios como querían sus padres, entrena mucha técnica con Kucharski, que había sido un gran jugador de la selección española (pese a su apellido había nacido en Hospitalet aunque de ascendencia polaca). También en el aspecto personal estos años fueron muy importantes, puesto que en un torneo universitario de distrito fue donde conoció a la que luego sería su mujer

Ya era una estrella en solamente dos años en la máxima categoría y por motivos de estudios se desplazó a la capital de España, esa circunstancia fue aprovechada por el Real Madrid para ficharlo. Allí la estrella empezaba a fraguar su leyenda. Estuvo trece temporadas en el conjunto madridista y sumó nada menos que doce ligas, perdiendo la otra con el Joventut la temporada 1966-1967, él único equipo que le superó en 20 años (dos veces) a los entrenados en la mayoría de ellos por el mítico Pedro Ferrándiz y luego Lolo Sainz. Emiliano se había convertido en el alero anotador que se hacía imprescindible en ese baloncesto de los años 60 que evolucionaba tan rápidamente en España. Fue el jugador que más puntos anotó en dos de las temporadas (1962-1963 y 1963-1964). También en la Copa tuvo un impresionante palmarés al conseguir nueve triunfos, uno de

ellos en el partido que sirvió para inaugurar oficialmente el Pabellón Municipal leonés. Ese todopoderoso Real Madrid que contaba con un leonés en sus filas también empezó a ser dominador europeo y en cuatro ocasiones se llevó a sus vitrinas la Copa de Europa siendo el primer conjunto que acababa con el inicial dominio de los equipos de los países del Este. Al finalizar la temporada 1972-1973 abandonaba la práctica activa del baloncesto con un palmarés al alcance de muy pocos en la liga en la que había disputado 312 partidos en las quince campañas en las que jugó en la máxima categoría.

Pero también la selección española fue su equipo y defendió su camiseta en 175 ocasiones. Llegó directamente a la selección absoluta siendo muy joven incluso antes de militar en el Real Madrid. Debutó en un partido en Huesca frente a Suiza el 13 de abril de 1958 y jugó el último en septiembre de 1971. En medio había estado en los Juegos Olímpicos de Roma 1960 y México 1968 y logró dos medallas de plata en los Juegos del Mediterráneo.

Uno de los homenajes a Emiliano en León, ya retirado en 1979, con una selección de antiguos internacionales (CÉSAR)

El estreno de la Hispánica llegaba el 7 de noviembre de ese 1954. Era un momento importante porque las competiciones en las que tomaba parte León hasta esa fecha eran las de Tercera Categoría del Frente de Juventudes dentro de la masculina y de la Sección Femenina en la de las chicas, pero en forma de concentraciones del Movimiento que nada tenía que ver con lo que supone el desarrollo de una liga normal como la que se ponía en marcha. La Sociedad Deportiva Hispánica no se pudo estrenar en sus instalaciones al no estar todavía preparadas, por lo que lo hizo en la cancha del Colegio Marista ante el Águilas Azules de Valladolid. El partido tuvo claro color local, que venció por 44-25 al aprovechar que su rival castellano se presentó con solamente cinco jugadores, lo que les acabó por pasar factura. Jugaron por los leoneses Pin Vélez (13 puntos), Pérez (5), Conty (6), Ángel (2), Serrano (12), Devesa (6), Víctor, Córdoba, J. Martínez y Lobo. Posteriormente en su viaje a Palencia, ya empezaron a vivir la intensidad de los finales ajustados que siempre han caracterizado este deporte y tuvieron que disputar ante el Juventud en Palencia sus primeras prórrogas. Lo hicieron después de haber acabado el tiempo reglamentario con empate a 32, que fue a 37 tras el primer tiempo suplementario, para acabar siendo derrotados los leoneses finalmente por 43-41. Después, poco a poco, se empezaron a ver claramente superados por sus rivales, con una mayor experiencia en estas ligas.

Por su parte Ponferrada no anduvo a la zaga en iniciar las competiciones, incluso en este caso con dos equipos. El San Pedro (sociedad que también tenía un equipo de fútbol que llegó a militar en Tercera División) y el conjunto de la Empresa Nacional de Electricidad S.A. Ésta había sido fundada por el INI (Instituto Nacional de Industria) el 18 de noviembre de 1944 para controlar un sector estratégico como el energético. Compostilla I de Ponferrada fue su primera planta de producción, que se empezó a construir en 1945 y posteriormente inaugurada el 28 de julio de 1949. Se había elegido Ponferrada por su proximidad a las minas de carbón, la fuente energética de esos momentos. Una empresa de ese tamaño colaboraba con la ciudad en la que estaba instalada y de ahí que respaldará el equipo de baloncesto ponferradino, aunque en su denominación unas veces le pusieron en aquellos años como Enesa y otras como Endesa, que era el nombre que se hizo más habitual en el tiempo.

La mayor curiosidad es que mientras que el equipo de la capital leonesa jugaba en Valladolid, los dos ponferradinos lo hacían en Orense, que era la circunscripción a la que pertenecían. En este caso su competición se iba a disputar por el sistema de copa con eliminatorias a doble partido. Mantuvo este sistema algunos años, en ocasiones incluyendo a equipos del Barco de Valdeorras, y luego jugando contra los mejores de Orense por un puesto en la siguientes eliminatorias.

UN ASENTAMIENTO IRREGULAR

No conseguía el baloncesto en estos años 50 del siglo XX mantener una constancia como se empezaba a ver en los años finales de la década en otros deportes, incluso más incipientes, como podía ser el balonmano. Los éxitos de este último, más habitual de algunas fases finales nacionales, propiciaron que calara más hondo en la capital leonesa, mientras que en el caso del baloncesto otras provincias estaban mucho más asentadas y cerraban el camino en las diferentes categorías a los conjuntos de León. Esto, unido a la ausencia de canchas en condiciones, impedía que se popularizara entre los jóvenes nada más que como algo anecdótico en algunos torneos o en esas eliminatorias que apenas tenían recorrido, por lo que se puede decir que no se veía jugar al baloncesto semana tras semana.

Las dos sociedades que intentaban que la situación fuera diferente eran la Deportiva Hispánica en la capital leonesa y el Enesa en Ponferrada, los primeros con el respaldo de unos socios de este club recreativo y los segundos con el de una potente empresa nacional. Estos dos equipos en 1957 daban un ejemplo de cómo era la situación del baloncesto al disputar un encuentro en el Colegio Marista de León que contaba con una escasa presencia de público. Ganaba la Hispánica por 31-27 y los bercianos alineaban en esa cita a Villa (4), Casado (2), Valcárcel, Armesto, Villaverde I (12), Villaverde II (7) y José Luis (2); por su parte la Hispánica lo hacía con Serrano I (2), Serrano, II, Serrano III (5), Devesa (6), Luque (10), Martínez (6) y Víctor (2).

Este año 1957 otro equipo intentaba abrirse camino, el Lancia OAR. También jugaba partidos, en este caso en la cancha de Agustinos, como contra el Luises o el mismo conjunto ponferradino del Enesa, que les superaba con contundencia por 54-30, contando en su alineación los capitalinos con Naya (7), Bahillo (23), Marzalza, Elicio, Martín, Moleiro y González.

Por fin se lograba la celebración de una competición provincial para dirimir el representante provincial en las siguientes fases del campeonato. Seis fueron los equipos que se inscribían y era una sólida base. Dos de ellos eran de Ponferrada, el Enesa y el San Pedro, y los otros cuatro de la capital leonesa: Lancia OAR, Hispánica, Frente de Juventudes y Hermandad. La ausencia de canchas cubiertas era un hándicap importante y por ejemplo en un partido entre los dos representantes bercianos la nieve fue la protagonista, lo que iba en contra del asentamiento del baloncesto ya que restaba afluencia de espectadores. El título cayó del lado del Enesa ponferradino y la Fase Interprovincial tuvo lugar en el Estadio Hispánico con los representantes de Pontevedra, Orense, Lugo, Oviedo, Palencia y León, lo que todavía era una escollo demasiado grande para la provincia.

Esa representatividad berciana en la provincia se mantuvo, y en la temporada 1960-1961 el equipo de Endesa jugaba en Primera División, que por esos años era la segunda de las categorías del baloncesto español que en 1957 había comenzado las ligas nacionales y contaba con numerosos grupos. Pese a ser nacional tampoco era una liga con una regularidad adecuada y por ejemplo después de Navidad los bercianos todavía no habían podido ver a su equipo porque no había jugado ningún partido en casa. Fue una experiencia importante para que Ponferrada fuera un núcleo dentro de la provincia con una gran actividad de baloncesto incluso cuando desapareció el respaldo de la empresa, que siempre fue con altibajos. El equipo lo formaban Eduardo Rodríguez, José Carlos Villaverde, Domingo Villaverde, Jenaro Villa, Jesús Valcarce, Francisco Campillo, José Luis Tejero, Emilio Valdueza, Emilio Santalla y Carlos Iglesias, que ejercía de capitán y entrenador. Los rivales eran el Covadonga, Ademar de Salamanca, La Salle, Águilas, Astur, Vasco-Asturiano y Salamanca. Se movía por la zona intermedia de la clasificación pero no era una competición sencilla por los viajes, que los bercianos con el respaldo de la fábrica los tenía algo más asequibles, pero también en los de casa al no existir una cancha cubierta (para la que todavía faltarían muchos años). Así por ejemplo en el estreno ante su público la nieve fue de nuevo protagonista y entorpeció mucho el desarrollo del partido. La cita era en Compostilla, tampoco muy bien preparado para la práctica del baloncesto, pero al menos se buscaba el apoyo de los aficionados proporcionándoles un servicio especial de autobuses.

A esa buena noticia de la presencia de un equipo de la provincia en ese Grupo Segundo de Primera División, se unía que poco a poco federativamente la provincia daba sus primeros pasos, de hecho en 1961 la recientemente creada Federación Leonesa ya incluía a los equipos bercianos, que dejaban de pertenecer a la Federación Orensana como lo habían hecho hasta ese momento.

Mucho era el trabajo que tenía que realizar esta recién creada Federación Leonesa de Baloncesto, ya que estaba en pañales la organización de este deporte. Tras la puesta en marcha se hacía cargo de la presidencia Urbano González Santos. Los 'deberes' que se le exigían eran varios y nada sencillos. El baloncesto leonés estaba muy necesitado de una competición de categorías de base que pudiera proveer a los futuros equipos tanto de categoría nacional como de la provincial, que también se necesitaba para generar más afición, no solamente en la capital leonesa, incluso en Ponferrada.

Endesa formó el primer equipo que jugó en categoría nacional, como el de 1962 (ARCHIVO CRUZ VEGA)

Un ejemplo es que tras la conclusión de esa liga varios jugadores del Enesa abandonaban el club por diferentes motivos (servicio militar, por causas laborales e incluso familiares) y no encontraban el relevo adecuado. Pero para que hubiera equipos era necesario que hubiera entrenadores que enseñaran el baloncesto, un deporte mucho más técnico y menos popular que el fútbol que se puede decir que todo el mundo ya conocía de sobra y solamente necesitaba de ajustes. De igual forma era preciso contar con una buena nómina de

Sevilla, una vida de baloncesto

Un berciano, Ángel Sevilla, nacido en Ponferrada en 1952, fue uno de los primeros fichajes que 'pescaron' los equipos grandes del baloncesto español de la cantera leonesa. Ya había un jugador de la talla de Emiliano nacido en la provincia, pero no se había hecho para el baloncesto en tierras leonesas. Ese sí fue el caso de Sevilla, que se formó en equipos de Ponferrada, una ciudad en la que el deporte de la canasta siempre ocupó una parte importante. Hizo sus pinitos de portero en el Santa Marta de fútbol, pero lo que le gustaba y lo que le reclamaba su altura (pronto superó el 1,90) era el baloncesto. Estuvo en el equipo de la OJE, la Escuela Sindical y el Club de Tenis, que era en esos momentos el conjunto más importante cuando se fijó en él el Joventut de Badalona. A tierras catalanas se fue y le firmaron un contrato por tres años al ver en él unas importantes cualidades. La cosa no llegó a buen puerto porque no se adaptó a la vida en aquellas tierras tan lejanas de su Ponferrada. Vivía en un hotel, debía viajar en metro y los horarios no se adaptaban muy bien a su mayor deseo que era hacer una maestría de FP al no ver muy seguro eso de vivir del deporte en aquellos inicios de los años 70 del siglo XX. Abandonó aquella oportunidad y regresó al Club de Tenis de Ponferrada en la temporada 1970-1971. Llamó a su puerta el Real Madrid pero en este caso necesitaban que fuera júnior y ya había cumplido. La

Ángel Sevilla reboteando con autoridad en Ponferrada

puerta que sí se abrió fue la del Breogán de Lugo por consejo de los madridistas, que así verían mejor sus cualidades en una categoría superior. Lugo ya estaba más cerca de su casa y además podía compaginar sus estudios y sacar una oposición. Allí fraguó una gran carrera durante 8 años con numerosas temporadas en la primera categoría. Ferrol y Manresa fueron sus siguientes destinos en la elite. En tierras catalanas, a las que volvía después de aquel fallido intento en Badalona, vivió el mayor éxito deportivo de su

Sevilla en el Breogán de Lugo

carrera al disputar una final de la Copa del Rey ante el FC Barcelona, que les superó 92-83 con dos puntos del berciano. Después de otros conjuntos gallegos de inferior nivel, para matar el 'gusanillo' pasó a formar parte de los banquillos porque aquello le gustaba. Su carrera en esa faceta también fue larga, siempre en la sombra pero formando parte de importantes proyectos en tierras gallegas, de las que no se movió. Comenzó con la cantera y pronto empezó a ser una persona clave en el Breogán de Lugo que tan larga trayectoria tuvo en la Liga ACB junto a entrenadores muy reconocidos como podían ser Casadevall o Costa. En 2004 decidía dejar definitiva este deporte en las facetas diarias, nunca como un seguidor más, que no lo dejó en ningún momento puesto que

El berciano con la camiseta del Santa Marta ante Endesa

además de haber sido un profesional del mismo durante muchos años, lo ha vivido con una gran intensidad.

Presentación con Ángel Sevilla (séptimo por la derecha) del Joventut de Badalona 1970-1971 (FOTOGRAFÍAS DE ÁNGEL SEVILLA)

árbitros por toda la provincia para que esos partidos se pudieran celebrar, mas un aspecto que ya era básico como era la mesa. El baloncesto exigía de anotadores y cronometradores para su desarrollo y era preciso crear también un grupo de personas con afición que pudieran acudir a los partidos, puesto que el dinero que iban a recibir no podía ser demasiado alto.

Como ya era tarde para poner en marcha una liga de base, lo primero que hizo la Federación Leonesa en el mes de mayo fue un torneo para equipos infantiles y juveniles tanto masculino como femenino, para lo que solicitaba la inscripción de clubes. En juego simplemente un trofeo donado por el propio presidente. Como era lógico, la mayoría de los equipos que tomaron parte pertenecían a los centros educativos de la ciudad. Las finales tuvieron lugar en la Plaza Mayor de León en una gran jornada deportiva que también incluía finales de torneos de balonmano, por lo que durante todo el día iba a haber deporte. Ganaron los equipos de Maristas en infantiles y juveniles masculinos, en esta última final ante un conjunto que se llamaba 'La Voz de León'. Carmelitas de Guzmán se llevó la victoria infantil femenina. De esta forma se puede decir que el año 1961 podía ser el del salto cualitativo del baloncesto, pero el camino no iba a ser sencillo.

De hecho volvió de nuevo el parón. En la temporada 1961-1962 a nivel nacional el Endesa (nombre que ya se imponía sobre el inicial de Enesa) iba a jugar en Segunda División (Torneo Gonzalo Aguirre una vez más en honor al que había sido el segundo presidente de la Federación Española). La categoría era la misma de la anterior campaña pero con una denominación diferente, puesto que si antes el orden había sido de División de Honor y Primera División, ahora se iban a llamar las competiciones de Primera y Segunda División. Sus rivales iban a ser SEU de Salamanca, Juventud OJE de Salamanca, Helios OJE de Salamanca, Real Valladolid-La Salle, Águilas del Frente de Juventudes y Club Castilla, estos tres últimos de Valladolid. Por lo tanto eran tres equipos de esta provincia, otros tres de Salamanca y los bercianos. Esta liga y los torneos de escolares fueron toda la actividad.

El barbecho regresaba nuevamente. Solamente estaban de nuevo las competiciones de la OJE y la Sección Femenina. Endesa abandonaba la competición nacional y se limitaba a la competición de empresas y hasta 1966 solamente se puede decir que hubo una buena noticia, que fue el anuncio en 1964 de que se iniciaban las conversaciones para la construcción de un pabellón cubierto en la ciudad de León para todos esos deportes de sala que entonces ya se practicaban y que tenían en el clima de León a su gran enemigo durante muchos meses. A finales de ese año las ideas iniciales se plasmaban con un proyecto más concreto previsto, de forma inicial para tres mil personas sentadas y mil de pie, y con un coste de unos 18 millones de pesetas para una planta de 60x60 metros y cuyo anteproyecto correspondió al arquitecto Efrén García.

Los equipos de la OJE fueron claves muchos años, también en Ponferrada (ARCHIVO CRUZ VEGA)

1966, UN AÑO IMPORTANTE

En el tramo final de 1965 y los comienzos de 1966 se produjo un cambio importante en el baloncesto leonés. Llegaba a la presidencia de la Federación Leonesa José Luis García-Vélez Bardón, un deportista de los pies a la cabeza, siempre ligado al deporte leonés, primero como practicante de diversas especialidades y también como importante árbitro de balonmano y entrenador. Era una época en la que un grupo de personas cercanas a los órganos de gobierno se encargaban de regir los destinos de las diferentes especialidades deportivas, y Pin Vélez, que es como se le conocía, era uno de ellos y le tocó el baloncesto. Su labor fue el espaldarazo definitivo para que poco a poco se transformara este deporte.

En su mente estuvo desde un principio el "levantar e impulsar" el baloncesto en León, tal y como declaraba al poco tiempo de llegar a la federación. Entre sus primeras actividades estuvo la de realizar un cursillo de árbitros. Luego quería conseguir que las dos ciudades más importantes de la provincia, León y Ponferrada, contaran con equipos en categoría nacional. Para ello consideraba clave la construcción del pabellón de deportes, ya que eso permitiría la creación de nuevas sociedades y con una liga provincial con mayor competitividad se conseguiría ese objetivo.

No fue sencillo pero se empezó a hacer realidad. Además de un campeonato juvenil, pronto se inició el Campeonato de Primera Categoría Regional, lo que venía a ser una competición provincial. No era la primera vez que se hacía, pero sí se buscaba que en esta ocasión tuviera la continuidad que no encontraron anteriormente. Los equipos que tomaron parte en el mismo iban a ser Educación y Descanso, Escuela de Minas, Hispánica OJE, Forecu, Magisterio y Veterinaria. Como se ve muchos de ellos pertenecientes a centros educativos, en este caso universitarios, pero también uno de la sociedad recreativa y un club que fue una parte importante de los inicios de los equipos, el Forecu. La liga iba a ser a doble vuelta y el campeón iba a disputar la fase promocional a Segunda División.

Equipo del Olímpico OJE, precursor del GAB

El resumen de la temporada fue que en cuatro meses y medio de la nueva gestión se habían conseguido siete trofeos entre juveniles y sénior, contando con diez equipos en la primera de las categorías y siete en la segunda.

Más difícil era la gestión en el mayor número de localidades posible de la provincia. Se conocía el baloncesto, pero apenas se practicaba. En muchas poblaciones se había dejado de jugar ya que simplemente había sido una actividad de los torneos celebrados por el Frente de Juventudes, su recorrido era muy corto en el tiempo y poco a poco prácticamente desapareció. Un ejemplo de ello era Cacabelos, que jugaba en la plaza de Calvo Sotelo, pero al romperse

Equipo creado en Cacabelos que jugó un torneo en Toreno (ARCHIVO JOSÉ LUIS PRADA)

las canastas nadie se preocupó de ellas y no tenían donde jugar. En el mes de junio de ese 1966 gracias a una iniciativa de José Luis Prada, en colaboración con el Ayuntamiento de Cacabelos, se instalaron unas modernas canastas en una plaza que se utilizaba simplemente como aparcamiento de coches y camiones (al lado de la Nacional VI, lo que no propiciaba que fuera muy segura si se escapaba un balón). Rápidamente los de la Villa del Cúa se pusieron a jugar, llegó incluso para colaborar un entrenador de Ponferrada con el fin de preparar a un equipo para las fiestas de San Juan y jugar contra otro equipo de Toreno del Sil por un trofeo donado por la corporación municipal de esta última localidad. No acabó ahí la colaboración de Prada que también ayudó para el resto del material como balones, camisetas, zapatillas, etc... Con un equipo formado por Ignacio, Gerardo, Tivo, Alfredo, Toño, Prada, Paco y Vega ganaron el torneo a los locales después de haber dejado en la cuneta a los de Fabero (también jugaba un equipo de Bembibre) por 27-17.

La gran fiesta del baloncesto en León de todos sus inicios tuvo lugar en Cistierna. Allí se celebró un partido de homenaje a Emiliano, el mejor jugador leonés de todos los tiempos y que era hijo adoptivo de la villa, que puso en marcha la Comisión de Fiestas de Cistierna. El encuentro lo iban a disputar el Real Madrid, que ya había ganado dos Copas de Europa y en el que jugaba el leonés, y el Águilas de Bilbao, un equipo de la máxima categoría con internacionales en sus filas.

Cistierna fue la primera localidad leonesa en ver a la elite del baloncesto español con el partido entre el Real Madrid y el Águilas como homenaje a Emiliano y que fue toda una fiesta (CARLOS GARCÍA KUBALA)

La cita era en plena pretemporada y se hacía gracias a los contactos del propio Emiliano, que ya superaba el centenar de internacionalidades, pero no se perdió por ello ni un ápice de su interés y de la importancia que iba a tener para León al poder disfrutar de muchas de las estrellas nacionales. Obviamente no había instalaciones para un partido de esa envergadura (no las había en toda la provincia). Ganó el Real Madrid por 68 a 54 ya que los vascos solamente desplazaron a seis de sus componentes. Las alineaciones fueron por parte del Real Madrid la formada por Sevillano (10 puntos), Cristóbal (4), Lolo Sáinz (10), Nava (8), Emiliano (15), Paniagua (9), Luyk (12) y Guardiola. Por el Águilas jugaron Urquiza (6), Alonso (16), Zamora (2), Esparza (10), López (2) y Mendía (18). Al finalizar el encuentro se entregó la copa de ganador a Emiliano como capitán del Real Madrid, un trofeo de plata valorado en 10.000 pesetas, una cantidad muy alta para la época y que demuestra el importante esfuerzo que se realizó en Cistierna, que le dedicó una enorme ovación al jugador.

Parecía de esta forma que los cimientos ya se habían puesto y se podía empezar a construir, pero no era la primera vez que se ponía la base, y en las anteriores ocasiones no se había llegado a hacer realidad el objetivo. Por esto tan importante como haber creado la competición era darle continuidad. Y ese era el objetivo para la nueva temporada 66-67. Debían conseguirse un mínimo de cinco equipos para que la federación nacional permitiera a un equipo de la provincia tomar parte en las fase para el ascenso, y se consiguió inscribir a ocho: SD Hispánica, Loyola, Forecu, Escuela de Minas, Club Peritos, CLAA (Colegio Leonés Antiguos Alumnos), CAU (Veterinaria) y Olímpico OJE. No fue sencillo ya que todavía había equipos como el Olímpico OJE que había llegado muy justo y no tenía entrenador, o el cambio del Peritos por el Atlético Forecu para que fueran pares, un equipo éste de amigos creado por el propio Forecu en el que el único objetivo era la diversión. El baloncesto todavía no era tenido en cuenta en muchos estamentos y el CAU se quejaba de los problemas para entrenar porque el gimnasio estaba ocupado por los de boxeo. Pero eran contratiempos que por fortuna se volvieron anecdóticos y la liga transcurrió con normalidad, y lo que es más importante, generando interés, no al nivel de otros deportes, pero sí superior al existente en esta especialidad. El título cayó finalmente del lado del Loyola por delante de la Hispánica y el Olímpico OJE.

Los equipos del GAB y de la Sindical alineados antes del inicio de un partido (ARCHIVO CRUZ VEGA)

Así, el Loyola iba a ser el representante en Tercera División, que era como se llamaban a los sectores con los representantes provinciales que querían tomar parte en Segunda, o sea, lo que posteriormente se ha conocido siempre como fase de ascenso. Los leoneses debían medirse a equipos de Asturias y Santander en tierras asturianas. Primero fue contra el representante asturiano, el Ensidesa de Avilés. Los leoneses se quejaron de que el cuadro asturiano llegó sin las fichas, pero jugaron el partido (bajo protesta) con una lluvia torrencial y fuerte viento, llegando incluso a solicitar su suspensión al descanso, lo que fue denegado por los colegiados al considerar que eso era algo normal y que jugaban así muchas veces. El triunfo fue para los asturianos por 44-25. Pese a ello lograron la clasificación para la fase final al derrotar al equipo cántabro del Club Nueva Montaña Quijano de Corrales de Buelna por 40-27. En la otra fase semifinal jugaban los equipos de Valladolid, Salamanca y Palencia.

Club de Tenis de Ponferrada (ARCHIVO ÁNGEL SEVILLA)

Otro equipo berciano, el Juventud OJE (ARCHIVO ÁNGEL SEVILLA)

Pero no solamente hubo competición de liga y también tuvo lugar la Copa, en la que tomaron parte cinco equipos disputando la final la OJE y el Forecu con victoria para el último. La competición femenina arrancaba con seis equipos, la juvenil continuaba ya como una liga que se decidió por el 'basket-average' a favor del Instituto entre los nueve equipos inscritos (Instituto, CHF, Loyola, Bosco, San Fernando OJE, Europa, Juvenil, Juventud OJE y Estudiantes CLAA), y otros ocho entre los infantiles. Por fin la Federación Leonesa tenía un rendimiento más acorde a la importancia que ya tenía el baloncesto en otras provincias. Todavía se estaba lejos de poder competir con ellos, pero se estaban dando los primeros pasos. En un resumen destacaban que solamente en las diferentes competiciones oficiales (sin contar los torneos que se celebraban como el de Navidad o el de San Froilán), se habían celebrado doscientos noventa y ocho encuentros. La Liga ya se estabilizaba y ahora tocaba crecer.

La popularidad se incrementaba y en la liga 1967-1968 fue necesario hacer dos grupos por el número de equipos inscritos, con el fin de tener a tiempo un campeón provincial que luchara por ascender a Segunda Nacional, ya que a las competiciones provinciales se les consideraba de Tercera División. De esta

Los jugadores del Forecu en una alineación

forma en el Grupo A jugaban Ademar, San Francisco, Eitem, Loyola, Cau, Loreto y Atlético Forecu, mientras que en el B lo hacían Instituto, Ades CHF, Forecu, San Froilán, Aviación, Magisterio y Olímpico OJE. Ese fue el orden de cada uno de los grupos a la conclusión de la liga disputada en cada uno de ellos. Destacaba el dominio del Ademar en su grupo, en el que ganó los doce partidos jugados, siendo mayor la igualdad en el otro al concluir el Instituto y Ades con el mismo número de victorias, diez. Con la disputa de las eliminatorias entre los grupos finalmente se proclamaba campeón el Ades CHF.

El Iesve de Ponferrada destacó en el baloncesto provincial unos años (ARCHIVO CRUZ VEGA)

Cruz Vega, árbitro y Delegado Comarcal

Aunque ha destacado en Ponferrada por su pasión por el teatro, el ámbito del deporte no estuvo lejano a la trayectoria de José-Cruz Vega Alonso, y concretamente el baloncesto ocupó siempre el lugar de honor (con permiso de la Ponferradina). Cruz Vega, que es como mejor se le conoce, fue un árbitro destacado en la provincia de León cuando no eran demasiados los encargados de impartir justicia; todo el mundo reconoce que con errores o sin ellos siempre le caracterizó lo justo que era. Lo abandonó sin alejarse demasiado del deporte. Además de haber sido delegado del Colegio de Árbitros ayudó a llevar equipos como entrenador, pasando en 1975 a ser el

Cruz Vega de árbitro de baloncesto

Delegado Comarcal de la Federación Leonesa de Baloncesto. Este cargo lo hubo una serie de años porque la distancia entre León y Ponferrada aconsejaba que la gestión se realizara desde El Bierzo. Más adelante desapareció esta Comarcal, lo mismo que le sucedió a la propia Federación Leonesa. Su labor la definía cuando comenzó como de "organización de todo lo relativo a los campeonatos". Y vaya si lo hizo. Entró con 120 fichas y una enorme escasez de participación femenina en las competiciones federadas al haberse quedado sin equipos por la incompatibilidad de jugar en federados y escolares. En 1980 abandonaba el cargo y en medio de esta trayectoria consiguió reflotar el número de licencias (por consiguiente de jugadores), que llegó a ser de 624 en la temporada 1977-1978 con 70 equipos de todas las categorías, lo que puso a la Delegación del Bierzo en el puesto 15 de las de toda España. Tras abandonar esa labor federativa estuvo inmerso en el apartado deportivo de los medios de comunicación, siendo durante muchos el encargado de contar todo lo que acontecía en Ponferrada en esta faceta, lo que le ha convertido en una verdadera 'enciclopedia' de la vida de su ciudad.

Recibiendo un homenaje con la presencia de Luyk (ARCHIVO CRUZ VEGA)

El lunar de toda esta progresión estaba siendo Ponferrada. Una localidad que había tenido al primer equipo de la provincia en categoría nacional y que había contado con una buena afición a este deporte, ahora mismo estaba fuera de la liga de Tercera División así como otras localidades bercianas. En la temporada 1968-1969 ya dieron el paso. Tras las reuniones y trabajos capitaneados por el delegado de la Federación, Carlos Iglesias, se lograba tener una competición de Tercera División (local). Inicialmente Endesa había querido dar el paso de su regreso realizando la inscripción en la liga que se celebraba en León, pero finalmente se desestimó al hacerse una liga de Ponferrada con cinco equipos: Club de Tenis, Academias Mercurio, OJE, Academia Colegio San Pedro y Grupo de Endesa. También empezaron a desarrollar campeonatos femeninos y de juveniles. El Club de Tenis fue el dominador de esta competición ponferradina en el regreso de un deporte que había conocido momentos mejores pero que había vuelto para quedarse.

Lo que también regresaba era la pelea por el título provincial y ser el representante leonés en la fase de ascenso. En esta temporada 1968-1969 enfrentaba al San Francisco de los Dominicos de León y al Club de Tenis de Ponferrada. Los capitalinos se llevaron la victoria después de haber ganado en su feudo y empatar en tierras bercianas.

REGRESO A LAS COMPETICIONES NACIONALES

En el verano de 1969 el baloncesto sufría un pequeño cambio que sin embargo era muy importante para los equipos leoneses. Se le daba a la Tercera División un carácter nacional, o sea, que en un mismo grupo iban a participar equipos de diferentes provincias. Esto provocaría que no solamente fueran los mejores de la temporada anterior los que iban a poder jugar en esta competición, sino los que podían

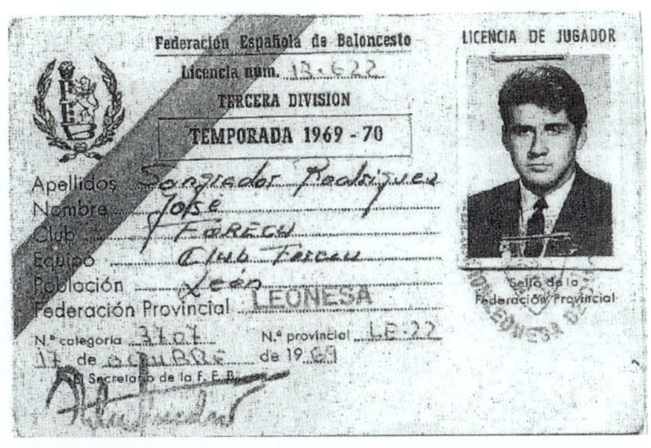

La ficha federativa de un jugador del Forecu

hacer frente a los gastos de los desplazamientos. Inicialmente iban a estar por parte de León en esta fase que se denominaban sectores Endesa y Club de Tenis de Ponferrada junto al OJE, Forecu y Loyola de León, pero finalmente los representantes bercianos de la empresa eléctrica no fueron de la partida.

Notaron los conjuntos leoneses la diferencia con otros equipos con más competición a sus espaldas y no pudieron luchar por las plazas de honor que daban derecho a jugar el campeonato nacional de la categoría

Un partido en los Agustinos de León (CÉSAR)

y por consiguiente a luchar por el ascenso a Segunda División, una categoría mucho más fuerte. Forecu y Loyola llegaron a ser los perseguidores del Mieres Club Patín y la Avilesina que dominaban la liga con claridad; por su parte Club de Tenis y OJE se encontraban luchando por eludir los últimos lugares de la clasificación.

Este escalonamiento de las categorías daba un aliciente mayor a la competición provincial, que pese al 'ascenso' de varios equipos continuaba desarrollándose en la provincia. Ahora había más opciones de jugar en una categoría superior. Se mantenían las ligas en León y en Ponferrada y sus campeones fueron Agustinos entre los primeros y San Ignacio en los segundos.

En 1971 se producía un cambio en la Federación Leonesa de Baloncesto y la persona que desde los organismos oficiales había regido los destinos de este deporte, Pin Vélez dejaba el cargo al recibir otro nombramiento y su lugar lo ocupaba José Luis Suárez. Era un hombre de baloncesto que buscaría dar un enfoque diferente más acorde con los cambios sociales que se estaban produciendo en España, que todavía en estos comienzos de esa década eran lentos aunque parecían que iban a llegar. A su llegada contaba la provincia con tres equipos masculinos en la competición nacional de Tercera División (Hispánica OJE se había retirado en la temporada 1970-1971), cerca de la decena en las provinciales siendo el doble en juveniles, pero con un frenazo importante en infantiles. Su principal reclamación era la escasa información que se estaba dando del baloncesto que provocaba que en muchos partidos o sectores solamente gracias al 'boca a boca' se conseguía que la gente supiera de la celebración de interesantes partidos. En ocasiones estas oportunidades de promoción no llegaban y los encuentros estaban abandonados, con una nula presencia en las gradas.

Entre los años 1970 y 1975 la Tercera División, el tope del baloncesto leonés en esos momentos, contó con algunos cambios entre los conjuntos de la provincia. La temporada 1970-1971 contaba con tres representantes, dos de la capital y uno del Bierzo tras el abandono del Hispánica OJE. Los dos primeros eran Loyola y Forecu y el último el Club de Tenis Ponferrada. Seguía siendo el baloncesto que se jugaba en la provincia con pocos argumentos técnicos y el rendimiento no fue muy bueno. Se contaba con algunas individualidades interesantes pero la media general seguía siendo baja respecto a otras provincias. El Loyola fue el octavo (de 11), mientras que Forecu y Club de Tenis ocuparon los dos últimos lugares. En la siguiente temporada 1971-1972, el Loyola pasaba a ser la OJE, y el Forecu ya no continuaba en la competición nacional que le suponía invertir una parte muy importante de los ingresos de esta sociedad cultural en una sola actividad. En la clasificación el Club de Tenis Ponferrada repetía la última plaza mientras que el OJE al conseguir empezar a reunir algunas de esas individualidades al

Agustinos tuvo una gran relación con el baloncesto (CÉSAR)

Los Pedrines, un equipo que jugó en Provincial (CÉSAR)

La OJE fue el equipo de Tercera en los 70 (CÉSAR)

ser el único conjunto de la ciudad de León en Tercera ya se aupaba hasta la quinta plaza en una liga con equipos asturianos, de Valladolid, Zamora y Salamanca.

La temporada 1972-1973 repetía dos representantes, uno por la capital y otro por el Bierzo. OJE daba un paso atrás y caía hasta la novena plaza de los doce equipos del grupo. Por su parte el representante berciano era en esta ocasión el Baloncesto Ponferrada, una sociedad que empezaba ya a ser exclusiva de este deporte. Su puesto fue el penúltimo en su estreno con esa denominación. Quedaba solamente la OJE en la temporada siguiente (se ubicó en la parte baja de la clasificación) que no contó con un equipo del Bierzo que lo recuperaba en la siguiente, 1974-1975, con el retorno del Endesa que se había proclamado campeón provincial la temporada anterior y que en esta liga concluía penúltimo. Por su parte el OJE se aupaba a la mejor posición hasta el momento de su trayectoria con una segunda plaza a cuatro puntos del campeón, que fue el Peleteiro de Santiago. Los leoneses ganaron quince de los 24 partidos y estuvieron más cerca que nunca de poder aspirar a una categoría superior.

Un partido en el pabellón de Maristas (CÉSAR)

Eso no continuó porque en la temporada 1975-1976 regresaba de nuevo a su ubicación tradicional en la parte baja al concluir el Hispánico OJE el décimo en ese año. Repetía ese mismo lugar en la siguiente y el avance esperado del baloncesto no se producía. OJE tenía mucho mérito al conseguir un año tras otro estar en estas competiciones nacionales, pero no enganchaba al público como lo hubiera hecho con una pelea por el ascenso a Segunda. Tampoco hay que pensar que

Alineación de la OJE en 1976 (CÉSAR)

El Pabellón Municipal llegó en los 70 (CÉSAR)

hacía mal las cosas porque sus rivales en algunos casos contaban con trayectorias mucho más largas y junto a gallegos y asturianos se podría decir que los leoneses eran los últimos en llegar. Novenos fueron en la temporada 1977-1978, en un grupo con madrileños principalmente, aunque también con equipos de Ávila, Segovia, Salamanca, Segovia y Cáceres. Llegaba el final de esta trayectoria de OJE, en este año 1978. El cambio de régimen en España reducía de una manera considerable el poder económico de esta organización juvenil. Aunque no desapareció, el deporte federado a nivel nacional poco a poco se limitó para ellos y ya en la siguiente temporada no estaban en Tercera.

MÁS EQUIPOS Y NUEVAS CATEGORÍAS

La competición leonesa en este año 1978 por fortuna disponía de una larga lista de equipos para cubrir esa vacante. En el resumen de la temporada de la Federación Española de Baloncesto figuran como equipos de la Federación Leonesa en Provincial masculino: Aquarium, Telefónica, Agustinos, Albinos, GAB, Asociación, Bosco, Colegio de Huérfanos Ferroviarios, Ipove de Ponferrada, Instituto Nacional de Previsión, Jóvenes Trabajadores de Ponferrada, Magisterio, Santa Claus, Santa Marta de Ponferrada y Venezuela también ubicado en la ciudad berciana. Era la época de la gestión de un nuevo presidente en la Federación Leonesa de baloncesto como era Raúl de la Puente, que se había hecho cargo de ella en 1975. Junto a él estaba como secretario Enrique Gil, que era árbitro y se encargó de gestionar

El equipo de la OJE jugando en el Globo con poco público en las gradas (CÉSAR)

muchos de los aspectos de la progresión de las nuevas sociedades. De este importante avance no estaba exento El Bierzo con la Delegación Comarcal que llevaba Cruz Vega. Los números de fichas habían mejorado mucho y eso se notaba en una competición de mucho más nivel, que acababa repercutiendo en que se pudiera aspirar a cotas más altas pero también lo dejó ese año.

Dos equipos fueron de nuevo los que tomaron parte en la temporada 1978-1979 en Tercera División representando a la provincia: Santa Claus y Basket Ponferrada. Jugaron una fase interprovincial con ocho equipos en los que además de ellos dos estaban Alfonso II de Oviedo, Atlética Avilesina, Mieres Baloncesto, Independiente de Palencia, Upypa de Palencia, Independiente de Gijón y Ensidesa de Llanares. Los de la capital fueron los terceros a dos victorias de los dos líderes. En sexta posición acababa el conjunto ponferradino.

Los nuevos grupos incluían esta zona de la geografía nacional y se mantenía en la temporada 1979-1980. La presencia leonesa en la categoría se duplicó al incorporarse a los dos anteriores el Albinos de León (luego añadiría el Casa Galicia) y el JT de Ponferrada. El gran trabajo que durante toda la década estaban realizando entusiastas del baloncesto, los cursillos de entrenadores y los federativos estaban haciendo crecer el baloncesto como muchos de ellos reconocían en "una ciudad que prefiere el balonmano". El camino era largo y todavía faltaba por recorrer, pero a la conclusión de esta temporada se dio un paso de gigante con la incorporación del Santa Claus en la liga de Segunda División de la siguiente temporada. Llegó después de que dominara esa Tercera en la que hubo muchos problemas por las retiradas de los equipos, un mal que se empezaba a repetir mucho.

Fueron los años 80 del siglo XX los que sirvieron para dar el empujón necesario a este deporte, porque esos partidos tan intensos entre los equipos de la capital, añadida a la rivalidad con los conjuntos bercianos, provocaron que las gradas se fueran llenando paulatinamente y la repercusión se multiplicara. No fue un crecimiento excepcional pero aquellos vacíos que daban pena ya empezaban a ser historia.

En la temporada 1980-1981 debutaba un conjunto leonés en Segunda División que era un nombre 'ficticio', puesto que con la reestructuración de 1978 había pasado a ser la tercera categoría del baloncesto español al tener por delante Primera División y Primera División B. Era una liga reñida al ser pequeño el número de grupos que la componían y eso provocaba una mayor concentración de equipos de calidad. En esa división se defendió con holgura el Santa Claus. En Tercera se perdía un equipo que se tomaba un respiro, el JT Ponferrada, y nacía otro, el CB León, con el patrocinio de Elosúa y que empezaba en esta categoría al coger la plaza del OJE, que había continuado jugando en la competición provincial y había conseguido el ascenso. Continuaban el Casa Galicia y el Básket Bierzo (nueva denominación esta temporada).

Se repetía la temporada 1981-1982 con el único cambio del retorno del JT Ponferrada a Tercera y se llegaba al culmen en la siguiente temporada al estar dos equipos en Segunda División y tres en Tercera tras el ascenso del Elosúa, que fue efímero, pero había servido para que el baloncesto en la provincia continuara con ese crecimiento. A partir de estos años la historia estuvo marcada por los éxitos del CB León y su meteórico ascenso, siempre secundado por otros clubes provinciales que luchaban por seguir en otras categorías menos profesionales pero no por ello menos duras y complicadas.

Dos equipos alineados en el 'Globo' ya con mejores entradas de público (CÉSAR)

Nacho Suárez, un récord sin igualar

Ignacio Suárez nació en León en 1964 pero tuvo poco contacto con el baloncesto leonés como jugador aunque sí lo conoció de niño al haber estado ligado su padre a labores federativas. Se midió con los leoneses como rival cuando estaba en la Liga ACB el Baloncesto León pero reconociendo que "cómo no voy a querer jugar en el equipo de mi tierra". Se formó en la cantera del FC Barcelona y con 1,88 metros de altura jugaba de base y también era un gran anotador. En su trayectoria inicial se estrenó en la máxima categoría en Manresa en la primera temporada de la historia en la que la Primera División había dejado esa denominación para pasar a ser Liga ACB. Era la temporada 1983-1984 y no tenía ni 20 años. Bajó las dos siguientes temporadas a jugar en Primera B con el Hospitalet y el Mataró, para regresar a la máxima categoría en el Oximesa de Granada y ahí frenó un poco su proyección al descentrarse algo, por lo que en la liga 1988-1989 regresaba a Primera B con un club como el Ourense que supuso el espaldarazo definitivo a su carrera. Con los gallegos regresaba a la ACB al ascender después de haber eliminado al potente y poderoso económicamente Cajamadrid en su propio feudo en el quinto y definitivo partido, gracias a los 37 puntos que sumaba el leonés en los 50 minutos que fueron necesarios para decidir el vencedor tras dos prórrogas. Hasta 1991 estuvo en Galicia, luego otros dos años en Murcia y una última temporada en Huesca fue su carrera. Llegó a ser convocado por Díaz Miguel para la selección española y disputar partidos de preparación para un campeonato, pero sin contar como oficiales. Se hizo famoso al ser el primer jugador español de la historia en conseguir un triple doble (10 puntos, 10 rebotes y 11 asistencias) en un partido y además ser el único que lo consiguió en dos ocasiones ya que en otro partido de esa misma temporada 1990-1991 sumaba 15 puntos, 10 rebotes y 11 asistencias.

Carlos Suárez, su hermano cuatro años menor, también jugó al baloncesto en equipos como Ourense y Obradoiro. En esta última ciudad cambió de deporte y como gestor se pasó al fútbol y fue el presidente del Real Valladolid durante 18 años hasta que vendió sus acciones el brasileño Ronaldo.

Nacho Suárez en una de sus visitas a León (MAURICIO PEÑA)

Manuel Aller: 'Pataslargas' llegó muy lejos

Desde el Bierzo la carrera más destacada la tuvo sin duda alguna Manuel Aller, un jugador que hizo de Galicia su tierra (de Orense era su madre) pero que nunca olvidó su cuna. Nacido en Ponferrada en 1963, "en la calle Real" como dice con mucho orgullo, jugaba en el Campo de la Cruz y eso no impidió que pronto se fijara en él Suso Pascual. Militó en el Santa Marta poco tiempo, puesto que otro berciano que había marchado unos años antes a Galicia, Ángel Sevilla, fue a verle y aconsejó al OAR presidido por Juan Fernández a llevarse a aquel chico que conocían como 'pataslargas' y que tenía unas enormes posibilidades. De esta forma, con solamente quince años, marchó becado a Ferrol en una época en que esas cosas todavía se contaban con los dedos de una mano. Pasó por las categorías inferiores y se cumplieron las predicciones de Pascual y Sevilla y cuando solamente tenía 17 años asciende con los gallegos de Segunda División a Primera, lo que indica la apuesta que habían hechos los ferrolanos puesto que en ese momento no eran un club de elite. Era la temporada 1979-1980. A partir de ese momento el OAR se convierte en un clásico del baloncesto español y en sus filas hizo prácticamente toda su carrera este escolta berciano de 1,92 metros. Solamente se perdió la temporada 1983-1984 por tener que realizar el servicio militar. En la temporada 1993-1994 dejaba el OAR porque había desaparecido de la elite (solamente falló en la temporada 1987-1988 que jugó en Primera B). Trabajador incansable, también promediaba buenos puntos para su equipo que llegó a jugar en tres ocasiones en la competición europea y fue convocado en 19 ocasiones por la selección española absoluta (anteriormente en la júnior) disputando el Campeonato de Europa en Zagreb.

Cerró sus 19 años de profesional con una temporada en Salamanca en la Liga ACB, pero quiso volver rápidamente a Galicia y allí siguió ligado al baloncesto con un equipo que había ocupado el hueco del desaparecido Ferrol de ayudante del entrenador pese a que en un principio no había pensado en dedicarse a los banquillos. Todo cambió cuando en 2004 le llamó la Federación Española de Baloncesto para la que ha ejercido en diversos cargos, desde coordinador de las selecciones hasta integrante del cuadro técnico del equipo absoluto en muchos de los éxitos que alcanzó. Incluso tuvo tiempo de irse un año a China como ayudante de Orenga.

Manuel Aller con la selección española (ARCHIVO SUSO PASCUAL)

Capítulo 2
Baloncesto femenino

UN DEPORTE 'PERMITIDO'

En su origen, el baloncesto femenino fue uno de los deportes mejor aceptados por las autoridades, aunque también hubo detractores y algunos contratiempos. Sí pudieron practicarlo casi desde su comienzo, pero no fue un camino sencillo, sobre todo en la España de después de la Guerra Civil en la que el papel de la mujer quedaba muy relegado y apenas podía realizar actividades una vez que contraía matrimonio. En León tardó en asentarse mucho más que el masculino. Había equipos que jugaban en categoría nacional, pero muy escasos y siempre formados por generaciones que cuando se retiraban llegaba un retroceso hasta que surgía otra. También los respaldos económicos cuando empezaron las sociedades deportivas eran muy inferiores y, pese a todo eso, en la historia del baloncesto en León ha habido durante más tiempo un equipo femenino de la provincia en la máxima categoría que uno masculino.

En los inicios hay que destacar que tampoco antes de la contienda española tuvieron facilidades. Un ejemplo de las dificultades a las que tuvieron que enfrentarse fue un artículo publicado en la prensa en el mes de diciembre de 1928 para hablar de un partido celebrado en Madrid de mujeres y que no era más que una feroz crítica a la actividad deportiva femenina:

El baloncesto femenino tuvo indumentarias muy extrañas en su historia, como las faldas (CÉSAR)

"Parecerán feas...

Se ha celebrado en Madrid un partido de balón-cesto entre dos equipos femeninos.

Ante los numerosos espectadores se presentaron en el campo unas gentiles y bellas muchachas.

Un rotativo madrileño da amplia reseña del encuentro.

No hemos de censurar el traje de las jugadoras, ya que indudablemente el pantalón bombacho es más honesto que las faldas que ahora usan.

Ni hemos de censurar el exhibicionismo femenino en esa forma.

Ni el ejercicio físico que, no siendo violento y hombruno, conviene a toda mujer.

Ni hemos de repetir lo que se ha dicho respecto a los deportes femeninos por el Papa. ¡Hoy somos indulgentes del todo!

Tan sólo hemos de suplicar que miren una plana fotográfica que trae del partido ABC.

Y que se nos diga si ganará mucho la belleza femenina con esas actitudes, con esos gestos y ese anhelo por un triunfo tan efímero. ¡Aun hay quien compara a ese juego con la belleza de un friso griego!...

Ya hemos dicho que las señoritas jugadoras son bellas. Pues bien: no hay más que verlas para comprender que no quieren parecerlo. Si no parecer feas.

Si para muestra basta un botón, esa plaza a que aludimos es para enfriar entusiasmos por el deporte femenino."

Entrenamiento de un equipo de baloncesto en los comienzos en un campo de fútbol y con bombachos

El primer encuentro femenino se jugó en Estados Unidos, en el Smith College de Northampton (Massachusetts), el 21 de marzo de 1893, una universidad privada femenina cuya profesora de Educación Física, Senda Berenson, lo había introducido tras haberse informado de sus reglas directamente del creador, James Naismith. Entre las normas introducidas por Senda Berenson, se incluyen las siguientes: la pista se divide en tres zonas con 6 jugadoras por equipo; dos jugadoras son asignadas a cada zona (base, pívots y alero) y no pueden cruzar la línea ni pasar a otras áreas; el balón avanza de sección a sección a través del pase o del bote; las jugadoras tan solo pueden dar tres botes y no pueden tener la posesión del balón más de tres segundos; no se puede quitar o golpear la pelota lejos

Los primeros pasos también se dieron en Estados Unidos

del jugador; se hace un salto desde el centro del campo tras cada canasta. Estas reglas fueron evolucionando por separado de las del juego masculino hasta finales del decenio de 1960.

León no fue diferente en la llegada del baloncesto femenino, y más cuando los comienzos se retrasaron bastante respecto a otras provincias. Después de aquella mención de 1931 para intentar poner equipos en marcha (de ambos sexos) y que no llegó a buen puerto, fue la Sección Femenina la encargada de organizar las competiciones. Durante muchos años se restringían a las diferentes concentraciones que realizaban y en las que se practicaban varias actividades entre las que estaba el baloncesto. Se limitaba a ese tiempo y eso sí, competían equipos de diferentes localidades, primero provinciales, y luego entre provincias durante unos días. Así transcurría este baloncesto durante los años 40 del siglo XX. Las competiciones se dividían en categorías para igualar a los equipos y que no hubiera enormes diferencias. León formaba parte de la tercera y como también se tenía en cuenta la proximidad geográfica se medía a provincias cercanas. Así sucedía por ejemplo en la eliminatoria ante Oviedo en 1945 en la que ganaban por 14-2. El equipo de León estaba capitaneado por Carmen Melón y junto a ella estaban Mary Barredo, Pilar Mato, Pilar Rodríguez, Raquel Vega y Sara Bartolomé.

Los principales equipos que había tanto en esta década posterior a la guerra como en la siguiente, eran de los colegios, y de ahí se nutría el equipo definitivo. Eran muchos los conjuntos que tomaban parte en las competiciones, como podían ser los de Carmelitas, tanto de Guzmán como de Fajeros, el Instituto Femenino, la Residencia, Academia Politécnica o Flechas Azules.

Se mantuvo esta dinámica en los años 50 con la presencia de varios equipos leoneses de esta Sección Femenina en fases interprovinciales. Lo que era más importante es que no solamente eran de la capital, puesto que había en muchas otras localidades. En el campeonato de 1951 había equipos además del de la ciudad, de Nistal de la Vega, Astorga, Ponferrada, Sabero, Valencia de Don Juan, Cacabelos, Villaquejida y Boñar.

En el año 1953 acogió el Estadio Hispánico del Frente de Juventudes en León la fase interregional de los campeonatos nacionales en tres categorías: Sección Femenina (jugaron León, Gordoncillo, Toreno, Pontevedra y Palencia), Flechas (Asturias, La Coruña, León, Boñar, Lugo, Palencia y Pontevedra) y Sindicadas (León, pertenecientes a Productos Químicos Abelló, Lugo, Pontevedra, Valladolid y Zamora). Seguían siendo competiciones realizadas por concentración y en este caso se jugaban todos los partidos entre el 30 de septiembre y el 4 de octubre. En la Sección Femenina ganaron las de León, que fueron segundas en Sindicadas por detrás de Lugo mientras que en la competición de Flechas ocuparon el último lugar.

Sin embargo, al no haber una competición femenina de calidad, el rendimiento se notaba y no era mucho el nivel que se mostraba en los diferentes partidos que se disputaban, aunque eso sí, el entusiasmo era enorme. No eran demasiadas las opciones de que disponían las mujeres para practicar deporte, y cada año que pasaba eran más las que querían hacerlo. Se podía decir que más bien eran niñas. En los colegios sí había baloncesto, sin embargo no de categoría sénior ya que pese a que hubiera algunas jugadoras, desaparecían rápidamente si se convertían en 'amas de casa' tras casarse, con lo que variaban mucho las alineaciones de un año a otro.

La llegada de la década de los años sesenta no permitió variar mucho la situación ni en el aspecto deportivo ni en el de aceptación de la práctica femenina entre la sociedad pese a ser algo que estaba permitido. En una entrevista en Proa a Purita Martínez, jugadora del Grupo de Educación y Descanso de Enesa de Ponferrada, no podía evitar tener que defenderse de la práctica del baloncesto reconociendo que "es un deporte muy completo y lo mismo se adapta a ellos que a nosotras. Precisamente en esto hay con frecuencia comentarios de gentes que no saben comprender el problema, lo mismo que sobre la forma de nuestra indumentaria. En el deporte, tanto el baloncesto como la natación, no hay que mirar la indumentaria, sino la práctica del deporte en sí mismo. No salimos a la cancha de juego para exhibir nuestra persona, sino para practicar un deporte que gusta a los que lo comprenden".

Nuevamente era El Bierzo, y en estos años más concretamente Ponferrada, los que empezaban a dar los primeros pasos de intentar que se diera mayor apoyo al baloncesto femenino. Se creaba algún equipo como el Saeta de grupos de amigas que sin embargo realizaban buen papel a nivel local. Incluso en el provincial de 1961 las dos primeras plazas eran para Nuestra Señora de la Encina y Enesa, ambos de Ponferrada, que quedaron por delante de los conjuntos de la Sección Femenina de León, Valencia de Don Juan, Villaquejida y el Santa Teresa coyantino. Estas fases, que seguían siendo por concentración y no por liga, se disputaban en la pista del Parque Infantil del Paseo de Papalaguinda de la capital leonesa, una cancha de baloncesto que de jugar partidos de competiciones, principalmente femeninas, luego durante muchos años fue la canasta popular de la

Piluca Alonso, destinada al baloncesto

La altura siempre marcó la carrera de Piluca Alonso, una leonesa nacida en 1968, una época en la que no destacaban las jugadoras que superaban el 1,85. El baloncesto era el destino lógico en esos momentos para ella, que de la mano de Marisa Barrientos lo empezó a conocer y además se convirtió en su sueño. Formada en las Dominicas pasó al Casa de Galicia, equipo con el que llegó a una fase final infantil (ya medía entonces más de 1,90). Estuvo con la selección española y antes de cumplir los 15 años se hizo con sus servicios un club de la máxima categoría, el Celta de Vigo. Fue una decisión difícil porque pese a su 1,95 metros seguía siendo una niña y su familia, sobre todo su madre, era reacia a su marcha. La afición de Piluca por el baloncesto y saber que era el sueño que perseguía hicieron que la familia se sacrificara porque Vigo no estaba muy lejos y si la experiencia no la convencía siempre podía volver.

No tuvo oportunidad de disfrutar demasiado tiempo de las categorías inferiores, puesto que ya con 15 años acudía convocada a los partidos de Primera División con el Celta y disponía de algunos minutos mientras jugaba con el conjunto júnior pese a su juventud. Ese tiempo se iba ampliando poco a poco e incluso sumaba un título de la Copa de la Reina en 1984 para estrenar su palmarés absoluto. En 1989 después de los graves problemas económicos del Celta se marchó al Tintoretto, un equipo de Getafe que estaba haciendo

Piluca Alonso, una cabeza más alta que el resto, junto a Marisa Barrientos, su entrenadora, en el Casa Galicia (CÉSAR)

una gran inversión, no en vano había militado en su filas la soviética Semenova, una jugadora de 2,13 que marcó toda una época en el baloncesto mundial. Y es que la leonesa ya no era una chica alta, ya era una jugadora de baloncesto internacional capaz de jugar en los mejores equipos de España. Lo demostró al fichar por el Dorna Godella valenciano a continuación, un equipo que había logrado para España la primera Copa de Europa femenina, y que repitió victoria en la temporada 1992-1993 con la leonesa en sus filas. En tierras valencianas cerró su periplo ayudando a un club con problemas después de haber pasado de nuevo por Vigo.

Internacionalmente, Piluca Alonso defendió la camiseta de España juvenil, júnior y sénior. Con la absoluta debutó con 19 años y llegó a jugar ni más ni menos que 171 partidos. Disputó cuatro Eurobásket, dos mundiales y unos Juegos Olímpicos. El primer título de la historia de España se logró con Piluca en el equipo que se llevó el oro en el Europeo de 1993 jugado en Italia.

Piluca hizo del baloncesto su vida y entrenó mucho para llegar a la élite (MAURICIO PEÑA)

Finalmente con lo que siempre se queda del baloncesto es que "los lazos que une el básket no se pierden nunca"... y del torneo popular de baloncesto que se jugaba en las fiestas de San Juan y San Pedro de la capital leonesa, que no se perdía nunca para seguir disfrutando en su casa de su gran afición.

ciudad para 'tirar unos tiros' cuando las instalaciones ya se hicieron más habituales.

La primera gran novedad llegaba con la aparición del Club Forecu, una sociedad recreativa y cultural que incluía el baloncesto y a la vera del equipo masculino creaba uno femenino, lo que era algo poco habitual a mediados de los años sesenta. También celebraba un torneo en colaboración con la cada vez más asentada Federación Leonesa de Baloncesto en el que se medía a equipos como Milagrosa (en cuya cancha se celebraban los partidos), Filial y Dominicas. Como se ve los únicos rivales eran centros educativos, lo que da una idea de la edad de la mayoría de las jugadoras en esos momentos.

En 1967 el Campeonato Provincial femenino seguía siendo similar y los equipos que tomaban parte era el Forecu, Asunción, Olimpic Asunción, Filial y Dominicas. Al menos ya se hablaba de competiciones femeninas en toda regla. Forecu fue el campeón en una dura competencia con la Filial. Luego fue el representante leonés en la fase de sector que tuvo lugar en Lugo y en el que se iba a medir con los campeones de Pontevedra, La Coruña, Palencia, Asturias y el propio Lugo. Era un 'novato' en esos campeonatos y se puede decir que con poca calidad todavía en esos momentos en las jugadoras leonesas. Era el primer paso y se ponía la base para el futuro que debía dar paso a la creación de nuevos equipos sin que por ello dejaran de existir los campeonatos de la Sección Femenina, que sin embargo poco a poco iban perdiendo fuelle ya que ocupaban muy cortos espacios de tiempo y la Federación buscaba que hubiera baloncesto, tanto masculino como femenino, mucho más tiempo a lo largo de la temporada.

El paso de gigante se dio con la presencia de las Dominicas en el Campeonato Femenino de Segunda Categoría, que por primera vez se celebraba a nivel nacional en 1968. Se trataba del subgrupo 3º que luchaba por acceder a las fase finales en un sector que en esta ocasión tuvo lugar en Salamanca y junto al conjunto leonés estuvieron el Medina de Salamanca, Iberit de Valladolid, Manuel Álvarez de Pontevedra y Cacereño

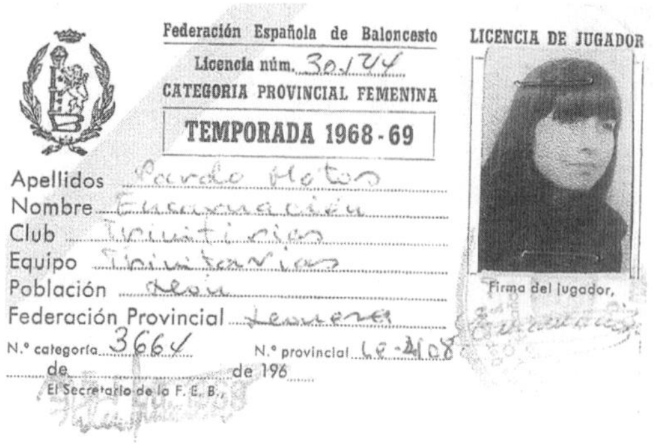

Ficha de una jugadora de Trinitarias en los 60 (ARCHIVO JANDRI)

Atlético de Cáceres. Las leonesas, todavía con poca experiencia en estas lides, no pudieron sumar ninguna victoria, aunque sí compitieron ante sus cuatro rivales pese a acabar las últimas del grupo. Empezaron ante las locales y perdieron 57-34, para en la segunda jornada sucumbir por 21-29 ante las extremeñas, en la tercera fueron su verdugo las vallisoletanas por 31-25; en la despedida cayeron 26-27 ante las gallegas.

Equipo del Santa Marta femenino, un club de fútbol con baloncesto (ME PRESTA EL BIERZO.COM)

Ya estaba establecida como habitual la liga femenina en la provincia de León y el número de equipos aumentaba. Si en la liga provincial 1968-1969 eran trece los inscritos en la Federación Leonesa según el registro de la Federación Española (destacaba el Bierzo con conjuntos como el Santa Marta, Academia Mercurio, Inmaculada, Club de Tenis, Olímpico Concepcionistas y Colegio Niño Jesús de Bembibre), en la liga 1969-1970 solamente en la zona de León eran nueve: Dominicas, Forecu, A.T.S. Barbarán OJE, Trinitarias, Medina, Magisterio, Asunción y J. Trobajo, dominando las primeras con mano de hierro y disputando el título provincial al Espíritu Santo de Ponferrada. La parte más positiva de esta temporada fue que al menos ya habían desaparecido las faldas con las que jugaban.

En Ponferrada pronto se asentó el baloncesto como el deporte femenino (ARCHIVO SUSO PASCUAL)

Costaba trabajo superar rondas que dieran derecho a tomar parte en las incipientes competiciones nacionales, y durante los años 70 del siglo XX la situación no varió demasiado. También optó a dar ese paso un representante berciano como el Hybris, que se impuso en la final provincial de 1971 al Barbarán OJE y luego se jugó la clasificación frente al campeón gallego de la zona sur, que era el Manuel Álvarez. En las instalaciones del Club de Tenis de Ponferrada ganaron las bercianas por 29-26, pero en la vuelta en tierras gallegas no pudieron defender esa renta y cayeron eliminadas al perder 51-30. La alineación del conjunto de Ponferrada en estos partidos la formaron T. Santiago, Sevilla, De la Hoz, Gámez, Udaondo, María Teresa, Lucía, Pili, Marieta y Angla.

Al año siguiente caían las bercianas en la final provincial ante el Forecu, que perdió en la fase de sector ante el Santa Teresa de Valladolid y no pudo aspirar al ascenso. Repitió circunstancia en la siguiente campaña (1972-1973) y en esta ocasión le dejaba en el camino el Marineda de La Coruña, que venció en tierras gallegas por 37-28 y pese a que en la vuelta las leonesas ganaron, solamente lo hicieron por cuatro puntos (38-34) y de nuevo eran eliminadas.

En esta temporada, con un Pabellón Municipal recién estrenado, la capital leonesa acogía una fase de sector para el ascenso a Segunda Femenina en el que no pudieron estar las leonesas. Esto hubiera supuesto un importante espaldarazo para este deporte femenino de haberlo conseguido, siendo el primero del mismo el Marineda que había eliminado al Forecu.

Un curioso equipo, el Pedrines, fue el campeón de la temporada 1973-1974 y tampoco pudo llegar a los sectores de ascenso a Segunda División en un salto que estaba siendo demasiado grande para los representantes leoneses, ya que la diferencia entre la competición provincial y esa categoría era muy grande (se pedía una Tercera División como en la competición masculina y no acababa de llegar). El CAU de Oviedo fue el encargado de cerrar la puerta en esta campaña. Este equipo es una curiosidad puesto que se trataba de un conjunto perteneciente a una peña que se dedicaba a animar a la Cultural de fútbol. Su nombre surge porque un grupo de amigos viajantes y aficionados al fútbol se desplazaban mucho a Villablino, y a todos los llamaban 'Pedrín', de ahí que cuando se decide crear una peña, la llamaron 'Los Pedrines'. Fue muy popular y llegó a tener como sede social un local en la calle Federico Echevarría de León que fue mítico, incluso a la hora de tomar el vino. Además del fútbol, que era su prioridad, también incluían fines recreativos como excursiones y romerías, además de dos equipos de baloncesto para jugar en la competición provincial, tanto masculina como femenina, curiosamente una entidad que en ese año 1974 no aceptaba a las mujeres como socias.

El inesperado avance llegaba en forma de una renuncia. La retirada de un equipo asturiano de Segunda División dejó una vacante que se le ofreció al equipo que había disputado la fase de ascenso, Los Pedrines, que económicamente no podía hacer frente a los gastos de una competición en la que militaban

Equipo de Los Pedrines femenino formado por Mª José, Kela, Mireia y Auri y abajo: Marisa, Montse, Elena y Ana (CÉSAR)

El Hybris de Ponferrada dominó varios años (ARCHIVO SUSO PASCUAL)

siete equipos gallegos, uno de Asturias y otro de Salamanca. Se hablaba de casi 400.000 pesetas, dinero que para la peña culturalista era demasiado, y peor sin una empresa que patrocinara. Ante esta circunstancia, y para que León no perdiera la ocasión de jugar en esa competición femenina, OJE se ofreció al ocupar la plaza y la Federación Española lo aceptó.

De esta forma en la temporada 1974-1975 el OJE de León se estrenaba en la competición de Segunda, todo un hito para el deporte femenino leonés, siempre con muchos menos apoyos, principalmente económicos. Sus rivales iban a ser el Medina de Noya (La Coruña), Medina de Salamanca, Sedruol de Valladolid, Medina de Santiago de Compostela, Medina de Orense, Medina de Pola de Siero, CAU de Oviedo, Liceo Marítimo de Villagarcía de Arosa, Medina Santa Teresa de Valladolid, Medina de Valladolid y Medina de Lugo. Como los propios nombres indican, una competición en la que los organismos oficiales del movimiento (sobre todo los de la Sección Femenina conocidos como Medina) o los centros académicos eran los que podían permitirse tener un equipo de estas características. Una de las alineaciones del conjunto de la OJE de esta campaña en esta competición la formaban Mireya, Agundez, Morala, Rosa, Ana, Barrientos, Vázquez, Álvarez, Fernández, Burón, Calvete y Monse. Era un equipo muy joven que se estrenó como todo un 'veterano' puesto que se impuso al Medina de Santiago en su primer encuentro por 36-18. Realizaron una soberbia temporada, y después de los 22 partidos de la Liga concluían en una más que meritoria cuarta posición con 31 puntos después de haber ganado quince partidos y empatado otro. Solamente cosecharon seis derrotas y casi hasta las jornadas finales estuvieron cerca de los puestos de honor, siendo finalmente su desventaja con el primero de solamente siete puntos.

Se había crecido aunque quedaba mucho camino por delante y así lo reconocían en una serie de artículos publicados en Proa en los que se analizaba cómo iba a afrontar la mujer el año 75. Con la firma de Inmaculada de la Cruz, sobre el deporte no era nada optimista y escribía: "En León el deporte femenino no es precisamente una cosa brillante, y tampoco puede decirse que se hagan muchas cosas para que llegue a serlo. Por tanto el mérito de lo poco que se haya conseguido debe darse, casi en su totalidad a las propias chicas protagonistas, a su afición y a su sacrificio. Sería muy importante que la mujer leonesa recibiera un impulso fuerte en el deporte; quizá más importante que ninguna otra cosa. Por una sencilla razón, puede que en este campo se cumpla el refrán y sea verdad lo de 'año nuevo vida nueva' traducido en 'mentalidad nueva vida nueva'. Porque no olvidemos que el deporte aparte de otras muchas cosas da a la mujer una mentalidad nueva. En concreto, las cosas que se pueden decir del deporte femenino leonés no son demasiado halagüeñas. Lo deseable sería que se adivinase ya un futuro esperanzador". Continuaba posteriormente analizando los deportes y su repercusión. Sobre el baloncesto, al que catalogaba "como un deporte con solera, un deporte bonito para el que además hay instalaciones", recordaba que había 140 mujeres federadas (otros como atletismo se quedaban en 30).

Los equipos de las instituciones académicas, como este Agustinos con Estrada, eran la base (CÉSAR)

El equipo del Hispánico OJE representó a León en la competición nacional en los años 70

El buen papel de la OJE, ahora como Hispánico OJE, se mantenía en la temporada 1975-1976 en la Segunda División, que se dividía en más grupos y en el que las leonesas concluían en una tercera posición más que meritoria a seis puntos de las gallegas del Medina que acabaron las primeras. Las leonesas sumaron en las catorce jornadas disputadas nueve victorias y un empate ante rivales asturianos y gallegos.

Esta presencia de un equipo leonés en Segunda División no fue en detrimento de las competiciones provinciales que, aunque no muy numerosas, se continuaban celebrando tanto en la zona de León como en la del Bierzo, midiéndose luego los dos campeones por una plaza en las fases de ascenso. En esta temporada la final provincial la jugaron el Hybris ponferradino y el Rebote de la capital, venciendo este último.

La situación del baloncesto femenino no mejoraba tampoco a nivel nacional y de esta forma se producía un retroceso en la temporada 1975-1976. El Hispánico OJE y el Rebote, que había conseguido el ascenso, iban a jugar en una Segunda que iba a estar muy descafeinada. Los equipos gallegos se negaban a salir de su región alegando que era inviable económicamente y se partía el grupo todavía más. Se jugarían sectores, los dos primeros de cada uno de ellos eran los que iban a poder optar al ascenso a Primera División en una liguilla. Los dos equipos leoneses iban a estar junto a los asturianos. Con estos cambios iban a ser tres con la inclusión del Hybris de Ponferrada, que al no disponer de una cancha cubierta, que ya era obligatoria, no pudo jugar. La Liga se ´rompió´ tal y como se había desarrollado en las temporadas anteriores. En los sectores por la parte leonesa se la jugaron contra los equipos asturianos, que eran viajes más cómodos. Mientras que el Rebote quedó pronto alejado de los puestos de honor, el Hispánico OJE, con más experiencia, sí luchó por alcanzar las siguientes fases. Un ejemplo de la diferencia entre ambos fue el derbi jugado en el que se imponía el Hispánico OJE por un claro 75-31. Por parte de las vencedoras se alinearon Irene, Ana (16), María del Carmen (4), Yoli, Elena (15), Rosa, Aurea, María José (27) Esperanza y Montse (2); por el Rebote lo hicieron Pastora (2), Mati (7), Malén (2), Yoli (6), Carmen (3), Isabel (8), Blanca (2) y Menchu (2). A la conclusión de esta fase las leonesas de la OJE fueron las primeras por delante del CAU asturiano, por lo que accedieron la fase semifinal con los dos primeros clasificados de Galicia.

El primero de los rivales fue el Círculo Mercantil de Vigo. En la ida celebrada en el Globo del Hispánico de León vencieron las locales por diez puntos, una renta que no se sabía si sería suficiente o no para clasificarse ya que por entonces no se medían las eliminatorias por victorias, como se hizo años después; se hacía por los resultados cosechados en la ida y en la vuelta pasando el que más puntos sumara entre los dos partidos. Y las dudas llegaban porque la ventaja se había adquirido en el tramo final del encuentro cuando las gallegas se quedaron con solamente dos jugadoras en la cancha al haber alcanzado el resto las personales permitidas y habían tenido que abandonar el terreno de juego. Cuando más difícil parecía, realizaron un soberbio partido en Vigo, sobre todo en la primera parte, y se imponían por 56-57 tras un aplastante 19-39 al descanso. De esta forma llegaban a la final de la zona para acceder la fase de ascenso a Primera División femenina. Su rival iba a ser el

El Forecu en el Pabellón Municipal formado en su equipo inicial (ARCHIVO MAXIMINO CAÑÓN)

Medina de La Coruña. La primera batalla fue en los despachos, puesto que pese a que el sorteo deparó que se jugara primero en Galicia, hubo un telegrama comunicando que se jugaría primero en León y tras las protestas leonesas, la situación se pudo resolver gracias a que el Comité Ejecutivo de la Federación Española dio la razón al Hispánico OJE y de esta forma se mantuvo el orden del sorteo. No acabaron ahí los problemas puesto que las fechas previstas no se cumplieron tampoco, ya que el Medina alegaba que había vacaciones en los días programados, por lo que se retrasaban los choques, en esta ocasión dando el visto bueno el club leonés. Cuando ya el deporte se convirtió en protagonista, el Hispánico OJE lograba vencer por once puntos en la ida en Galicia, lo que acercaba mucho la fase de ascenso que se iba a desarrollar en Bilbao. Ya veían los aficionados que un equipo leonés iba a poder luchar por estar en la máxima categoría, pero inesperadamente el Medina gallego venció en León por trece puntos (50-63), y envió al traste los sueños del Hispánico OJE en la que había sido su mejor temporada con un único lunar que fue una pesada losa y su despedida de la competición.

Su relevo en Segunda División en la temporada 1977-1978 lo tomaba el Telefónica (el nombre oficial era Hispánico OJE Telefónica) y se mantenía el sistema de competición de la anterior campaña sin que las gallegas tuvieran que viajar a Asturias y León. Los rivales de las leonesas iban a ser el Grupo Cultural Covadonga de Gijón, Juventud Betty de Oviedo, Hunosa de Caborana y Medina Juventud de Mieres.

Un equipo de Trinitarias, un clásico de la competición femenina (ARCHIVO JANDRI)

Los clubes ya comenzaban a ser la mayoría de los equipos y los organismos oficiales del anterior régimen se iban apartando lentamente de la vida española y del deporte, por lo que el paso estaba dado.

El Pabellón Municipal era la sede de los partidos nacionales como con el Nelson (CÉSAR)

Era la época de unas valientes y grandes aficionadas al baloncesto como podía ser María Victoria López, Vicky, que había comenzado a jugar ya con doce años jugando con una ficha en la que tuvieron que poner más edad. Gracias al apoyo familiar pudo hacer lo que le gustaba y ese respaldo tenía que mantenerse hasta que podían pagar los gastos que suponía jugar al baloncesto, porque lo de ganar dinero ni se pensaba en esos momentos. Debían pagar la equipación algunos años en los que el patrocinador no daba para ello, o la cancha para poder entrenar, puesto que las ayudas de los organismos oficiales todavía no eran habituales. Su afición era tan grande que posteriormente estuvo muchos años ligada al deporte como entrenadora de base con los niños pequeños para educar desde el baloncesto. Como ella, muchas compañeras que también vivirían historias similares de lo que era jugar en los equipos leoneses, incluso en equipos de Segunda Nacional. En Provincial se llegaban a vivir casos de clubs que para poder entrenar (obviamente al aire libre) el alumbrado era el de unas farolas.

El Bierzo se añadía con el JT a esta lista de equipos femeninos que alcanzaban la Segunda División. Jugó junto al Olímpico Nelson en la temporada 1978-1979. Este Nelson era el heredero del anterior club después de un paso por provincial con la denominación de Popen tras la enésima reestructuración del baloncesto. Este cambio provocaba que para ascender a Primera se jugaban fases entre provincias para reducir gastos. La temporada 1979-1980 en la eliminatoria interprovincial el Nelson había superado al Atlética Avilesina después de que en tierras asturianas hubieran perdido por doce puntos (70-58) y ganaran en la vuelta por 19 (50-31). Luego le correspondió ante las gallegas del Compañía de María de La Coruña en la fase interzonal. El vencedor de esta ronda junto al de la otra eliminatoria, Xuntas de Lugo-CAU de Oviedo (eliminó al Santa Marta de Ponferrada), jugaría la final a un solo partido en terreno neutral para conocer al nuevo equipo de Primera. La diferencia entre unas y otras fue muy grande y el Nelson perdió en el primero de los partidos en casa ya por 30-63 dijo adiós a sus aspiraciones.

Un caso curioso fue el de la temporada 1981-1982, en el que el nombre del conjunto femenino de baloncesto era el de 'Club Ciclista Leonés'. Su ayuda no sirvió para que pudieran al menos jugar las eliminatorias por el ascenso, y tuvo que ser el dinero de las instituciones públicas el que lo hiciera realidad. Y es que este equipo superó las fases zonales (frente al Atlética Avilesina y Grupo Covadonga) y sin conocer la derrota se plantaba en la fase de ascenso a Primera que iba a tener lugar en Vitoria en su fase previa. Allí se debía medir al BP de Madrid, Tenerife y Universidad de Granada. Las jugadoras eran las bases Ana y Nati, las aleros Camino, Carmen, Olga, Pili y Marisa y las pívots María Jesús, María José y Vicky. Marisa hacía las veces de entrenadora en el acta y compartía la dirección con Felipe Llamazares, que era árbitro de Primera División. Para esta fase acudió (figurando

Los equipos de Agustinas (arriba) y Teresianas (CÉSAR)

como delegado), el canario José Manuel Rodríguez, más conocido como Hansi, que había jugado en el Casa de Galicia. Perdieron el estreno ante Tenerife 46-35 y con el BP en la segunda jornada 55-42 y ya se quedaron sin opciones.

Duraron los problemas del baloncesto femenino leonés algunos años con variaciones, hasta que en 1984 se creaba la Primera Nacional B como la segunda categoría de este deporte, y la Segunda División Femenina pasaba a ser la tercera categoría. La liga española tuvo numerosos cambios, y así, la primera categoría se llamó entre 1964 y 1971 Liga Nacional femenina, hasta 1995 Primera División Femenina y desde ese año Liga Femenina (a secas o con el 1 detrás). La segunda de las categorías fue hasta 1994 Segunda División con numerosos formatos y grupos, entre 1984 y 1996 Primera B, entre 1996 y 2001 Primera División Femenina, entre 2001 y 2020 Liga Femenina 2 y desde 2020 Liga Challenge. La tercera categoría fue la provincial hasta 1984 y entonces se llamó Segunda División; a partir de 2001 hasta 2020 fue Primera División Femenina y desde 2020 Liga Femenina 2. Luego llegaron campeonatos autonómicos y siempre se mantuvo la Liga Provincial cuando se conseguían el número de equipos y en ocasiones se jugó junto a equipos júnior para que hubiera un número de partidos adecuado.

El baloncesto evolucionó y hubo leonesas hasta en Estados, Unidos como Lucía Alonso (WILDCATS)

Carlos Colinas, una vida en los banquillos

Un leonés, Carlos Colinas, ha hecho del baloncesto femenino su trabajo cuando era algo poco habitual y ha sido una pieza más del engranaje que ha provocado su importante evolución. Nacido en León en 1967, como jugador llegó a estar en el Maristas Elosúa júnior, pero pronto descubrió que lo suyo eran los banquillos y el apartado técnico de este deporte. En Carmelitas, en la temporada 1986-1987, dio sus primeros pasos, y antes de cumplir los 20 años tomó una decisión difícil como fue la de alejarse de su ciudad y buscar su futuro lejos de León. Nunca pensaría que luego iba a contar con la importante trayectoria que tuvo. Marchó a tierras gallegas, concretamente a La Coruña, y su gran labor con la cantera le llevó a debutar con solamente 23 años en la máxima categoría del baloncesto femenino con el Compañía de María de La Coruña. Santiago de Compostela en Primera B fue su siguiente destino hasta que en la temporada 1993-1994 se marcha a Oviedo donde permanece cinco años. Entrenó al Aucalsa de Oviedo en la máxima categoría femenina y tuvo su año dentro del masculino en el Vetusta de la Liga EBA en la temporada 1996-1997. A partir de ahí, tras un pequeño descanso, dirige varias temporadas a equipos de Liga Femenina 1 como Filtros Mann de Zaragoza, Cortegada y Celta de Vigo. Su trayectoria en las selecciones ha sido todavía mucho más impresionan-te. Comenzó con las categorías inferiores, puestos en los que estuvo entre 2003 y 2013. Con el equipo sub'16 de 2003 a 2006, logró tres títulos europeos (2004, 2005 y 2006), con las chicas sub'18 en sus dos años un segundo lugar y otro título y con las sub'19 fue subcampeón en un mundial en 2011 y cuarto en 2013. En 2010 pudo disfrutar de una de las experiencias de las que guarda uno de sus más gratos recuerdos: ser el seleccionador nacional absoluto de Brasil, equipo con el que fue campeón sudamericano y llegaba a la novena plaza en el mundial.

Finalmente decidió instalarse en Vigo formando parte del organigrama del CD Bosco (conocido como Celta por razones de un acuerdo entre ambas entidades) y en 2015 dejaba los banquillos para centrarse en la gestión deportiva de este club con el que consiguió el primero de sus objetivos que es de contar con 300 niñas aprendiendo baloncesto, y luego en el apartado sénior llevarlo de nuevo a la máxima categoría.

Carlos Colinas escuchando el himno con el equipo de España (ARCHIVO PERSONAL)

Tito Sobrín ha dedicado su vida deportiva a los banquillos, principalmente femeninos (ARCHIVO PERSONAL)

Tito Sobrín, baloncesto por casta

Una de las familias entre las numerosas que hay en el baloncesto leonés es en la que Tito Sobrín se crio. Su padre Alberto fue una persona clave en los inicios de los equipos federados y uno de los miembros más activos del comienzo del mítico Elosúa. Su madre siempre fue una más a la hora de animar y trabajar por el club en lo que fuera necesario. Su hermana fue jugadora y Tito, que también se llama Alberto como su padre, siempre supo lo que era este deporte. Se vistió de corto en el Colegio Leonés en el que estudió, pero su excelente labor técnica se convirtió en su forma de vida. Comenzó en las Escuelas Deportivas Municipales, que compartía con equipos como podía ser segundo de Conchi Carriedo o en La Bañeza masculino. En 1994 se puede decir que comienza su andadura profesional en la que ha incluido equipos como el Adus Salamanca (luego Perfumerías Avenida), Cadi La Seu, Ciudad de Burgos o FC Barcelona femenino o el Valls de la Liga EBA cuando ya había trasladado su vida a tierras catalanas. Persona de fuerte carácter, siempre ha incluido un modo dialogante que le ha llevado a compartir muchos banquillos y a formar parte de la Federación Española con su presencia en diversos cuadros técnicos, incluida la selección absoluta, y llevando la de menores de quince años. Su trabajo con la base (consiguió ya grandes resultados en León) es lo que más le ha gustado hacer para explicar su baloncesto. Como reconocía en una entrevista, le cambió la presencia de Hollis en León que le explicaba que "la diferencia entre el baloncesto americano y el español es lo mucho que os cuesta pasar". Evitar eso con su trabajo de cantera, uno de sus sueños.

TRINITARIAS

Una de las historias más curiosas del baloncesto femenino se dio con el equipo del Trinitarias. Ubicado en la plaza de San Lorenzo de la capital leonesa, el centro pertenecía a una congregación religiosa que recogía a niñas descarriadas para "llevarlas al buen camino". Era un centro con unas condiciones diferentes a uno escolar y debía cumplir una serie de reglas estrictas. En el año 1966 Alejandro García Pérez decide fundar allí un equipo de baloncesto y llegó a unas cotas inimaginables. Con una gran afición y mucha dedicación, Jandri, que es como todo el mundo le ha conocido en el mundo del baloncesto, fue superando las diferentes trabas que se encontraba por el sistema, puesto que las religiosas del centro colaboraban con su labor. Entre 1966 y 1970 solamente jugaban las internas de Trinitarias procedentes de Instituciones Penitenciarias y que no podían salir del centro. Para poder disputar la competición provincial el resto de los equipos accedieron a disputar los partidos contra ese equipo siempre en el patio de Trinitarias. El primer objetivo se había alcanzado al conseguir que ninguna chica que lo deseara se quedara sin jugar al baloncesto. Posteriormente pudieron intervenir externas del propio centro. Luego pasó a ser una residencia de estudiantes y poco a poco la congregación religiosa fue abandonando el centro.

Durante esos años en los que este equipo de Trinitarias formó parte de la vida deportiva leonesa, además del éxito social sumó los deportivos al haber logrado que 400 jugadoras pasaran por sus filas. La Liga Provincial sénior la ganó en tres ocasiones, optando con ello a la categoría superior en una época en la que la Segunda División

Trinitarias buscaba todos los años el respaldo económico. En la fotografía con el Bar Montecarlo (ARCHIVO JANDRI)

contaba con una fase zonal leonesa en la que también acabaron en primer lugar.

También es de destacar que desde el Trinitarias, con la labor de Jandri, se organizó durante treinta años el Trofeo Trinitarias por el que pocos jugadores de la ciudad de León quedaron por pasar. Después del Trofeo del Colegio Leonés fue el más longevo y además del carácter deportivo del mismo incluía un homenaje a personas muy importantes dentro del baloncesto local en una fiesta que servía también

El equipo de Trinitarias logró en categoría sénior ser una referencia en León (ARCHIVO JANDRI)

de reconocimiento a la labor oscura y eficiente que muchos clubes tenían, y de eso sabe bastante el propio alma máter de Trinitarias, Alejandro García.

FIAT LEÓN

Cuando en 1986 el Casa de Galicia no pudo continuar con el equipo femenino de Segunda División por los recortes presupuestarios, León se quedaba con un importante vacío y regresaba al nivel local, en un momento que parecía que se empezaba a asentar la competición femenina y contaba con categorías nacionales en perfecto orden sin que fueran un sector tras otro para ir cribando a los diferentes campeones locales. Las jugadoras no estaban dispuestas a que sucediera esa situación y tuvieron que 'patearse' las calles para buscar un mecenas que les permitiera jugar en Segunda al no ser tampoco cantidades enormes. Su labor, junto a la incansable de Celestino, encontró respuesta en la empresa automovilística Fiat y de ahí surgía el CB Fiat León, que con esa denominación se estrenaría en la Segunda de la temporada 1986-1987, en un grupo junto al Amor de Dios, Café 12, CB Burgos, Universitario de Valladolid y CB Hichu. La plantilla estaba formada en los comienzos por Conchi Carriedo, María José Calvete, Carmen Fernández, Ana María Fernández, Camino Sobrín,

Montserrat Aguiloche, María José Moirón, María Elena Fernández y Marisa Barrientos. Ésta última iba a ejercer más la labor de entrenadora junto a Ana Fernández que de jugadora.

Fue una liga en la que los comienzos no fueron sencillos después de un tiempo de incertidumbre. Hasta la cuarta jornada no ganaron el primer partido. A partir de ahí el trabajo bien hecho debía cosechar los frutos, y lo hizo, puesto que hasta el final de la liga solamente perdieron un partido más. Una trabajadora como Marisa Barrientos estaba haciendo mucho por la evolución del baloncesto femenino. Había ido de equipo en equipo desde que en el Juan del Enzina juvenil formara parte del Octógono, nombre que escogieron las jugadoras porque solamente eran ocho. Siempre buscaba soluciones para poder jugar entre los escasos apoyos que recibían. Hispánico OJE, Telefónica, Popen Eurobazar, Santa Claus, Peña Los Pedrines, Club Ciclista Leonés o Casa Galicia le habían precedido en su faceta de jugadora y entrenadora en muchos casos. En su labor con la cantera fue subcampeona de España infantil y luego siguió ligada al deporte desde la Universidad de León, impartiendo las clases de baloncesto del INEF y siendo una de las responsables de lo que ahora es el Servicio de Deportes. Lo hizo siempre en segundo plano y lejos de los focos.

Llegaban a la fase de 'play-off' en la que primero se medían al segundo clasificado del grupo, el CB Burgos, al que superaron con amplitud, y luego en la final al Café 12 de Valladolid que en Liga no les había dado opciones. También lo superaron en dos partidos sin necesidad de llegar a un tercero. Lograron una plaza en la fase de sector en la que solamente valía ser primeras y de nuevo lo alcanzaban. Estaban en la fase de ascenso a Primera B, competición puesta en marcha en 1984. Esta fase iba a tener lugar en Badajoz, lugar donde solamente un año antes el Elosúa había logrado el ascenso a Primera B, e incluso se hospedaron en el mismo hotel. En este caso no tuvieron la misma fortuna. Sus rivales fueron el Santa Coloma, Jesús Maestro de Madrid y Caja Vitoria. Un mal comienzo ante las catalanas del Santa Coloma en el que perdieron 63-74 las lastró, y con la presión de una liguilla tan corta también cedieron ante las madrileñas por 63-50 y ya sin opciones jugaron el último día ante las vitorianas ganando con holgura. En el último encuentro para el quinto y sexto puesto se impusieron al Joventut de Badalona y quedaban a expensas de la Federación.

Y es que ese puesto siempre podría acabar dando una plaza en la categoría superior ante posibles renuncias por motivos económicos, que en esta ocasión también las hubo. Estaba primero el que había sido cuarto clasificado que tuvo dudas de aceptar por los costes. Finalmente lo hizo y las leonesas se quedaron en Segunda División en una liga de la temporada 1987-1988 en la que iba a haber otro conjunto leonés, el Universidad, y junto a ellos el resto de los que habían formado la anterior temporada la misma categoría. Con más experiencia en sus filas tras lo acontecido anteriormente, se mostraron muy superiores y dominaron la competición de carácter autonómico en la primera fase. Luego jugaron una fase de sector en la que estaban los dos primeros de su liga y los gallegos.

El Fiat fue el primer gran club leonés (MAURICIO PEÑA)

Superaron al Café 12 de Valladolid por 86-55, al Pío XII por 76-58 y a Las Candelas de Lugo por 52-49 por lo que llegaban a la fase final de ascenso a Primera División B, competición que por una reestructuración del número de grupos de la categoría iba a resultar totalmente innecesaria y en la que ocupó finalmente la séptima plaza.

Las alegrías de esa plaza en Primera B se tornaron en problemas al dejar de patrocinar al equipo Fiat, el club pasaba a denominarse CB Guzmán y como tal entraba en el calendario de Primera B. Esta categoría iba a contar por primera vez con un equipo leonés. No fue así ya que unos días antes de dar comienzo la temporada comunicaban a la Federación Española su renuncia a participar al no poder encontrar la cantidad de dinero suficiente para poder hacer frente a los gastos. La aventura de este club llegaba así a su final en 1988. Eso sí, con su trabajo ya habían sentado las bases para que el baloncesto femenino leonés tuviera una mayor repercusión y apoyo, aunque sin poder rematar la faena.

La plantilla del Páginas Amarillas de la temporada 1989-1990 (MAURICIO PEÑA)

PÁGINAS AMARILLAS

El CB Josefinas se creó en 1988 como club federado desde la base del Colegio Josefinas de León. Conchi Carriedo, quien fuera jugadora en el Fiat, llevaba la cantera de este centro escolar del que era profesora desde 1981, y supo enganchar a las niñas para que practicaran baloncesto. Aunque de una forma inicial el Colegio estuvo ligado al Fiat, enseguida se hicieron independientes uno de otro, y comenzaba su andadura además de como equipo de base con un equipo en Segunda División, en esos momentos la tercera de las categorías. Para afrontar la temporada 1988-1989 necesitaban un patrocinador y lo encontraron en Páginas Amarillas, la empresa que gestionaba las guías telefónicas comerciales. Posteriormente, con la desaparición del Fiat pudieron incorporar a jugadoras con más experiencia en la categoría pese a su juventud como era el caso de Mónica Pulgar, que finalmente decidía no fichar por el Jesuitinas de Segovia. Junto al Páginas Amarillas iba a militar en Segunda el Geursa. La temporada del Josefinas resultó inmaculada en la primera fase al conseguir la victoria en los 16 partidos disputados en esa Segunda División que se veía que le quedaba pequeña y que finalizó en primer lugar. Por su parte el Geursa acababa sexto en el grupo de nueve equipos.

Llegaba el momento de la verdad con el camino hacia el ascenso de categoría con una fase en Vitoria en la que iban a estar ocho equipos. Las leonesas se iban a medir en su grupo al Círculo Mercantil de Lugo, La Navarra de Pamplona y Tabirako de Durango. El conjunto navarro fue el primer rival en el partido que siempre se dice que suele ser más importante en una fase tan corta, el primero. Y ese encuentro resultó muy favorable a las leonesas, que se impusieron por un contundente 73-54 con 22 puntos de Mónica y 18 de Sonia. Ya sabían que podían aspirar al ascenso y ahora faltaba rematarlo. Llegaban a las semifinales ganando de nuevo en el segundo de los encuentros a las de Durango, de nuevo con solvencia, 79-52. En la lucha por el primer puesto del grupo cayeron ante el Círculo Mercantil de Vigo por 73-60. En las semifinales jugaron contra el ADBA Avilés y se colocaban en la final al imponerse por 78-73 en un partido en el que en la primera parte iban por detrás para luego ir superando a las asturianas hasta conseguir un puesto en la final con 30 excelentes puntos de Mónica. Era además una fase de ascenso llena de rumores. En principio el que ganara la final era el que tenía asegurada una de las tres plazas en la Primera División B, aunque se hablaba de que finalmente iban a lograrlo tres equipos de cada una de las fases de ascenso que se estaban disputando durante esos días. En ese caso ya habrían alcanzado su objetivo, pero querían rematarlo con un triunfo por si los rumores variaban, como así fue, ya que antes de comenzar el choque se hacía oficial que ascendían los dos que jugaban la final. En ese último partido el Círculo Mercantil volvió a ganar a las leonesas por 71-62 y pese a que fueron subcampeonas iban a estar en Primera B, con una estelar Mónica Pulgar que se proclamó máxima anotadora de esta fase de acenso y pese a su juventud ya mostraba sus grandes condiciones.

De esta forma el equipo leonés que se iba a estrenar en Primera División B femenina iba a ser el Páginas Amarillas después de no haberlo podido hacer el Fiat. Para este inicio en la categoría de plata del baloncesto español iban a continuar al frente del equipo Conchi Carriedo con la inestimable ayuda de Tito Sobrín. Como jugadoras de campo lo iban a hacer Cambón, Sonia, Mónica, Marta, Maena, Yoli, Maite, Modes, Encina, Aurora, Nuria, María y Ani-

El Páginas Amarillas llegó a Primera B (M. PEÑA)

na. Finalmente la temporada 1989-1990 la iba a comenzar un clásico de los banquillos leoneses como Paco Garriga, por unos trabajos que tenía que realizar Conchi Carriedo, que regresó en unos meses para finalizar en el banquillo el segundo Tito Sobrín. Eran catorce los equipos que iban a conformar la categoría: Xerox Vigo, Compañía de María, Xerox Guecho, Universitario, Universidad de Oviedo, ADBA Avilés, Kaixo Bilbao, Gasteiz Vitoria, Precocinados Abisa, Adus Salamanca, Esclavas Bilbao, Las Candelas de Lugo y Lanas Stop, además de las leonesas. Fue una gran temporada al finalizar en la cuarta plaza después de haber sumado 16 victorias en los 26 partidos jugados. Quedaron lejos de un conjunto de Vigo como el Xerox que se había hecho para ascender y dominó la competición, encajando solamente una derrota; con cuatro finalizó el Compañía de María y con cinco el Xerox Guecho, que precedieron en la clasificación a un conjunto leonés que superó al resto de los equipos más modestos.

El verano de 1990 no fue todo lo tranquilo que se esperaba. Ante la buena campaña el equipo había sufrido importantes bajas como las de las hermanas Pulgar ya que Mónica fue incluida en el programa ADO. Por este motivo iba a contar con un plantel muy joven principalmente del conjunto de Segunda División e incluso juveniles y solamente con Maena, Maite, Modes, Ana y Nuria con experiencia en Primera B. En el banquillo iba a estar Vázquez, que finalmente dejó su puesto a Fernando Morán. Con tantas novedades, incluida la junta directiva, costó arrancar y encadenaron tres derrotas consecutivas hasta que en la visita del Aucalsa de Oviedo estrenaron su casillero de triunfos y se quitaron un gran peso de encima. En casa sumaban algunos triunfos y lejos de su cancha les costaba más, por lo que estuvieron cerca de la parte baja de la clasificación. Se hizo cargo del banquillo Fernando García y, con la plantilla más asentada, el año 1991 resultó más positivo y se auparon hasta la quinta plaza final con 17 victorias y trece derrotas en los 30 partidos disputados, salvando la categoría sin problemas... deportivos.

Nada más lejos de la realidad porque a la hora de inscribir el equipo en la nueva campaña se quedaron fuera. El club leonés presentaba la inscripción, y según la Federación Española faltaban algunos requisitos que llegaron fuera de plazo. Entre problemas de comunicación y de envío, finalmente no fue de la partida en Primera División B y en 1991 ponía punto final a su recorrido plagado de éxitos y un gran trabajo desde Josefinas.

Mónica Pulgar, la 'repe' olímpica

En 1986, con solamente 14 años, ya saltaba a la palestra la figura de una jugadora de baloncesto leonesa que había sido preseleccionada para la preparación del Campeonato de Europa cadete. Era Mónica Pulgar, nacida en 1971 y que ya medía 1,74. Aunque había comenzado en el balonmano, en Josefinas acabó pasando al baloncesto y se le dio bien. Pronto comenzaba a sobresalir junto a una jugadora de su propio equipo con la que la confundían algunos, su hermana gemela Sonia. Las dos destacaban y los rumores fueron continuos para su fichaje por otros equipos, pero estuvieron en la base con el Páginas Amarillas Josefinas (antes Fiat) y formando parte de la plantilla que debutaba en Primera B en 1989; lo hacían perdiendo, pero con 25 puntos de cada una de las hermanas. En el verano de 1990 se rompió el tándem y mientras Sonia se iba a Lugo, Mónica entraba en la órbita de la selección española de la que había formado parte en categoría júnior dentro del programa ADO por el cual se buscaba que un equipo se preparara para Barcelona 92. Allí jugaba la Liga de Primera División sin optar al título y participaba en competiciones internacionales, como los Juegos del Mediterráneo, en los que ganó la medalla de oro. Estuvo en los Juegos Olímpicos celebrados en España y después jugó un par de años más porque ella tenía claro que quería acabar sus estudios y dedicarse al negocio familiar, que fue lo que hizo. Solamente tenía 23 años cuando dejó de jugar. Por su parte Sonia tuvo una carrera algo más larga y después de unos años fuera de casa volvió para jugar en el Código 100 que acabó con demasiados problemas financieros.

Mónica Pulgar durante su estancia en León en el Páginas Amarillas (MAURICIO PEÑA)

TELENO GAB

Aunque en competiciones interprovinciales por orden cronológico se puede ver al Teleno GAB (Grupo de Amigos del Baloncesto) como el siguiente en la progresión del baloncesto femenino en León, la verdad es que su trayectoria es muy anterior. Este conjunto se creó en 1972 para un equipo masculino que poco a poco incorporaba cantera y conjuntos femeninos. En los años finales de la década de los ochenta y principios de los noventa del siglo XX vivió una época dorada, puesto que fueron ascendiendo categorías y formando parte de la elite leonesa hasta convertirse un tiempo en el conjunto más importante. Luego sus limitaciones monetarias aconsejaron a sus responsables ceder su plaza a otro club leonés. Coincidió en el tiempo con el Páginas Amarillas siendo el equipo de Segunda División que aprovechaba el pequeño crecimiento que se estaba produciendo y siempre manteniendo la filosofía del club.

Militaba en Segunda División como Teleno GAB cuando el Páginas Amarillas se quedó sin la inscripción, por lo que se reforzó con jugadoras de esa plantilla que habían estado en Primera B al ser una de las máximas que siempre habían seguido: "Que nadie se quede sin jugar al baloncesto". De esta forma afrontó la temporada 1991-1992 en esa categoría y con un plantel reforzado se aupaba hasta la fase de ascenso en la que debía de buscar una de las dos plazas en juego, perdiendo un solo partido de los 16 disputados en la primera fase de una categoría que también contaba con el Cía leonesa Audiovisual, que finalizó en la séptima plaza. Se estrenaron ante el Fontecelta y sumaron su primer

Sólo la falta de dinero frenó al Gab (MAURICIO PEÑA)

triunfo de forma clara por 69-50. Era un primer paso y el segundo fue el Guernica al que vencieron 73-51. Con la tercera victoria ante las riojanas del Lestonnac (56-43) las jugadoras entrenadas por Fernando García veían mucho más cerca el objetivo que se hizo realidad con el cuarto triunfo ante el Basauri con el 64-52 del marcador final. En este partido la alineación de las leonesas la formaban Maena, Lozoya, Cepero, Nuria, Bea, Ana Fernández, López, Llamazares, Estévez, Díez y Pérez. No pudieron cerrar la fase de ascenso con un triunfo al caer en la final con el Tabirako Durango por un punto (55-56) entre los dos equipos que ya habían ascendido.

Este ascenso tenía un problema con la tradicional forma de ser del GAB, que ya había anunciado antes de empezar la temporada que ellos no podían seguir con el equipo en la categoría superior, motivo por el que cedieron su plaza.

CÓDIGO 100 BÁSKET BASE

Se hizo conocido con el nombre de la marca que le patrocinaba, unas tiendas con productos a cien pesetas, aunque su nombre federativo era el de Basket Base. Presidido por Felipe Llamazares, árbitro de ACB siempre muy ligado al baloncesto desde muy joven en otras facetas como la de entrenar niños. Este club inició las conversaciones con el GAB después del ascenso y se hizo con la plaza que había conseguido en Primera División B. Era un equipo que soñaba con la máxima categoría en su presentación de cara a la temporada 1992-1993. En su primer año no estaba formado por 'novatas' en la competición al ser el club heredero de los anteriores de la capital leonesa, pero las cosas no salieron como esperaban. Participaban en una competición dividida en fases; en la primera formaban parte de un grupo de 8 equipos, de los cuales cuatro entrarían a luchar por el ascenso y cuatro por evitar el descenso. Inesperadamente fueron las quintas y se quedaron fuera de la lucha que esperaban por una sola victoria, ya que obtuvieron ocho en los catorce partidos y nueve tuvieron el tercero y el cuarto. Este puesto también supuso el cambio de entrenador. Fernando García, que ya había anunciado su no continuidad en León en la siguiente campaña, puso el cargo a disposición del club para que prepararan el siguiente año y su puesto fue ocupado por Faustino Ugidos, Tino. En la siguiente fase no tuvo problemas para seguir en Primera B al concluir en tercera posición con solamente tres

El equipo del Básket Base del año 1992 que jugaba en Primera B femenina (MAURICIO PEÑA)

derrotas en doce partidos pese a atravesar algunos problemas con jugadoras de la plantilla que abandonaban por discrepancias con la junta directiva.

Con la lección aprendida y el regreso de varias jugadoras leonesas que estaban fuera, afrontaba el Código 100 la temporada 1993-1994 con Tino al frente del equipo y una plantilla formada por Raquel Alija, Sonia Pulgar, Arancha Álvarez, Yolanda López, Mónica Díaz, Mónica Navarro, Mónica Aller, Amaia Calvo, María José Bengoechea, Nuria Burón y Beatriz Jimeno. Destacaba el retorno de Raquel Alija, una pívot de 1,80 que volvía después de varias temporadas defendiendo los colores del Universidad de Oviedo. Cuando en el aspecto deportivo parecía que todo marchaba en condiciones, no fue así en el apartado de gestión. Retrasos en la llegada de las subvenciones de los organismos públicos y un importante vacío de poder dejaron sin soluciones económicas al equipo cuando se acabó el dinero. Primero hizo desaparecer al conjunto filial que militaba en Segunda División, y en el mes de enero anunciaba que no podría pagar más tiempo los sueldos por lo que marcharon jugadoras y el propio entrenador ante esta situación. Se hizo cargo del mismo Pilar León para concluir la temporada. Lo hicieron después de las 30 jornadas en una más que meritoria cuarta plaza (este año no había diferentes fases), a tres victorias del que le precedía, que con los problemas que habían atravesado era más que buena. El Basket Base que había vuelto a ser en el verano de 1994 después de muchas vueltas por las empresas leonesas por parte de su delegada Vicky (que había sido jugadora en los años 80 de muchos equipos) no encontró el patrocinador necesario para poder liquidar las deudas que mantenía y presentar el aval en la Federación Española para continuar en la Primera División B (pasaba a llamarse Primera a secas). Así acabó desapareciendo otro proyecto femenino en pocos años que no lograba asentarse pese a haber estado con mucho nivel en la competición nacional.

La marcha de este equipo provocó un pequeño vacío durante unos años en las competiciones nacionales. León estaba muy bien representado por el Universidad de León, pero competía en una Liga universitaria que era una 'liga cerrada'. Un conjunto que mantuvo con buena nota la actividad en la ciudad fue El Árbol, un club fundado en 1991 que estuvo en Segunda División entrenado por Daniel Blanco y que con el patrocinio de esta cadena de supermercados llegó a ser el mejor representante leonés algunos años y estuvo cerca de lograr metas más importantes. Luego esta cadena empezó a irse más hacia el baloncesto masculino con la esponsorización de las categorías inferiores. También militó en Segunda antes de llegar el siglo XXI el Transleón. Sin estos equipos no se hubiera mantenido viva la llama de esos años que fueron más oscuros para el baloncesto ante la avalancha que estaba suponiendo la presencia de la Liga ACB y que supuso que absorbiera muchos de los escasos recursos económicos existentes.

AGUSTINAS SAN JOSÉ

El punto final a esa trayectoria sin equipos en Primera se cerró en pocos años. Además de los proyectos anteriores, había más equipos en los que no faltaban ilusión y ganas de trabajar por el baloncesto femenino en un momento en el que el masculino se llevaba todo el protagonismo. Uno de esos proyectos ya se había puesto en marcha en el colegio de Agustinas y se puede decir en la categoría de benjamines en la temporada 1989-1990. Un profesor del centro con afición a este deporte, Miguel Ángel Estrada, entrenaba a unas niñas para que simplemente se divirtieran. En este caso se trataba de aprender los fundamentos de este deporte y el valor del juego en equipo. Nadie pensaba en llegar a cotas muy altas, pero las niñas fueron creciendo y llegaron algunos éxitos en infantiles que ya sentaban las bases para pensar que era el momento de buscar cotas más altas.

Las integrantes del Agustinas cadete de la temporada 1995-1996, la base de todo

La colaboración del colegio les ayudó en cadetes a tomar parte en la competición autonómica, una categoría ya complicada por los desplazamientos que había que realizar. En júnior se mantuvo esta idea, ahora ya con la ayuda de una empresa comercial en los gastos: Mercaleón. Todos estos años se lograba superar la primera fase y se quedaban a las puertas de la fase final del Campeonato de España.

Al concluir las categorías de base llegaba el momento de la verdad. No había un equipo en la ciudad leonesa en esos momentos para poder acoger una generación tan interesante en el plano deportivo y dieron un paso adelante que no estaba previsto: incluyeron en el club un conjunto sénior para poder seguir disfrutando, aunque sin olvidar que estas competiciones ya exigían mayores sacrificios y una dedicación importante. Era el año 1998 y pasaba a ser un equipo sénior.

En la temporada 1998-1999, el Agustinas San José, con el nombre más conocido de Mercaleón, ya era un equipo de Segunda División Femenina dispuesto a crecer y a ascender de categoría. Podía parecer un objetivo demasiado alto para unas novatas en la categoría, pero los sueños siempre deben ser importantes y si no se consiguen, al menos si se ha puesto todo el empeño en alcanzarlos no hay nada que reprochar y se debe volver a intentar. Con una filosofía centrada en el trabajo, el Mercaleón se estrenaba en un grupo que contaba con la presencia de otros dos clubes leoneses como eran el Bembibre, más veterano en estas lides, y el Grupo Mitra, que ocupaba la plaza del Transleón y también se estrenaba.

De una manera sorprendente el comienzo no fue para nada malo. De hecho en las cinco primeras jornadas sumaron otros tantos triunfos. En la sexta cayeron. Lo hicieron en la cancha del Filipenses, que como ellas había sumado otros tantos triunfos hasta ese momento, por un marcador de 88-61. Con una alineación formada por Sara, Ana, Mónica, Jazmín, Bea, Iratxe, Eva, Ana, Cristina, Tori y María. Incluso tuvieron tiempo en esta época de realizar un acto benéfico que les granjeó mucha popularidad como fue la de recaudar fondos para los damnificados en Centroamérica por el huracán Mitch. Lo hicieron montando un puesto de fruta en colaboración con su patrocinador Mercaleón entregando una pieza por los donativos. Curiosamente esos días estaba en León la selección española y por allí también pasaron algunos jugadores, el seleccionador Lolo Sainz y el presidente de la Federación Española, Ernesto Segura de Luna, para alegría y emoción de las componentes del equipo.

Deportivamente mantuvieron el nivel durante toda la liga y consiguieron concluir esta fase en segunda posición solamente por detrás de su primer verdugo, el Filipenses de Palencia que había militado el año anterior en la segunda categoría del baloncesto que se denominaba en esos momentos Primera División. Con solamente dos derrotas llegaban a la segunda fase en la que iban a jugar las cuatro primeras clasificadas de la anterior, Filipenses, Mercaleón, Bembibre y Ventosilla. Era una liguilla a una sola vuelta en la que comenzaron perdiendo, de nuevo con el Filipenses. En el segundo partido, ya a 'vida o muerte' recibían al Bembibre y el triunfo de las de la capital dejaba fuera a las bercianas y apretaba más una clasificación en la que el Filipenses había perdido contra el Ventosilla. Éstas iban a ser las rivales de las de Estrada por una de las dos plazas en la fase de ascenso a Primera. No solamente necesitaban ganar las leonesas, que jugaban de nuevo en casa por su mejor puesto en la clasificación, también debían hacerlo por más de tres puntos por si había igualdad en los triunfos, y lo hicieron por 57-48, con lo que se aseguraron la primera plaza y un puesto en Ferrol. Allí jugaban tres equipos por una plaza en la categoría superior. Sus rivales iban a ser las cántabras del Euroempleo y las locales del Universitario. Estrada reconocía que afrontaban la competición de la manera que habían hecho todo el año, pensando solamente en ganar el siguiente partido, nada más.

Las cántabras fueron su primer rival y en un partido muy trabajado y con un corto marcador ganaron las leonesas 57-47. Se jugaban todo en lo que iba a ser una auténtica final, y fuera de casa, puesto que el Universitario de Ferrol lo había organizado para subir. Llenó el pabellón aunque no contaba con estas jugadoras leonesas capaces de hacer milagros y que sumaron uno más al imponerse 66-61 y ascender a Primera División con una alineación formada en esta histórica cita del 30 de mayo de 1999 por Sara (7), M. Aller (6), Asna (14), Crespo (24), Bea Jimeno (4), Mónica, Toni, Jazmín (11) y María. Cinco temporadas después el baloncesto femenino leonés estaba de nuevo en la segunda categoría del baloncesto español. Los años de vacío habían concluido.

El apartado económico en Primera División en la temporada 1999-2000, que había sido determinante para el corto recorrido de los anteriores conjuntos leoneses que habían militado en la categoría estaba resuelto con Mercaleón. El banquillo iba a continuar estando ocupado por Miguel Estrada y las jugadoras al empezar la pretemporada serían Sara Castrillo, Mónica Aller, Elena Esquivel, Bea Jimeno, Jazmín Fernández, Laura Chaguaceda, Ana Guerrero, Ana Crespo, María Teresa Estrada, Eva Suárez, Miriam, Eva y Mónica Rojo. No pudo estrenarse bien el 3 de octubre de 1999 en su debut lejos de casa el cuadro leonés al caer en la primera jornada de Primera División ante el Aldeadávila por 64-57 en un partido al que nunca le perdieron la cara y en el que siempre fueron a remolque desde el 10-4 inicial. Los partidos en su casa los iba a jugar en el Pabellón de San Esteban, que se amoldaba perfectamente a sus comienzos. No fue un rival fácil el que tocó en el calendario y uno de los 'gallitos' del grupo, el Verde Burgos, visitaba León y se llevaba la victoria por 63-74. Hubo que esperar a la visita a San Esteban del Filipenses palentino para sumar el primer triunfo y poder tranquilizarse. La temporada desde entonces no es que fuera placentera. Navegaron en la zona intermedia de un pelotón de equipos que compartían victorias y que le podía llevar desde la sexta plaza hasta la octava según sumaran un triunfo o cosecharan una derrota. Finalmente la primera fase no le valió para entrar en el grupo que lucharía por el título y en la fase por la permanencia se mostraron muy superiores concluyendo en una primera plaza que les permitió no tener que sufrir para continuar en la categoría.

Una vez conseguida la permanencia en la temporada anterior, la liga 2000-2001 ya era la del asentamiento. Como una Espada de Damocles encima, se recordaba que ni el Páginas Amarillas ni el Código

Miguel Ángel Estrada, un caso único

Profesor antes que nada, pero amante del baloncesto, este leonés siempre antepuso su labor educativa a la de técnico, aunque en muchas ocasiones ambas cosas se solapaban con sus equipos. Posiblemente sea un caso único en la historia del deporte al ser el único entrenador que tuvo un club en toda su historia, y no hablamos de una historia corta. Dirigió al San José desde que dio los primeros pasos sénior e incluso antes formando parte de la cantera del Agustinas, el colegio en el que impartía en esos momentos sus clases de

Miguel Ángel Estrada, de principio a fin con Agustinas (MAURICIO PEÑA)

Lengua y Literatura. Llevó a ese conjunto categoría a categoría hasta la elite del baloncesto femenino e incluso a la competición europea. Rozó con la punta de los dedos un título del prestigio de la Copa de la Reina ante conjuntos mucho más poderosos económicamente. Su gestión deportiva no fue suficiente para que la gestión económica hubiera permitido una vida más larga al equipo, pero no era su labor aunque intentó colaborar en eso siempre que podía. Cuando un partido se jugaba entre semana y coincidía una evaluación, se quedaba con sus alumnos si la ocasión lo permitía porque confiaba en su equipo de trabajo, aunque por fortuna no lo tuvo que hacer más que en unas pocas ocasiones ya que el colegio de las Agustinas siempre le dio muchas facilidades para ejercer esa otra labor en la que sabían que se entregaba de igual forma que con sus clases. Un equipo de Estados Unidos le llegó a invitar a compartir sus experiencias con el San José cuando ya no existía, porque siempre estuvo al día y daba cursos también de baloncesto.

Cuando Baloncesto León desapareció y el Fundación Baloncesto León emergió como equipo sénior fue su apuesta para el banquillo pero no cuajó porque no se adaptaba a su forma de pensar y de dirigir o incluso crear un equipo. Siempre tenía una frase para motivar a sus jugadoras y no dudaba en mostrarlas para que valieran a muchos otros. Participar en todo tipo de actividades sociales completaban una agenda en la que seguramente los días debían tener más de 24 horas porque era imposible desplegar tanta actividad.

100 habían conseguido superar las dos temporadas consecutivas en la categoría de plata del baloncesto femenino. En ambos casos había sido por problemas económicos. Ahora Mercaleón evitaba claramente esa situación; además, se habían incorporado nuevos patrocinadores anteriormente para completar un nombre largo pero necesario: Agustinas Mercaleón Sufi Corsán. De esta forma solamente el apartado deportivo sería el que las permitiera superar un nuevo listón hasta ahora inalcanzable. Mantenía un bloque similar, contaba con más experiencia, y con los pies en el suelo el objetivo continuaba siendo el de la permanencia. Una vez alcanzada, que lucharían porque fuera lo antes posible, podrían ampliar esos objetivos. Además el crecimiento del club se mantenía con equipo filial y otros de categoría de base para permitir la progresión constante de las jugadoras que fueran destacando en León. La parte negativa fue la marcha de una de las jugadoras que llevaba desde el principio, Sara Castrillo, que quiso probar una experiencia profesional lejos de León y se fue a Zaragoza.

La temporada ya desde el comienzo se pudo ver que iba a ser diferente a la anterior. Se mostraron mucho más fuertes pese a que perdieran el primer partido como en el año del estreno. De esta forma al concluir la primera vuelta eran las segundas de un grupo formado por nueve equipos. Finalmente se hacían con una plaza en la fase de ascenso, lo que significada que la permanencia estaba asegurada. Una reestructuración transformaría el baloncesto femenino con la creación de una Liga Femenina 2 como segunda categoría en la que solamente iba a haber dos grupos, por lo que el puesto podría ser importante una vez que las plazas de llegar a la Liga Femenina 1 estaban inalcanzables. Finalizaron quintas.

Los cambios se confirmaron concluida la temporada y su candidatura en la Liga Femenina 2 fue un paso adelante muy importante porque ahora la liga 2001-2002 era mucho más profesionalizada y exigía un mayor esfuerzo tanto al club como a las propias jugadoras al ser muchas estudiantes. La plantilla evolucionó por este motivo y la Universidad de León colaboró en esto con su sola presencia al permitir incorporar a jugadoras que simplemente venían a estudiar al campus leonés. Iban a ser doce los equipos y los cuatro primeros jugarían los 'play-off' por el ascenso. Sin embargo muchos de los equipos miraban a eludir las plazas de descenso primero y entre ellos iba a estar el cuadro leonés al desconocer como iba a ser su rendimiento en la nueva competición. En esta categoría se podía contar con extranjeros, algo que todavía no estaba al alcance de las de Miguel Ángel Estrada, con un presupuesto muy ajustado. Coquetearon en algunas jornadas al principio con puestos cercanos a la parte baja de su grupo, para posteriormente lograr sumar los triunfos necesarios para acomodarse en la zona templada y evitar problemas con un séptimo puesto tranquilo en el grupo, que suponía el 13 en el cómputo general de la categoría sobre 24 equipos.

Dieron un paso adelante en la temporada 2002-2003 con la presencia de una plantilla más asentada y su primera comunitaria, la francesa Severine Barquillón, que se convirtió en la primera jugadora de lejos de España que llegaba a León simplemente para militar en un equipo de baloncesto. Era la transformación definitiva del equipo de un colegio que entraba en el mundo del profesionalismo, de forma muy modesta y con remuneraciones que en el masculino serían anecdóticas. Ese avance no sería solamente en la plantilla, que luego incorporaría a una argentina, Gimena, lo fue también en la clasificación. En vez de los puestos medios o bajos, esta vez los cuatro primeros lugares no fueron desconocidos para las leonesas. Después de disputar las 26 jornadas de la fase regular concluían en una excepcional segunda plaza con solamente seis derrotas, a dos del Frío Cáceres que fue el primero, y cuatro por delante del primer puesto que se quedaba fuera de la lucha por el ascenso. Y sí, aunque fuera un sueño, el conjunto que seguía entrenado por Miguel Ángel Estrada iba a estar entre los ocho equipos que buscarían una plaza en la elite. Eran dos eliminatorias las que debían superar por el sistema de 'play-off'. Su rival iba a ser el Viladecans, tercero del otro grupo. Primero jugaron el partido lejos de casa y perdieron por un claro 72-60. Ahora tenían que jugar en el pequeño Pabellón de San Esteban un partido tras el que si conseguían la victoria se jugarían todo en un tercer encuentro. Ante sus seguidores las de Estrada comenzaron firmes y poniendo ventajas en el marcador a su favor de hasta 17 puntos. Su renta al descanso era de seis (39-33), que se fueron diluyendo progresivamente hasta que se pusieron a remolque y acabaron perdiendo 74-78. Habían quedado eliminadas en la ronda de cuartos de final, otro escalón en su trayectoria.

Esa importante marca cambiaba todo en la temporada 2003-2004 porque ya querían mirar más hacia arriba que hacia abajo. Las cosas las dejaron bien claras desde las primeras jornadas. Encadenaron nada más ni nada menos que ocho victorias consecutivas y no cedieron la primera derrota hasta la novena. Se habían convertido en el equipo a batir junto a un Canoe que era el único capaz de aguantar ese ritmo.

No se bajó de la segunda plaza en toda la temporada, y antes de llegar a la conclusión de la fase regular se hizo de forma matemática lo que se veía venir desde hacía mucho tiempo, que habían alcanzado una plaza en la lucha por ascender a la Liga Femenina. Acabaron segundas con cuatro derrotas en toda la competición, las mismas que el líder y cinco menos que los equipos perseguidores.

Llegaba la eliminatoria de cuartos de final que ya conocían. Y tampoco era desconocido el rival al tocarles de nuevo el mismo equipo que en la anterior cita, el Viladecans de Barcelona. La historia se desarrollaba de la misma forma en el juego aunque no en el resultado. En esta ocasión las leonesas se imponían por 62-65 en tierras catalanas y cambiaba mucho la forma de enfocar el segundo partido que ahora era a 'vida o muerte' para sus rivales. De nuevo el Pabellón de San Esteban acogió la cita y no hubo lugar a la sorpresa al ser muy superiores las del Acis Mercaleón, que se impusieron por 72-60.

Estaban en las semifinales de la categoría en las que el premio ya era una plaza en la Liga femenina 1. Su rival, el Olis Sóller de las Islas Baleares y el factor cancha favorecía a las isleñas. Por este motivo primero se jugaría en León y no fue nada sencillo. La igualdad presidió el choque e incluso las leonesas iban por detrás en el marcador al descanso (25-28) en un encuentro marcado por las fuertes defensas. Poco a poco cambió el panorama y la primera victoria fue del cuadro leonés por 65-57. Ahora todas viajarían a las islas y allí en el primero de los encuentros el conjunto que actuaba como local venció 67-58 y de esta forma se igualaba la eliminatoria. Habría un tercer partido en Sóller, considerado uno de los pueblos más bonitos de Mallorca, pero allí no había tiempo para el turismo y sí para luchar por un ascenso. La igualdad que había presidido el 'play-off' se mantuvo en este encuentro. Los cuartos pasaban con la defensa de protagonista como indica el marcador de 13-14 después del primero y de 29-31 al descanso. El tercer cuarto fue la explosión leonesa. Dejó en solamente siete puntos a su rival y con una ventaja de doce (36-48) se acercaba al milagro. Era el momento de templar los nervios y de aguantar en un último cuarto de mayor anotación local que no fue suficiente porque el triunfo final fue del Acis Mercaleón por 54-64. Era un 23 de mayo de 2004 y la plantilla de esta temporada de gloria la habían formado Esperanza Almorza, Alicia Arias, Raquel Callejón, Sara Castrillo, María Luz Collantes, Gimena Landra (la argentina fue la única foránea), Rita Montenegro, Laura Muñoz, Patricia Palmero, Marta Ramírez y Nuria Ramiro.

El baloncesto leonés estaba de nuevo en la elite. Tras el descenso del Baloncesto León masculino de la Liga ACB, ahora era la competición femenina la que iba a contar con un representante de la provincia. La diferencia entre uno y otro ascenso fue abismal. Los miles de personas que estuvieron cuando lo consiguió el mítico Elosúa fueron un par de centenares cuando el San José llegaba a la capital leonesa y en la plaza de San Domingo se bañaban en la fuente. El fin de fiesta fue el partido jugado ante el Canoe por el título de la categoría entre los dos ascendidos y que lograban las madrileñas por 68-65.

La alegría en la fase de ascenso del San José

La plantilla fue recibida por las instituciones provinciales (MAURICIO PEÑA)

El estreno del San José en la máxima categoría fue en el Pabellón de San Esteban (MAURICIO PEÑA)

El salto de una sola división era mucho más importante en el apartado económico y de gestión del club que presidía Agustín Montoya que en el apartado deportivo. Los patrocinadores cambiaban el 'orden' al pasar a ser Acis el principal por delante de Mercaleón por su aportación. Las instituciones debían respaldar al club para que no fuera fugaz su presencia en la máxima categoría pese a que ya no eran los años en los que las subvenciones eran de cantidades muy altas. Respecto a la plantilla, las extranjeras ya empezaban a ser mucho más importantes y se debía invertir en esas plazas de una manera clara, aunque no marcaba tantas diferencias como en la competición masculina. Un ejemplo de esas opciones es que en este verano se llegó a optar por el fichaje de una jugadora polaca de 2,16, Dydek, que había jugado la liga profesional de los Estados Unidos y que al ser en verano la podían compaginar con las competiciones europeas. Finalmente era una aspiración demasiado alta para un recién ascendido. Los cambios fueron numerosos y fueron pocas las jugadoras que continuaron del ascenso como podía ser Sara Castrillo, Mabel García (lesionada en los ligamentos en los entrenamientos después de haber logrado el ascenso), y Nuria Ramiro. El resto fueron novedades como la jugadora procedente del Barcelona, Mar Rovira, en lo que fue una de las mayores inversiones, y a la que acompañaban en la presentación en el Auditorio de León Tina Lelas (Croacia), Arminda Moreno, Estela Ferrer, Joanna Hill (una australiana), Valentina Aragonese (Chile), Michele Hendry (Canadá), Anna Boleda y Ana Aparicio (repescada por la lesión de Mabel), faltando la alemana Kühn que estaba concentrada con su selección y llegó para el inicio de la liga.

El 9 de octubre de 2004 se estrenaba la provincia en la máxima categoría del baloncesto femenino. Lo hacía en el Pabellón de San Esteban (no jugaba sus partidos en el Pabellón Municipal) y lo hacía ante un par de centenares de espectadores. Su rival fue el Canoe que le acompañó en el ascenso y que le amargó el debut al derrotarle por 59-62. No tuvieron que esperar mucho para inaugurar su casillero de victorias, algo que lograron en el segundo partido ante el Hondarribia, y para dar la primera alegría a su afición al vencer al Cajacanarias en el tercer partido (quinta jornada) en San Esteban.

La desgracia se cebó con el equipo en la sexta jornada de una manera poco habitual al empotrarse un vehículo contra el autobús a su regreso de Lugo a la altura de la localidad de Almazcara, ya en el Bierzo. Fue un accidente muy fuerte y en el mismo su jugadora Arminda Moreno sufrió la fractura de ambas piernas al ir sentada en el asiento delantero junto al conductor porque se mareaba. Esta jugadora en esos momentos era la máxima anotadora y la tercera más utilizada. Tuvo que ser trasladada a Madrid para operarse y había dicho adiós a la temporada.

El autobús tras el accidente de tráfico (GAZTELU)

Después de haber conseguido superar ese tremendo susto la liga estaba muy igualada en la parte media. El cuarto tenía cinco victorias y el décimo cuatro de un grupo formado por catorce equipos. Esto hacía que muchos conjuntos entre los que se incluía el Acis soñaran con una de las plazas para la Copa de la Reina que se concedían al finalizar la primera vuelta, pero tampoco se podían relajar para evitar las dos plazas de descenso. Eran los momentos dorados de la temporada cuando se acercaba el final del gran año 2004. Ficharon a la francesa Leslie Ardon para suplir a Arminda. Una derrota en Zaragoza, simplemente por un mal cuarto en el que solamente sumaron siete puntos, alejó el sueño copero lo que supuso el adiós de la croata Lelas por su bajo rendimiento y se iba a jugar a Siberia. La visita del potente Ros Casares dejó en escasas esas opciones en un día en el que regresaba a León a ver a sus compañeras la alero canaria Arminda que recibía emocionada la ovación de un Pabellón de San Esteban con su mejor entrada, que no suponía más que unos pocos centenares de espectadores. En la última jornada de la primera vuelta era necesaria una carambola para acabar entre las clasificadas para la Copa que no se produjo puesto que ni ellas mismas ganaron en Melilla y llegaban al ecuador en el puesto 10 con cinco victorias en 13 jornadas, dos por encima de los puestos de descenso.

La belga Van Malderen ocupaba la plaza de la croata Lelas y dejaba el equipo la chilena Aragonese con muy pocos minutos disputados hasta ese momento. Su puesto lo iba a ocupar la norteamericana Tynesha Lewis en un gran esfuerzo del club ante lo que se estaban reforzando también las demás plantillas. Tanto cambio provocaba que no empezaran bien la segunda vuelta y el fantasma del descenso acechara un poco más al perder ante el Canoe de nuevo. La retransmisión de su partido ante el Hondarribia en la siguiente jornada provocó que el cuadro leonés 'estrenara' el Pabellón Municipal. Por fin superaba el millar de aficionados en un partido. No fue suficiente para evitar una nueva derrota que encendía todas las alarmas, aunque todavía no hubieran entrado en los puestos de descenso que se habían acercado. Su crisis se acentuaba al perder contra el Barcelona que luchaba por el título por un contundente 110-47, una diferencia que llevaba seis años sin verse en la categoría. La visita del líder Perfumerías Avenida a León y la victoria que se llevó el cuadro salmantino fueron ya el momento en el que las leonesas entraban en una de las dos últimas plazas. No conocían la victoria en toda la segunda vuelta y los refuerzos no funcionaban como se esperaba. Mantenían la fe en que con un calendario más asequible llegara la tranquilidad con un nuevo triunfo. Lo hizo donde menos se esperaba, en la visita a Canarias ante un conjunto que ocupaba la quinta plaza y al que superaron por 53-64. En la jornada 22, a cuatro para el final, la victoria ante el Estrugasa les daba prácticamente por asegurada la permanencia, que garantizaban dos partidos antes del final para concluir en el 11 (de 14) con 10 victorias en los 26 partidos jugados. Superaba de esta forma la 'novatada' de su estreno, repitiendo la temporada siguiente su presencia entre las mejores.

Poco antes de la llegada del verano del año 2005 otro paso de gigante daba el San José sin apenas tiempo para haber asimilado el anterior. El cuadro leonés pese a su puesto en la clasificación era invitado a una competición europea. El baloncesto femenino no contaba con los mismos apoyos empresariales que el masculino, y muchos equipos que por su puesto en la categoría tenían derecho a disputar algunas de las competiciones europeas debían renunciar. Incluso el campeón de liga, el Universitat FC Barcelona lo hizo en la Euroliga. Por este motivo la plaza en la Euroliga fue para el segundo, el Ros Casares, mientras que las cuatro de la Eurocopa, la segunda de las competiciones, las ocuparon el Perfumerías Avenida de Salamanca (3º), Hondarribia Irún (4º), Cajacanarias (6º) y Acis León (11º). Como se ve todavía quedaba mucho camino por recorrer pese a que ya habían pasado unos años desde el inicio del siglo XXI. Las leonesas sí estaban en condiciones de disputarla y de nuevo le daban un pequeño giro a su denominación puesto que como segundo patrocinador entraba Incosa, por lo que en la nueva campaña iba a ser Acis Incosa León.

Esta situación provocaba una apuesta importante en el aspecto presupuestario con un importante incremento y la confección de una plantilla para poder realizar un buen papel tanto en la liga como en la propia Eurocopa o Fiba Cup. Una de las contrataciones estrella fue la de la norteamericana Tracy Reid, una jugadora que en la liga profesional americana en sus inicios había sido nombrada la mejor

Mar Rovira fue un fichaje de postín (MAURICIO PEÑA)

debutante. Junto a ella había jugado en el Barcelona también otro gran fichaje como era el de Isa Sánchez, internacional con España. De casa se recuperaba a Mabel después de una lesión de catorce meses, y se esperaba el retorno incluso de la accidentada Arminda Moreno. De esta forma para la temporada 2005-2006 presentaron en Botines como jugadoras a las bases Mar Rovira y Marta Ginés, las escoltas Andrea Ortega, Irene Salgado, Isa Sánchez y Mabel García, las aleros Tracy Reid (Estados Unidos), Arminda Moreno y Leslie Ardon (Francia), y las pívots Nuria Ramiro, Taru Tuukkanen (Finlandia) y Andrea Gadner (Estados Unidos). Faltaba la alemana Kühn, que inicialmente tenía contrato pero a la que una grave lesión obligó a reemplazar. Esta situación de cambios de jugadoras fueron una constante a lo largo de las jornadas e incluso antes de iniciar la liga llegaba una pívot que acababa de lograr una medalla con la selección española en un Europeo, Lucila Pascua.

Las plantillas del San José contaron con numerosas nacionalidades (MAURICIO PEÑA)

Los partidos iban a ser por fin en el Palacio Municipal de los Deportes, que iba a acoger la Copa de la Reina de esta temporada, y que iba a permitir que se incrementara la asistencia de público respecto al Pabellón de San Esteban, mucho más limitado en este aspecto. El estreno en la competición fue sin embargo fuera de casa ante un recién ascendido, el Ferrol, al que derrotaron por veinte puntos (59-79), lo que las permitió ser las primeras líderes de la Liga Femenina. Este hecho lo corroboraron en la segunda jornada con otra amplia victoria contra el Arranz de Burgos y mantuvieron ese lugar de honor. Siguieron cayendo los triunfos y cuando habían realizado cinco seguidos en las cinco primeras jornadas estaban viviendo un sueño aunque algunos solamente hablaban de un calendario asequible. Llegaba así la prueba de fuego en el sexto partido en el que recibían al Perfumerías Avenida, uno de los candidatos al título y que finalmente lo lograría. Llegaron aficionados visitantes en un buen número, algo que no solía ser habitual y de esta forma el pabellón leonés llegaba a los 1.700 espectadores, una nueva marca para el baloncesto femenino leonés (ya superaban incluso los mil socios). La fiesta fue completa con el triunfo local por 70-61 que le dejaba como el único equipo con pleno de triunfos en esos momentos. Ya habían acallado las dudas que hubieran podido surgir.

El principal problema hasta ese momento fue que estaban alternando la competición europea y la doméstica, y cuando llegaron los rivales complicados el cansancio podía hacer mella. La racha no se quebró por ese motivo pese a coincidir con esos momentos. Fue en Barcelona, en el Palau, ante el vigente campeón de Liga como era el FC Barcelona, que las superó en la séptima jornada por 85-62 y las dejaba sin ese primer puesto que habían disfrutado durante mucho más tiempo del soñado. A partir de ahí se notó el pequeño bajón en el rendimiento y finalmente al concluir la primera vuelta eran las quintas con cinco derrotas en 13 partidos, por detrás de los cuatro mejores equipos y como líderes del resto. Eso sí, la palabra permanencia había

Luci Pascua, una internacional en León (MAURICIO PEÑA)

San José cumplió con creces en Liga Femenina 1 (M. PEÑA)

desaparecido definitivamente de su diccionario porque ya se daba por hecha y las aspiraciones eran mayores al buscar ser uno de los equipos de los 'play-off' por el título. Las de Miguel Ángel Estrada lo consiguieron al concluir la fase regular sin problemas, mucho antes de concluir y cada vez más cerca de las 'inalcanzables'. Fue la quinta con ocho derrotas, lo que indica que solamente perdió tres partidos en toda la segunda vuelta y pudo llegar a soñar con la cuarta plaza, que finalmente no logró por un solo triunfo.

De esta forma debía iniciar la pelea por el título contra ese cuarto que era un conjunto mítico como el Ros Casares valenciano, que además iba a tener el factor cancha a su favor en caso de necesitarse un tercer partido para conocer al que iba a llegar a semifinales. El 11 de abril de 2006 era el primer partido de la historia de un 'play-off' por el título en tierras valencianas. Era una cancha difícil contra un rival potente que se mostró superior al derrotar a las leonesas por 87-77. Tan sólo cuatro días después era la ciudad de León la que se estrenaba en esas lides y el sueño era el de lograr regresar a Valencia a jugársela. De salida mandaron las locales del Acis y al descanso estaba todo igualado (37-37); poco a poco las valencianas se fueron imponiendo y eliminaron finalmente a las de Estrada tras ganar el partido 63-69. Era el punto final a la gran temporada que habían hecho y que confirmaba su crecimiento.

También había sido la temporada 2005-2006 la del estreno en la segunda de las competiciones europeas. Entraban las leonesas en una fase de grupos: doce con cuatro equipos cada uno, y pasaban 32 equipos a dieciseisavos de final, en definitiva los dos mejores de cada grupo y los mejores terceros. El grupo en el que jugó el Acis Incosa estaba formado por el Cab Madeira de Portugal, Lille Metropole de Francia y el Parma de Italia. En la isla portuguesa se produjo el estreno el 20 de octubre de 2005. No fue el esperado ya que en todo momento fueron a remolque y cayeron 74-71 pese a que las diferencias nunca fueron grandes. Era su primera derrota de la temporada puesto que en esos momentos en la liga habían ganado todos los partidos disputados. Se quiso montar una fiesta para el debut europeo en casa, invitando al partido a las peñas del resto de equipos leoneses, no sólo de baloncesto; se pretendía crear un ambiente especial ante las italianas del Parma. No lograron el objetivo, tan sólo asistieron medio millar de espectadores, y tampoco sumaron el triunfo al caer por un solo punto (68-69) con una canasta rival ya sin tiempo para remontarla. Se había complicado mucho la situación y cuando más difícil estaba fue cuando sacaron ese espíritu guerrero que las caracterizaba, venciendo en Francia al Lille 49-52 para seguir con vida en esta fase de grupos. La victoria ante el Madeira en casa (67-44) y en Italia por un claro (63-81) sirvieron para dar la vuelta a la situación y ubicarse en la siguiente ronda. En el último partido una victoria les facilitaría el cruce y una derrota lo dificultaría; sucedió esto último, cayendo por 68-76 y de esta forma se tuvieron que medir a otro conjunto italiano, el Ares Rivera. Al clasificarse como terceras, la ida era en su casa y en este caso era eliminatoria directa, no por victorias; la diferencia de puntos era clave. Lo primero era ganar y no lo lograron al fallar en la defensa y sucumbir 62-69. La vuelta en tierras sicilianas era buscar el milagro. Ganaron 58-62 sin llegar a recuperar los siete puntos de desventaja que llevaban de León. Pudieron llegar a forzar la prórroga pero el tiro final no quiso entrar. Pese a la eliminación antes de los octavos de final, la primera experiencia europea había resultado más que positiva y era otro peldaño que habían ascendido en su trayectoria.

Foto de la presentación de la plantilla 2006-2007 (MAURICIO PEÑA)

Antes de comenzar la temporada 2006-2007 se produjo el abandono de Arminda Moreno. La alero canaria tuvo que dejar la práctica activa del baloncesto al no poder recuperarse de los problemas surgidos con el accidente y pasaba a ser la primera directora general del club. Fueron de nuevo varios los cambios en la plantilla y lo que más cambió fue el comienzo; si un año antes sumaron triunfo tras triunfo, en esta ocasión tuvieron que esperar hasta la cuarta jornada para conseguir la primera de las victorias en la liga. A partir de ese momento consiguieron escalar posiciones desde la parte baja hasta volver a ubicarse entre las mejores, los puestos que daban derecho a jugar por el título aunque sin llegar al nivel de la anterior campaña. Les costaba ganar fuera de su feudo y solamente sumaban triunfos en casa hasta que en la jornada 12, la penúltima de la primera vuelta, se impusieron en tierras madrileñas al conjunto revelación de la liga, el Rivas Futura, que contaba con un importante presupuesto. Ni ese triunfo ni el siguiente fueron suficientes para estar entre las ocho mejores al concluir esos trece partidos, se quedaron por lo tanto fuera de la Copa de la Reina. En la continuación sí consiguieron una de esas plazas por las que tanto habían luchado, concluyendo séptimas con trece victorias y trece derrotas y entrando otra vez en los 'play-off'.

La norteamericana Gadner fue un fichaje de prestigio para el club leonés (MAURICIO PEÑA)

En la ronda de cuartos de final de la lucha por el título su mal puesto les obligó a enfrentarse a las segundas de la fase regular, el Perfumerías Avenida de Salamanca. Se trataba del campeón de la anterior temporada y por lo tanto de uno de los grandes aspirantes a llegar a la final. La primera de las citas tuvo lugar en Salamanca y el favorito fue superior llevándose la victoria por 76-51. Las jugadoras de Miguel Ángel Estrada sabían que era muy difícil y en el segundo partido en su casa al menos querían forzar el tercero y competir. Cayeron 80-86 y quedaron eliminadas. Eso sí, cumplieron su trabajo ya que fue después de haber tenido que disputar dos prórrogas ante 2.000 espectadores, que no era la cifra más alta (se había dado en la Copa de la Reina) y mostraba que, lentamente, la afición iba conectando con el equipo cada vez en mayor número.

La competición europea de esta temporada se puede decir que fue casi un calco de la anterior. Sus rivales en el grupo fueron las italianas del Taranto, las francesas del Tarbes y un conjunto de Luxemburgo, el Letzebuerg. Repitieron la tercera plaza después de haber ganado los dos partidos a las luxemburguesas con comodidad y superar al Taranto en la única derrota que cosecharon las italianas por un contundente e inesperado 82-58, producido después de un apagón en el pabellón que dio alas a las locales que en el primer cuarto iban perdiendo 19-23. A la eliminatoria de nuevo accedieron como terceras y su rival fue el Ramat Hasharon de Israel. Ganó el Acis en la ida por 68-66. Dos puntos eran una renta muy corta para la vuelta y por lo tanto tenían que pensar en conseguir la victoria para no verse sorprendidas. Después de un primer tiempo de mucha igualdad, un tercer cuarto en el que solamente anotaron cuatro puntos resultó determinante para que quedaran eliminadas al sucumbir por 72-51 y decir de nuevo adiós en los dieciseisavos de final.

Agustín Montoya, a la izquierda en una presentación, fue un presidente clave (MAURICIO PEÑA)

Lo más negativo al concluir la campaña fue que se conoció la marcha de su presidente Agustín Montoya, el hombre que había llamado a miles de puertas para conseguir que se llegara a contar con un presupuesto de más de 600.000 euros para poder codearse con las mejores pese a que todavía les faltaba subir el último escalón. Su puesto fue ocupado por Enrique Gil, un hombre de baloncesto y de la política leonesa toda su vida que en esos momentos ocupaba el cargo de diputado provincial de Deportes. También cambiaba el nombre del equipo que pasaba a ser CB San José, sin una marca patrocinadora por delante como en las temporadas anteriores. Colaboraban empresas con el equipo, ninguna con la cantidad suficiente para ser el nombre del equipo. También la plantilla sufrió importantes cambios. Se fueron jugadoras internacionales o claves en el equipo como Isa Sánchez, Mar Rovira y Tracy Reid. Llegaba una estrella de la talla de Allison Feaster. Estadounidense con pasaporte francés, esta jugadora de 31 años cuando llegó a León, había sido elegida en la primera ronda del Draft de la liga profesional norteamericana con el número 5 por el equipo de Los Ángeles. Alternó esta competición que se disputaba en verano con la vida en Europa y estuvo seis años en Francia. Tras un parón para ser madre regresó a Europa y jugó en Ros Casares con el que ganó la Liga, Copa y Supercopa, además de disputar la final de la Euroliga. Estaba casada con un jugador de baloncesto, Danny Strong, que curiosamente esta temporada firmó por el Baloncesto León (se había incorporado ella primero al San José), y por primera vez en sus carreras iban a coincidir en la misma ciudad los dos después de muchos años jugando.

De nuevo eran invitadas a jugar en la competición europea en la temporada 2007-2008 ante las renuncias de equipos que habían quedado por delante en la clasificación. Fue una tercera participación en la que el 'guionista' de la aventura continental no le ponía mucha imaginación. El capricho del bombo deparó que un italiano, Umana Venecia, un francés, Montpellier, y un luxemburgués, Exma Luxemburgo, fueran los rivales del grupo. La clasificación se repitió por tercer año con una tercera plaza después de haber logrado tres victorias y encajado tres derrotas, finalizando como tercero del grupo. Un equipo italiano, el Familia Schio, fue el rival en la ronda de acceso a los octavos de final. Ganaron las de Estrada en la ida 77-73 y perdieron en la vuelta 76-63 por lo que de nuevo quedaron eliminadas. En esta ocasión estuvieron mucho más cerca y el partido no se rompió definitivamente hasta que faltaban dos minutos para la conclusión.

No fue igual sin embargo la liga a la de la temporada anterior. Esa gran plantilla que se había montado empezó a dar sus frutos prácticamente desde el primer día. El buen trabajo que estaba realizando Miguel Ángel Estrada se veía reflejado en los resultados y en todo momento estuvieron luchando por los puestos altos en la fase regular. Un intratable Ros Casares fue el único que les frenó en las primeras jornadas. Iban terceras en el ecuador de la temporada con solamente tres derrotas, y finalizaron cuartas la

La brasileña Santos en un partido en 2007 (MAURICIO PEÑA)

fase regular con ocho en su casillero en lo que fue su mejor campaña. Esta temporada había cambiado la lucha por el título, que estaba reservada únicamente a las cuatro primeras, por lo que las leonesas llegaron a una nueva marca en su trayectoria al acceder directamente a las semifinales de la lucha por el título. Lo malo de este cambio es que a las primeras de cambio debían enfrentarse al campeón de la primera fase y gran favorito, el Ros Casares de Valencia. A la dificultad del rival se unió que el San José contaba con algunas bajas. Así se convirtió el 'play-off' en mucho más complejo y más cuando en el primer partido fueron arrolladas al perder 90-52. Tampoco hubo opciones en León y después de ser derrotadas 59-88 ponían el punto final a su temporada, otra más a un gran nivel.

La temporada 2008-2009 era ya la quinta consecutiva entre la elite del baloncesto femenino y el equipo incluso recuperaba un sobrenombre comercial que ayudaría en los gastos de la plantilla. Pasaba a ser Feve San José. Otra vez la plantilla contaba con numerosos cambios al continuar menos de la mitad de las componentes. El equipo estaba formado por Giuliana Mendiola y Rosa Pérez como bases; María Revuelto, María Pina, Patricia Argüello, Eshaya Murphy y Alba

García para los puestos de alero y escolta; y Kim Butler, Paula Seguí, Cindy Lima y Lucy Pascua como pívots. Con estas jugadoras afrontaban también la cuarta campaña seguida en la Eurocopa, esta vez sin mediar renuncias y sí por méritos propios. En su grupo dos equipos griegos como el Athinaikos y el Panionios, más el croata del Ragusa. Nada tuvo que ver esta actuación con las anteriores y el conjunto leonés fue el dominador del grupo. Con cinco victorias y una derrota en la fase de grupos se plantó sin problemas en los dieciseisavos de final. Su rival era un equipo turco, Botas Spor, perdieron 67-65 en la ida por lo que la diferencia parecía salvable para la vuelta y así fue, ya que ganaron 81-68 y por primera vez en la historia lograban meterse en los octavos de final. Quiso la desgracia que su rival fuera otro de los representantes españoles en esta competición continental, el Ibiza. Era un equipo de su propia liga, por lo que estaba al alcance de las de Estrada aunque se preveía una eliminatoria muy igualada. Así fue, en la ida solamente lograron una renta de cuatro puntos las del San José (60-56) en un partido que estuvo casi siempre empatado. En la vuelta no empezaron bien y al concluir el primer cuarto las ibicencas le habían dado la vuelta a la tortilla con una ventaja de seis puntos (20-14), que eran siete al descanso (42-35). A partir de ahí fueron remando las leonesas hasta reducir su desventaja a los dos puntos y conseguir otros tantos a su favor a la conclusión del choque (70-72). Con esta victoria estaban en los cuartos de final de una competición continental, otro peldaño más en su continua progresión. Un viejo conocido como era el Taranto italiano iba a ser su rival para buscar un puesto en las semifinales. Las esperanzas se perdieron un poco cuando en la ida en tierras italianas hubo un mal día del San José, que regresó con un marcador adverso de 66-43. Los más de veinte puntos de desventaja eran una quimera para la vuelta; ganaron el partido solamente por tres puntos (63-60). Su excepcional trayectoria europea concluía con un buen sabor de boca de haber conseguido llegar muy lejos y codearse con grandes equipos. También con uno malo al no conseguir que el público leonés se acercara hasta el pabellón en esa ronda dada la diferencia de la ida y solamente hubo medio millar de espectadores.

Otra liga de ensueño vivió el San José en la fase regular en la que de nuevo concluía en la cuarta plaza final con 17 victorias y nueve derrotas, las mismas que el quinto clasificado, el Espanyol, y solamente una por debajo del tercero. Era una plaza que de nuevo le permitía jugar directamente la fase por el título desde las semifinales, y el sueño se transformaba en una pequeña pesadilla porque otra vez su rival iba a ser el Ros Casares, que si estaba fuerte en la anterior campaña en esta ocasión era todavía más y solamente había dejado de ganar un partido. Todos esos números, el precedente de la anterior campaña, y que era un rival que se le atravesaba, provocaron que apenas compitiera de nuevo y quedaran eliminadas después de perder 81-59 en Valencia y 77-96 en León, lo que no impidió que el más de un millar de aficionados presentes en las gradas las despidieran con una ovación en pie porque era lo que se merecían.

Deportivamente el final de la temporada fue espectacular, pero económicamente hubo problemas. Se retrasaron mensualidades de las jugadoras e incluso hubo amenaza de huelga. La cuenta del club estaba como se suele decir "a cero". En esas condiciones no se podía cubrir el aval para competir la siguiente temporada y que exigía todos los años la Federación Española. Una demanda de Arminda Moreno por el accidente al no estar dada de alta también amenazaba el futuro y el club fue sancionado con 600.000 euros de multa mientras que ella recibiría una pensión de invalidez vitalicia al no poder desarrollar su trabajo. Finalmente vendieron sus derechos en la máxima categoría al Mann Filter Zaragoza y desaparecía del panorama deportivo en medio del olvido empresarial e institucional. Lo que no se puede olvidar es su excepcional trayectoria y su huella en la historia del baloncesto leonés.

Tras la temporada 2008-2009 el San José ponía fin a su aventura por falta de apoyos (MAURICIO PEÑA)

CB AROS

Este equipo, superviviente como pocos y con un trabajo con la base muy llamativo en la competición femenina, tuvo sus comienzos en 1995 en la comarca de Gordón, de ahí que una de sus denominaciones fuera Aros Gordón por su nacimiento en La Pola de Gordón. Pronto se trasladó a la cantera de la capital leonesa y empezó a captar jugadoras en numerosos centros de la ciudad. Con la llegada del siglo XXI dio el salto a la competición sénior en lo que era el paso lógico, como lo habían dado muchos otros equipos porque no había motivo para que todo ese trabajo se perdiera y los bloques se deshicieran. En la temporada 2002-2003 militaron en Segunda División, una competición en la que fueron de menos a más en las distintas fases. Acabaron logrando que en la temporada 2003-2004 pudieran disputar la liga de Primera División en unos años de transformación tanto del baloncesto español como del leonés. En esos momentos era la tercera categoría y su estreno no pudo ser mejor. Concluyeron en la segunda plaza con cinco derrotas en 24 partidos, solamente por detrás del Universidad de Burgos, y optaron al ascenso a la Liga Femenina 2. La fase tuvo lugar en Burgos y contaba con rivales como Universidad de Burgos, Universidad de Navarra y Atlético San Sebastián. La juventud fue algo que les pasó factura y perdieron ante la Universidad de Navarra 77-65. Esto añadió presión y en la segunda jornada ante las locales también cayeron (62-54) quedando ya sin opciones, por lo que el tercer partido no era necesario para ellas y el Atlético San Sebastián ganó 68-64.

Fue un aprendizaje para el equipo que siempre anteponía el trabajo diario a los resultados, sin desdeñar que se pudieran conseguir logros importantes como corresponde a deportistas. Era la forma de hacer de su entrenadora y 'alma máter' del equipo, Moses. El nombre de esta vitoriana nacida en 1972 es Isabel Fernández, a la que conoce todo el mundo como 'Moses' por el jugador de la NBA Moses Malone, que llevaba unas gafas como ella en sus primeros años para poder jugar. Estuvo en la Liga Femenina y también en la Universidad de León en su periplo de jugadora. Luego se instaló en la ciudad leonesa y realizó un trabajo encomiable con la base que hizo que junto al resto de los técnicos del Aros se lograra disponer de varias jugadoras muy destacadas a nivel nacional. También se puede decir que en el club ejerció todos los cargos, porque allí donde era necesario realizar un trabajo, estaba la vitoriana.

Repitieron la fase de ascenso a la Liga Femenina 2 en la temporada 2004-2005 con una excelente campaña en la que perdieron dos partidos en Primera División, aunque quedaron segundas porque el líder solamente cedió una derrota. Jugaron en Zamora contra el Atlético San Sebastián, Helios de Zaragoza y las locales del Caja Rural. Comenzaron con un triunfo ante las vascas (56-52) y continuaron imponiéndose a las mañas (63-56), por lo que tenían mucho más cerca su objetivo. Una final era la tercera jornada contra el Caja Rural y el choque resultó de lo más emocionante por la igualdad entre los dos equipos. Ganaban en los últimos segundos las leonesas 67-68 cuando una personal en la lucha por el rebote del último tiro del cuadro zamorano les dio dos tiros libres que anotaron sin tiempo para más; el Caja Rural cerraba la puerta al Aros de ir a la Liga Femenina 2.

El Aros, un equipo modesto con grandes temporadas como en el año 2009 (MAURICIO PEÑA)

Se tomaron un 'respiro' en la temporada 2005-2006 en la que acabaron en la parte baja de la categoría y volvieron a las andadas en la 2006-2007 en la que regresaban a la fase de ascenso con un primer puesto y una sola derrota en los 26 partidos jugados. En esta ocasión iba a ser en casa, en el Pabellón La Torre de la capital leonesa con las asturianas del Ascensores Tresa, las vizcaínas del Ibaizabal y las donostiarras 'habituales' del Atlético San Sebastián. Repitieron actuación con dos victorias en los dos primeros partidos y en lo que se podría considerar la final (en realidad era la tercera jornada y los

Ángela Salvadores, el baloncesto en la sangre

Ángela Salvadores nació en Oviedo en 1997, pero su ascendencia leonesa y su vida la desarrolló en León. Llevaba el baloncesto en la sangre porque el apellido Salvadores ya había sido conocido en las categorías inferiores del Baloncesto León con su padre Jorge (y su tío), que luego militó en varios equipos y uno de ellos era el de Oviedo. En esa misma ciudad jugaba su madre, Ángela Álvarez, en el Universidad. Pero sus padres nunca la obligaron a jugar al baloncesto y de hecho su hermana fue una atleta de buen nivel. Lo que sí querían era que ella y sus tres hermanos hicieran deporte y al final el baloncesto fue lo que cogió con más ganas.

Tener padres que sepan jugar no ayuda a encestar y tuvo que trabajar muy duro en el Colegio Marista San José y luego el Aros. Los resultados llegaron muy pronto porque tenía una capacidad anotadora que siempre destacó en esta escolta que llegaría al 1,78. Antes de cumplir los 15 años ya había llamado la atención de todo el baloncesto español. En un Campeonato de España infantil ya fue nombrada mejor jugadora y con tan solamente 14 años debía abandonar su ciudad, León, y como se suele decir para no volver en términos de baloncesto hablando.

En el verano de 2011 se incorporó a las filas del Club Siglo XXI, y de inmediato empezó a ser convocada con las categorías inferiores de la selección española. Era este un equipo que en Barcelona permitía compaginar el deporte y los estudios conviviendo en la prestigiosa Residencia Blume. En el verano de 2012 empezaba a acumular entorchados al conseguir con España la medalla de oro sub'16 con 20 puntos y siete rebotes en la final ante Italia con solamente 15

Hizo 40 puntos en una final de un Mundial ante Estados Unidos que la hicieron adquirir mucho protagonismo (FIBA)

años. Un año después se colgaba la misma medalla en otro Europeo Sub'16 y fue nombrada MVP (jugadora más valiosa) de la competición.

En 2014 vivió un año plagado de éxitos deportivos. En el Campeonato del Mundo sub'17, que tuvo lugar en la República Checa, España llegaba a la final realizando un soberbio papel sin apenas encontrar oposición en ninguno de sus rivales. El partido por el título iba a ser nada más y nada menos que

Recibiendo de la Reina Leticia el Príncipe de Asturias a la progresión (FEB)

contra Estados Unidos, los grandes dominadores del baloncesto. Perdió España, pero lo tuvieron que sudar las norteamericanas más de lo que esperaban puesto que solamente fueron capaces de superar a las españolas por dos puntos (77-75), y de esos 75 puntos españoles 40 llevaban la firma de Salvadores. Una marca muy pocas veces vista en una final de un campeonato del mundo. Lógicamente fue la MVP pero declarando casi entre lágrimas que "hubiera cambiado este galardón por el título". Este mismo año también fue bronce en el Europeo sub'18 en el que además fue la máxima anotadora. Todo esto la llevó a fichar por la Universidad de Duke en Estados Unidos para la temporada 2015-2016, pero hasta que llegara esa fecha lo haría jugando en el Rivas, campeón de la liga femenina.

El colofón a todos estos números llegó con el Premio Nacional Princesa de Asturias que le concedió el Consejo Superior de Deportes, como la deportista menor de 18 años con mayor progresión, entregado por la Reina Doña Leticia. Antes que ella lo habían recibido la triplista Ana Peleteiro y el piloto de motos Marc Márquez. Luego la FIBA (Federación Internacional de Baloncesto) la nombró la mejor jugadora joven de Europa para cerrar ese 2014 inolvidable.

Tras esas seis medallas con las selecciones, incluyendo un oro europeo en categoría júnior, siendo también MVP de la final, a nivel de club ha conocido las ligas españolas en Salamanca y Valencia, la francesa y la húngara (no por ese orden). Con el Sopron de este último país llegó a jugar la final de la Euroliga femenina, aunque no pudieron ganarla.

dos equipos lo habían ganado todo) se la jugaban contra el Atlético San Sebastián. La fortuna no estuvo de su lado y si dos años antes cayeron 68-69 en Zamora, repitieron marcador y situación en este partido en León, que fue muy igualado; las vascas las volvieron a dejar a un pequeño paso de ascender de categoría.

La palabra 'desánimo' no estaba en el diccionario de este equipo que por cuarto año iba a intentar el ascenso en la temporada 2007-2008. Segovia era la sede de este año y en un partido con prórrogas superaron en el estreno al Unami por un solo punto (77-78). Esa misma diferencia las arrebató el triunfo ante el Guernika (58-59) con una canasta sobre la bocina y por tercera vez en su historia un punto las privó de ascender al caer ante el Ibaizabal por 59-60 después de haber llegado a estar ganando hasta de 17 las leonesas. Fue un tremendo varapalo, porque ceder tres veces el ascenso por esa mínima diferencia en los últimos segundos era muy duro.

Presentación del Aros de la temporada 2010-2011 en la plaza de la Catedral de León (MAURICIO PEÑA)

Toda la desgracia que les había perseguido durante las fases de ascenso se tornó en fortuna al quedar plazas libres en la Liga Femenina 2 y recibir una invitación de la Federación Española para que ocuparan una de ellas, lo que hicieron y por fin en la temporada 2008-2009 alcanzaban el objetivo de esta en la categoría de plata del baloncesto

Moses dirigiendo un partido del equipo (MAURICIO PEÑA)

femenino español. Fue un estreno en el que les costó mucho adaptarse a la categoría. Contar con una plantilla en muchos casos bastante más joven que la de sus rivales al ser un club que priorizaba la cantera, les pasó factura y descendieron a Primera División después de sumar solamente cuatro victorias. Perdieron muchos partidos en los que compitieron hasta los últimos minutos en los que su falta de experiencia resultó determinante.

No pensaron en cambiar su filosofía para la temporada 2009-2010 ni siquiera cuando fueron repescadas para la Liga Femenina 2. Los problemas económicos de algunos equipos y su buena gestión a lo largo del año les dieron una plaza en esa competición que veía desaparecer los equipos al no poder hacer frente a los gastos que se habían generado durante la temporada. Ese no era el Aros que en esta ocasión con la experiencia de la anterior y muchos cambios en la plantilla lograba la permanencia. Fue muy trabajada y sufrida porque su ventaja sobre la penúltima plaza fue de solamente dos victorias y la salvación llegó antes de la última jornada.

A partir de entonces ya lograron el asentamiento en la categoría. Eran uno de los conjuntos más modestos y que debía hacer malabarismos cada año para cubrir el presupuesto, lo que conseguía limitando la plantilla y sin poder hacer demasiadas florituras. Su deseo siempre era la permanencia sin hipotecar el club y en la temporada 2010-2011 repetían la anterior más o menos con una renta suficiente de un par de triunfos sobre los dos últimos lugares que se amplió en uno (tres) en la temporada 2011-2012. En el mes de febrero de 2011 se produjo un cambio en el seno del club cuando Isabel Fernández 'Moses' dejaba el banquillo del primer equipo, pasaba a ejercer funciones dentro del club más organizativas y se encargaba de 'fabricar' jugadoras. Su lugar fue ocupado por Bea Pacheco, que había realizado unas excelentes campañas en el CB Bembibre y conocía perfectamente la categoría. Las dos entrenadoras fueron alternando la cantera y el primer equipo en algunas ocasiones, posteriormente la madrileña estuvo entrenando a diversos equipos de la geografía nacional antes de volver en 2019.

Dieron un salto de calidad a partir de la temporada 2012-2013. Empezaron a mejorar su lugar en la clasificación y pasaron a la zona intermedia con la sexta plaza. Entraron de esta forma en la liguilla de cuartos, pero sin tener opción de llegar a las semifinales por el ascenso al no conseguir ganar ninguno de los tres partidos disputados y después de haber estado dudando sobre su presencia en Cáceres ante los altos costes. La entrenadora (Moses) ante el deseo de las jugadoras logró el dinero necesario para este gasto aunque sabían que tenían escasas opciones. Regresaron a la parte baja en la temporada 2013-2014 tras un verano ajetreado en lo económico. El retraso en el pago de la subvención municipal supuso que estuviera a punto de no conseguir participar en la liga al no reunir el aval necesario para su inscripción, que fue finalmente puesto por el padre de una jugadora de cantera. Continuaron como León Cuna del Parlamentarismo en la temporada 2014-2015 en la que regresaron a los buenos resultados, obteniendo una cuarta plaza que las llevó a la fase de ascenso en Lugo; en la liguilla de cuartos de final en esta ocasión solamente sumaron una victoria. La temporada 2015-2016 terminaron en el quinto puesto, con las mismas victorias que el cuarto, pero este las dejó fuera de los cuartos de final por la diferencia de puntos.

Entonces llegó la gran temporada (2016-2017). El patrocinador había pasado a ser la empresa Patatas Hijolusa y conocido como Aros Hijolusa el equipo se movió por la parte más alta de la clasificación. La primera vuelta resultó insuperable al ganar los trece partidos; ya tenían una ventaja de tres victorias sobre el segundo. No perdieron el primer partido hasta la jornada 18 y todo ello con una plantilla joven que componían a lo largo de la temporada Tania González, Andrea Alcántara, Paloma González, Marta Canella, Clara López, Mabel García, Itsaso Conde, Patricia Benet, Ieva Preskienyte, Carla Gómez, Lidia López, María Herrero y Emma Flórez,

La juventud era habitual en los equipos del Aros (MAURICIO PEÑA)

La fase de ascenso a la LF1 del Aros Hijolusa se celebró en León en el año 2017 (MAURICIO PEÑA)

todas ellas con la dirección técnica de Moses. Finalizó en primera posición, con tan sólo cuatro derrotas que permitieron a las leonesas levantar el pie del acelerador, ya que tenían de nuevo una plaza en los cuartos de final de la liguilla de la fase de ascenso. Por fin se iba a celebrar en el Palacio Municipal de los Deportes de León, con rivales como Estudiantes, Alcobendas y Joventut Les Corts, éste último de su grupo y contra las que debutaron. Fue el comienzo deseado ganando cómodamente por 74-51 y tener el partido encarrilado antes del tramo final, lo que permitió rotar jugadoras. En la segunda jornada ante Alcobendas se llevó una gran decepción al perder por un claro 63-88, que les ponía muy cuesta arriba la clasificación entre las dos primeras porque era una importante diferencia de puntos para recuperar. Por desgracia no fue necesaria esa diferencia de puntos puesto que el Estudiantes también ganó en León a las de Moses por 52-56, con una excelente entrada de público al haber llegado el fin de semana en las gradas del Palacio había más de 1.500 espectadores.

No fue esta la última vez que lo intentaron las leonesas, que solamente un año después, en la temporada 2017-2018, jugaron otra fase de ascenso. Concluyeron la fase regular en la tercera plaza con veinte victorias y seis derrotas, a una de las primeras y con una amplia renta que les supuso lograr la clasificación con tiempo para prepararla. El equipo entrenado por Moses tuvo que viajar a Valencia, en su grupo estaban encuadrados los dos equipos valencianos, Valencia y Claret, y junto a ellos el Ensino de Lugo. No se dio de nuevo bien esta fase de ascenso al perder ante Claret (60-65), Ensino (77-65) y Valencia (44-76).

La perseverancia de este club no tenía límites y la tercera fase de ascenso consecutiva la disputaron en la temporada 2018-2019, después de un segundo lugar en la fase regular con 21 victorias en las 26 jornadas. Este nuevo intento fue en La laguna (Tenerife) y resultó como el anterior, con tres derrotas ante Promete (43-69), Almería (58-64) y Iraurgi (79-81).

La temporada 2019-2020 fue la última en la que estuvieron en la Liga Femenina 2. Por la pandemia no pudo acabar la competición en la que estaban en medio de la tabla y posteriormente renunciaron a su plaza para continuar jugando en Primera Femenina como Patatas Hijolusa y desarrollando el club únicamente labor de cantera. La marcha de Moses en el verano de 2019 al extranjero después de 22 años en el club, junto a la situación social existente en esos momentos pudieron con el ánimo de continuar.

CB BEMBIBRE PDM

Una localidad pequeña y orgullosa de la comarca de El Bierzo tiene un gran equipo de baloncesto. Se trata de un club que los órganos rectores de los diferentes deportes algún día tendrán que estudiar, para analizar cómo ha podido conseguir todo lo que ha hecho y en las condiciones que se ha realizado. Ese es el Club Baloncesto Bembibre Patronato Deportivo Municipal, todo un ejemplo para el deporte.

En la temporada 1996-1997 este equipo de baloncesto femenino tomaba parte en la competición de Segunda División y era el único representante leonés. Llegaba como herencia de uno júnior muy brillante que había empezado en la temporada 1994-1995. Eran años de problemas para la provincia al no contar desde hacía tiempo con representante en Primera División B; tampoco eran muchos los clubes que apostaban por la categoría femenina. Las dos poblaciones más grandes, León y Ponferrada, no tenían representante fuera de la provincia y sí lo hacía esta localidad del Bierzo Alto con un grupo de jóvenes jugadoras que no solamente aportaban su gran ilusión, también realizaban un gran trabajo diario. Este club llegaba como el paso lógico de un grupo de juniors que habían realizado un gran papel en la temporada anterior en el campeonato autonómico. Todo ello bajo la supervisión de un gran amante del baloncesto, el entrenador José Luis Velasco, que llevaba ya seis años dirigiendo a gran parte de ese grupo de jugadoras. En la presentación de este joven plantel con una media de edad muy corta, la plantilla la formaban Iria, Gilda, Silvia, Natalia, Nuria, Chus, Blanca, Lorena, Ana (una veterana entre sus compañeras al tener 28 años), Natalia, Rebeca y Miriam. El nombre en esos momentos se mezclaba con el del equipo de fútbol, contaba con la colaboración del excepcional Patronato Deportivo Municipal de la villa que tan buen trabajo estaba realizando. Por eso en muchas informaciones aparecía como Atlético de Bembibre PDM. Su cancha era un Pabellón Municipal de Deportes que iba a conocer gestas que ni los más osados imaginaban cuando construyeron esta instalación. El estreno resultó complicado para las bercianas, que después de haber jugado 20 partidos en una liga de once equipos, ocuparon el puesto noveno con seis victorias, lo que provocó que tuvieran que defender su plaza en la categoría durante la segunda fase. Había tensión por lo que suponía bajar, realizaron un trabajo impecable y ganaron todos los partidos disputados por lo que no tuvieron problemas para continuar un año más en esa Segunda División, que era la primera competición no provincial y no era nada sencilla.

La alineación del equipo berciano en la temporada 1995-1996 (CB BEMBIB RE)

Las siguientes dos temporadas se mantuvieron dentro de Segunda y siempre creciendo. En la 1997-1998 lograron situarse entre los mejores en la primera fase y después de haber concluido en la cuarta plaza con solamente cinco derrotas, accedieron a la lucha por el ascenso. Se trató de una liguilla entre cuatro equipos en la que los dos primeros accederían a la siguiente ronda. Fueron las terceras al final y ya sabían lo que iba a ser pelear por mejorar su situación. Repitieron en la temporada 1998-1999 con una excelente tercera plaza, solamente por detrás de Filipenses y Mercaleón, de nuevo con solamente cinco derrotas. Otra vez entraron en el grupo de cuatro equipos que buscaban una plaza en la categoría superior, que con una reestructuración acabó siendo para tres. El Bembibre no ganó ningún partido y se quedó a las puertas. En situaciones como esta es en la que empezaron a fraguar sus grandes éxitos, porque se convirtieron en un club que sabía hacer las cosas con paciencia y sobreponerse a las situaciones adversas que a veces da la competición cuando hay otros equipos que lo hacen mejor.

En la temporada 1999-2000 dieron un paso de gigante. Primero el club empezaba a estar ya patrocinado y añadía al nombre de la villa el de empresas comerciales que colaboraban con este joven equipo, lo que le daba más opciones de tener un mejor futuro. Lo segundo fue que dominaron la primera de las fases con una gran autoridad al conseguir 14 victorias en los 16 partidos. Disputaron la fase de ascenso a Primera B contra equipos asturianos, cántabros y gallegos. Eran seis que se dividieron en dos grupos correspondiéndole al Bembibre el Humara y el Euroempleo, el primero de ellos subcampeón en su misma liga y los últimos campeones de Cantabria. El líder de cada grupo se clasificaba para la final en la que solamente ascendería el vencedor. Un hándicap para las bercianas fue que la diferencia de tiempo entre el final de su liga y esta fase fue superior al mes, por lo que llegaban con poco rodaje de partidos. Parece que no lo notaron, puesto que fueron en su grupo las que llegaron a la final después de imponerse a Euroempleo (60-35), y como rival iban a tener a las organizadoras de la fase, el Universidad de Oviedo. Lo habían preparado todo en Asturias para llegar a la nueva categoría y lo consiguieron con claridad al imponerse por 78-62. El Bembibre alineó en esta cita a Silvia (14), Gilda (14), Amaya (4), Alicia (11), Ana (7), Natalia (3), Chus (9) y Alejandra.

Su despedida de la competición de Segunda llegó después de la temporada 2000-2001. Curiosamente lo alcanzaron el único año en el que habían retrocedido un poco, ya que no estuvieron cerca de alcanzar la fase de ascenso a Primera B al concluir quintas en un grupo de ocho equipos con ocho victorias y lejos de las dos primeras plazas. Fue un año en que sus aficionados volvieron a ver perder en casa a sus jugadoras después de dos años, pues siempre era un conjunto muy fuerte en su feudo. Una reestructuración del baloncesto femenino con la creación de la Liga Femenina 2 provocó que entraran más equipos en la nueva Primera División, que había pasado a convertirse en la tercera categoría, con muchos menos grupos y por lo tanto mucho más exigente de lo que era con anterioridad. Lo habían esperado en la anterior temporada al ser los segundos, pero no contaron con ellas para las vacantes que se habían producido. En esta ocasión ya entraron en ese selecto grupo de equipos.

Podía parecer que jugar en Primera Nacional no era un gran avance, porque continuaba siendo la tercera de las categorías del baloncesto español, pero para un conjunto femenino del Bierzo era una nueva experiencia y un paso adelante que debía servir para que muchas más niñas vieran que el baloncesto podía ser un deporte en el que podían divertirse y competir a un alto nivel.

En la temporada 2002-2003 ya estaba en Primera (CB BEMBIBRE)

Uno de los cambios de la nueva temporada, además de la categoría y los mayores gastos a los que iban a tener que hacer frente para afrontar esa división, estaría en el banquillo. José Luis Velasco, el hombre que había sido clave en la formación de este Bembibre y en su asentamiento, daba un paso atrás, pasaba a ser el secretario técnico y en el banquillo se iba a sentar Mónica González, una entrenadora con experiencia en la capital leonesa y que había pertenecido a la base del Baloncesto León. El estreno de la temporada 2001-2002 fue en un grupo de 16 equipos que no era nada asequible para un plantel en el que además debían superar el debut en la competición. Estuvieron prácticamente toda la temporada entre los puestos 13 y 14, poco a poco alejándose de los lugares que hacían perder la categoría, que lograron conservar al concluir en el puesto trece con 11 victorias y 19 derrotas después de las 30 jornadas. Lo más difícil ya lo habían hecho.

La mejoría como consecuencia del trabajo bien hecho se mantenía. En el segundo año se mostraron mucho más asentadas en la categoría concluyendo la temporada 2002-2003 en la cuarta plaza, todavía lejos de los dos primeros lugares que les daban derecho a luchar por el ascenso. Sus números fueron excelentes, de los 26 partidos que jugaron consiguieron 17 victorias y encajaron nueve derrotas, a cuatro del segundo, logrando salvar la categoría mucho antes de la conclusión cuando ese era el verdadero objetivo en el inicio de la campaña. No tuvieron prisa y fueron poco a poco. Se sucedían las temporadas en Primera División con excelentes puestos, que las convirtieron en uno de los clásicos de la categoría. Sumaba en la temporada 2003-2004 la entrenadora Mónica González una nueva campaña al frente del equipo y lograba de nuevo una excelente cuarta plaza, con una victoria más que en la anterior temporada y un poquito más cerca de las dos primeras plazas, que se quedaron solamente a dos triunfos. Y en la temporada 2004-2005, la cuarta seguida, concluían de nuevo en la cuarta plaza las chicas que seguían estando dirigidas por Mónica González. Era una liga con varios representantes leoneses en la competición y fue la de la despedida de su entrenadora, que sumó otra vez una victoria más que en la anterior. Todos estos años fueron de asentamiento del club en muchos aspectos. Además del primer equipo, se cuidaba que hubiera equipos de cantera con los que seguir con la promoción del baloncesto entre las niñas de la localidad. También en el apartado económico se contaba con la aportación de empresas como Gesdinor, que mostraban el respaldo social con el que también contaban en la localidad.

Muchos cambios se produjeron en la temporada 2005-2006. Eran importantes ya que siempre fue un club muy serio con sus entrenadores, a los que deja trabajar, y por eso cambiar a la ocupante del banquillo era importante. Ahora llegaba procedente de Madrid Beatriz Pacheco. Esta entrenadora con ascendencia leonesa procedía del Canal de Isabel II, y había sido jugadora de la Liga Femenina 2. Muchas variaciones tuvieron de igual forma en una plantilla en la que continuaban jugadoras como Gilda, Bea, Rosa, Natalia, Yolanda y Esther, y eran nuevas Estefanía, Sheila, Blanca, Victoria, Laura y Lara. Era una competición con catorce equipos y en la que se pudo ver a un cuadro berciano mucho más asentado, en el que las nuevas jugadoras que habían incorporado le permitieron dar el salto de calidad. Fue un paso muy importante puesto que concluyeron en la segunda plaza que les daba derecho a disputar la fase de ascenso. Finalizaron segundas con solamente cuatro derrotas en su casillero en las 26 jornadas, y pese a esos números tuvieron que sufrir hasta el último partido. El campeón del grupo fue el Universidad de Oviedo, con una victoria más que las bercianas, y en tercer lugar quedó el Asociación Tresa que tuvo las mismas. Esa igualdad entre los tres equipos, de los que uno de ellos se quedaría fuera, resultó clave para que lograran todos ellos esos números tan altos de porcentaje de victorias ante la presión que les suponía cada una de las derrotas que cosechaban.

Bea Pacheco fue clave en el Bembibre (ARCHIVO BEA PACHECO)

Esa plaza les daba derecho a entrar en la primera fase de ascenso a la Liga Femenina 2 de su historia. Había una gran euforia y el cuadro berciano solicitó ser la sede que la acogiera, pero finalmente se fue a la localidad vasca de Galdakano. En su fase estaban el líder de su grupo, el Universidad de Oviedo, Premaex de Zaragoza e Ibaizabal vasco. Se estrenaron contra las asturianas y se vieron ampliamente superadas por 64-56, lo que en una competición muy corta les dejaba sin ningún margen de fallo ya que solamente había premio para un equipo. La victoria en el segundo de los partidos ante las mañas por 66-63 sirvió para que continuaran con vida, la cual se multiplicó con el triunfo de las locales contra el Universidad de Oviedo, que de haber ganado habría eliminado a las leonesas. Faltaba un partido en el que se podría producir un empate. Al mismo llegaba el Ibaizabal con dos victorias, ovetenses y bercianas con una y las mañas ya estaban sin opciones. Esto obligaba a ganar como era lógico al Gesdinor Bembibre, y debía hacerlo por más de trece puntos para recuperar la diferencia que tenía en contra del primer día en el caso de producirse un triple empate. Fue un partido épico en el que jugaban en el feudo de su rival, que contaba con un pabellón lleno buscando el ascenso de su equipo. No comenzaban nada bien las cosas y las ventajas eran locales en los dos primeros cuartos (17-11 y 30-26 al descanso). No solamente la victoria se había puesto cuesta arriba, también la posibilidad de lograr la renta necesaria. Pero el partido cambió en el tercer cuarto y las bercianas fueron capaces de darle la vuelta, con una remontada que llegó a reflejar en el marcador un 43-51. La dinámica siguió siendo favorable, y en el último cuarto lograron ampliar la ventaja, imponiéndose por 49-62, los trece puntos necesarios que les daban el primer puesto del grupo, y lo que era más importante, el ascenso a la Liga Femenina 2. La alineación del conjunto del Bierzo Alto en este 21 de mayo de 2006 la formaron Esther (11), Lara (8), Beji (14), Rosa (2), Sheila (18), Carol, Núñez, Gilda (9), Vicky y Ruth. Bembibre fue una gran fiesta y homenajeó al equipo como se merecía; el propio alcalde declaraba que "es la mayor gesta deportiva de la villa".

La temporada 2006-2007 supuso la del estreno del CB Bembibre en la Liga Femenina 2 (CB BEMBIBRE)

La temporada 2006-2007 tiene un pequeño hueco en el corazón del conjunto berciano al ser su estreno en la Liga Femenina 2. Podría parecer poco conociendo su trayectoria posterior, pero era un gran momento al ser una categoría que parecía lejos de su alcance y que solamente habían visto asequible con el propio crecimiento que habían desarrollado año tras año y con un gran esfuerzo de los componentes del club. La liga la componían catorce equipos de diversa procedencia como Badajoz, Universitario de Ferrol, Efmo.com, Caja Rural, Real Canoe, Alvargómez, Vidrogal, Cáceres, Arxil, Ourense, Majadahonda, Alcobendas y Universitario de Córdoba. Con un presupuesto ajustado (llegaba un nuevo patrocinador, Garbaprom, a poner nombre al equipo) debían apretarse el cinturón para confeccionar la plantilla en la que hubo numerosas novedades, como la internacional senegalesa de 22 años Khairy, que al estar disputando el Mundial de Japón con su país llegó con la competición iniciada. El primer objetivo era conseguir que el pabellón berciano presentara un gran colorido en los partidos por la masiva afluencia de público, incluso soñaban con llenarlo. Esas eran algunas de las pretensiones al comenzar la pretemporada de nuevo a las órdenes de Bea Pacheco. Declaraba que solamente debían pensar en la salvación y eso no era nada sencillo. Los cuatro primeros del grupo jugarían por el título y el ascenso, y los tres últimos acabarían descendiendo de nuevo a Primera.

El último día del mes de septiembre de 2006 su pabellón acogía el estreno en la categoría. Su rival fue el Alcobendas, llamado a luchar con ellas para eludir los últimos lugares, y tras unos comienzos titubeantes, consiguieron caer con buen pie en la Liga Femenina 2, llevándose la victoria por 80-69. Lo hicieron con una alineación formada por Irene Salgado (22), Gilda (10), Sheila (21), Beji (5), Alicia Arias (3), Esther Monzón (4), Turrión, Blázquez (5), Ana Díez y Laura Benedi (10). Nadie se creía el rendimiento del equipo cuando en la séptima jornada habían sumado cinco triunfos y solamente dos derrotas. Eran las quintas, a un solo triunfo del equipo líder. Un paso de gigante para hacer realidad el objetivo marcado con el comienzo de la temporada de conseguir salvarse. De hecho la zona intermedia de la clasificación se convirtió en su 'hábitat' natural durante la temporada y ahí fue donde acabaron, al ser las séptimas con trece victorias y otras tantas derrotas en las 26 jornadas. La salvación incluso llegó jornadas antes del final.

La tranquilidad lograda con su trabajo en la anterior temporada provocó que se subiera un poco el listón para la 2007-2008; se pedía que estuvieran más cerca de luchar por el ascenso. No era una quimera, y quedar fuera no sería un fracaso, pero era el objetivo. Para ello contaban con el apoyo total de la corporación municipal dentro de sus posibilidades y de un patrocinador como Garbaprom, que declaraba en la presentación que abandonaba el resto de los deportes en los que colaboraba para conseguir que el equipo femenino de baloncesto de Bembibre luchara por ascender. Para ello completaron una plantilla prácticamente nueva en la que había una búlgara, una brasileña e incluso una americana, Chambers, que no se adaptó y fue reemplazada, después de jugar solamente ocho minutos en una jornada, por otra brasileña, Da Costa. Ya sin mirar hacia la parte baja de la clasificación afrontaban como destino una de esas cuatro primeras plazas que permitían acceder a los 'play-off'. Confirmaban en los inicios ese propósito cuando en la quinta jornada eran terceras con cuatro victorias, ascendieron hasta la segunda plaza seis partidos después con solamente tres derrotas. En el ecuador se cumplía el objetivo con la cuarta plaza y se mantuvo el tipo en el resto de la fase regular hasta que finalmente fue ese mismo cuarto lugar el que ocuparon a la conclusión, con 18 victorias en 26 partidos. Pudo haber sido mejor, pero sus últimas derrotas con el 'play-off' en el bolsillo las hicieron caer hasta ahí.

Llegaba el momento de disputar la liguilla de cuartos de final. Se celebró en Santiago de Compostela, en una única fase de todos contra todos a una sola vuelta; el premio sería para las dos mejores, que accederían a las semifinales. El estreno fue contra el Viaonetti Vinarós de Castellón. Tras un primer cuarto para las leonesas, luego fueron siempre a remolque y acabaron perdiendo por 80-71. La segunda cita era contra el Don Piso Girona. Ya no podían perder y la igualdad fue la nota predominante en todo momento, hasta que en el tramo final, casi sobre la bocina, las de Bea Pacheco lograban la victoria que las permitía seguir con vida. El encuentro determinante era contra el Pío XII. A este equipo ya lo conocían porque había jugado en su mismo grupo y había sido el claro dominador con dos derrotas en toda la temporada. En Santiago tampoco había perdido en las dos primeras jornadas y era el claro favorito. Pronto quedó sentenciado el choque ante la mala salida de las bercianas, que acabaron el primer cuarto con solamente seis puntos y un parcial de 27-6. A partir de ahí ya estaba la situación contra corriente y acabaron sucumbiendo por 70-57, lo que las condenó a la cuarta plaza de un grupo que acabó con un triple empate por detrás del Pío XI y la peor diferencia de puntos era del Bembibre.

Un paso atrás supuso la temporada 2008-2009 al quedar lejos de esas primeras plazas por culpa de la irregularidad mostrada por el conjunto que seguía entrenado por Bea Pacheco. Concluyeron en el puesto octavo con 18 victorias y 12 derrotas, muchas de ellas al no poder contar con todas las jugadoras. No supuso ese contratiempo la desmoralización del equipo y afrontó con la misma ilusión la temporada 2009-2010, también con Bea Pacheco en el banquillo. Eran años en los que no contaron con un gran patrocinador y sí con la inestimable colaboración de Socinsa, pero con algo menos de potencial. Otra vez se quedaron fuera de las cuatro primeras plazas, esta vez por una menor diferencia al sumar 18 victorias en 28 partidos y tener 20 la que ocupó la cuarta plaza. A la conclusión de esta liga el club y Bea Pacheco separaban sus destinos después de cinco temporadas muy importantes en las que había llevado al equipo a la Liga Femenina 2 y a luchar en una ocasión por ascender a la máxima categoría.

El secretario técnico del club ya había puesto sus ojos en el siguiente responsable del equipo, que iba a ser Chiqui Barros, un gallego con una larga trayectoria en equipos masculinos y una experiencia reciente en las competiciones femeninas. Ahí comenzaba otra gran historia.

En un principio en el equipo simplemente variaba el ocupante del banquillo, algo que en este club no era tan habitual como en muchos otros. Los objetivos y los deseos para la temporada 2010-2011 continuaban siendo los mismos y una de las cuatro primeras plazas de la fase regular de la Liga Femenina 2 estaba en su punto de mira. Lo primero fue cambiar el nombre por

El Bembibre en una visita a León ante el Aros (MAURICIO PEÑA)

el de Coelbi, la Compañía Eléctrica del Bierzo, y pasar a ser Coelbi Bembibre. En la plantilla de nuevo hubo numerosos cambios y continuaban Irene Salgado y Esther Montenegro, siempre destacadas. Entre los fichajes la internacional por Senegal Aminata Diop, que con sus 1,98 podía aportar mucha intimidación en los aros. Hasta la quinta jornada no cedieron su primer derrota en la cancha del Aguere, que también contaba sus partidos por victorias. Perdieron 75-71 y no pudieron contar con una de sus jugadoras más regulares, Irene Salgado, que al estar preparando su entrada en la Policía Nacional y estar de visita el Papa en Santiago de Compostela no obtuvo permiso para ir al partido al tener que formar parte del operativo en tierras gallegas. En la décima jornada perdieron su segundo partido y se descolgaron del liderato que compartía hasta ese momento con Aguere y Caja Rural. Mantuvo la tercera plaza al cerrar una excepcional primera vuelta en la que siempre había estado en una de las tres primeras posiciones.

Chiqui Barros, el técnico del ascenso

Profundo amante del baloncesto, entrenador hasta la médula y trabajador nato, Antonio Barros, es parte de la historia del CB Bembibre. Nacido en 1970 en Ferrol fue un caso especial de entrenador, ya que empezó a dirigir muy temprano. En su casa se respiraba baloncesto porque su padre además de jugador de fútbol lo fue de baloncesto, deporte que le atrapó y compaginó toda su vida

El entrenador gallego marcó una época en Bembibre (ARCHIVO CHIQUI BARROS)

con una trayectoria laboral en los astilleros ferrolanos, también como entrenador y como federativo llegando a ser presidente local. Era amigo del mítico presidente del OAR Ferrol Juan Fernández y cuando falleció Antonio Bouza, el sacerdote fundador del equipo sénior y que era el socio número 1, entre ambos se tuvieron que jugar ese número a cara y cruz, quedándose Barros con el 2. En estas condiciones Antonio Barros, aunque todo el mundo le conoce como 'Chiqui', debía jugar al baloncesto y lo hizo. Pero también quería hacer más cosas y ya empezó a confeccionar un equipo de minibásket con tan sólo 14 años para empezar a entrenar. Cuando llega a la Universidad deja de jugar pero no se olvida de los banquillos, que durante 40 años le han llevado por una gran parte de la geografía nacional. Empieza en casa con el Estudiantes, Tirso de Molina y el propio OAR en todas las categorías inferiores. Desde la temporada 1994-1995 ya fue profesional viajero. Estuvo en la competición masculina en varios equipos comenzando en Coruña y debutando en La Borreca en un partido contra el JT Ponferrada. En 1996 se va a Plasencia hasta el 1999, luego a Calpe hasta el 2001, Badajoz el 2003 y Villagarcía de Arosa en 2005. Pasa dos años en Ferrol con equipos de base al ser contratado por el Ayuntamiento ferrolano para realizar un proyecto de baloncesto; aprovechó para realizar viajes a Estados Unidos y ampliar su formación hasta que regresa a la Liga LEB masculina en Tarragona durante la temporada 2007-2008, para en la siguiente dar un salto inesperado y pasar a la competición femenina con el Universitario, de nuevo de Ferrol. En 2010 Velasco, el responsable del Bembibre femenino que está en Liga Femenina 2, le llama para sustituir a Bea Pacheco. No estaba convencido del todo de firmar porque no conocía bien el club y realizó una visita a la villa berciana en la que tomó la decisión de fichar ante el excepcional trato recibido, no solamente por el club de baloncesto, sino por todo el mundo. Fue una decisión que sirvió para cambiar a las dos partes. Estuvo seis años en tierras bercianas y le dio otro aire al equipo, además de conseguir los números más espectaculares de toda su historia tras ascenderlo a la máxima categoría (consiguió cinco ascensos en su trayectoria con otros tantos equipos). Pero también a él le impactó Bembibre, donde se sintió siempre muy identificado y feliz pese a tener que marchar.

El entrenador durante un tiempo muerto (ARCHIVO CHIQUI BARROS)

Tras abandonar El Bierzo, Coruña una vez más, Cambados en LEB plata y Rosalía en Santiago fueron sus destinos. No han sido todos estos los únicos porque incluso mientras estuvo en Bembibre tuvo la oportunidad de dirigir en Ecuador durante el verano español a un equipo con el que se proclamó campeón nacional y luego de Sudamérica, algo así como la Euroliga de allí. Ha impartido clínic incluso en Santo Domingo, tiene un campus para niños con dos niveles, ha escrito un libro sobre fundamentos de las defensas, es columnista en periódicos, y hasta ha publicado un libro de relatos. Todo un estudioso del baloncesto que también supo llevarlo a la práctica y convirtió a Bembibre en un club ejemplar en toda España al ser capaz de hacer lo que hacía con tan poco.

Cuadro técnico y jugadoras celebrando la histórica victoria conseguida en Salamanca para entrar en 'play-off' (ARCHIVO CHIQUI BARROS)

En la temporada 2010-2011 llegó el estreno de Chiqui Barros en el banquillo (CB BEMBIBRE)

La dinámica se mantuvo y al descolgarse el Aguere se asentaron en la segunda plaza. La clasificación en la parte alta estaba muy apretada y no se podía relajar ningún equipo; eso fue lo que le ocurrió al Bembibre, que con dos derrotas en el tramo final bajó al cuarto puesto y dejó pendiente la clasificación para la última jornada en la cancha del Pío XII, un equipo de la zona intermedia. No podían fallar, y a lo grande se llevaron una cómoda victoria por 43-69 para acceder por segunda vez en la historia a la fase de ascenso a la máxima categoría.

Chiqui Barros había cumplido en su estreno, pero ahora era necesario rematar el trabajo. La fase iba a tener lugar en la cercana Zamora. El anfitrión era el Caja Rural zamorano, que había militado en la primera fase en su mismo grupo y procedentes del otro las segundas y las terceras, Canoe y Cajacanarias. Era necesario acabar en una de las dos primeras plazas, luego se cruzarían los clasificados de los dos grupos en las semifinales y los vencedores de esta eliminatoria serían los que ascenderían. El estreno iba a ser contra las locales y eran conscientes de la importante apuesta que habían realizado no solamente acogiendo estos partidos, puesto que también lo habían hecho en la confección de la plantilla. Pasaron por encima de las bercianas con un contundente 82-56. En el segundo partido se puede decir que iniciaban 'su liguilla' frente al Canoe. Las madrileñas cortaron todas las aspiraciones de ascenso de las bercianas al imponerse por 71-61 pese a haber dominado el primer cuarto del partido. El último día fue un partido de trámite para los dos equipos, ya eliminados, y ganó el Bembibre la 'consolación' por 65-43.

El primer paso para pensar a lo grande en Bembibre llegaba con el nuevo Pabellón, el Bembibre Arena. Este nuevo recinto multidisciplinar tenía una capacidad de 1.500 personas, con gradas abatibles para poder ser también un recinto ferial y auditorio de la localidad. Lo habían querido estrenar con la fase de ascenso, pero 'pujaron más' desde Zamora. El estreno tuvo lugar en la segunda jornada de la liga de la temporada 2011-2012. Ese 29 de octubre el Bembibre lo 'puso de largo' con una clara victoria ante el Universitario Ferrol por un contundente 86-48. Y es que el cuadro berciano había conformado una plantilla más que interesante para buscar de nuevo su sitio en la fase de ascenso. En la novena jornada, aunque habían perdido dos partidos, ya eran las líderes del grupo por la diferencia de puntos al ser cuatro los equipos empatados y otros tres estaban a una sola victoria. Poco a poco Cáceres, Bembibre y Cortegada se escapaban ligeramente y por ese orden acabaron en la clasificación. Las bercianas en las 26 jornadas disputadas habían sumado 21 victorias y fueron la mejor defensa del grupo.

De nuevo se quedaron sin poder ser los organizadores de la fase que esta vez fue más lejos, a Huelva. Los rivales iban a ser de su grupo el tercer clasificado, el Cortegada de Villagarcía de Arosa, y del otro el Universidad del País Vasco, el primero, y el Stadium Casablanca de Zaragoza, que fue el cuarto. Se repetía el sistema de una liguilla de una sola vuelta con premio para los dos primeros. Rotundo fue el comienzo del cuadro de Chiqui Barros. Se impusieron por un contundente 74-46 a las gallegas, dejando bien claro que iban a por todas. Ese era el comienzo, aunque el partido clave iba a ser ante la UPV. Fue un encuentro muy reñido, con alternativas y mucho sufrimiento. El Coelbi ganaba el primer cuarto (17-20), se retiraba al descanso ocho puntos abajo que eran cuatro al concluir el tercer cuarto. Le consiguieron dar la vuelta al marcador y a 20 segundos del final ganaban por uno, que después de una falta en ataque de las vascas pasó a ser una diferencia de tres. Un triple en el último segundo forzó la prórroga. En la continuación fueron mejores y al final se llevaron la victoria por 84-86, con lo que aseguraban su presencia en las semifinales pasara lo que pasara el último día. Ese partido contra el Stadium maño se lo tomaron como un descanso en una competición tan corta y exigente que además no daba un respiro. Perdieron 62-79 pensando más en el partido clave, que se iba a jugar al día siguiente contra el Cáceres.

Las extremeñas no eran unas desconocidas, puesto que en la fase regular habían estado en su grupo y fueron las únicas que superaron

La histórica plantilla de la temporada 2012-2013 (CB BEMBIBRE)

al Bembibre en la clasificación. En la liga una victoria para cada uno en su feudo, 85-63 en el Bembibre Arena y 77-70 en tierras extremeñas. Podía pasar cualquier cosa. Además las fuerzas y la frescura de las componentes de cada uno de los equipos podían ser determinantes. Ese 13 de mayo de 2012 fue otro día de nervios. Hubo una gran igualdad durante tres cuartos sin que ninguno de los equipos pudiera lograr grandes diferencias. Al final en tan solamente diez minutos debía decidirse todo si no se llegaba a una prórroga. Las defensas dominaban a los ataques y la intensidad era la lógica de una cita en la que el ascenso a la máxima categoría sería para el que mejor aguantara la presión; ese fue el Coelbi Bembibre, que se escapó en el marcador en el último cuarto mientras que el Cáceres intentaba a base de triples enjuagar su desventaja, cosa que no logró. El Bembibre ganaba finalmente 52-64 y se llevaba una de las dos plazas en juego en tierras andaluzas para jugar en la Liga Femenina 1. La alineación de ese día la formaron Irene Salgado (10), L.N. Brown (17), Bea Sánchez (2), Cristina López (9), Verónica Alonso (4), Esther Montenegro (12) y Marta Tudanca (4).

La fiesta comenzó en Huelva con el nutrido grupo de seguidores bercianos allí desplazados y continuó al día siguiente en casa. Todos pudieron disfrutar junto a las componentes del equipo del grandioso éxito alcanzado para una villa que competía con grandes ciudades y ahora lo haría entre las mejores de toda España. Allí mencionó el presidente Ricardo Herrezuelo al impulsor del Patronato Deportivo Municipal en su día, Gerardo de la Mata, clave en la gestión del club. Todos recordaban la importante labor realizada por José Luis Velasco. Y entre todas las jugadoras emergía la figura de Gilda Silva, nacida en 1976 en Cabo Verde y criada en Bembibre, donde se trasladaron sus padres a trabajar, había vivido dentro del equipo toda la evolución desde niña hasta la máxima categoría. Ella recordaba en sus palabras

Las jugadoras en el balcón municipal celebrando el ascenso con los bembibreses (CB BEMBIBRE)

a aquel grupo de jóvenes entusiastas del baloncesto que en 1994 habían dado sus primeros pasos.

Una vez finalizadas las merecidas celebraciones y los justos reconocimientos, el Bembibre tenía que pensar en lo que suponía la nueva categoría. En el apartado deportivo no había ninguna duda, más complicado era el tema

La visita a la Diputación Provincial tras el éxito (MAURICIO PEÑA)

económico. La historia más cercana la tenía en el San José de la capital leonesa, que había vivido unas temporadas en la elite pero que de repente la falta de dinero acabó por hacerle desaparecer. Eso no se quería en Bembibre y con los pies en el suelo, aun subiendo el presupuesto, siempre querían afrontar plantillas al alcance de sus medios. La primera de sus temporadas iba a contar con solamente doce equipos en la categoría (acabaron siendo 11) y eso reducía los viajes y también las taquillas. Antes del inicio de esta 2012-2013 los problemas económicos provocaron renuncias, no la de las bercianas. Su primer fichaje era un ejemplo de su política, una canaria de 20 años que era internacional sub'19, Elisabeth Vivas. En esa línea fue una plantilla de un equipo que había perdido el nombre de Coelbi y que contaba con muchos colaboradores.

Y llegó el día esperado. El día que marca un antes y un después en todo el deporte de Bembibre porque uno de sus equipos estaba entre la elite de un deporte tan popular como el baloncesto. Por eso el Bembibre Arena presentaba la mejor entrada de su historia en un partido de baloncesto femenino y ahí empezaba el sueño de conseguir la permanencia en la categoría, que era como iniciaban su temporada. Ese 12 de octubre de 2013 fue cuando jugaron el primer partido ante el Uni Girona. La alineación la formaron La Nedra Brown, Miller, Tudanca, Eli Vivas, Verónica Alonso, Monty, Bea Sánchez, Cristina López y Rosó Buch. Al final perdieron 61-72, fueron capaces de verse al mismo nivel que su rival en la primera parte, aunque luego ya no pudieron aguantar. Tuvieron que esperar hasta la quinta jornada para conseguir la primera victoria de la temporada. Fue en la visita del Conquero de Huelva, un rival de su guerra por mantener la categoría, y lo hicieron con las cámaras de televisión en directo para el canal Teledeporte, otra ventaja más para la localidad con la presencia del equipo en la Liga Femenina. El triunfo fue incontestable por un contundente 81-58. Ya no eran unas comparsas en la categoría. Desde ese momento hasta el 31 de marzo de 2014 estuvieron luchando por eludir la última plaza que era la única que hacía bajar de categoría. Su principal oponente en esa lucha era el Conquero, y esos 23 puntos de diferencia resultaron claves al final de la temporada. Tras las disputa de los 20 partidos, los dos conjuntos acabaron con cinco victorias. Como las leonesas solamente perdieron en tierras andaluzas por cuatro puntos, quedaron por delante en la tabla incluso antes de salir a jugar su último partido ante el Perfumerías Avenida de Salamanca; hubiera sido "misión imposible" tener que derrotarle si lo hubieran necesitado para librar la categoría, logro que consiguieron a pesar de una realidad aceptada en el deporte: salvarse el primer año es el más difícil de todos.

La temporada 2013-2014 por lo tanto, ya no era la del estreno y parecía que la iban a afrontar con un nuevo presidente al tomar las riendas en las elecciones un deportista, Jorge López de la Puente, que fue la única candidatura para suplir a Alfonso Méndez. No fue así porque solamente dos meses después presentaba la dimisión al considerar que no había los apoyos necesarios para el equipo. Finalmente regresaba el anterior y los problemas generados por esos cambios hicieron despertar conciencias (unido al buen trabajo de los responsables del club) para tener el respaldo de un nombre que pronto empezaría a ser importante en el deporte: Embutidos Pajariel Bembibre.

Esa importancia se iba a ver en un año que nada tendría que ver con el anterior. Aquello de salvar la categoría sonó muy lejano en esta liga que de nuevo iba a contar con 12 equipos y descendía uno. La lucha por el título iba a estar reservada a los cuatro primeros. Aquellas cinco victorias de la anterior liga se igualaron en so-

La temporada 2013-2014 resultó impresionante (CB BEMBIBRE)

lamente diez partidos, incluso antes de concluir la primera vuelta. Cuando quisieron darse cuenta estaban mucho más cerca de las cuatro primeras plazas de lo que hubieran soñado. En muchas jornadas solamente les separaba una victoria de disputar las semifinales de la liga. En otras ninguna porque había varios equipos empatados y uno de ellos era el berciano. La igualdad era tremenda en la categoría y el Embutidos Pajariel Bembibre era el séptimo cuando restaban dos partidos y lo era con las mismas victorias que el cuarto, mientras que los tres primeros ya se habían clasificado. De esos cuatro equipos solamente aguantaron el tipo dos equipos en la siguiente jornada, el Spar Unigirona y las leonesas, que tenían perdida la diferencia de puntos con las catalanas. Por este motivo en el último partido no dependían las de Chiqui Barros de ellas mismas. Debían ganar y esperar la derrota de su rival. Esto último se produjo, y el partido que tenían por delante era ni más ni menos que contra el Perfumerías Avenida, campeón de la fase regular, y encima en su feudo salmantino. La 'misión imposible' que no necesitaron en el año del debut se convirtió en imprescindible en el segundo para ser cuartas. La situación normal se dio durante los tres primeros cuartos y las locales dominaron en el marcador, incluso con una renta de diez puntos cuando restaban esos mismos minutos. En ese momento se produjo el milagro, o menor dicho el esfuerzo de las componentes del Bembibre, que haciendo alarde de una fe inquebrantable siguieron luchando y fueron capaces de dar la vuelta al marcador, 73-75. Empataron las charras a falta de 12 segundos y en ese tiempo Liepkane, del Pajariel, recibió una falta y al anotar uno de los dos tiros libres de que dispuso dio el triunfo y la histórica clasificación a las bercianas. Con uno de los presupuestos más bajos de la categoría estaban entre las cuatro mejores.

El resto siguió siendo competición que era considerada una fiesta. Su rival volvía a ser el Perfumerías Avenida, el favorito para el título y el primer partido de nuevo en la cancha en la que habían logrado la clasificación. Tuvo que sufrir el favorito y no se encontró con un paseo militar llevándose la victoria solamente por tres puntos 72-69. Si la afición berciana ya había viajado en buen número con el equipo en ese partido, en el segundo en casa iban a disfrutar el doble. Los cuarenta minutos del choque fueron de dominio del Bembibre, sin grandes ventajas, pero lo suficiente para ganar por 68-65 y llevando la serie hasta el tercero de los partidos, algo que no esperaba nadie excepto un Chiqui Barros que ya lo había anunciado: "En el 'play-off' vamos a competir". La diferencia entre los dos presupuestos se hizo patente en ese tercer partido y el Perfumerías Avenida se metió en la final con un claro 92-54. Pese a ello, el Bembibre ya había hecho Historia, con mayúscula.

La conclusión de la temporada generaba dudas dentro del equipo respecto a la siguiente. Visto lo cerca que habían estado de los lugares de honor se pensaba que con una apuesta mayor se podía aspirar a más. En ningún momento los responsables del equipo quisieron hacer apuestas a ciegas y siguieron confiando en el trabajo día a día y en las posibilidades que les dieran sus ingresos reales, sin hipotecar el club para el futuro. Buscaron jugadoras con proyección que junto a alguna veterana les darían el nivel necesario para afrontar la temporada 2014-2015. Por ejemplo en el mercado invernal incorporaban a una internacional sub'20 que llegaba de Estados Unidos, Laura Quevedo. El sueño volvía a ser igualar la anterior campaña que fue tan histórica y cerca estuvieron de conseguirlo. No llegaron a la cuarta plaza, se quedaron en la quinta, aunque también es justo reconocer que antes de la conclusión ya habían perdido las opciones. En una liga que ya era de 14 equipos y por consiguiente con 26 partidos, ganaron 15 y perdieron 11, estando el puesto de las semifinales en las 18 victorias.

Tanta campanada seguida, además de convertir a las bercianas en un ejemplo del deporte, dentro de la propia villa había hecho crecer enormemente la afición por el baloncesto y las niñas querían jugar en el equipo de su tierra. Para ello se planificó un buen trabajo de cantera dentro del club con las posibilidades que dan la cantidad de jugadoras que se pueden conseguir en un población que no llegaba ni a los diez mil habitantes. La sexta temporada de Chiqui Barros en el equipo era la 2015-2016, la cuarta seguida en la elite. Volvió a ser exitosa sin llegar a los niveles anteriores. Simplemente salvarse para este modesto club ya era un gran triunfo, y hacerlo en la parte alta casi un milagro. En esta ocasión su puesto fue el octavo con once victorias y quince derrotas. Era otro pequeño orgullo ya que antes de llegar al final sabían que iban a continuar en la Liga Femenina. A la conclusión se conocía que no iba a seguir el técnico gallego Chiqui Barros después de 156 partidos dirigiendo al Bembibre y en la gran mayoría de ellos haciendo disfrutar y viendo como todos juntos crecían año tras año. Llegó en la Liga Femenina 2 y lo llevó incluso a luchar por el título en unos 'play-off' en los que llegó a ganar un partido al que era el gran favorito; se convirtió en un ciudadano más de la villa.

El deporte vive al día y no de recuerdos y el Bembibre tenía que seguir compitiendo como lo había hecho hasta ese momento; de Galicia se trasladó a Asturias para encontrar al nuevo entrenador. Se trataba del gijonés Fran García, que ya había sido uno de los candidatos cuando estaban en la Liga Femenina 2 y que ahora aceptaba la oferta berciana en detrimento de una que tenía para ser seleccionador de Chile. Anteriormente había estado en el Vetusta y el Cáceres en España, también había hecho carrera fuera de España en equipos de Dinamarca o Finlandia, así como dirigiendo la selección de la India. Se trataba por lo tanto de un técnico con experiencia para seguir haciendo del Embutidos Pajariel un equipo de la máxima categoría. Lo consiguió en la temporada 2016-2017 que fue la de su estreno al acabar en la décima plaza con 10 victorias y 16 derrotas. Las seis primeras plazas daban derecho en este ocasión a luchar por el título en los 'play-off' y se quedó a tres victorias, las mismas que tuvo de margen para certificar la permanencia antes de la última jornada.

En el año 2016 Chiqui Barros dirigió por última vez a las bercianas (CB BEMBIBRE)

Tuvo la conclusión de esta temporada otro momento triste para el club con la marcha de su capitana: Rita Montenegro, 'Monty'. Diez temporadas estuvo en Bembibre esta canaria que en el momento de irse contaba con 34 años. Llegó con el equipo en la segunda categoría y lo dejó como un fijo de la máxima competición. A nivel personal también esta ala-pívot de 1,88 tuvo reconocimientos importantes a lo largo de esa década, como haber sido en 2015 la jugadora nacional con más valoración de la Liga Femenina, o cuando participando en un 3x3 de unos Juegos Europeos alcanzó una medalla de bronce. Continuó jugando al baloncesto en su tierra hasta cumplir los 40 años.

La segunda de las temporadas (2017-2018) de Fran García fue bastante similar a la anterior, teniendo que mirar más hacia la parte baja que a la alta y logrando la salvación matemática a pocas jornadas del final. Concluyeron en el puesto 11 con nueve victorias y siete derrotas, muy lejos de la parte alta y tres por delante del penúltimo que descendió. Cuando se estuvo tan alto parecían años malos, pero con uno de los presupuestos más bajos seguía siendo un gran trabajo del club poder continuar entre los 14 mejores equipos de España temporada tras temporada; con esta ya eran seis las que de forma consecutiva llevaban, y querían comenzar la séptima.

No fue sencillo llevar a buen puerto ese deseo, porque el tiempo entre el final de una liga y el inicio de otra del año 2018 fue uno de los más complicados en su historia. Hubo un problema importante al renunciar tanto el presidente Salvador Fernández como el secretario técnico José Luis Velasco, la persona que había formado parte del club desde sus inicios y que había sido clave en su crecimiento primero como entrenador y después en labores que formaban parte más de la organización. En las elecciones que se celebraron se impuso Rodrigo Rivera, que un mes después abandonaba. El club por primera vez estaba teniendo problemas para hacer frente al aval de 60.000 euros necesario para poder disputar la liga. Anteriormente siempre era el Ayuntamiento de Bembibre el que lo presentaba ya que luego no era necesario ejecutarlo. Sin embargo un cambio legal impedía que ahora se efectuara esa circunstancia al no tener un informe positivo de la Intervención Municipal. Se hizo cargo del club una gestora bajo la dirección de nuevo de Salvador Fernández. Fueron momentos difíciles en los que la premura de tiempo era otro hándicap, hasta que finalmente se pudo hacer efectivo el aval y de nuevo formó parte de esa liga.

Durante todos esos problemas el equipo ya tenía firmado a un nuevo entrenador, Pepe Vázquez, un técnico con una enorme proyección que había sido ayudante de equipos como el Perfumerías Avenida o las categorías inferiores de la selección, además de haber dirigido

En la temporada 2018-2019 sufrieron de nuevo (CB BEMBIBRE)

a algunos equipos de Liga Femenina 2 en España y de fuera del país como podía ser Dinamarca. La plantilla era prácticamente nueva y además había perdido los equipos de cantera para poder nutrirse. Lógicamente la escasez de sus recursos no le permitía fichar jugadoras en edad de formación que no fueran para el primer equipo y la localidad, cada vez con menos población, no daba de sí. Con estas condiciones el inicio de la temporada 2018-2019 no fue nada sencillo y más cuando perdieron los tres primeros partidos. Ganaron al cuarto y en toda la primera vuelta solamente fueron capaces de sumar un triunfo más. Así las cosas, ocupaban la penúltima posición, un puesto de descenso por delante de un Ferrol que solamente sumaba un triunfo, pero no muy lejos de los puestos de salvación. Esa jornada 13 coincidió con el penúltimo día del año 2018, ese final de año y la llegada del 2019 hizo que en la reanudación de la liga pareciera que un nuevo equipo hubiera llegado. En las dos primeras citas del nuevo año sumaron dos nuevos triunfos, tantos como anteriormente. Progresivamente fueron subiendo puestos en la clasificación, y una racha de triunfos importantes les dieron vida pese a que sus rivales, menos las ferrolanas, también habían apretado el acelerador. Al final de la temporada sumaron nueve triunfos con siete de ellos en los trece partidos de la segunda vuelta. Quedaron dos por delante del conjunto que descendió (Sant Adriá), y lo más sorprendente, finalizaron novenas (empatadas con otros dos equipos) a un solo triunfo de haber entrado en la lucha por el título que incluía a las ocho mejores en esta ocasión.

Llegó así la segunda campaña de Pepe Vázquez, la 2019-2020, que una pandemia no dejó finalizar. Fue sin lugar a duda el peor año para todo el deporte y para un Bembibre que se instaló en la última plaza y estaba condenado al descenso cuando se tuvo que paralizar toda la vida por la pandemia que asoló el mundo. Cuando la situación mejoró

La alegría por la salvación en 2021 (CB BEMBIBRE)

la Federación Española dio por concluida la temporada sin que hubiera un campeón y tampoco descensos, motivo por el cual siguió en la categoría el Embutidos Pajariel Bembibre.

Al mantenerse los ascensos y no haber bajado nadie la liga 2020-2021 contaba con 16 equipos, dos más que hasta ese momento. Fue una temporada con problemas porque en ocasiones había que aplazar partidos por encontrarse jugadoras contagiadas y debían esperar a que se recuperaran, pero se pudo celebrar. Para el Bembibre fue otro año complicado para conseguir la salvación, que ahora se había convertido en su pelea anual. Tres equipos luchaban por eludir esas dos plazas, o sea, solamente se salvaba uno. Las bercianas eran muchas jornadas las penúltimas hasta que cerca del final lograban salir con una ventaja de una sola victoria, por lo que debían de ser capaces de conservarla en el tramo final. Apretaron de nuevo en el tramo final y lograron una renta de dos victorias cuando restaban tres partidos. Su triunfo en la antepenúltima jornada les sirvió para garantizarse que iban a estar diez años seguidos entre las más grandes. La leyenda continuaba.

Pepe Vázquez iniciaba de nuevo en el banquillo la temporada 2021-2022 en la que si el sufrimiento había sido enorme, en este se volvió agonía hasta el último partido. Cuatro equipos en el tramo final de la temporada estuvieron inmersos en esa lucha por eludir el segundo lugar de descenso poque el primero iba a ser para el Ferrol. El conjunto berciano debía jugar fuera de su feudo y lo hacía en el pabellón de ese equipo ferrolano que era el 'farolillo rojo'. Organizaron un viaje de aficionados para sentirse más arropadas, porque sabían que solamente les valdría la victoria y podía no ser suficiente puesto que el Tenerife tenía que perder. Los nervios jugaron una mala pasada a las leonesas, que después de los primeros diez minutos perdían 21-11 tras un parcial inicial de 13-0. Pasado ese susto inicial le dieron la vuelta al marcador y al descanso ganaban 30-33 y desde ese momento el partido ya fue mucho más favorable para sus intereses hasta que el 47-80 final les daba una victoria imprescindible. Luego llegó la tensión y el momento de los teléfonos móviles. Se necesitaba conocer el resultado del Gipúzkoa-Tenerife. Cuando concluyó llegó el marcador, 82-76 para las vascas y la permanencia una vez más en su poder. Fue el momento de desbordar la alegría y la tensión sufrida.

Por fin pudieron vivir un año tranquilo en la clasificación en la temporada 2022-2023, en la que finalizaron en la novena plaza con trece victorias y 17 derrotas, a una sola de ser octavas y volver a jugar unos 'play-off' por el título. También fue el año de la despedida de Pepe Vázquez incluso antes de haber concluido la temporada al recibir en el mes de enero una oferta irrechazable para dirigir el Perfumerías Avenida de Salamanca, del que ya había sido anteriormente su segundo entrenador. La directiva del equipo, que desde el año 2020 estaba presidida por Amparo Villadangos, antigua concejala de Deportes y siempre ligada al equipo cuando no estaba en la política, no puso pegas para que el hombre que había estado cinco años siendo su entrenador aspirara a lo máximo y en su comunicado lo dejaba bien claro: "Le deseamos mucha suerte en su nuevo destino y en su futuro personal y profesional. Se lo merece por todo el legado que deja en El Bierzo, por haberse comportado como un bembibrense más en todo momento". Era un ejemplo más del señorío que siempre ha mostrado el Embutidos Pajariel Bembibre PDM.

La trayectoria del Bembibre es un ejemplo para muchos equipos (CB BEMBIBRE)

BF LEÓN

El Baloncesto Femenino León nace en mayo del 2009 por la desaparición del Club Baloncesto San José, cuando el entonces concejal de Deportes del Ayuntamiento de León, Enrique Gil, consideró que era inviable sacar el equipo en Liga Femenina 1 (más adelante Liga Femenina Endesa) y que como mucho se podía bajar de categoría y salir a competir con jugadoras de la casa o nacionales que vinieran a León a estudiar.

Tras ciertas discrepancias en la forma de proceder se decidió no seguir, el Club Baloncesto Aros aprovecha la baja del San José para coger la plaza en Liga Femenina 2, y fue Rafael González quien se reunió con Antonio Laborda, director del Servicio de Deportes de la Universidad de León, para proponerle seguir con el proyecto. Así las cosas, el primer equipo de este nuevo club pasó a ser el ULE-BFL, que nace con el objetivo de sacar adelante la creciente cantera del San José. Ese primer equipo lo entrenó Juanjo Moro, y la cantera la organizaba el propio Rafa.

Se consolidó el acuerdo ya iniciado la temporada anterior con el Colegio Jesuitas para poder utilizar sus canchas, lo que les permitió

El Baloncesto Femenino León (en la fotografía sus equipos) y la Universidad siempre han tenido un estrecho contacto (BF LEÓN)

dar un salto de calidad grande porque podían tener equipos de mini, y les posibilitó crear una estructura desde categoría benjamín hasta 1ª Nacional (la tercera categoría sénior de España en ese momento). Es a partir de esa temporada 2009-2010 cuando comienza a haber presencia en las competiciones autonómicas femeninas de forma habitual en categorías inferiores, aunque en un primer momento era habitual que potencias autonómicas como Ponce de Valladolid les ganara por más de treinta puntos.

Se podría definir como un equipo humilde, que incluso trata de reducir costes viajando en furgonetas por el bajo presupuesto, pero que se puede decir bien alto que está consolidado gracias a la coherencia del proyecto. Se nutre de las jugadoras que suben de la fructífera cantera leonesa, jugadoras de la casa que a pesar de su juventud tienen un gran aplomo en la pista ya que vienen de jugar muchas fases F4 a nivel territorial y muchos Campeonatos de España; otras que vienen a la Universidad de León y están en nuestra ciudad durante algunos años por motivos académicos (principalmente a estudiar FCAFD), más alguna joven incorporación a modo de fichaje, como Cesarina, Florencia o Fatou.

Moro lo entrenó desde su origen hasta la campaña 2013-2014, en esos años se jugó una fase de ascenso a LF2. Posteriormente se

hizo cargo del equipo Ricardo Grandío 'Richard'. Con él fueron campeonas de Primera Nacional en el grupo noroeste y se consiguió el ascenso a Liga Femenina 2 en Alhaurín en junio de 2021, tras un emocionante partido en el que ganaron al Loiola Vasco en el que destacó el liderazgo de Deborah González

Una imagen promocional en un cartel del equipo (BF LEÓN)

anotando 20 puntos. Resulta paradójico que a partir de la temporada 2020-2021 el club tiene dos equipos sénior en categorías contiguas: el de Liga 2, categoría que pasó a ser la tercera a nivel nacional al crearse tras la pandemia la Liga Challenge; y el de Primera Nacional, que pasa a ser el equipo de la Universidad. Pasó a entrenar el equipo en la temporada 2021-2022 Carlos Fernández, y las dos temporadas que estuvo finalizaron octavas del grupo A (eran dos grupos de 14 equipos); ; actualmente es el propio Rafa quien entrena al primer equipo.

El BFL celebrando el triunfo de la Copa de Castilla y León en septiembre de 2023 (ARCHIVO RAFAEL GONZÁLEZ)

La cantera leonesa ha llevado jugadoras a la selección española de categorías inferiores, Alicia es una de ellas (ARCHIVO ALICIA FLÓREZ)

Alicia Flórez, llamada a la elite

León es una ciudad que siempre ha aportado deportistas de alto nivel en prácticamente todas las modalidades deportivas a los equipos nacionales, tanto de base como a nivel absoluto. Uno de los últimos productos de esta excelsa cantera es Alicia Flórez en baloncesto femenino.

Nacida en 2004, Alicia practicaba natación, pero conoció el baloncesto a la edad de 10 años en el colegio Ponce de León, y enseguida se enganchó a este deporte. Tras un año en el colegio, pasó a jugar con el club que la ha catapultado y en el que comenzó su meteórica progresión, el BFL. Siempre sobresalió tanto en su categoría como en las superiores a su edad, y siguiendo los pasos de jugadoras como Lucía Alonso, Sandra Martínez o Ángela Salvadores, que lograron medallas a nivel internacional, Alicia es una fija en las convocatorias de los equipos nacionales correspondientes a su edad.

Destacó muy joven, fue la máxima anotadora del Campeonato de España celebrado en Huelva en 2021 y ha formado parte de la selección española en la U-18 y U-19, siendo subcampeona del mundo en julio de 2023, en una apretada final contra USA celebrada en el Wizink Center de Madrid. La temporada 2022-23 fue la última que estuvo en el BFL. Fichó por el Club Nou Basquet Paterna, filial del Valencia Basket con tan sólo 18 años, un equipo referente en baloncesto femenino europeo, y aunque tuvo que superar una lesión que la impidió entrenar con normalidad durante varios meses, seguro que con su capacidad de trabajo y talento conseguirá continuar su progresión y competir durante muchos años al máximo nivel.

Capítulo 3
La Gran Leyenda

UN EQUIPO CON ILUSIÓN

Baloncesto León, al principio Elosúa, fue una de las mayores leyendas deportivas de León (MAURICIO PEÑA)

Cuando en el verano del año 1980 se decide dar el paso para la creación del Baloncesto León, ni los más optimistas podían pensar en lo que iba a suponer para el baloncesto, para el deporte y no solamente para la ciudad, sino para toda la provincia. En esos momentos era un equipo más de los que habían ido surgiendo paulatinamente a medida que la sociedad evolucionaba y el baloncesto se iba pareciendo más al resto de los deportes. Le había costado, pero lo estaba consiguiendo, aunque todavía lejos de los puestos de honor.

La OJE, campeón provincial de la temporada 1979-1980 sin perder ningún partido, decidía no continuar con el equipo de baloncesto masculino porque iba a jugar en Tercera División, lo que suponía unos gastos que la Organización Juvenil Española, que poco a poco iba perdiendo su sentido y por consiguiente su poder económico, no podía asumir. No se fueron sin más y sus responsables dieron todas las facilidades posibles para que alguien se hiciera cargo de la parte deportiva del baloncesto. Ahí surgen figuras que han sido claves en el desarrollo de este deporte a lo largo de su historia.

Pepe Estrada como entrenador dio el empujón necesario a otros entusiastas de este por entonces minoritario deporte y que formaron inicialmente la junta directiva: José Antonio Moirón (el primer presidente), Manuel Fernández Córdoba, Ángel Fernández Tejeiro, Alberto Sobrín, Juan Carlos Rodríguez Villanueva, Enrique Emperador y Lisardo Mourelo.

Desde el principio tenían claro que se necesitaba el apoyo decidido y fuerte de una empresa comercial; tenían mucha ilusión en el nuevo proyecto, pero eso no era suficiente para hacer frente a los gastos. A pesar de la buena marcha en la campaña de socios, sólo con esta aportación y las taquillas, no era suficiente ni para pagar los gastos de instalación y arbitraje de cada partido. De hecho, ya desde el principio sabían que había que apretarse el cinturón y un ejemplo de ello era el color de las camisetas, que era el de León. El motivo era que así no necesitarían una camiseta reserva puesto que, al no coincidir en sus desplazamientos con ningún otro equipo que lo llevara, no tendrían que utilizarla. Los propios jugadores debían comprarse las botas y los balones que tenían eran de cuero que les había ido regalando el propio Estrada. Aun así, pensaban que necesitarían unas 300.000 pesetas.

Y la luz se hizo solamente unos días después de que a finales del mes de agosto empezaran los entrenamientos. Las negociaciones iniciadas por Estrada con un empresario al que conocía por la comarca en la que ambos pasaban sus vacaciones de verano llegaban a buen puerto y el 11 de septiembre de 1980 se cerraba un acuerdo con el que iba a ser el patrocinador del equipo: Elosúa. No se trataba de cualquier empresa, su fundador había sido un asturiano, Marcelino Elosúa Herrero, nacido en Oviedo en 1886, que a los veinte años se fue a hacer las "américas" y, después de montar negocios de comercio de productos coloniales primero en México y luego en Estados Unidos, decidió regresar a España. En 1927 funda la empresa Elosúa S.A. para el comercio de aceite y otros productos, pero descubrió que en la comercialización del aceite estaba el futuro. Montó una planta en Martos (Jaén) en 1929, una distribuidora en Miranda de Ebro en 1931 y otra en León en 1935, siendo ya a partir de entonces cuando la provincia se convierte en la base de la empresa Aceites Elosúa S.A., que en 1954 pasó a dirigir su hijo, Marcelino Elosúa Rojo, ya con la provincia en el horizonte puesto que aquí ubicó una gran refinería y ya formó parte la sociedad empresarial leonesa con otras muchas in-

José Antonio Moirón, el primer presidente (CÉSAR)

versiones. Con él fue con el que se llegaba al acuerdo de patrocinio, lo que suponía el espaldarazo y la seguridad económica que necesitaban para asentarse, uno de los principales problemas de muchos de los equipos que estaban naciendo y que no lo conseguían al no ser excesivamente grande el tejido empresarial leonés.

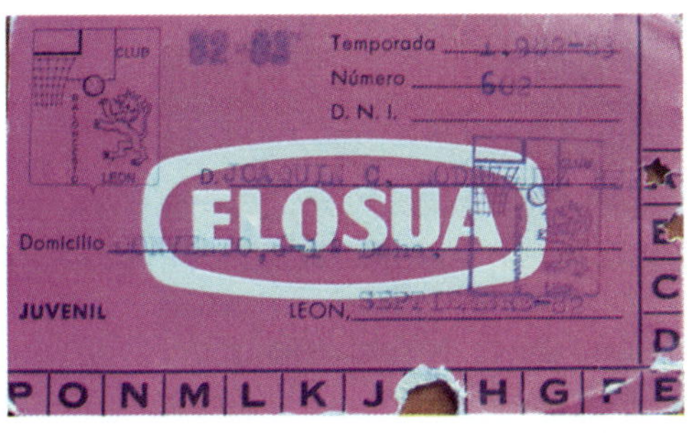

Un carné de socio de 1982 (ARCHIVO JOAQUÍN RODRÍGUEZ)

Esta nueva familia del baloncesto en León realizaba su presentación oficial el 10 de octubre de 1980 en las instalaciones del 'Globo' del Estadio Hispánico, que iba a ser la cancha en la que disputarían sus partidos inicialmente. A las órdenes de Estrada la plantilla la iban a formar los bases Francisco Javier García, Jorge Enrique Mourelo y Fernando Pérez Soto; los aleros Manuel Díaz Arias, Fabriciano Gangoso, Félix Llamazares, Emeterio Díez (Chovo), José Manuel Palenzuela, Francisco Manuel Alonso Pastrana y Ángel Pérez; y los pívots Jesús González Gigosos (con 1,96 metros, el techo del equipo), Isidro Agustín Pérez, Raúl Combarros, Manuel Pérez Villamizar, Eloy Domínguez, Santiago Robles Albar y Javier Pérez. El delegado del equipo iba a ser Fernando López Villa.

Esos eran los cimientos del nuevo club que llegaba con mucha ilusión y juventud en sus filas. De los 17 jugadores, siete de ellos eran sénior, siendo el resto júnior e incluso había un juvenil. La liga de Tercera División contaba con equipos asturianos y cántabros además de otros dos leoneses, Casa Galicia y Básket Bierzo. Y es que hay que recordar que en esos momentos el Elosúa era un recién llegado. Ni de lejos era el equipo más importante de la provincia, y ni siquiera de la ciudad. Estaba el Olímpico Nelson en Segunda División y sus dos rivales locales de la categoría ya contaban con experiencia en la misma.

El 26 de octubre de 1980 debía debutar el Elosúa no solamente en Tercera a la que llegaba sin pasar por provincial, sino que debía disputar el primer partido de su historia. Era en Torrelavega y allí se desplazó con diez de sus jugadores y la emoción de estrenarse en Tercera. Su rival era el Dinitrol, pero el partido no llegó ni a comenzar. Los árbitros se negaron a dirigir el encuentro puesto que al equipo local no le parecían correctas las más de seis mil pesetas que les pedían los dos colegiados. Ante esta situación, se procedió a la suspensión del choque de forma sorprendente y el debut del Elosúa se retrasaba una semana más.

La única nota positiva de la esperpéntica situación sucedida en Torrelavega era que ahora el debut de los 'aceiteros' (nombre que pronto se haría muy popular) se iba a producir en su cancha del Hispánico, o lo que toda la ciudad conocía como el 'Globo', al ser así como estaba cubierta la cancha. Además lo iba a hacer con un derbi provincial, al tener que recibir al Básket Bierzo. También se daba la coincidencia de que, en esa fecha del 2 de noviembre, por la tarde se iba a disputar en el campo de fútbol de La Puentecilla un partido entre la Cultural Promesas y la Ponferradina. Esto propició que alguna peña berciana organizara una excursión a la capital para ver el baloncesto por la mañana y el fútbol por la tarde. La fiesta estaba preparada con sorteos al descanso: una equipación completa entre todos los asistentes al encuentro y dos cenas entre los alrededor de 400 socios que tenían en esos momentos. Las entradas eran de 75 pesetas para los adultos y 15 los niños, habiéndose también repartido invitaciones por los colegios de la ciudad.

Y a las doce de la mañana se realizaba el salto inicial que ponía en marcha la historia del Elosúa. Era con unas gradas prácticamente llenas, un gran ambiente deportivo, y la rivalidad que siempre hay entre León y Ponferrada. La fiesta del estreno del Elosúa fue completa puesto que a la conclusión del encuentro la victoria se quedaba en su casillero por un claro 85-56. La tensión durante el choque resultó tremenda, pese a que al descanso la renta local era de 14 puntos (41-27), pero había llegado tras la eliminación de tres jugadores visitantes, dos de ellos por personales y otro por una técnica descalificante en un primer tiempo (en esos momentos eran dos tiempos de 20 minutos) con 30 faltas personales. Calmado un tanto el vertiginoso rimo de faltas del encuentro, conscientes ambos equipos de que así se iban a quedar en cuadro, el partido siguió transcurriendo con dominio del Elosúa ya que los bercianos habían perdido a Lolo y Neira, sus dos jugadores más importantes. De esta forma, mientras que la renta se ampliaba, el público disfrutaba de esta primera victoria del recién llegado a Tercera División. En este partido el Elosúa alineó a Javi (23 puntos), Félix (21), Isidro (9), Gangoso (8) y Manolo (8) en su cinco inicial, y actuando más tarde Palenzuela (10), Mourelo (5), Fabri, Chovo y Combarro (1). El Básket Bierzo puso en liza a Peladilla (21), Lolo (10), Neira (4), Cruz (6), Barral (1), Salví (8), Enrique, Alfredo (4),

Nano y Barrios (2). El arbitraje corrió a cargo de López Rodríguez y Gavela.

Si un derbi provincial supuso el primero de los partidos oficiales del Elosúa, un derbi local le correspondió en la siguiente jornada, ya que debían enfrentarse al Casa de Galicia, el otro conjunto de la capital leonesa en esta Tercera División. Por lo tanto, iban a jugar 'en casa', puesto que el partido se celebraría en el 'Globo', que era la sede de ambos conjuntos. Aunque actuaban como visitantes y pese a ser los 'novatos', se pudo ver en unas gradas llenas a más seguidores del nuevo Baloncesto León, sobre todo gracias a su campaña realizada en los colegios, lo que hacía que más niños pudieran disfrutar de este deporte que todavía no había alcanzado la 'explosión'. El Elosúa se llevaba de forma inesperada la victoria por un apretado 72-75, en un partido de poder a poder que se decidió en los momentos finales como corresponde a un derbi local, en los que incluso hubo polémica con la pareja de árbitros que formaban Llamazares y Lulo. Jugaron por el Casa Galicia Paco (6), Hansi (8), Gelo (12), Sabugo (22), De Dios, Ricardo (6), Montesinos (9), Pascual y Popi (9). Por parte del Elosúa lo hicieron Javi (31), Isidro (6), Félix (12), Fabri (7), Manolo (7), Raúl (6), Mourelo (4), Chovo (2) y Palenzuela.

Una de las primeras reuniones de la junta directiva del Elosúa, aún sin sede (MAURICIO PEÑA)

Sumaban una tercera victoria que les ponía al frente de la clasificación, aunque fuese de forma anecdótica, ya que eran variados el número de partidos jugados por los equipos, al haberse aplazado varios en tierras cántabras por una huelga arbitral. Llegaba la primera derrota ante el Ensidesa en tierras asturianas por 87-74. Lógicamente en su estreno no podían pensar en ser los 'gallitos' del grupo pese a haber tenido un excelente comienzo que les permitió, eso sí, habituarse a estar en los puestos altos de la clasificación durante toda la primera vuelta.

Para la segunda llegaba, además de las camisetas con las que inicialmente pensaban jugar con el color de León, un fichaje procedente de Zaragoza, Andrés de la Iglesia, de 1,92, que recalaba en León para estudiar Veterinaria. Se había perdido en Torrelavega y después de Navidad regresaron los derbis. Se cayó de nuevo con el Básket Bierzo. El equipo tuvo que viajar en tren porque era un día de nieve; aquel día los propios bercianos tuvieron que limpiar la cancha del blanco elemento con palas y cepillos antes de comenzar el encuentro. Luego también les superaba el Casa de Galicia, lo que era una prueba para un equipo novel cuando las cosas no salían como estaban acostumbrados hasta ese momento. Bajaban a la zona media de la clasificación, pero no muy lejos de los que lideraban el grupo. La igualdad entre los cinco primeros era enorme, principalmente porque la diferencia entre jugar en casa y fuera era mucha. Una victoria ante el líder Oviedo en el 'Globo' en el último partido en casa y su posterior victoria en la última jornada ante Astillero le daban al Elosúa la segunda plaza final, por detrás del Casa Galicia, lo que era un excepcional resultado para su primera campaña, aunque cuando se tiene tan cerca la primera plaza que daba derecho al ascenso siempre queda un sabor amargo. Su balance fue de nueve victorias y cinco derrotas en los catorce partidos disputados, anotando 1.036 puntos y encajando 939.

La plantilla del Elosúa en el año 1981 antes de un partido en el 'Globo' (CÉSAR)

Ya estaba asentado el equipo y ahora se debía mirar hacia el futuro. La 'guerra' de la cantera empezaba y, en la misma, el primer paso en esta temporada lo dieron los 'aceiteros' al hacerse con unos prometedores jugadores del instituto Padre Isla entrenados por Paramio, en competencia con el Olímpico que estaba en una categoría superior y, en aquellos momentos, era el club mejor situado en la provincia. El 15 de mayo de 1981 tenía lugar la asamblea para rendir cuentas de la primera temporada, que había concluido incluso con un superávit de 63.313 pe-setas que emplearían en

El salto inicial de un partido de la liga (CÉSAR)

actividades de cantera, como la Operación Altura y un Trofeo Social de Minibásket, pensando en el futuro. Y para la nueva temporada, en palabras del presidente, el objetivo iba a ser el ascenso a Segunda División y alcanzar los 1.500 socios. El ascenso pudo haberse hecho realidad en los despachos durante ese verano al tener la posibilidad de jugar en Segunda División, ante las plazas que dejaron vacantes los equipos que no podían hacer frente a los gastos que tenía esa competición, sin embargo, renunciaron. Tal y como reconocía el entrenador Pepe Estrada en la presentación del equipo para la tem-porada 1981-1982: "Quiero cargar con todas las culpas a ese respecto pues la directiva tenía ganas de subir, la casa patrocinadora estaba muy interesada en el mismo sentido. No fue un capricho, sino que pienso que había muchos jugadores todavía 'verdes' para militar en Segunda y que, si queremos hacer un club serio, los pasos tienen que darse bien pensados y sin prisas, con dedicación a ir fortaleciendo nuestra propia cantera y que, cuando subamos, sea para podernos quedar, o aspirar a más".

Desde sus comienzos Elosúa buscó la complicidad de los más jóvenes en sus partidos (CÉSAR)

De esta forma afrontaban su segunda campaña en Tercera División, con algunos cambios en la plantilla con la llegada de dos jugadores procedentes del Olímpico Nelson de Segunda: Valdés y Calvo, y uno que regresaba a León, De la Varga, al que conocía perfectamente el entrenador. Comenzaron bien las cosas con una cómoda victoria ante el Avilesina por 106-81. Incluso después de las cuatro primeras jornadas sumaban tres triunfos en los tres partidos que habían jugado en una liga que se había quedado con nueve equipos, por lo que se descansaba en un par de jornadas del calendario. Se estaban cumpliendo los pronósticos de pelear por el ascenso a Segunda División formando a la par a los jugadores más jóvenes. La primera vuelta resultó perfecta y ganó los ocho partidos en juego. El primer puesto estaba en su mano y además se había mostrado muy superior a sus rivales en muchos de los choques. La renta sobre sus perseguidores era en ese momento de dos partidos, por lo que la esperanza era importante para la segunda vuelta. Sumó diez victorias consecutivas y la racha se quebró en el siguiente choque. Visitaba al Bansander cántabro, segundo clasificado, y cayeron por 86-74. Seguía manteniendo una más que importante renta. Aunque sumaba otra derrota, sus perseguidores tenían cuatro, lo que le daba mucho margen. Uno de sus principales rivales era el Casa de Galicia leonés, el campeón de la anterior temporada, y cuando llegaba su enfrentamiento de la segunda vuelta les separaban cuatro puntos, ya que Elosúa había perdido su segundo encuentro. La emoción presidió el choque en el 'Globo' y el resultado lo demuestra, puesto que acabaron con empate a 81 después de que el Elosúa se hubiera puesto con un cómodo 75-60 que parecía definitivo, pero los 'gallegos' le dieron la vuelta y llegaron a ponerse incluso uno arriba (80-81). En el último ataque se pitó una personal sobre la bocina en la defensa del Casa de Galicia y después de las protestas de los ese día visitantes, Félix tuvo dos tiros libres para llevarse el partido y sentenciar la primera plaza, pero solamente anotó el primero y falló el segundo, por lo que se repartieron los puntos, ya que en esa temporada no existían todavía las prórrogas y los partidos de baloncesto aún podían acabar en igualada (fue la primera de la historia del equipo) y que, además, les daba matemáticamente la primera plaza del grupo de Tercera División a falta de dos jornadas, al tener a su favor la diferencia de puntos con el Casa de Galicia. El ascenso a Segunda División se había conseguido deportivamente en las canchas de juego después de haber jugado 16 partidos en los que habían ganado trece, empatado uno y perdido los otros dos. Habían anotado 1.444 puntos (con varios partidos por encima de la centena) y encajado 1.097. Unos grandes números para una gran temporada.

Dos temporadas en su historia y dos temporadas de crecimiento. Habían alcanzado la plaza en Tercera sin jugar en Provincial por una vacante y la de Segunda la habían podido conseguir de igual forma, pero esperaron un año para que fuera por méritos deportivos y, sobre todo, para estar algo más preparados. El club se iba consolidando en todas las categorías (a diferencia de otros en esa época sin uno femenino) y ya disponían, además de los sénior, de júnior, juvenil e infantil para pensar en el futuro. Su presupuesto se iba a doblar porque los gastos eran muy superiores, no solamente en los viajes puesto que también se multiplica-

Elosúa y Casa Galicia vivieron partidos intensos (CÉSAR)

ban los arbitrajes, pero tenían algo con lo que no contaban la mayoría de los conjuntos: una empresa fuerte por detrás como era Elosúa. En muchos otros casos, el esfuerzo que debían hacer los patrocinadores que respaldaban con un gran entusiasmo y afición era enorme para los ingresos de que disponían, pero tenían un límite.

El salto de categoría era muy grande y así lo pudieron ver los leoneses en su estreno de Segunda División en la temporada 1982-1983 ante el Gijón. Cierto es que su debut no fue el deseado, ya que debían medirse en su cancha al que era el gran favorito para la primera plaza y contaba con un enorme potencial económico, pero el 107-68 fue una diferencia que no se esperaban. Tal y como se llegó a comentar en León, los asturianos no levantaron el pie del acelerador porque tenían una prima que se aumentaba por cada decena de diferencia y, además, se ampliaba si superaban los cien puntos, para así fomentar el espectáculo ante su afición y 'enganchar' a los asturianos.

El 10 de octubre de 1982, en la segunda jornada, se estrenaban en casa. Curiosamente continuaron en el pabellón cubierto del Hispánico, el 'Globo', y no fueron a jugar al Pabellón Municipal como sí lo hacía su 'vecino' de la categoría, el Olímpico Nelson. El rival era el Viña Dorana La Coruña, un equipo de 'su liga' lejos de lo que les había correspondido en el primer partido. Los leoneses casi consiguieron llenar el pequeño pabellón y respondieron con su primera victoria por 90-73, aunque el partido fue más igualado de lo que indica esa renta alcanzada solamente en el tramo final del choque. Elosúa puso en liza inicialmente en este encuentro a César (8), Calderón (23), Valdés (16), De la Varga (25) y Calvo (10), jugando después Raúl (6), Fernando, Mourelo y Félix (2). No estaba en estos partidos el base Javi, el mejor anotador en muchos de los encuentros de la anterior campaña, pero no porque fuera baja en el equipo, sino por encontrarse realizando el servicio militar y no poder estar en León. La parte baja se acercaba al equipo al no ser capaces de puntuar en los dos siguientes desplazamientos, pero por el contrario sí ganaba en casa hasta que el Maristas de Valladolid rompía esa racha por 65-85, y ya el equipo empezaba a acercarse al pelotón de cola.

Y llegaba la peor noticia en ese momento. Sin estar cuestionado pese a sumar dos victorias y cinco derrotas en siete partidos, el entrenador Pepe Estrada presentaba su dimisión. Las causas no eran otras que el ritmo de trabajo que le exigía el equipo ya en esa categoría, junto a sus quehaceres diarios, lo que podía estar repercutiendo en el rendimiento. "Necesito con urgencia un tiem-

El baloncesto era un deporte que movía a muchos jóvenes entre su afición (CÉSAR)

po de descanso y de olvido de la responsabilidad que obligan los diarios entrenamientos", fueron las palabras del hombre que había empujado a un grupo de entusiastas a formar el nuevo club, el Baloncesto León, al abandonar las labores técnicas que había ejercido desde el primer día. Seguiría ligado al club (del que jamás se alejaría), pero el 17 de noviembre daba ese paso, aunque todavía estaría en el banquillo en la siguiente cita en Oviedo, mientras no hubiera una persona que pudiera encarar el trabajo con normalidad. Aunque se le intentó despedir con una victoria en Oviedo ante el CAU, perdieron por 90-78 y se colocaban penúltimos en la clasificación, eso sí, con las mismas victorias que otros cuatro equipos.

El Elosúa hacía concursos para niños en los partidos (CÉSAR)

Los partidos siempre eran de una gran intensidad (CÉSAR)

Para ocupante del banquillo sonaban varios nombres como Calderón, Suso Pascual, un berciano que había sido muy importante en el avance del baloncesto en Ponferrada y que ahora estaba instalado en León, o Paramio, pero la medida que se tomó inicialmente fue la de que el jugador José Luis Rodríguez Valdés, un fichaje de la temporada procedente del Olímpico, se sentara en el banquillo ante el Imperio de Segovia para buscar la tercera victoria de la temporada. Fue un partido difícil y complicado en el que perdían por 35-41 al descanso, pero en una segunda parte de garra le consiguieron dar la vuelta al choque hasta imponerse por 98-90, con 22 puntos incluso del propio entrenador-jugador.

Llegaba entonces la cita que siempre marcan en rojo todos los equipos de cualquier deporte: el derbi local. Nelson y Elosúa se debían enfrentar en la casa del primero, el Pabellón Municipal. La diferencia en la clasificación en esos momentos era importante ya que el Nelson, mucho más experto en Segunda, estaba en la parte más cómoda, mientras que el debutante luchaba por alejarse de la zona peligrosa. Y la lógica se cumplió al imponerse los favoritos por un claro 82-59. Este primer derbi de esta categoría lo jugaron por el Nelson: Joven (6), Nacho Herreras (18), Sanguino (12), Roberto Herreras (34) Allende (8) -cinco inicial- Bodelón, Javi Lanza (2) y Gelo (2). Por su parte el Elosúa utilizó a Raúl (2), César (2), Félix, Calderón (4), Calvo (16) -cinco inicial- Gigosos, Fabri (2), Mourelo (2), De la Varga (13), Valdés (10) e Isidro. El arbitraje corrió a cargo de los colegiados leoneses Llamazares y Gavela.

Ya con el año 1983 iniciado, la directiva decidía fichar como entrenador a José Luis Pascual López. Pascual, como se le conocía deportivamente, había llegado a León de Valladolid por estudios y había fichado por el Casa de Galicia. Al dejar de jugar había entrenado a conjuntos de base que habían realizado un buen papel y continuaba en León porque era profesor de Educación Física en el Colegio Leonés. En principio iba a formar parte de un triunvirato de entrenadores, pero no hubo acuerdo y se quedó él solo para dirigir al conjunto en Segunda División y Valdés dejaba de ser entrenador interino.

Una alineación del Elosúa en Segunda con su entrenador Pascual (CÉSAR)

La segunda vuelta no fue nada sencilla. La iniciaba el equipo con tres victorias en su casillero y una mala racha de resultados que se ampliaba en las cuatro siguientes citas, en las que sumaba cuatro nuevas derrotas. La más dolorosa fue la que sufrió en su cancha ante el Gromber Burgos (69-70) y que supuso su paso al 'farolillo rojo' de la clasificación y además en solitario al sumar los burgaleses en León su cuarta victoria. La puntilla llegaba con la visita del CB Oviedo, que también ganaba en León por 58-75, y el equipo ya quedaba roto de tal manera que parecía difícil que pudiera salvarse. Hubo un pequeño respiro con la victoria ante el CAU de Oviedo en un extraño encuentro en el que a falta de tres minutos perdían de diez puntos y acabaron ganando por nueve (69-60), pero no conseguían abandonar el último lugar.

La vuelta del derbi local supuso una derrota, aunque al menos con honor al caer los ahora locales del Elosúa por 76-78. Fue otro intenso encuentro entre los dos equipos, pero lo que en ese momento necesitaban los de Pascual era sumar victorias. A falta de cuatro jornadas tenían la salvación a seis puntos, una desventaja que se presumía insalvable puesto que la debía enjuagar el equipo sumando tres triunfos, uno menos de los que había logrado en los 21 partidos que llevaba disputados. Al final, se consumaba la tragedia y habían perdido la categoría.

Los números no eran nada positivos ya que solamente habían sumado una victoria en toda la segunda vuelta y lejos de su cancha habían sido superados claramente en demasiadas ocasiones. Era el momento de demostrar fortaleza y que no cundiera el pánico. Era el primer paso atrás de un comienzo fulgurante y había que tener paciencia, aunque el proyecto inicial se hubiera visto frenado. Si el club quería tener continuidad debía asegurarse que se podía volver a Segunda. Debía pensar que se había enfrentado a rivales con un enorme potencial en muchos de los casos, con más experiencia en otros… y que se había fallado en algunas cosas. La clasificación final la había encabezado el Gijón Baloncesto por delante del Breogán de Lugo, ambos con una sola derrota. Mucho más lejos quedaron Tizona de Burgos, Maristas de Valladolid, Nelson Olímpico de León, que fue quinto, CAU Oviedo, Imperio Caja Segovia, Peleteiro de Santiago, CB Oviedo, Bosco de Vigo y los descendidos Dorana La Coruña, Gromber Burgos y Elosúa León, estos dos con solamente cuatro victorias en su casillero, la mitad de los que precedían, aunque los burgaleses un punto por delante al haber sumado también un empate.

PASOS ADELANTE

La situación cambió durante el verano. El Olímpico Nelson, que llevaba tres temporadas consecutivas en Segunda y en la parte alta, afrontaba todos los años numerosos problemas para poder hacer frente al presupuesto puesto que sus patrocinadores eran negocios locales que ayudaban en todo lo que podían, en muchos casos casi más de lo que sus economías aconsejaban. En este 1983 se les unió a esos habituales problemas una multa de la federación. El Baloncesto León Elosúa por su parte no descartaba volver a salir en Segunda División porque su respaldo empresarial se lo permitía.

En la tercera temporada el Elosúa tuvo muchos cambios (CÉSAR)

Finalmente se produjo un acuerdo complejo por el que ambos equipos hacían una especie de fusión para garantizarse León una plaza en Segunda División. Por razones burocráticas no podían fusionarse puesto que implicaba un proceso largo de ambos clubes y federativo que impediría que llegaran a tiempo para la inscripción en la liga. Tampoco podía desaparecer el Olímpico sin más, puesto que la plaza vacante (esa u otra que se produjera) podría recaer en el Baloncesto León o no, ya que era una decisión que tomaba la Federación Española. Por este motivo se acordó que los dos equipos se inscribieran en Segunda. El Olímpico con la plaza segura por haberla conservado a la finalización de la anterior campaña, y el Baloncesto León por las plazas que se quedarían sin cubrir (hubo varias renuncias). Si no se daba la plaza al Baloncesto León, el Olímpico pasaría a llamarse CB Elosúa y jugarían juntos de esa forma. En el caso de que hubiera plaza para los dos, el Olímpico simplemente renunciaría y el Baloncesto León estaría en Segunda de nuevo. En las reuniones celebradas en la Casa del Deporte de la capital leonesa tomaron parte los dos presidentes, Josecho Pardo y José Antonio Moirón, el delegado del Elosúa, Sobrín, y el presidente y secretario de la Federación Leonesa, Raúl de la Puente y Enrique Gil, respectivamente.

No fue tan sencillo el acuerdo en el apartado de plantilla y cuadro técnico. El Olímpico daba la libertad a todos los jugadores al acabar cada temporada por si encontraban algo que fuera más de su agrado o con algunos emolumentos. Por este motivo la elección de cada uno de los jugadores era libre. Para el banquillo todos estaban de acuerdo en que la persona adecuada era Carlos Mantecón. Este entrenador de Soto de la Vega tenía un gran cartel en la ciudad, como un adelantado a su tiempo con tácticas novedosas y una gran visión del baloncesto (años después todavía muchos entrenadores le reconocían que había cambiado el clásico 2-1-2, que durante muchos años fue habitual en la defensa, por un 1-3-1 que desmontaba muchas de las jugadas de los rivales que llevaban años poniendo en práctica), junto a un carácter muy competitivo. Había realizado una gran labor en el Olímpico cuando era Santa Claus, a los que ascendió a Segunda, y en el Colegio Marista en el que daba clases de Educación Física (gimnasia se llamaba por entonces) efectuó un gran trabajo de cantera pese a ser un centro que siempre miraba más hacia el balonmano. Posteriormente se había ido a Madrid tres años, pero siempre deseando volver a su 'pueblo', por lo que estaba dispuesto a aceptar la oferta. El cargo de entrenador estaba remunerado, pero la cantidad era pequeña y se podía complementar con una ocupación docente en el apartado deportivo. Llegó incluso a comenzar los entrenamientos de pretemporada con los jugadores, pero no llegaba el acuerdo y en ese tiempo debía dar una contestación al colegio de Madrid en el que trabajada y, para no quedarse sin nada, tuvo que renunciar.

Un ex jugador de élite, el leonés Toño Garrido, asumió el banquillo de Elosúa (MAURICIO PEÑA)

Su baja provocó un pequeño retroceso en las decisiones de los jugadores del Olímpico, que por lo demostrado en la anterior campaña eran claves para conseguir mantener la categoría. El primero que dijo que no se iba al nuevo equipo fue Roberto Herreras porque se mantenían algunas rencillas entre ambas plantillas y todavía se tomaban el baloncesto como un entretenimiento; otros cuatro compañeros, que inicialmente estaban con él, finalmente sí aceptaron jugar en Segunda como fueron Sanguino, Ramón, Joven y Gelo. El 11 de septiembre, cuando no restaba mucho tiempo para el inicio de la liga que era el 9 de octubre, por fin se hacían con un entrenador, el leonés Toño Garrido. Finalmente la plantilla para la temporada 1983-1984 iba a ser la formada por César, Gelo, Calderón, Valdés, Joven, Sanguino, Calvo, Ramón (el primer jugador de dos metros que tuvieron) y Pablo (que procedía de Valencia y estaba haciendo la mili en León), que se iba a completar con jugadores júnior. Por otro lado se hacía un equipo para la liga provincial en el que iban a militar los que se habían quedado fuera del Baloncesto León de la anterior campaña con las cinco incorporaciones del Olímpico.

Los participantes en la nueva liga de Segunda División iban a ser el Peleteiro de Santiago de Compostela, Bosco de Vigo, Ike de Gijón, Frinca de Zamora, Calefacciones Aguilar de Salamanca (finalmente se retiró), CAU de Oviedo, Maristas de Valladolid, CB Villagarcía de Villagarcía de Arosa, Dorana de La Coruña, Grupo Covadonga de Gijón, Imperio de Segovia, Tizona de Burgos, CB Oviedo y los leoneses del CB Elosúa. Los partidos en casa los iban a jugar de nuevo en el 'Globo' (pese a que el Olímpico solía jugar en el Pabellón Municipal) porque solamente les concedieron dos horas de entrenamiento a la semana en el Palacio y resultaban demasiado escasas.

De esta forma se repetía la temporada para el baloncesto en la provincia en Segunda División, pero esta vez el Elosúa contaba con muchos jugadores que habían destacado en la anterior campaña en el Nelson y el descenso no entraba en sus planes. Sin embargo cuando el 9 de octubre dio comienzo la liga para ellos lo hicieron con mal pie, puesto que cayeron de una forma contundente ante el Tizona de Burgos (80-35). Los numerosos problemas durante el verano para constituir la 'fusión' estaban pasando factura, aunque se esperaba que solamente fuera un accidente ante uno de los equipos que aspiraba al ascenso.

Por este motivo se esperaba que con el apoyo del público se pudiera encauzar la situación. Enfrente iba a estar el Peletero de San-

tiago. Se hizo realidad el deseo con una victoria amplia, 60-42, pero
engañosa ya que a falta de cinco minutos solamente había cuatro
puntos de diferencia y en el tramo final se produjo la escapada definitiva. Logrado ese triunfo, y pese al mal momento con la visita de
los 'gallitos', se mantuvieron en la zona intermedia pero mejorando
su rendimiento de forma lenta, sobre todo con los equipos a los que
superaba en la clasificación. Concluida la primera vuelta estaba el
cuarto en la clasificación con ocho victorias y cuatro derrotas (tres
de ellas en las cuatro primeras jornadas), pero se le veía inferior a los
dos conjuntos que dominaban la categoría, Tizona Burgos y Toscaf
Oviedo, pese a que este último estaba a solamente dos triunfos. Su
objetivo acabó centrado en intentar alcanzar la tercera plaza, cosa
que no logró en toda la liga y finalmente tuvo que conformarse con
la quinta, que para este club era un hito pero al ser producto de la
fusión de los dos ya era un lugar conocido. Catorce victorias y diez
derrotas en su casillero fue el bagaje de esta temporada.

Los partidos en el 'Globo' siempre eran especiales por las condiciones de la cancha (CÉSAR)

   Y la gran noticia del verano de 1984 era el fichaje de Roberto
Herreras, rechazando ofertas de Oviedo y Orense, para poder continuar con sus estudios de Veterinaria en la capital, el jugador del
Nelson que en la fusión por "motivos personales" no había aceptado
ir al Elosúa y había hecho una gran campaña en el Casa de Galicia,
con actuaciones anotadoras memorables. Su presencia era una gran
noticia y más cuando a partir de la nueva temporada el baloncesto

instauraba la línea de 6,25, desde la que si se anotaba desde más lejos de la misma la canasta empezaba a tener un valor de tres puntos. Con esta incorporación y la de jugadores de la cantera, la plantilla de la temporada 1984-1985 iba a estar formada por ocho jugadores sénior: César, Calderón, Joven, Sanguino, Ramón, Chente, Roberto Herreras y Joaquín; junto a ellos iban a estar de principio cuatro júnior: Oria Lastras, Dani Salvadores y Jorge Salvadores, éste último todavía en edad juvenil. Todos ellos iban a seguir bajo la batuta de Toño Garrido.

El estreno fue en Oviedo y empezaban superando uno de sus principales problemas, los desplazamientos, imponiéndose al Toscaf (que mantenía el nombre aunque ya no les patrocinaban para poder utilizar la equipación y no tener que comprar una nueva). Pero la mejor noticia de la temporada era que se iban a estrenar como locales en el Pabellón Municipal. Lo hicieron ante el Imperio de Segovia y sufrieron lo indecible para poder llevarse la victoria. Nada más comenzar el choque se lesionaba Roberto Herreras y este contratiempo provocó que tuvieran que esperar más de lo esperado hasta que a ocho segundos del final un jugador segoviano fallaba un tiro que hubiera supuesto el empate y sus protestas acabaron en una técnica que permitió al Elosúa sumar el triunfo y ponerse en el grupo de cabeza tras la disputa de estas dos primeras jornadas (en realidad era el único que había ganado los dos partidos, pero cuatro equipos tenían uno aplazado por lo que era irreal). Se vio frenado en la tercera por el Maristas de Valladolid y ya la situación pasó a ser la de perseguidor de los equipos que dominaban la categoría en la que de nuevo una retirada provocaba que fueran impares y descansara un equipo cada jornada, algo que era 'tradicional' en esta Segunda División.

El cambio de mentalidad llegaba con la visita del Bosco de La Coruña, que se plantaba en el Pabellón Municipal de León como uno de los principales candidatos al ascenso a Primera División B, categoría de la que procedía. Los locales seguían contando con la baja de Roberto Herreras, pero fueron muy superiores a los gallegos ya desde el comienzo con un parcial de 8-0. El marcador final de 105-67 fue una demostración de la diferencia entre uno y otro conjunto, pero sobre todo fue una liberación para los leoneses, puesto que empezaron a tener mucha más fe en sus propias posibilidades. Así se instalaban en la tercera plaza, muy cerca de la segunda que, al igual que la primera, daba derecho a disputar la fase de ascenso a Primera B.

Seguía sumando una victoria en cada partido, pero los que le precedían tampoco fallaban, hasta que el Bosco La Coruña caía en

Oviedo y se igualaban con los leoneses, ambos a dos victorias del líder Obradorio. El tramo final resultó muy intenso, ya que gallegos y leoneses entraban con las mismas derrotas después de caer el Elosúa en casa del líder, que solamente había perdido un partido en toda la competición. En la penúltima jornada de Liga, el Elosúa recibía al Bosco de Vigo y los coruñeses al Grupo Covadonga de Gijón. Inesperadamente, el Bosco de Vigo se llevó los dos puntos de León (80-82), en lo que era la segunda derrota en el Pabellón Municipal de toda la temporada, lo que además suponía que dijeran adiós a la segunda plaza y a la fase de ascenso al tener la diferencia de puntos a su favor el cuadro gallego de los dos enfrentamientos entre ellos y no necesitar de un triunfo en el último partido.

La llegada al Pabellón Municipal permitió mayores afluencias de público (MAURICIO PEÑA)

El avance de esta temporada era importante y suponía un paso adelante del que ya no se podría retroceder. El baloncesto en León quería luchar por el ascenso a Primera B (en esos momentos la segunda categoría del baloncesto español) y ese debía ser el objetivo con el que debían afrontar la temporada 1985-1986. La plantilla iba a contar con la llegada del segundo de los Herreras, Nacho, que llegaba procedente del Gijón de Primera B, aunque se habían ido los hermanos Salvadores.

Toño Garrido, el triunfo de la modestia

Natural de Villamañán, localidad en la que nació Antonio Garrido en 1952, con su altura de 1,94 parecía destinado al baloncesto y así fue. En el año 1970 fue seleccionado para la Operación Altura y allí recibió una beca del Layetano, que era uno de los cuatro equipos que tenía derecho a una para jugadores que formaran parte en esa convocatoria nacional (los otros eran Barcelona, Real Madrid y Joventut). La madre quería que estudiara una carrera, pero la oportunidad era muy importante y su padre además ayudó mucho al ser un enamorado del deporte. En tierras catalanas tras una adaptación difícil está dos años en el Layetano, que curiosamente era el primer equipo de la historia en España, pasando después a militar cinco años en La Salle y allí todo cambió. Empezó a jugar mejor y darse a conocer en el mundo del baloncesto e incluso tuvo tiempo de hacer realidad los deseos de su madre al licenciarse en Químicas. Estuvo jugando unos años más en Mollet y Hospitalet, con los que asciende a Primera, categoría en la que debutó con el Mollet. Después de descender al concluir la temporada 1980-1981 decide retirarse de la práctica activa del baloncesto.

Casado con una belga, se muda dos años a ese país y está alejado del baloncesto, pero una desgracia le hace volver a casa al fallecer su mujer. En tierras leonesas se encontraba cuando Elosúa decide hacerse con sus servicios. Como entrenador ya había estado en equipos de cantera en Cataluña, labor con la que complementaba su sueldo de jugador durante su estancia allí. En León sin

Toño Garrido fue clave en la evolución de Elosúa (MAURICIO PEÑA)

embargo su primer objetivo era tener un puesto de trabajo, y esa condición estaba siempre en sus pretensiones económicas. De hecho cuando juega el Elosúa la fase de ascenso a Primera B, que fue una semana en Badajoz, esos días fueron los de sus vacaciones en su puesto de trabajo. Cuatro fueron las temporadas que estuvo en el equipo dejando un recuerdo imborrable por su educación en todo momento y su saber estar, además de la buena labor técnica. Posteriormente entrenó a varios equipos leoneses y asturianos, pero siempre cerca de 'su casa'. En 2009, a la edad de 57 años, fallecía en Gijón.

La Liga se convertía pronto en una pelea entre el Caixa Ourense y el Elosúa León con el Bosco a la expectativa. En la primera vuelta los gallegos no perdieron ningún partido, mientras que los leoneses solamente uno, en el que visitaron a los orensanos en su pabellón. El Bosco, con dos derrotas en su casillero, acaba con la imbatibilidad del Caixa Orense y el Elosúa se aupaba a la primera posición en la jornada 15, clasificación que alternaban luego los dos según la diferencia de puntos que hicieran en la jornada al no haber disputado todavía el partido de vuelta.

El 22 de febrero de 1986 llegaba esa cita que podía decidir el campeón del grupo: el Caixa Ourense llegaba a León. Elosúa no subía los precios para poder llenar el pabellón (en esos momentos de algo más de cuatro mil espectadores). Los gallegos ponían autobuses y la fiesta iba a ser completa. Una climatología adversa, en la que la nieve no pudo evitar su protagonismo, puso en entredicho el choque al generarse la duda de si iban a poder llegar desde Orense, pero al final se celebró, eso sí, con mucha condensación en la cancha que obligaba a su secado continuamente. Esa situación llegaba motivada porque, aunque en el exterior hacía frío, dentro era una 'caldera'. Elosúa juntó a más de tres mil personas para ver el partido, en esos momentos la cifra más alta para un partido de un conjunto leonés. No defraudaron los jugadores en tan importante cita. Ganaron 89-84 a un 'equipazo' con 30 puntos de Sanguino y 24 de Roberto Herreras, pero una actitud coral de todos que sirvió para 'enganchar' a muchos leoneses que, hasta ese momento, solamente habían visto el baloncesto en la televisión y descubrían que se podían divertir, y mucho, viendo al equipo de su ciudad.

En la temporada 1985-1986 se engancharon muchos leoneses (MAURICIO PEÑA)

Después de ese triunfo se siguió en solitario al frente de la clasificación y en la jornada 24 (de 26) el tercer clasificado, el Bosco de La Coruña, con una derrota más que los leoneses, recibía al Elosúa en su pabellón. Era una cita que podía resultar decisiva y, en la misma, el cuadro leonés dio otra lección de un juego de equipo sin estrellas, con un bloque perfectamente sincronizado, y se llevó un triunfo que iba a ser clave para poder acudir a la fase de ascenso por un claro 70-78, en un partido que se puede decir que dominó de principio a fin, aunque no exento de tensión. Otra victoria en La Coruña ante el otro equipo de esa ciudad (de menor potencial) dejaba todo para la última jornada, el 26 de abril de 1986, fecha en la que el Elosúa recibía al Carta Oro Berberena y, si ganaba, sería el campeón del grupo. No falló ante más de tres mil personas. Lo hizo por un claro 105-75 y se había dado un nuevo paso adelante con un primer puesto que era histórico en la ciudad.

Para acceder a la fase de ascenso había que superar el 'play-off', la nueva modalidad que reducía la importancia de la liga puesto que luego había unas eliminatorias. El primer puesto del Elosúa le hacía jugar contra el cuarto clasificado, el Skol de Vigo. En principio era un trámite, ya que le había superado durante la liga, pero no se podían descuidar o confiar. Y de hecho en el primer partido celebrado en León se sufrió más de la cuenta. Se ganó por 87-77 pero quizá las numerosas fiestas por el primer puesto habían pasado una pequeña factura que, por fortuna, no se dejó ver en el marcador final. En el segundo de los encuentros, ya más conscientes de la importancia de la cita para estar en la fase de ascenso, vencieron 72-91 y alcanzaron su objetivo.

Badajoz iba a ser el lugar en el que doce equipos, divididos en dos grupos de seis, se iban a jugar las cuatro plazas en juego, dos para cada uno de los grupos, mientras que los terceros quedarían a expensas de posibles vacantes en Primera División B. Todos los equipos eran de un potencial similar y, por este motivo, el conjunto local del Caja Plasencia tenía una condición de algo más favorito. No era grande la expedición leonesa. Los jugadores habituales: Joven, Nacho, Manuel, Chente, Calderón, Oria, Sanguino, Capetillo, Roberto y Ramón; el entrenador Antonio Garrido; Gelo Calderón que hacía de delegado y segundo entrenador; el vicepresidente del equipo, Josecho Pardo, Isidro González representando al patrocinador; y Alberto Sobrín como jefe de expedición. Tampoco fue muy grande la presencia de seguidores leoneses para ver los cinco partidos que tenían que disputar.

El estreno no fue bueno, el Andorra les superaba en un choque muy igualado por 83-81 después de que al descanso fuera por delante el Elosúa por un solo punto (45-46). La segunda jornada mejoraba la situación al sumar el primer triunfo en una cita en la que una derrota ya hubiera sido una losa demasiado grande para poder recuperarse en una competición tan corta. Se impusieron por 79-63 al Caja Rioja en un gran encuentro de Sanguino, que hizo 27 puntos. La igualdad seguía siendo la nota predominante. La tercera jornada ante el Valencia CF sirvió para empezar a esclarecer la clasificación. Los leoneses vencieron por 74-64 y ya empezaba a verse que las dos plazas del grupo iban a estar entre ellos, los locales y el Andorra, que, aunque sufriendo, sumaba un triunfo tras otro.

Ya solamente quedaban dos partidos. La llegada del fin de semana propiciaba que más leoneses pudieran acercarse hasta Badajoz para disfrutar de los últimos partidos, como Pepe Estrada, el árbitro Felipe Llamazares, José Luis López-Dóriga o algunos miembros de la Peña El Tambor entre otros. El Andorra completaba un pleno al ganar a los locales de Caja Plasencia por 87-86 y se aseguraba el ascenso, por lo que el Elosúa debía ganar al Unelco para seguir teniendo opciones. Lo hizo, sufriendo al final después de haber tenido una mayor renta, pero lo hizo por 85-83.

En la última jornada solamente en el grupo había un partido que iba a llevarse la atención de todo el mundo: Caja Plasencia-Elosúa. Cada uno de ellos con una derrota en su casillero, se iban a jugar la segunda de las plazas de ascenso que estaba en juego en el grupo. En un partido que se iba a disputar en Badajoz, con una afición entregada hacia el Caja Plasencia, el Elosúa era simplemente la víctima propiciatoria. Roberto y Ramón habían sufrido en el penúltimo partido unos pequeños contratiempos físicos, más grave el de Roberto al ser un esguince de tobillo, que no les permitirían rendir al máximo, o eso se creía. Por este motivo el Pabellón Entrepuentes pacense era una auténtica fiesta de los extremeños para celebrar lo que esperaban que iba ser su ascenso. Para eso habían organizado esta fase. Pero con lo que no contaban es que, si en el año 1230 el Rey de León Alfonso IX había conquistado Badajoz, unos pocos 'guerreros' procedentes de León iban a repetir el 17 de mayo de 1986 aquella gesta, aunque por fortuna en este caso solamente en el apartado deportivo. El Elosúa se hacía con la victoria por 87-74 enmudeciendo a los espectadores locales, que apenas pudieron oír los gritos de alegría de los pocos leoneses allí presentes. Desde la defensa, y con un juego de conjunto

Con el ascenso llegaron las fiestas y los primeros recibimientos políticos (MAURICIO PEÑA)

envidiable, dominó el Elosúa al Caja Plasencia y, aunque era el quinto partido consecutivo en un equipo con pocas rotaciones, el juego estuvo comandado por un Nacho Herreras impresionante y un Sanguino imparable, que fueron la base anotadora para conseguir ese triunfo y ese histórico ascenso para un equipo de corto recorrido que se había plantado en Primera División B la primera vez en que había alcanzado la fase de ascenso. La alineación de equipo en esta fecha la formaron Joven (13), Nacho (28), Sanguino (22), Roberto (14), Ramón (8), Chente (2), Manuel, Calderón, Oria y Capetillo.

Josecho Pardo, de 'taxista' a presidente

En la progresión del Baloncesto León hay nombres muy importantes y destacados en el apartado deportivo, pero en el de la gestión hay uno que sobresale de una manera especial: José Benito Pardo Múgica. Hombre de empresa y amante del baloncesto, aprovechó esos conocimientos empresariales para enfocarlos hacia un club que entraba en el profesionalismo. Puso los cimientos para que pudiera caminar solo. Nacido en San Sebastián en 1935 (de ahí lo de Josecho), pronto se traslada a Lugo, localidad en la que se cría y en el colegio practica algo de baloncesto por su altura pero tampoco excesivamente, aunque sí le engancha. Allí el responsable de este deporte era Tomás Higarza, el Hermano Tomás, con el que luego coincidiría en León, aunque entonces dedicado al balonmano. Cuando su trabajo le obliga a desplazarse a León conoce a gente del baloncesto y empieza a ser una parte importante del mismo al presidir el Olímpico Nelson. Tres eran los equipos que en la capital leonesa estaban en competición nacional: Nelson, Casa Galicia y un recién llegado, el Elosúa. Los tres presidentes eran 'gallegos' y se entendían bien ("éramos amigos", reconoce Josecho) pese a la rivalidad. El Nelson sobresalía con una gran generación de jugadores, pero le faltaba la estabilidad económica. Eso lo tenía el último en llegar, el Elosúa. La fusión era inevitable y se produjo. Josecho pasó a ser directivo del nuevo club ya que su gestión no había pasado desapercibida, ya que con escasos medios económicos eran capaces de tener un club en Segunda y, como recuerda el propio

Josecho Pardo, fue siempre 'el presidente' (MAURICIO PEÑA)

Pardo "hacíamos de todo, si era necesario hasta de taxista con nuestros vehículos". El 19 de junio de 1986, al irse Moirón a Madrid por trabajo, asumió la presidencia que ostentó hasta enero de 1990 en que fue reemplazado por José Luis López-Dóriga tras presentar su dimisión. Los éxitos de esos años fueron impresionantes y dejó un club que ya estaba encarrilado hacia la historia (ascendió esa temporada).

No estuvo muy lejos del equipo y cuando ya era sociedad anónima deportiva, en un momento difícil, en octubre de 1999 asumió de nuevo la presidencia. Con la temporada en marcha no pudo evitar el descenso de la Liga ACB. Fueron años difíciles en el apartado económico y consiguió evitar la liquidación de la sociedad. En lo deportivo se peleó por volver a la ACB, pero fueron temporadas en la que los 'play-off' de ascenso no estuvieron de cara. En enero de 2004 anunció que al concluir esa temporada dejaría la presidencia, lo que hizo en el mes de junio renunciando al nombramiento que le querían hacer de 'presidente honorífico' y permaneciendo un tiempo en el consejo de administración "para ayudar".

Después de los recibimientos, las fiestas y la alegría, llegaba el momento de sentarse y empezar a preparar la nueva competición. Primera División B ya era una categoría mucho más profesionalizada que Segunda División, por lo que era necesario cambiar el club en varios aspectos. La junta directiva presentaba la dimisión para que en la asamblea que se iba a celebrar en junio decidieran los socios qué se debía hacer. Y estos decidieron que el nuevo presidente fuera José Benito Pardo Múgica, para suceder a Moirón, que ya había anunciado anteriormente que no podía continua. 'Josecho', como era conocido, era antes vicepresidente, cargo al que llegó procedente del Olímpico de la famosa 'fusión' y del que era presidente. Junto a él iban a estar Tomás González de Francisco, Juan Carlos Rodríguez Villanueva, Lisardo Mourelo González, José Estrada Muñiz, Ángel Fernández Calderón, Isidro González Flores, José Luis López-Dóriga, Carlos Morais Vallejo, José Manuel Muñoz Sánchez y Ricardo Rubio Extraviz.

Pero antes de todo esto, en la asamblea de la Federación Española se ofrecieron unas normas que enfurecieron a los clubes de Primera B, entre los que estaba el leonés. Se quería ampliar la categoría a 32 equipos (lo que hacía que todo el esfuerzo del Elosúa no hubiera valido para nada) y se quería imponer dos extranjeros, uno obligatorio y otro opcional. Los representantes de los equipos llegaron a encerrarse en la propia federación como protesta por estas decisiones que consideraban que debían haberse decidido antes de comenzar la anterior temporada. Como además, contaban con el apoyo de la ACB, los clubes de la máxima categoría, finalmente se pudo llegar a un acuerdo.

EN PRIMERA B

La nueva directiva, que conocía perfectamente el mundo del baloncesto y el del deporte, además de esa gestión económica y de profesionalización, también tenía en mente que era el momento de que el deporte del baloncesto en León recibiera el espaldarazo definitivo. Primero intentaron que los jugadores de la plantilla decidieran quedarse, pues algunos como Nacho Herreras o Sanguino habían recibido cantos de sirena de otros equipos (Roberto Herreras ya había declarado un año antes que su prioridad eran los estudios). Una vez logrado eso, casi más apelando al corazón que a la cartera, incorporaban de la cantera al base Urbano y llegaba la gran decisión, que era la elección de los jugadores norteamericanos. En estos años, la diferencia en la clasificación final podía estar en el acierto con los extranjeros, que eran los que solían aportar altura y dominio en el rebote además de la faceta anotadora. Pusieron sus ojos en un jugador profesional y serio como Gerard Kazanowski, que se convirtió en el primer extranjero en fichar en la historia del club. Este jugador que había nacido en 1960 en Canadá y era internacional con su país, no era un desconocido en España puesto que había militado en el Joventut de Badalona en la temporada 1984-1985 (luego en su carrera estuvo en países como México, Suecia, Finlandia, Suiza o Argentina). Destacaba principalmente por la eficacia y el trabajo. Para la segunda de las plazas, una vez resuelto una parte del problema de altura, entraba en juego el lanzamiento exterior y el espectáculo, y de nuevo dieron en la diana para los objetivos buscados

Hollis (arriba) (2i) sentando y Kazanovski (abajo con el 14) fueron los primeros extranjeros (MAURICIO PEÑA)

en la figura de Essie B. Hollis, un norteamericano ya veterano que conocía perfectamente el país y que, además, aunque no fuera la regularidad personificada, iba a hacer disfrutar mucho al público.

De esta forma, continuando con la dirección técnica de Toño Garrido, el Elosúa, y se puede decir que toda la provincia junto a ellos, se estrenaba en Primera Nacional B el 27 de septiembre de 1986 ante el Valencia. El encuentro finalizó con un 71-73 para los levantinos con un equipo leonés quizá muy nervioso en el que jugaron Nacho Herreras (3), Kazanowski (17), Hollis (18), Sanguino (18), Roberto Herreras (15), Ramón y Joven. No era el estreno que se esperaba, ya que todos siempre desean hacerlo con una victoria, como es lógico, pero al menos sabían que iban a estar a la altura. La victoria sí llegó en las gradas, puesto que el Pabellón Municipal ya mostraba una gran entrada y se veía que el objetivo de 'enganchar' a la ciudad se podía conseguir.

La categoría, tras las polémicas iniciales, la formaban 24 equipos, divididos en dos grupos de doce en una primera fase. Los seis primeros de cada uno de ellos lucharían por el ascenso en una segunda fase y los otros seis por la permanencia. A los leoneses les correspondía militar en el Grupo Impar junto al Santa Coloma catalán, Tizona de Burgos, Cajamadrid de la capital de España, Lagisa de Gijón, Tradehi de Oviedo, Valencia, Tenerife, Feiraco gallego, Basket Andorra, Valvi Girona y Júver de Murcia. Esta última localidad iba a ser la de la segunda cita para los leoneses y la primera lejos de su pabellón, lo que en otras categorías anteriores era un serio contratiempo. En esta ocasión se variaron las tornas y estrenaron su casillero de victorias solamente una semana después de haber debutado por 97-111.

La calma que suelen transmitir los triunfos sobre los equipos en esta ocasión no llegó. Toño Garrido anunciaba en Murcia que dimitía al estar en desacuerdo con una serie de situaciones existentes dentro del club. Por fortuna, tras reunirse con la junta directiva, la retira y entonces ya pudieron empezar a preparar con tranquilidad la cita ante el gran favorito de la categoría, el Cajamadrid. Aunque se llevaron los madrileños la victoria en León por 85-91, de nuevo los leoneses compitieron.

La historia estaba siendo al contrario de lo habitual y fuera de casa se mostraban intratables (ganaron los dos siguientes partidos que jugaron lejos de su afición), quizá con menos presión que cuando jugaban ante un público que se entregaba al máximo (a veces en exceso y de hecho fue multado el club por los lanzamientos de objetos después de las dos primeras citas) y al que se quería dar una alegría. En esas circunstancias llegaba el tercer partido en casa. De los cinco jugados habían ganado tres y eso provocaba que se colgara el cartel de 'no hay entradas', por lo que el pabellón se llenaba y estaba entregado. Por fin, ante el Tizona de Burgos, eliminaban el maleficio y ganaban con 84-71 con 32 puntos de un Hollis al que los leoneses ya empezaban a gritar aquello de "¡torero!, ¡torero!" por sus grandes 'faenas', lo que al final se haría habitual en muchas ocasiones y sería uno de los motivos de las grandes afluencias de espectadores.

En Primera B la evolución del Elosúa como club fue palpable desde el comienzo (MAURICIO PEÑA)

Cuando la gente miraba la clasificación del grupo después de esos primeros seis partidos, en el que eran los terceros con las mismas victorias que el segundo (4), no parecía que se tratara de un recién llegado no solamente a la categoría, sino casi al baloncesto. Y no era un espejismo cuando, al concluir la primera vuelta, se mantenían en esa plaza con solamente una derrota más (cosechada en Gijón en el único partido que perdieron fuera de casa hasta entonces). Sumaban, tras once partidos, ocho triunfos, a dos del potente Cajamadrid, pero sin otro equipo que hubiera aguantado ese ritmo. Lógicamente en la segunda vuelta no fue igual con la baja de Roberto Herreras y la corta plantilla (se incorporaba Víctor San Francisco pero en algunos entrenamientos si se ausentaba alguien tenía que 'vestirse de corto' el propio técnico). Pronto sumaba las mismas derrotas de toda la primera vuelta, pero no se alejaban de las seis primeras plazas que daban derecho a luchar por el ascenso en la segunda fase y aseguraban la permanencia en el ecuador.

Por fin hicieron realidad su objetivo en la antepenúltima jornada en la visita a León del Lagisa de Gijón, al que derrotaron 98-89, y

Hollis, el espectáculo

Muchos son los nombres propios que empujaron rápidamente el baloncesto en León a cotas inimaginables. Uno de ellos es el de un extranjero pero que en León siempre lo consideraron de casa: Essie B. Hollis. Cuando Elosúa llegó a Primera B se permitían dos extranjeros, y una de las plazas fue para un alero anotador que además diera espectáculo. Éste fue Hollis. Aterrizó en León el verano de 1986 este jugador ya veterano nacido en 1955. Había tenido una brillante trayectoria universitaria que sin embargo no le sirvió para entrar en la NBA después de haber sido elegido en el Draft de 1977 con el número 44, por lo que decidió jugar en Europa. Ficha por el Askatuak en España y deslumbró. El equipo era un recién ascendido y tuvo una media de 39,2 puntos por partido (sin triples), llegando a anotar 63 ante el Joventut. Ya se había hecho un nombre que acompañara a su apodo de 'helicóptero' por la capacidad que tenía para saltar, lo que provocaba que también cogiera numerosos rebotes. Con esos números regresó a su país pero no tuvo sitio en la primera liga y jugó en la segunda, la CBA, la ganó y por fin hizo realidad su sueño de debutar en la Liga Profesional Americana con los Detroit Pistons, pero las cosas no fueron lo que esperaba y en 25 partidos (llegó con la competición iniciada y se fue en febrero) su media fue de 2,8 puntos y 1,8 rebotes en los pocos minutos que jugaba, por lo que decidió regresar a Europa donde se divertía más. Italia y otros equipos españoles jalonaron su carrera en la que cuando empezaba a bajar el ritmo se le apare-

Hollis fue siempre un espectáculo en León (MAURICIO PEÑA)

ció el Elosúa por el camino. Estuvo dos temporadas en las que sacaba a relucir con altibajos esa capacidad de jugar que tenía y que le llevaron todavía a conseguir 49 puntos en un partido o a llevar en volandas al equipo en la lucha por eludir el descenso.

Eso son los números y las estadísticas de su carrera que aún continuó unos años más, pero lo que verdaderamente fue histórico fue como un jugador norteamericano se involucraba en la ciudad, lo que refrendó volviendo muchos años a un campus veraniego de baloncesto en la provincia. Siempre estaba con una sonrisa o contando un chiste, era todo alegría y al espectáculo que desarrollaba en la cancha se unía que luego era capaz de hacer brillar los ojos de emoción a cualquier niño que se le acercara se hubiera ganado o se hubiera perdido.

lograban cumplir con el deseo de la temporada que era la salvación. El resto era un reto excesivo, a pesar de haber finalizado la primera fase en la segunda plaza, después de haber sumado en los 22 partidos 14 victorias, y encajado 8 derrotas. En la segunda fase en la que se juntaban los seis primeros de los dos grupos valían los resultados cosechados en la primera contra los equipos del mismo grupo. El Elosúa empezaba el cuarto con seis triunfos, los mismos que el segundo, pero el penúltimo tenía cuatro, lo que auguraba una competición reñida en la que iban a estar de su propio grupo (ante los que ya no jugaría) Tizona Feiraco, Santa Coloma y Valvi; mientras que del otro (con los que debía jugar) estarían Mataró, Lliria, Caja de Ronda, Coronas Las Palmas, Bancobao Villalba y Guadalajara. En juego, dos plazas de ascenso y una tercera que permitiría ser el primer candidato si hubiera renuncias (por desgracia demasiado habituales en este deporte).

El potencial de esos rivales se dejó notar para el 'novato', que se alejó pronto de los puestos de privilegio y concluía el octavo del grupo con once victorias (incluidas las de la primera fase) y otras tantas derrotas, que era sin embargo una menos que la lograda por el tercero. Y es que los rivales del otro grupo demostraron ser mucho más fuertes. De hecho coparon las tres primeras plazas y fueron los que se llevaron los dos lugares en la máxima categoría. Después, finalizada la liga, hubieran tenido que disputar una tercera fase en la que los clasificados del segundo al noveno disputarían un 'play-off' por una plaza de ascenso, pero un conflicto entre los equipos y la Federación Española por la reducción de los ascensos provocó que la competición concluyera sin más y sin que el Elosúa tuviera la oportunidad de optar a la máxima categoría.

Además, durante la disputa de esta fase se conocía la marcha de Garrido como entrenador del equipo después de cuatro temporadas, las mejores del equipo. De mutuo acuerdo con la junta directiva entre unos problemas personales y algún desacuerdo, se decidía el final de la relación entre ambas partes. Eso sí, aunque todavía quedaban partidos por disputarse cumplió hasta el último día.

Esa situación no empañaba el excepcional resultado cosechado en el estreno en la nueva categoría y, sobre todo, la fiesta que fue toda la temporada también para los leoneses. La directiva de Josecho Pardo se podía dar por satisfecha con la permanencia y con haber hecho realidad ese deseo que se podía decir que era "hacer de León una ciudad de baloncesto", al menos en sus primeros pasos. Como un premio se vivió en la ciudad el partido amistoso que disputó el Real Madrid contra el Elosúa, a modo de 'homenaje a la afición'. Los de Lolo Sainz, su entrenador en esos momentos, venían con sus estrellas y llenaron a rebosar el Pabellón Municipal, lo que permitió a la directiva resarcirse de los gastos de este partido incluido el canon del equipo madridista, pero así prolongaban la fiesta. Era un partido que deportivamente no le venía bien al Elosúa al tener a jugadores 'tocados' y su competición no se detenía, pero su celebración era un paso más en ese deseo de dar alegrías a los leoneses con el deporte de la canasta y de cara al futuro a más largo plazo sí resultaba muy importante. Aunque el resultado era lo de menos y ganaron los madridistas por 96-114, sí fue un gran espectáculo en el que se movía como 'pez en el agua' un jugador 'aceitero': Hollis. Cuando se trataba de dar espectáculo era el número uno y lo demostró anotando 44 puntos en lo que mejor se le daba cuando las defensas eran menos intensas. El éxito fue completo

León pudo disfrutar de las estrellas del Madrid (Corbalán arriba y Lolo Sainz a la derecha), pero también de un inconmensurable Hollis (abajo a la izquierda) que dio toda una exhibición (MAURICIO PEÑA)

Hollis ayudando al lesionado Nacho a saludar (MAURICIO PEÑA)

porque no cabía ni un alfiler y a la salida las caras de satisfacción demostraban que se había vivido "una gran noche de baloncesto".

Lo más importante en estas condiciones después de una temporada de grandes éxitos era poder mantener los pies en el suelo y frenar la euforia, ya que aunque se jugó por el ascenso el equipo todavía necesitaba asentarse en esta segunda categoría del baloncesto español en la temporada 1987-1988. Lo primero sería lógicamente encontrar el ocupante del banquillo y la decisión no tardó en producirse, pues incluso se supo en el mes de junio que iba a ser José Clavijo. El nuevo entrenador había nacido en Las Palmas y en el momento de hacerse cargo del banquillo contaba con 32 años. Había entrenado ya en las categorías inferiores del Real Madrid, Maspalomas, Cajacanarias y Claret, con el que ascendió a Primera B, además del Salesianos, que era con el que había estado las tres temporadas anteriores a la de su llegada a León.

Respecto a la plantilla, también tuvieron que producirse cambios, ya que se instauraba una nueva norma por la que cada equipo debía contar con al menos cuatro jugadores sub'23 y, por esta causa, se acabaron marchando Joven, Ramón y Calderón para poder hacerse con los servicios de jugadores que cumplieran esas condiciones. Los jugadores del ascenso comenzaban a desperdigarse por la geografía nacional. La principal novedad fue la de Mikel Cuadra, un jugador que ya habían pretendido en la anterior campaña, pero con el que no se llegó a un acuerdo y se fue al Caja Rioja. Se trataba de un alero de 1,97 cm que en esa campaña había sido el máximo anotador de todas las categorías del baloncesto con sus 25 años en esos momentos.

El grupo de los leoneses, que volvía a ser el Impar, era de catorce equipos en esta campaña y de nuevo había rivales importantes como el Tenerife o el Cajamadrid, pero en esta temporada 1987-1988 el juego no fue como el de la anterior, sin ser del todo malo, y la irregularidad fue la nota predominante a la sombra de Hollis, que alternaba malos días por sus problemas físicos con otras estelares actuaciones con más de cuarenta puntos. Hasta la tercera jornada no consiguieron la victoria al imponerse al Caja San Fernando de Sevilla por 83-81. El sistema de competición era un poco galimatías, después de una primera fase un poco más normal. Los tres primeros de cada uno de los grupos se irían al Grupo A, los tres siguientes al B, los del puesto 7 al 10 al C y los cuatro últimos al D. La segunda fase solamente era decisiva en el Grupo C, ya que los cuatro primeros jugarían el 'play-off' junto a los doce del A y el B, mientras que los cuatro últimos lucharían por eludir el descenso con los cuatro primeros del Grupo D, bajando el resto ya que se iba a reestructurar la competición en la siguiente campaña.

Clavijo como entrenador y Cuadra como jugador fueron las apuestas en 1987 (MAURICIO PEÑA)

Y en el Grupo C fue en el que cayó el cuadro leonés al concluir en la octava plaza, que fue en torno a la cual estuvo casi toda la liga, habiendo conseguido eludir el Grupo D antes de la última jornada. Luego, en esa segunda fase, en la que en este año no valían los resultados de la primera contra los del mismo grupo, partían todos de cero y en esa cifra estuvo varias jornadas el conjunto leonés, que además sufrió la lesión de Kazanowski, a la que no se pudo sobreponer aunque mejoró sus prestaciones poco a poco y concluyó en la quinta plaza, lo que le condenaba a luchar por eludir el descenso.

Para ello debían superar al Celta de Vigo en un 'play-off' al mejor de cinco, que significaba que se impondría el primero que alcanzara las tres victorias. Por su mejor clasificación se jugarían los dos primeros en León, los dos siguientes (si fueran necesarios) en Vigo y, de llegarse a un desempate, tendría lugar en León.

Y en un año en que las cosas se tuercen, el conjunto vigués ganaba el primer partido en León por 84-90 y perdían la ventaja de cancha los de Clavijo. Al menos lograron empatar la eliminatoria en la segunda cita 104-83 y, de esta forma, viajaban a tierras gallegas obligados a ganar al menos uno de los partidos si querían mantenerse en la categoría. No fue el primero de ellos, puesto que sucumbieron por 94-86 en los últimos segundos y, ahora, debían ganar dos veces seguidas al Celta para mantenerse, la primera en su propio feudo. León se empezó a movilizar y se organizaron autobuses para apoyar al equipo cuando lo necesitaba. No fallaron y se impusieron de forma contundente por 71-95. Llegaba el quinto partido, en León, y por fin el equipo demostraba la diferencia que de verdad existía entre ambos, y al derrotar al Celta 102-68 iban a seguir jugando en Primera B, concluyendo en el puesto 17 de la categoría.

La actuación de Hollis durante esta eliminatoria fue determinante. Sumó 24 puntos en el primer partido, 29 en el segundo, llegando a los 49 en el tercero, a los 37 en el cuarto y sumaba otros 30 en el quinto. Asumió la responsabilidad cuando el Elosúa lo necesitó y no falló, aunque no se debe olvidar la coral actuación defensiva que fue capaz de reducir mucho el ataque vigués en los dos últimos choques para que fuera más fácil ganar.

'Mendi' realizando una entrada a canasta (MAURICIO PEÑA)

Fue la temporada más problemática del Elosúa en su corta trayectoria, incluso la del descenso de Segunda División en el que todavía les pasó factura su falta de experiencia. Por eso desde la junta directiva decidieron transformar el club para que la profesionalización fuera completa, algo que en algunos aspectos se había notado durante la anterior campaña. Se decidía fichar a un gerente y el cargo recayó en la figura del asturiano Ramón Ángel Fernández, un técnico que decidía pasar de esta forma a los despachos.

Al no renovarse el contrato a Clavijo se hacía cargo del equipo Mariano Parra, un entrenador también joven que había dirigido equipos femeninos y de cantera principalmente. En la plantilla se iba Sanguino después de unos incidentes en Orense por los que fue apartado del equipo y posteriormente por un enfrentamiento con el presidente, Josecho Pardo. Tampoco iban a continuar los dos extranjeros, Hollis y Kazanowski, ni Cuadra, el anterior fichaje estrella. Por este motivo cambiaba casi completamente una plantilla en la que los hermanos Herreras iban a continuar siendo el estandarte. Los centímetros los iban a poner tres jóvenes valores nacionales como iban a ser Fernando Vidal (2,04), José Luis Guerrero (2,08) y Miguel Ángel Fernández (2,02) en lo que iba a ser una nueva política de controlar las canteras de los equipos por España, ya que la anterior campaña había acabado con un déficit de 12 millones y había que 'apretarse el cinturón'.

Y el otro cambio iba a estar en la propia competición, puesto que, con los cambios anunciados, la llegada de la ACB en la máxima categoría y otras decisiones, se iba a llamar Primera División con un único grupo de 16 equipos en el que los ocho primeros jugarían por el ascenso, los dos últimos descenderían y los que ocuparan los puestos del 11 al 14 jugarían un 'play-off' de descenso en el que caerían otros dos. También se limitaban las plazas de americanos a uno solo, que en el caso leonés iba a recaer en un alero de 2,01 metros y 22 años: Joe Wallace, en lo que iba a ser su primera experiencia en España. Los equipos de la categoría iban a ser Cajabadajoz, Cajamadrid, Lagisa Baloncesto, Caixa Orense, Baloncesto Oviedo, Júver Murcia, Tenerife Sur, Syrius Patronato (Mallorca), Basket Andorra, Guadalajara, Caja San Fernando, Torrejón, Cajahuelva, Obradoiro y Santa Coloma.

Y un año más las cosas se fueron torciendo. La juventud, las lesiones y la falta de regularidad no les permitían aspirar a las ocho primeras plazas, aunque sí conseguían ir sumando victorias que les permitían eludir las dos últimas. Emotivo resultó el partido ante el

Syrius Patronato mallorquín en el que regresaba a León Hollis (había declarado que él quería quedarse) y su 'venganza' no fue solamente la victoria de su equipo, sino que él mismo hizo 37 puntos y capturó 12 rebotes pese a sus 40 años. Como suele suceder en el deporte, por el eslabón más débil se acaba rompiendo la cadena; fue cesado Mariano Parra. En el siguiente partido en el banquillo se sentó su segundo, Fernando Morán, y ganaron al Tenerife en tierras canarias, pero para ese día ya estaba elegido el nuevo entrenador.

GUSTAVO ARANZANA RECALA EN LEÓN

El 21 de febrero de 1989 el entrenamiento del Elosúa vivió un día en el que llegaba un nuevo entrenador, pero luego la historia ha hecho que ese día fuera muy especial y digno de ser recordado: Gustavo Aranzana empezaba a trabajar en León.

En aquellos días el Ayuntamiento de León tomaba una decisión que iba a cambiar el deporte a corto plazo, al anunciar que iba a ayudar a financiar el ascenso de los conjuntos más importantes de la ciudad: Cultural (fútbol), Ademar (balonmano) y Elosúa (baloncesto) con el fin de que consiguieran subir de categoría lo antes posible.

Mejoró con la llegada del entrenador vallisoletano el equipo 'aceitero', pero el margen de maniobra era escaso en una plantilla maniatada con las ausencias y no se pudo eludir el 'play-off' de descenso. Concluyeron lo que se conocía como la fase regular en el puesto 11 con 14 victorias en los 30 partidos disputados, a una solamente de haber logrado la salvación definitiva.

Su rival iba ser el Santa Coloma catalán que había finalizado la temporada en el puesto 14 con cuatro victorias menos que los leoneses, por lo que eran estos los que tenían la ventaja de cancha. Ya la primera cita resultó complicada pero favorable. La victoria fue leonesa por 69-67 con 32 puntos de Wallace, pero se tuvo que sufrir mucho para conseguirla durante todo el partido, sobre todo en los instantes finales, ya que un palmeo de Vidal fue el que evitó en el último segundo tener que jugar una prórroga. Este año el orden de los partidos era diferente y se alternaban en cada cancha. Y la igualdad volvió a presidir el segundo choque, porque la victoria fue para el Elosúa por 69-70, pero solamente cinco minutos antes de la conclusión su ventaja era de 57-68, lo que demuestra lo mal que lo pasaron en el final. El tercer partido ya podía ser determinante con la ventaja de 2-0 con el que afrontaban el mismo los leoneses. Y lo fue, además del más sencillo de la serie puesto que se impusieron por 78-67 y consiguieron por segundo año consecutivo salvar la categoría en las eliminatorias. Aunque había sido necesario llegar a esa situación, la mejoría mostrada por el equipo en el poco tiempo que había estado entrenado por el nuevo técnico propició que la junta directiva tomara una decisión que luego resultaría clave: Aranzana renovaba su contrato.

Con ese primer paso tan importante, y junto a la gestión de Ramón Fernández, se preparaba una plantilla para la

La tercera temporada en la segunda categoría del baloncesto volvió a ser muy sufrida (MAURICIO PEÑA)

temporada 1989-1990 en la que se cubrían las principales necesidades del equipo. La primera decisión fue que el americano se iba a ocupar del interior de la zona, dejando el lanzamiento exterior para los nacionales, y sobre todo para una apuesta que se hacía desde el club, para un jugador que llegaba procedente del Santa Coloma: Javi Fernández. Esta joven promesa que todavía estaba en pleno periodo de crecimiento se convertiría en poco tiempo en el jugador 'franquicia' del equipo y el pilar sobre el que se iba a asentar el futro del Elosúa. Junto a él se dio veteranía con un jugador curtido en más batallas como era Samuel Puente, que debía poner la tranquilidad con su experiencia en la máxima categoría en el Real Madrid y también en Valladolid.

De esta forma, la plantilla quedaba formada por los bases Nacho Herreras, Willy Villar y Fernando Fanjul; como aleros Javi Fernández, Francisco Gómez, Roberto Herreras y Samuel Puente; y de pívot Miguel Ángel Fernández, José Luis Guerrero, Juan Pérez Coque y Cherokee Rhone. Este último era un jugador de 29 años que llevaba seis jugando en Europa, llegó a prueba y convenció a los técnicos.

Aranzana, el constructor de sueños

Dos veces ascendió el Baloncesto León a la máxima categoría y en las dos ocasiones, pese a la distancia en el tiempo, el ocupante del banquillo era el mismo: Gustavo Aranzana (Valladolid, 1958). Pronto se dio cuenta en el colegio La Salle vallisoletano que los banquillos eran lo suyo por delante del juego, que abandonó en la etapa juvenil y que ya compaginaba dirigiendo a niños. Empezó siendo segundo entrenador en el Universitario y luego en el CB Valladolid, etapa en la que coincidió con Mario Pesquera y en la que hicieron una gran labor. Durante estos años compartía su trabajo con los estudios puesto que esas categorías (coordinador de cantera y entrenador del equipo júnior) no permitían el profesionalismo en esos comienzos de los años 80 del siglo XX. Aunque saca una oposición quiere entrenar y empieza a 'volar solo' lejos de casa hasta que empieza a entrenar al Skol Celta de Vigo, aunque ya lo había hecho en el Valladolid en 1983 en algunos partidos al dimitir Emiliano Rodríguez. En Vigo llega al ascenso pero tienen que renunciar al no disponer de dinero. En la temporada 1987-1988 recala en Palencia en Segunda División (era entonces la tercera categoría en España) y vuelve a destacar sin poder ascender por la falta de dinero pese a lograrlo deportivamente. En el medio de la segunda temporada es llamado por el Elosúa de León después de haber dejado de ser su entrenador Mariano Parra. El 21 de febrero de 1989 dirigía su primer entrenamiento en la capital leonesa y entonces comenzaba una historia que se convirtió en leyenda. Hasta el año 1997 fue el encargado de regir los destinos del Baloncesto León logrando esos hitos que se puede decir

El técnico celebrando uno de sus dos ascensos (MAURICIO PEÑA)

que todo el mundo conoce como el primer ascenso a la Liga ACB o la llegada de los leoneses a la competición europea. Anunció su adiós con contrato en vigor y al consejo de administración le costó algo dejarlo marchar, pero finalmente se llegó a un acuerdo y el técnico vallisoletano continuó haciendo lo más le gustaba, entrenar. Entre 1997 y 2002 dirigió al equipo de su ciudad, el Valladolid, en una época con algunos problemas económicos de la entidad. Caja San Fernando de Sevilla durante dos temporadas y una en Tenerife fueron la antesala de un regreso sonado y en junio de 2005 era presentado por segunda vez como entrenador del Baloncesto León.

Llegaba a un equipo que llevaba varios años intentando ascender de nuevo a la ACB, categoría que había perdido

Gustavo Aranzana desarrolló su carrera como entrenador en muchos lugares, pero León siempre fue especial (MAURICIO PEÑA)

en su ausencia. El equipo leonés había hecho buenas temporadas pero se le había 'atragantado' excesivamente el 'play-off' de ascenso. La Liga LEB en la que militaba era una competición complicada y el primer año no pudo hacer realidad el objetivo, pero sí a la segunda y de nuevo Aranzana había obrado el milagro de colocar a los leoneses en la elite del baloncesto español. En la ACB estuvo en la temporada 2007-2008 pero el papel no fue el esperado en medio de una importante crisis institucional que no pudo superar el equipo, que acabó descendiendo, y provocó su adiós definitivo a León (deportivamente hablando).

A partir de ese momento la trayectoria de Aranzana en los banquillos además de incluir equipos españoles de ciudades como Cáceres, Coruña, Lleida o Cartagena (en diferentes épocas), los tuvo de exóticos países en los que era reclamado. Tuvo ofertas de China, México o Irán que no le convencieron por diversos motivos, pero sí lo hicieron en Venezuela en la Isla Margarita primero y luego con Trotamundos de Carabobo, conjunto con el que llegó a la Final Four de la Liga de las Américas (la competición equivalente a la Euroliga y que ganó el Flamengo de Brasil). Incluso fue uno de los entrenadores en el All Star venezolano que jugaban por un lado el equipo de criollos y por el otro el de 'importados'. En Marruecos cerraba en la ciudad de Tánger su periplo extranjero del que siempre guardaba el buen recuerdo y que le servían para aprender otras formas de afrontar el baloncesto.

Su labor en León fue siempre muy valorada también fuera de la ciudad (fue nombrado mejor entrenador de la temporada 1992-1993) y la Federación Española durante su primera estancia en ese equipo le llamó para dirigir sus equipos. Inicialmente fue seleccionador nacional de los equipos sub'22 y sub'23. También fue ayudante en el equipo absoluto con el que logró una medalla en el Europeo de 2001 y un diploma olímpico en Sidney 2000. Con las categorías inferiores también obtuvo medallas en Europeos sub'22 y sub'20. Todo ello con casi 600 partidos de la Liga ACB (584), una gran parte de ellos en tierras leonesas a un equipo al que dirigió en más de 450 partidos en sus dos etapas y en diferentes categorías del baloncesto español.

El técnico vallisoletano dando instrucciones al leonés Mario García (MAURICIO PEÑA)

Toni Iglesias, del Bierzo a Europa

José Antonio Iglesias respira baloncesto por los cuatro costados. En cualquier conversación sale su pasión por el deporte de la canasta, y si ésta gira en torno al mismo se le ve la ilusión con la que lo trata aunque tenga que hablar de los reveses que tuvo que sufrir en sus propias carnes, pero siempre se quiere quedar con lo más positivo. Nacido en la localidad berciana de Corullón (1967) al asentarse siendo niño en Ponferrada es cuando lo descubre. Empieza a jugar en el Básket Bierzo pese a la amistad familiar con el JT, pero los amigos del niño estaban en ese equipo. Las canastas no eran lo suyo y pronto descubre su gran vocación: entrenar. Esto le permitía seguir vinculado a lo que se había convertido en su gran pasión. Con su amigo Rycardo de Paz, otro berciano enamorado del baloncesto, acudían siendo muy jóvenes a los campus del Joventut de Badalona a dar sus primeros pasos en esa faceta. Luego los banquillos de las categorías inferiores del propio Básket Bierzo y el Básket Mendaña le curtieron hasta que llegó lo inesperado.

Toda la primera época en la Liga ACB la vivió Toni Iglesias de segundo (MAURICIO PEÑA)

Pepe Estrada, al que no se le escapaba nadie del baloncesto provincial y lo conocía de los campus en Astorga, lo reclutó con una llamada para el Elosúa que militaba en Primera B y en el que el primer entrenador era Aranzana. La madre, que era maestra, quería que acabara los estudios, pero pudo más el baloncesto porque a los libros siempre se podía volver. Era 1989 y a partir de ahí llegó la gran aventura. Se instaló en León y esa misma temporada lograban el ascenso a la ACB. Ahí llegaba la locura. Además de esa liga en la máxima categoría pudo disfrutar de la presencia del equi-po en la Copa del Rey y en las competiciones europeas disputando la Korac. Fueron años sin descanso junto a Aranzana, y cuando se marchó continuó con Edu Torres y luego con Oliete, con el que vivió el amargo momento del descenso. A partir de ahí pasaba a coordinar la cantera, llevando el segundo equipo, posteriormente a las Escuelas Deportivas Municipales y después en el Colegio Leonés. En estas facetas creando nuevos jugadores para que pudieran alcanzar la máxima categoría que tan bien había conocido durante once temporadas en el Baloncesto León.

Se repetía el formato anterior en esta Primera División con un único grupo de 16 equipos y los ocho primeros se jugarían las dos plazas de ascenso en dos eliminatorios por el sistema de 'play-off', del 11 al 14 lo harían por eludir el descenso (dos plazas) y los dos últimos bajarían sin tener ninguna oportunidad más. La nómina de equipos la componían el Cajamadrid (año tras año luchando con un importante presupuesto por ascender pero sin poder lograrlo), Hospitalet, Júver Murcia, Las Rozas, Cajahuelva, Badajoz, Syrius, Lliria, Askatuak, Obradoiro, Guadalajara, Argaray, Lagisa, Atlético Madrid y Andorra.

No era una temporada sencilla la 1989-1990 con los precedentes de las anteriores, y menos cuando en el primer partido de Liga se llevaron el primer varapalo al caer en Huelva 101-92, pero más que la derrota, preocupaba que se mostró débil en este estreno. Y aunque ganaron en el segundo ante su afición frente al Badajoz (86-80), las dudas persistían con la derrota en Murcia y también encajando más de cien puntos. Estaba claro que iba a ser un ejercicio de paciencia, sobre todo para poder complementar todos los aspectos del equipo en el apartado defensivo. Y cuando por fin en Andorra supieron lo que era ganar fuera, el equipo estaba en condiciones de pelear por una de esas primeras plazas, sin ser nada sencillo ante la igualdad existente.

Tampoco la fortuna iba a estar con el equipo, que perdía a uno de sus jugadores, Miguel Ángel Fernández, al sufrir un fuerte accidente de tráfico que estuvo a punto de costarle la vida, que le afectó a una vértebra y que alargaría como mínimo seis meses su recuperación para poder hacer vida normal, pues durante ese tiempo debía llevar un aparato que le sujetara la cabeza para impedir movimientos que afectaran a la vértebra fracturada. Ante esta situación el club tuvo que sondear el mercado y finalmente se hizo con los servicios de Vicente Lafuente, un veterano de 32 años que llegaba de Burgos.

Mientras se producía esta incorporación el equipo llegó a tontear con la parte baja, pero pronto recuperó sensaciones y victorias y se ubicaba en torno a la séptima plaza, unas veces dentro de los 'play-off' y en otras ocasiones fuera, como era en el ecuador de la competición al ocupar la novena plaza con ocho victorias y siete derrotas. Eso suponía un triunfo menos que el equipo que ocupaba en esos momentos la quinta plaza (y dos menos que el líder), pero también solamente una más que el que estaba en el puesto 12 y eran tres los conjuntos en la misma situación. Como se ve mucha igualdad, excepto en el colista que se estaba descolgando, lo que provocaba que fluctuaran mucho los puestos cuando se ganaba o se perdía.

Y tampoco iba a ser una temporada tranquila. En pleno periodo navideño presentaba su dimisión el presidente del club, José Benito Pardo Múgica, de forma irrevocable "por motivos personales y laborales". Fue una decisión que resultó inesperada aunque lo dejó todo bien atado y el mismo día

José Luis López-Dóriga fue el tercer presidente (MAURICIO PEÑA)

que se anunciaba ya se conocía el nombre de su sucesor, José Luis López-Dóriga. Se trataba de un hombre amante del baloncesto que había jugado en León y formado parte de otras directivas.

Apenas variaba la situación deportiva durante la mayoría de las jornadas de la segunda vuelta y se entraba en el tramo final de la competición con varios equipos que no podían relajarse para no quedarse fuera, uno de ellos era el propio Elosúa. Además, el que se iba escapando en la parte alta de la clasificación era el Cajamadrid y todos querían también evitar la octava plaza para eludir tener que enfrentarse con ellos en el 'play-off'. Y eso se veía más cercano para los leoneses cuando una buena racha de victorias en un calendario más asequible les permitía llegar a la cuarta plaza con una renta de tres victorias sobre el quinto y restaban cinco jornadas. Ya parecía estar hecho y habían apretado en el momento adecuado de la competición. En la jornada 27 (de 30) eran los terceros con 17 victorias, siete de ellas consecutivas, mientras que el noveno tenía 14 por lo que ya solamente quedaba saber en qué puesto iba a acabar para conocer a sus rivales en las eliminatorias por el ascenso.

Al perder en la última jornada concluyeron cuartos, y por este motivo debían medirse al quinto, que fue el Andorra, con el 'factor cancha' a su favor; el que venciera esta eliminatoria se jugaría el todo por el todo ante el vencedor de la que iba a enfrentar al primer clasificado, el Cajamadrid, con el octavo, el Lliria. La primera eliminatoria era al mejor de tres partidos, o sea, que ganaría el primero que sumara dos victorias, y en la segunda al mejor de cinco (eran necesarias tres).

Unos graves incidentes ante el Andorra cerraron el pabellón leonés al ascenso (MAURICIO PEÑA)

El 21 de abril comenzaba en León el primero de los partidos, un encuentro que iba a ser todo lo contrario de lo esperado y que iba a tener grandes consecuencias. Lo primero fue que el Andorra se llevó la victoria por 87-94. Lo segundo, que el público se preocupó más del nefasto arbitraje de Redondo y Salguero que de animar a su equipo, siempre a remolque, para que pudiera darle la vuelta a la situación. Pero además de ese 0-1 en el 'play-off', que era una losa importante al tener que jugar en Andorra obligados a ganar, el acta de los colegiados reflejaba que en "varias ocasiones fueron lanzados al terreno de juego objetos que obligaban a parar el partido". De igual forma apuntaba que al descanso "al dirigirnos al túnel de vestuarios fue alcanzado el árbitro auxiliar con un objeto contundente a la altura de la barbilla" y remataban diciendo que "al finalizar el partido se produjo una invasión masiva del terreno de juego y lanzamientos de objetos". Un mal panorama para el futuro del equipo y así se confirmaba cuando el Comité de Competición sancionaba al Elosúa con el cierre de su cancha por dos partidos y debía jugar a más de doscientos kilómetros.

Esa distancia anulaba ir a jugar a Asturias, siendo escogido Lugo, que está a 225 kilómetros.

Pero para llegar a cumplir esa sanción primero sería necesario ganar en Andorra, ya que en caso contrario estarían fuera. Los leoneses sabían que eran superiores pero había que reflejarlo en la cancha, y así lo hicieron al imponerse por 73-81 en una excelente segunda parte tras una primera igualada con ventajas para ambos equipos. Allí también se desplazaron leoneses, aunque la distancia era muy grande para poder contar con demasiados.

En cambio, para Lugo la historia tendría que ser diferente en el tercer y definitivo choque de esta eliminatoria. Antes del mismo ya se conocía que había caído ante el Lliria el gran favorito, el Cajamadrid, y parecía que el camino podía ser más asequible para el que ganara: Andorra o León. Por este motivo más de dos mil aficionados se esperaban en Lugo en sus vehículos o los más de veinte autocares. La cita era solamente tres días después del encuentro de Andorra, pero al ser festivo el 1 de mayo ayudaba al viaje.

Y si épico estaba siendo este 'play-off', el tercer partido ante el Andorra superaba ese calificativo para pasar a la 'leyenda' del deporte leonés. La igualdad fue la nota predominante durante muchos minutos y, al descanso, el marcador favorecía a los leoneses por solamente dos puntos (39-37). Con mayor temple salieron los andorranos en el comienzo de la segunda parte y fueron ampliando su ventaja que, en el ecuador de este periodo, llegaba a los diez puntos a su favor (49-59). Los de Aranzana debían apelar a la épica y así lo hicieron. Poco a poco, con una gran presión, hasta llegar a ponerse a solamente dos puntos cerca del final, que eran tres cuando quedaban catorce segundos para la finalización y el balón era para los del Principado. En la presión hace falta Elosúa, el Andorra renuncia al 1+1 y decide sacar de banda (algo permitido en esa época). Los andorranos pierden la pelota al resbalar y cae en las manos de Javi Fernández, la gran promesa del baloncesto en esos momentos, que se dispone a lanzar y es objeto de falta personal (para unos clara y para los otros inexistente según cada versión). Como el tiro era de tres puntos son tres los lanzamientos desde la línea de personal, la misma desventaja que tiene en esos momentos el equipo leonés. Cada tiro suma un punto, lo que impedía cualquier margen de error, ya que no había tiempo para más. Y así, lo hizo: uno, dos y tres dentro, lo que provocó el delirio entre los seguidores que incluso invadieron la cancha para abrazar a su héroe, un catalán al que no le tembló la mano cuando el equipo lo necesitó.

Pese a la alegría y la euforia desatada, no estaba acabado el choque. Ahora se iba a decidir todo en cinco minutos extras. Ese tiempo de prolongación fue como el resto del partido, tremendamente igualado y emocionante. Y si parecía poco lo que se había vivido, a falta de dos segundos para la terminación, Lafuente hacía la canasta que daba la victoria al Elosúa (89-87). Y de nuevo el público invadía la cancha cuando escuchó la bocina pensando que era el final del partido, pero era simplemente un tiempo muerto que había solicitado el técnico visitante, Edu Torres. Al volver las aguas a su cauce, se pudo disputar ese par de segundos en el que nada cambió y por fin la fiesta se pudo celebrar en tierras lucenses, en el viaje hasta León y luego en la propia ciudad. Ya solamente quedaba una eliminatoria para alcanzar la Liga ACB.

El rival iba a ser el Lliria, octavo en la fase regular pero que, sin embargo, era una incógnita después de haber dejado en la cuneta al gran favorito Cajamadrid. Sin esto último, el gran favorito era el Baloncesto León, pero tampoco querían vender la piel del oso antes de cazarlo. En los valencianos había un viejo conocido, Joe Wallace, el extranjero de la anterior campaña del equipo leonés y ahora con más experiencia. El contratiempo en el primero de los partidos fue que continuaba la sanción sobre el Pabellón Municipal de León y se debía regresar a Lugo para buscar un triunfo que les permitiera mantener la ventaja de la cancha que le había dado su puesto en la clasificación. La afición se iba a volver a desplazar masivamente al choque, con más de 2.000 seguidores en las gradas de Lugo, prácticamente todos desplazados desde León.

Y el partido no defraudó en intensidad y emoción. La igualdad fue la nota predominante. En anotación los dos americanos se anulaban entre sí al anotar 22 puntos Cherokee para Elosúa y 23 Wallace para los visitantes. Pero la diferencia la marcó el norteamericano de los leoneses en el apartado reboteador y acabaría siendo determinante. Excepto al principio, la mayoría de las ventajas fueron siempre valencianas, ya que al descanso ganaban 37-40 y entraban en los últimos cinco minutos con una ventaja de ocho (66-74). A partir de ahí las faltas y la defensa fueron poco a poco consiguiendo que el Elosúa se acercara en el marcador hasta que con 79-80 una falta sobre Cherokee ponía por delante a su equipo al anotar los dos tiros libres y quedaban 28 segundos para el final. En el ataque valenciano los leoneses hicieron una falta (a 18 segundos), renunciando el Lliria a la línea de tiros libres para aguantar el tiempo y no dar opción de atacar al Elosúa, que supo defender esa jugada en la que ni siquiera dieron opción a su rival de lanzar para llevarse la victoria final y poner la primera de las tres victorias necesarias en su casillero.

Una semana después, en Valencia, se jugaba el segundo de los choques. Tampoco resultó nada sencillo pese a que las ventajas siempre fueron de los visitantes, que en esta ocasión eran los de Aranzana. En el tramo final tuvieron que sufrir para conseguir vencer por 80-83 controlando el balón en las últimas jugadas y después de otra gran actuación de Cherokee, que hizo 23 puntos y capturó catorce rebotes.

Las invasiones de campo fueron habituales con las victorias en la lucha por el ascenso (MAURICIO PEÑA)

Quedaba solamente una victoria más y el local iba a ser el Elosúa, pero no en su 'casa'. Antes de comenzar la eliminatoria la sanción inicial de dos partidos se había visto ampliada tras los incidentes en el último partido ante el Andorra por el lanzamiento de objetos y la amenaza del Comité de Competición de dar por perdida la eliminatoria al Elosúa si se producían más lanzamientos o invasiones de cancha. El castigo inicial era de jugar a puerta cerrada en León, por lo que desde el Ayuntamiento (que se estaba volcando con el equipo con

Miles de leoneses acompañaron al equipo en los partidos jugados en Lugo (MAURICIO PEÑA)

más subvención y una prima de un millón de pesetas a cada jugador si ascendían) se empezó a organizar la colocación de pantallas gigantes en el exterior y que el pabellón tuviera sonido ambiente para que los jugadores se sintieran respaldados. Mientras tanto, desde el club habían apelado esa sanción, que fue cambiada a escasos días de jugarse el partido. León seguía cerrado, pero podían volver a jugar con público en Lugo para que no se diera una imagen muy triste de un ascenso a la máxima categoría con un pabellón totalmente vacío. De nuevo vuelta a organizar los autobuses, que se agotaron en la ciudad, y a preparar

La fiesta comenzaba en el propio pabellón (MAURICIO PEÑA)

otro masivo desplazamiento de aficionados que en esta ocasión llegó a estar en torno a los 4.000, lo que hacía que el equipo no afrontara solo la cita.

El 20 de mayo de 1990 se vivió otro partido igualado, al menos en esta ocasión durante los primeros 30 minutos. Al descanso la ventaja del Elosúa era de cinco puntos (39-34), pero volvía a igualarse después hasta que, en tramo final, lograban los de Aranzana unas pequeñas rentas que se acercaban a los diez puntos que llegaron al final. En medio de una gran apoteosis, vencían 82-75, la mayor ventaja de las tres victorias que se necesitaban y que habían logrado por la vía rápida. Jugaron por el equipo leonés en esta histórica cita Lafuente (4), Nacho Herreras (1), Juan, Francisco (5), Cherokee (25), Javi Fernández (25), Guerrero, Willy Villar, Roberto Herreras (6) y Puente (11).

Los jugadores fueron agasajados y en la grada se vivía con gran intensidad (MAURICIO PEÑA)

León estaba en la Liga ACB, la máxima competición jamás alcanzada por un equipo de la provincia en este deporte en el que durante muchos años habían estado lejos de los mejores y les había costado más tiempo que a otras provincias evolucionar. Ahora ya podían medirse con los grandes equipos de España después de haber realizado un gran esfuerzo en un equipo con sólo diez años de vida en esos momentos, CB León, y que había contado con el respaldo de una empresa también muy importante para la provincia: Aceites Elosúa, además de la apuesta de las propias instituciones públicas. El trabajo del

Ya en la capital leonesa el recibimiento fue espectacular, la plaza de San Marcelo se quedó pequeña para homenajear a la plantilla que salió al balcón municipal para saludar (MAURICIO PEÑA)

nieto de Baldomero, Pepe Estrada, tenía un premio que ni él mismo había llegado a soñar.

Y la ciudad también consiguió el ascenso. Lo logró no solamente por el apoyo al equipo en el destierro de Lugo por los errores cometidos en otros partidos. Los leoneses lo demostraron también con el recibimiento a sus héroes en esos momentos, los miembros del Elosúa, desde el primero hasta el último. Más de 20.000 personas los agasajaron cuando se asomaron al balcón del Ayuntamiento de León en la plaza de San Marcelo de la ciudad, en algo que muy pocas veces se había vivido, y de ser así ya quedaban pocos para recordarlo. Los homenajes se sucedían, jugaban un amistoso como colofón de fiesta con la selección de la URSS y para los propios jugadores y técnicos del equipo fue algo inolvidable.

El ascenso también llevaba incorporadas decisiones difíciles y algo más desagradables. La primera de ellas en la plantilla, al conocerse, pocos días después de apagados los ecos de la fiesta, que algunos jugadores no iban a continuar, como eran Juan Pérez, Miguel Ángel Fernández, Vicente Lafuente, Samuel Puente (se retiraba de la práctica activa del baloncesto) y, sobre todo, Nacho Herreras, que después de cinco años no iba a ser incluido en la plantilla en la máxima categoría. Más adelante se confirmaba que uno de los héroes del ascenso, el norteamericano Cherokee Rhone, no iba a ocupar una de las plazas de extranjero de la nueva plantilla. Incluso en el Pabellón Municipal iban a ser necesarias numerosas reformas para adaptarlo a la normativa de Asociación de Club de Baloncesto (ACB) que regía el desarrollado 'profesionalizado' de la Liga en la que, por primera vez, iba a estar un equipo leonés.

LA LIGA ACB, EL SUEÑO HECHO REALIDAD

Para la nueva temporada el equipo iba a tener un presupuesto de 227 millones de pesetas, una cifra que todos eran conscientes de la gran dificultad para poder conseguirla. Por eso incluso en la asamblea de socios se aprobaba un déficit de diez millones, a los que había que sumar los nueve que traían de la anterior campaña, al haber tenido que fichar jugadores una vez comenzada la liga.

Deportivamente las aspiraciones eran las de mantenerse y no sufrir al ser un debutante en la categoría, pero sin dejar de pensar en que el equipo debía seguir creciendo tal y como demostraba su entrenador, declarando al comenzar la temporada, que en cuatro temporadas se iba a estar jugando en Europa. En la plantilla se conseguía un paso muy importante con la renovación de Javi Fernández, mientras que había más problemas para la contratación del segundo extranjero (se solía decir norteamericano porque la práctica totalidad de los jugadores extranjeros de los equipos eran de esa nacionalidad). El primero iba a ser un 'veterano' en España, Mike Schlegel, un jugador anotador y que podía colaborar en el apartado reboteador con sus 2,03 metros. Para el segundo se pensó primero en Tolbert, que abandonó el equipo de forma unilateral en la pretemporada. Luego se trajo a España a Brian Rowson, pero fue reclamado por un equipo de la NBA y una norma allí existente le obligaba a volver cuando restaban pocos días para el inicio de la Liga. Esto hizo que fuera un viejo conocido, Joe Wallace, el que firmara un contrato temporal con el equipo, pese a que no cumplía los requisitos que necesitaba en esos momentos la plantilla de un jugador que dominara la zona. Así, la plantilla inicialmente iba a estar confeccionada por los bases Ferrán Heras, Willy Villar y el leonés Josines, una incorporación de la cantera; los escoltas eran el eterno Roberto Herreras y Javi Fernández; los aleros Mike Schlegel, Joe Wallace y Francisco; y, por último, los pívots Félix de la Fuente, José Luis Guerrero y Gustavo Alonso.

La Liga la formaban 24 equipos y la organización era un poco confusa. Se iban a dividir en dos grupos de doce que jugarían una liga entre todos ellos (22 partidos), y además jugarían también contra la mitad de los equipos del otro grupo que formaran parte de 'nivel' de la anterior campaña, en el caso de los leoneses los de la parte baja y los ascendidos. Eso daba lugar a que se disputaran 34 partidos después de los cuales los que ocuparan las ocho últimas plazas de una clasificación unificada de los dos grupos lucharían por evitar las dos plazas de

Schlegel, el primer extranjero para la ACB (M. PEÑA)

El estreno en León fue ante el Joventut (MAURICIO PEÑA)

descenso; los ocho primeros lucharían por el título. Estas últimas eliminatorias por el sistema de 'play-off'. Elosúa se estrenaría en el Grupo Impar junto al Joventut, CAI Zaragoza, Estudiantes de Madrid, Fórum Valladolid, Valvi Girona, Caixa Ourense, Caja San Fernando de Sevilla, Grupo IFA de Granollers, Cajacanarias, Puleva Granada y Mayoral Maristas de Málaga. En el otro, quedaban Barcelona, Taugrés Vitoria, Real Madrid, TDK Manresa, Pamesa Valencia, La Magia de Huesca, Júver Murcia, OAR Ferrol, Caja Bilbao, Breogán de Lugo, Caja de Ronda de Málaga y Atlético de Madrid.

El 19 de septiembre de 1990 comenzaba esta histórica temporada 1990-1991. Era un miércoles y el partido se jugaba en Málaga ante el Mayoral, y era el debut del Elosúa en la máxima categoría. No fue bueno el mismo y perdieron 72-64, al no poder frenar el juego de Benoit, autor de 29 puntos y 14 rebotes. Ya se veía que las carencias del equipo eran contar con jugadores poco expertos entre los que tenían centímetros, y pocos centímetros entre los que tenían experiencia.

La gran fiesta llegaba muy poco tiempo después, el sábado 22 de septiembre, fecha en que la ciudad de León debutaba en la Liga ACB. La jornada además iba a contar con un gran invitado, el Joventut de Badalona, uno de los equipos más legendarios del baloncesto español plagado de grandes estrellas como eran los hermanos Jofresa, Jordi Villacampa o Ferrán Martínez, entre el apartado nacional, y Corny Thompson o Harold Pressley en el foráneo. En el banquillo, otra estrella: Lolo Sainz. Era una entrada a lo grande ante lo mejorcito. El partido tuvo dos fases. En la primera el Elosúa estuvo a la altura de un rival de ese potencial y lograba llegar al descanso con opciones con un marcador de 34-35, pero en la segunda mitad estuvieron más arrolladores y finalmente se imponían por 69-85. Pero la fiesta del

Javi Fernández creció con el Baloncesto León y acabó siendo líder (MAURICIO PEÑA)

Javi Fernández, la épica del trabajo

Llegó sin hacer ruido y marchó con un pabellón puesto en pie. Y así lo recibieron en su primera visita cuando había abandonado el equipo que lo idolatraba. Javi Fernández era un alero de 1,98 de altura nacido en Hospitalet de Llobregat en 1968. Fue rival del Elosúa cuando militaba en el Santa Coloma después de haber estado en las categorías inferiores del Joventut como júnior y luego en Segunda en Sabadell. Fue peldaño a peldaño y los integrantes del apartado técnico ya vieron algo en él en aquella pelea entre ambos equipos por eludir el descenso de Primera B. En esa categoría se hicieron con sus servicios los leoneses en 1989 y empezó una historia que ninguna de las dos partes podría olvidar. Históricos fueron aquellos tres tiros libres que anotó para forzar una prórroga en el exilio de Lugo que permitieron seguir vivo a un Elosúa que luego lograba el ascenso a la Liga ACB. Juntos crecieron el club y el jugador. Juntos lograban la permanencia, juntos se clasificaban para las fases finales de Copa y juntos entraban en los 'play-off', por el título y por consiguiente en la competición europea en la que debutaban juntos. Durante su estancia en León lograba ser internacional por primera vez y empezar a ser uno de los jugadores más llamativos del baloncesto español como un anotador de gran calidad y trabajador.

Cinco años duró su periplo en León y dejó un club ya asentado en la máxima categoría en 1994 antes de que empezaran a aparecer los problemas económicos. Como un caballero que fue toda su carrera se fue al FC Barcelona y pasaba a ser Xavi Fernández aunque seguía siendo el mismo. En su primer partido en León recibió un gran homenaje que lo dejó tan nervioso que ni siquiera pudo hacer un buen partido. Con los azulgrana alcanzaba sus primeros títulos, que fueron una Copa Korac y cuatro ligas. Después de cinco años allí se fue al Unicaja Málaga, Canarias y Girona, donde decidió retirarse en 2003. Sobre su espalda casi 500 partidos en la máxima categoría del baloncesto y más de 12.000 puntos anotados. Fue 52 veces internacional y participó en los Juegos Olímpicos de Barcelona 92.

Llegó joven a León cuando el equipo aún era Elosúa en Primera B (MAURICIO PEÑA)

El jugador recibió emocionado el homenaje de un repleto pabellón al volver a León tras fichar por el Barcelona (MAURICIO PEÑA)

estreno no quedó amargada por eso, con un pabellón lleno que en esos momentos era plenamente consciente de que la entrada en la ACB iba a ser complicada.

Y así fue al sumar cuatro derrotas en las cuatro primeras jornadas, pero en tiempo no hubo que esperar demasiado para que se consiguiera la primera victoria de la historia en esta categoría. Fue el 10 de octubre ante el Júver Murcia en su propio feudo (antes habían ganado otro partido pero fue en la Copa del Rey). Fue sufrida, ya que al descanso perdían 49-42, pero al final el 75-84 del marcador señalaba que el casillero de triunfos del Elosúa en la Liga ACB ya no estaba a cero, como hasta ese momento, aunque no sirviera para que abandonaran en esos momentos el último lugar de su grupo.

Las derrotas continuaban llegando y después de nueve partidos en los que solamente se disfrutó de ese triunfo ante los murcianos, por fin, llegaba el jugador interior que tanto estaba necesitando el equipo para poder resolver sus partidos, ya que la aportación de Schlegel, aun siendo excelente, no era suficiente. Se trataba de Ben Coleman, un jugador fuerte de 2,06 metros y con experiencia en la NBA. Recién llegado y sin apenas entrenamientos junto a sus compañeros, el estreno se producía en Manresa ante el TDK y, como si de un 'milagro' se tratara, el equipo se transformó al tener la tranquilidad de un jugador potente en la zona y sumaba su segunda victoria por 68-73, con 16 puntos de su nuevo fichaje, que se sumaban a los 25 en un día casi perfecto de un Javi Fernández que cada vez contaba con más galones.

Y la afición tampoco tuvo que esperar mucho más tiempo para ver triunfar a su equipo. Se hacía en la siguiente jornada, en el estreno de Coleman en su pabellón y con Valvi Girona como rival, un equipo de su liga. Ganaron los leoneses por 85-78 el 6 de noviembre de 1990 de nuevo con un excelso Fernández y un debut en León muy bueno de Coleman, que ya empezaba a marcar territorio dentro de lo que se conocía como 'la botella'. La consecuencia principal de esta victoria es que por primera vez el Elosúa abandonaba el último lugar.

Los 'aceiteros' continuaban sumando victorias, pero también los que estaban junto a ellos luchando por eludir esos lugares peligrosos. Esto provocaba que se apretara todo y en tres victorias estuvieran los doce últimos, y otros cuatro con solo una más. Aunque regresaban al último lugar a diez partidos para el final, todo podía cambiar mucho y de forma muy rápida si se encadenaban dos victorias seguidas porque esa era la distancia con el puesto 12. Nadie se escapaba y nadie se descolgaba. El objetivo era eludir las ocho últimas plazas y así se entraba en el tramo final de la fase regular.

La derrota en Huesca hacía complejo ese objetivo en los cuatro últimos partidos, al tenerlo a dos victorias. La victoria ante el OAR Ferrol abría un rayo de esperanza que se alejaba de nuevo al caer en Madrid ante un Estudiantes superior, y la derrota en casa ante el CAI Zaragoza, un equipo con mucho presupuesto, condenaba a los de Gustavo Aranzana a tener que buscar la salvación en un 'play-off', al ser definitivamente uno de esos ochos equipos en una situación en la que prácticamente nunca consiguió eludir. En la última jornada lo único que decidió tras su victoria en Granada es

Ben Coleman fue básico en la primera temporada en ACB (MAURICIO PEÑA)

que iba a tener el derecho de cancha en la primera opción y que su rival iba a ser el Caja Bilbao, después de acabar los leoneses en el puesto 20 con 13 victorias (la salvación se quedó en 15) y los vascos tuvieron una menos para concluir en el lugar 21. Las estadísticas de esos 34 partidos eran claras y la dependencia de sus extranjeros importante, ya que eran el equipo en el que lograban el mayor porcentaje de puntos junto a los del CAI. Además, su quinteto habitual era el que lograba anotar más puntos de toda la competición.

La segunda temporada en la máxima categoría arrancaba con objetivos más altos (MAURICIO PEÑA)

Los dos primeros partidos iban a ser en León, los dos siguientes en 'La Casilla' de Bilbao y, si fuera necesario, el último en León de nuevo. El estreno se produjo de forma inmejorable. Con las gradas con el mayor lleno de la temporada, Elosúa fue muy superior a su rival al imponerse 106-86 y de esta forma sumaba su primera victoria. La fortuna les dio la espalda en la segunda de las citas en la que unos problemas físicos de Javi Fernández nada más comenzar la segunda parte resultaron determinantes y, aunque lograron forzar la prórroga con tres tiros libres anotados por Ferrán López, esa misma fortuna les dio la espalda en el tiempo de prolongación al errarlos Willy Villar, y acabaron sucumbiendo 95-97 ante los 44 puntos anotados por Simpson, uno de los extranjeros de sus rivales. Ahora se trasladaban todos a Bilbao para la tercera de las citas y el factor cancha estaba a favor de los vascos al jugar dos partidos ante su afición con 1-1 en el marcador. De esta forma, se afrontaba el tercero de los partidos, en el que los locales fueron siempre por delante en el marcador, excepto en los dos últimos minutos, en los que el Elosúa remontó su desventaja para recuperar la iniciativa en la eliminatoria después de ganar 89-92, destacando principalmente en la faceta reboteadora con Coleman (14) y Schlegel (10). En el cuarto partido la presión la tenía el Caja Bilbao, que ya estaba obligado a ganarlo todo para no jugarse el descenso en la siguiente eliminatoria. No comenzaban bien las cosas para el Elosúa al conocer que no iba a poder contar con Javi Fernández al recaer de su esguince de tobillo. No era lo mejor para afrontar el choque y, pese a ello, se crecieron y dominaron el partido en todo momento; vencían 78-82 para certificar la salvación el 14 de abril de 1991, al poner el 'play-off' con 3-1 a su favor. El objetivo para la temporada se había cumplido y, aunque todavía les restaba jugar lo que se denominó 'play-out' de clasificación, no lo afrontó con el interés adecuado y perdió los cuatro partidos de su grupo para concluir finalmente en el puesto 20.

Para la temporada 1991-1992 ya no iba a ser el novato de la Liga ACB y, por consiguiente, querían subir algún escalón más, aunque lo primero era evitar confianzas. Eran conscientes de las dificultades de poder retener a los dos jugadores norteamericanos que tan buena temporada habían realizado y los perdieron. Pero lo peor fue que había llegado el momento de que el último de los jugadores que había militado en el equipo incluso en Segunda División, Roberto Herreras, no renovaba y la 'vieja guardia' ya no estaba representada en el nuevo club leonés de la máxima categoría. Las novedades de esta forma fueron los extranjeros Raymond Brown y Reggie Johnson, ambos con experiencia en España. Los nacionales que aterrizaron en León estaban encabezados por Xavi Crespo, procedente del Barcelona y el fichaje estrella para intentar dar un salto de calidad. Junto a él, un joven valor que provocó toda una batalla legal: Alberto Angulo. El jugador firmó un contrato con el Elosúa pero luego el CAI Zaragoza, que al principio no ponía pegas, lo reclamó, por lo que se inició un contencioso al declarar que no lo querían ceder. La ACB en principio dictaminó que debía regresar a Zaragoza, pero el jugador no quería hacerlo hasta conocer la decisión del Juez Único de Competición. Finalmente decisión más o menos salomónica, de los dos años del acuerdo el primero jugaría en León y el segundo en Zaragoza.

Reggie Johnson defendiendo a Sabonis (MAURICIO PEÑA)

Cada partido era una fiesta en León y una gran ilusión para los más pequeños (MAURICIO PEÑA)

La nueva competición iba a ser igual de extraña que la anterior, lo que de nuevo obligaba a tener un croquis para poder seguirla durante la fase regular con la división en grupos, pero partidos con unos sí y otros no del otro grupo para luego unirse todos en una clasificación que decidiría los que lucharían por el título y por la permanencia. Lo mejor del reparto de esta temporada para muchos aficionados leoneses es que iban a poder ver al Real Madrid en un partido oficial por primera vez en la historia en León.

Nada iba a ser igual que un año antes. En esta ocasión la primera victoria llegaba en la primera jornada, y así se fueron sumando un triunfo detrás de otro en las cuatro primeras. No llegaba la primera derrota hasta la quinta jornada en la visita a León del TDK Manresa. Pasaban las jornadas y la pelea en la que estaban inmersos los leoneses nada tenía que ver con la de eludir el descenso. Ahora se instalaba en los primeros lugares de su grupo y, de hecho, se superaron rápidamente las victorias logradas el año anterior, y la permanencia se olvidaba por completo incluso antes de que acabara el año 1991.

Cuando el 14 de marzo de 1992 el Real Madrid llegaba a León para jugar su partido de Liga, que fue toda una fiesta, el Elosúa estaba entre los cinco primeros como casi toda la liga. De hecho, esa visita fue la confirmación de lo que podían hacer al ganar (98-94), en un pabellón abarrotado y entregado, a los del mítico Clifford Luyk. A falta de dos partidos el Elosúa era segundo de la clasificación unificada (también en su grupo), y solamente por detrás del Joventut.

Concluía en un inesperado y sorprendente, pero no por ello menos merecido, tercer puesto de la clasificación de la fase regular (segundo en su grupo), a una sola victoria del líder y con las mismas que el CAI Zaragoza, que concluía segundo. En los 34 partidos disputados había sumado 25 victorias y solamente perdieron en nueve partidos, datos que les permitieron incluso superar al Real Madrid. Habían sido el equipo que menos puntos había encajado demostrando su solidez defensiva y, además, su juego había asombrado en muchas de las citas por la tremenda eficacia mostrada. Gustavo Aranzana, su entrenador, ya se había convertido en una pieza muy cotizada en el mercado de los banquillos de la ACB.

Los llenos en las gradas del Pabellón Municipal ocupaban casi hasta las escaleras (MAURICIO PEÑA)

Sin embargo, por la aplicación de un extraño factor de corrección al llegar del grupo del descenso de la anterior campaña, era considerado quinto y por consiguiente se debía medir en la primera lucha por el título en la que iba a intervenir con el Júver Murcia, que había concluido el doce. Esta ronda de octavos de final era al mejor de tres partidos, lo que obligaba a ganar dos, y el premio, además de alcanzar los cuartos de final, era estar entre los ocho primeros y de esta forma garantizarse la presencia en la competición europea en la temporada siguiente.

No empezó bien la serie. Primero porque una huelga de árbitros de ACB (que no fue secundada por todos) hizo que en muchos partidos hubiera árbitros de la segunda categoría, Primera División. Lo segundo porque los murcianos hicieron un buen partido y después de mucho tiempo de igualdad, se llevaron la victoria (74-80) magistralmente dirigidos por un leonés, Nacho Suárez, que hizo 22 puntos, y tras anular el juego local, que vio cómo algunos de sus jugadores que solían marcar la diferencia, como Crespo o Fernández, no vivieron su mejor día. Ahora Murcia podía sentenciar en su cancha en el segundo de los partidos. La emoción y las alternativas fueron constantes en este choque en el que estuvieron con buenas rentas los leoneses, pero también con importantes desventajas. Así entraban en los instantes finales en los que podía pasar cualquier cosa. Un triple de Crespo ponía el 78-79 en el marcador, pero restaban 35 segundos, lo que permitía que los locales pudieran tirar. El cansancio ya hacía mella en los dos conjuntos y el lanzamiento de su gran estrella, McPherson, no entró y en la lucha por el rebote, a falta de 19 segundos, el balón acabó fuera y fue favorable a los leoneses, que sin llegar a lanzar mantuvieron la posesión y ponían el 1-1 en el 'play-off'. León acogería el tercer y definitivo choque. En esta cita definitiva fue cuando la raza del Elosúa salió a escena y tras una primorosa primera parte, en la que vencían 39-23, al final se llevaron el triunfo más cómodo al vencer por 90-70 que evitó sufrimientos finales y daba la clasificación para los cuartos de final y para la competición europea. Las proféticas palabras de Gustavo Aranzana se habían hecho realidad, y mucho antes de lo que él mismo esperaba.

Aranzana llevó al equipo en dos años a Europa (M. PEÑA)

Las fiestas y alegrías de ese importante hito quedaban aparcadas para seguir creciendo. Ahora el Estudiantes de Madrid era el escollo que debían superar. Era un equipo con jugadores que luego marcarían época en la selección española como Azofra, Orenga o Alberto Herreros y un mítico norteamericano en sus filas como John Pinone, toda una institución. Y ese poderío se notó desde el primer momento ante un cuadro leonés ya con menos gasolina en su depósito, al contar con menos rotaciones, aunque no por ello arrojó la toalla. Lo intentó pero no pudo y ya en el primer partido en León se pudo ver la enorme diferencia entre ambos con un marcador de 77-96. Se cerró la temporada en la capital de España al volver a perder 78-74.

La sexta posición final del Elosúa León en la clasificación, solamente superado por Joventut, Real Madrid, Estudiantes, Taugrés y CAI Zaragoza, hacía frotarse los ojos a muchos de los clásicos del baloncesto leonés que no se podían creer que un deporte que tanto tiempo le había costado arrancar en la provincia ahora estuviese en ese lugar a nivel nacional.

LEÓN YA ESTÁ EN EUROPA

Ese sueño continuaba en la temporada 1992-1993 nada más y nada menos que con el estreno en una competición europea. Se trataba de la Copa Korac, que se organizaba desde 1971 y que recibía ese nombre en homenaje al baloncestista yugoslavo Radivoj Korac, que había fallecido en accidente de tráfico cuando contaba con 31 años de edad. La fecha para guardar en la historia del club fue la del 30 de septiembre de 1992 y fue en tierras suizas, concretamente en Bellinzona, localidad famosa por sus tres castillos pero no precisamente por su equipo de baloncesto, un deporte en el que este pequeño país tampoco destacaba demasiado. Inesperadamente el estreno del Elosúa no fue el previsto y cayó 86-78. Una desventaja

El estreno en la competición europea fue otro hito importante para el baloncesto leonés (MAURICIO PEÑA)

Como el mismo básket USA

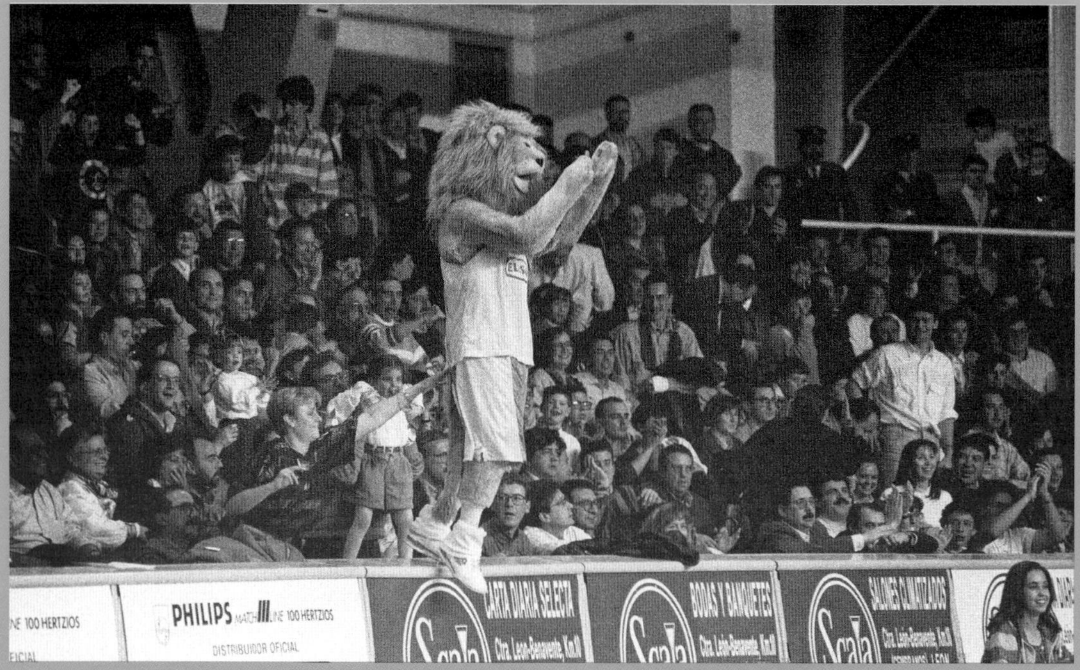

Una mascota fue creada para animar los encuentros, lógicamente era un león y su nombre 'Louit' (MAURICIO PEÑA)

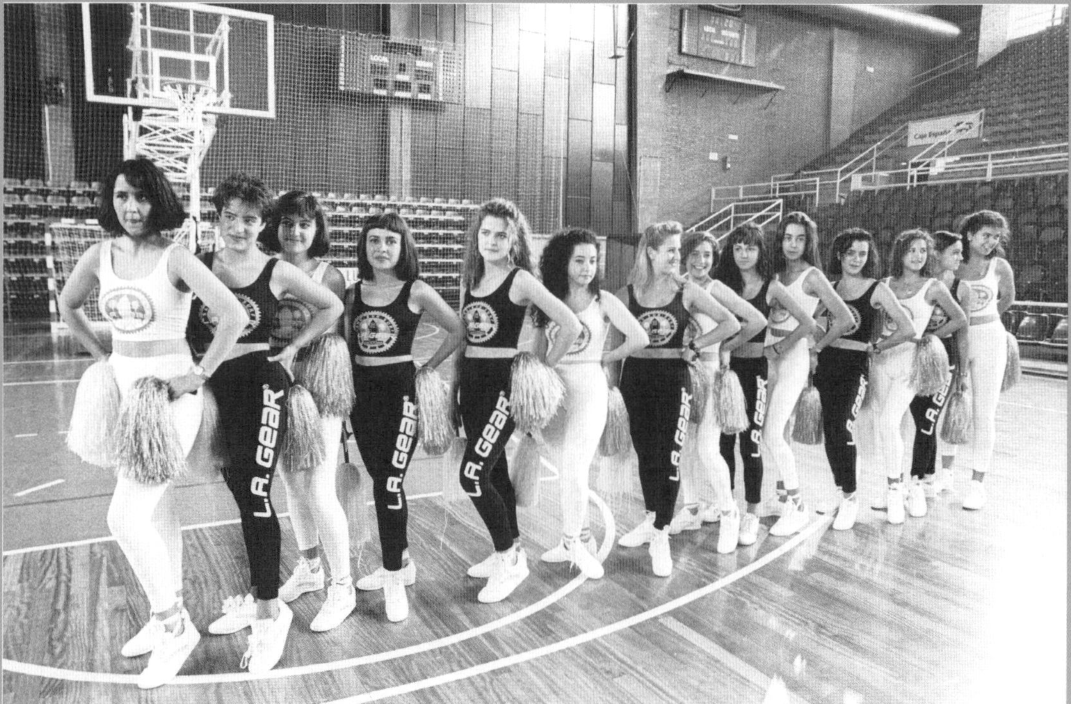

Siguiendo la estela del baloncesto en Estados Unidos a principios de los 90 se pusieron en marcha unas 'cheerleaders' (MAURICIO PEÑA)

de ocho puntos en la que tuvo más que ver el mal juego leonés que cualquier otra cosa; todavía se encontraba comenzando la temporada y sus engranajes no estaban correctamente encajados. Esa desventaja de puntos fue recuperada fácilmente en el estreno continental del Pabellón Municipal de León el 7 de octubre, una semana más tarde. Quince fue la diferencia que lograron los leoneses para superar esta segunda ronda (estaban exentos de la primera) y en la tercera, la antesala de los grupos de los octavos de final, ya debían medirse a un rival de un país con más tradición en este deporte, el Alba Berlín alemán. León acogió la primera de las citas y de forma inesperada, dada la altura media tan alta que tenían los alemanes, el cuadro leonés fue una apisonadora que ganaba ni más ni menos que por 40 puntos de diferencia (91-51), convirtiendo la vuelta en la bella ciudad alemana casi en un mero paseo turístico. Allí ganaron de nuevo a los locales, 88-89, pero después de haber tenido que despertar puesto que llegaron a tener hasta 20 puntos de ventaja los del Alba Berlín en algunos momentos.

La fase de grupos ya empezaba a subir la apuesta sobre el nivel de los equipos. Los italianos de la escuadra de la Philips de Milán, los griegos del Peristeri y los franceses del Gravelines se interponían en el camino de los cuartos de final. Dos de ellos los alcanzarían y los otros dos se quedarían en la cuneta. No fue fácil

Josines se asentó pronto en el equipo (M. PEÑA)

pero los leoneses lo lograron en dura pugna con griegos y franceses, ya que los italianos dominaron el grupo. Ganaron en tierras francesas, cayeron por dos puntos en la visita a Italia, y para cerrar la primera vuelta superaron a los griegos en León con mucha solvencia. Parecía estar todo muy bien encarrilado después de tres partidos, pero una inoportuna lesión de Javi Fernández permitió a los franceses ganar en León y la situación se complicó. Ya no podían fallar y no lo hicieron en la visita del imbatido líder conjunto de Milán, al que superaron por los mismos dos puntos y a falta de una jornada estaban virtualmente clasificados, ya que solamente una hecatombe les dejaría fuera en el

El primer consejo de administración del Baloncesto León SAD con nombres propios de la política leonesa, empresarios y algún clásico del baloncesto como Estrada (MAURICIO PEÑA)

último partido, circunstancia que no se dio pese a que perdieron en Grecia.

De esta forma alcanzaban los cuartos de final y otro equipo italiano con un gran prestigio, la Roma, era su rival. Esta ronda ya era una eliminatoria a ida y vuelta, primero en León al haber sido el segundo de su grupo. No le fue mal al Elosúa, ya que lograba vencer y hacerlo con una renta de once puntos (88-77), pero sabían que la vuelta iba a ser un infierno; así fue, perdiendo por 103-85 y viendo como le superaban la renta de la ida, por lo que se quedaban en el camino, pero habiendo tenido un estreno en el que para nada pagaban la novatada.

La constitución ante notario de la SAD (MAURICIO PEÑA)

La asamblea en la que se aprobó la transformación tal y como exigía la normativa (MAURICIO PEÑA)

Pero la temporada no se limitaba a Europa. Un aspecto que transformaba el club en estas fechas de 1991 con la temporada ya iniciada es que se cerraba el proceso iniciado anteriormente. El 30 de junio de 1992 se formalizaba ante notario la constitución del CB León en

Sociedad Anónima Deportiva tras la firma de los directivos. Ese era el mandato que habían recibido de los socios en la asamblea celebrada el 19 de septiembre de 1991 (acudieron solamente 17 socios) y tras la que se ponía en marcha la venta de acciones de una sociedad que tendría una capital social de 134 millones de pesetas y que solamente incluiría el primer equipo, el de ACB, pero que tenía que dar ese paso por ley; la cantera seguiría siendo del CB León. Ya formalizados los pasos burocráticos, el primer consejo de administración se celebraba el 17 de noviembre de 1992, y José Luis López Dóriga seguiría siendo el presidente en la SAD. Sin embargo, no lo fue por mucho tiempo, puesto que presentaba su dimisión el 2 de febrero de 1993 ante las discrepancias existentes en ese consejo ya desde su nacimiento. Su puesto lo iba a ocupar Eugenio Álvarez, en un intento de dar el cargo a una persona que contara con el beneplácito de todas las partes dentro de la crisis interna que padecían y en la que se vetaban otros candidatos.

En la liga de esta temporada 1992-1993 se cambiaba el sistema de competición, pero no se hacía más fácil. La retirada de dos equipos dejaba la Liga ACB con 22 equipos, que tendrían una única clasificación en la que estarían divididos en dos subgrupos, uno formado por los mejor clasificados de la anterior y el otro por los que ocuparon la segunda mitad de la tabla. Los pertenecientes a cada subgrupo jugarían una liga a ida y vuelta con los once rivales de su subgrupo y un único partido contra cada equipo del otro. Al final serían 31 jornadas (sin el factor de corrección) tras las cuales los 16 primeros lucharían en 'play-offs' por el título de liga, y a esa parte es a la que miraba el equipo leonés después de su excelente temporada anterior.

Crespo durante un partido (MAURICIO PEÑA)

La plantilla se reforzó para tener más rotaciones y un olímpico Javi Fernández en Barcelona 92 iba a ser de nuevo el jugador franquicia. Se mantenían también Crespo, Josines y los dos norteamericanos,

Reggie Johnson y Raymond Brown. Un cambio de normativa permitía un tercer extranjero y la elección recayó en un base, Mark Tillmon. Los otros fichajes fueron Bustos (el fichaje más caro de la temporada), Francis, Etxeberría, Sala y Jorge García. Lo mejor para los aficionados es que pudieron disfrutar de la presencia de todos los equipos grandes en León, lo que incrementaba el espectáculo aunque dificultaba la clasificación. El norteamericano Tillmon fue sustituido por Michael Anderson por sus problemas físicos ya comenzada la competición.

No fue malo el bagaje de la campaña cuando al concluir los 31 partidos estaban en la octava posición con 17 triunfos en su casillero, lo que de nuevo les daba un billete a las eliminatorias que daban derecho a disputar el título con una primera muy importante para poder acabar entre los ocho más potentes y poder regresar a Europa en la siguiente campaña. El noveno clasificado con las mismas victorias que los leoneses, el Taugrés Baskonia, fue su primer rival y el que le dio el billete continental. Ganó el Elosúa 74-73 en León sufriendo como siempre en su primer partido, y luego en tierras vascas 79-83 por lo que no fue necesario volver a León de nuevo.

El primero de la fase regular, el Real Madrid, iba a ser la misión imposible a la que debían medirse en la siguiente ronda de cuartos de final, ya que este equipo contaba en sus filas con jugadores de la talla de Sabonis, Biriukov, Antonio Martín o José Lasa. La capital de España acogió la primera de las citas y en la misma estuvieron cerca de dar la sorpresa, pero les faltó creer un poco más en que podían lograrlo. Solamente perdieron 77-75 y eso hizo que en León el Real Madrid (que había perdido en sus dos últimas visitas en fase regular) saliera con mucha intensidad y vencía con más comodidad (72-85), con 18 rebotes y 25 puntos del gigante lituano Arvydas Sabonis, de 2,21 metros.

Sabonis jugando en León con el Madrid (M. PEÑA)

Harper Williams (i) y Joe Wolf con la camiseta del equipo sin el ya mítico Elosúa (MAURICIO PEÑA)

ELOSÚA LO DEJA

El final de la temporada ya no fue tranquilo. El rendimiento deportivo había sido bueno pero algo había cambiado en el equipo, en el que la situación no era precisamente perfecta en el apartado institucional y económico. Y para colmo de males se hacía público nada más disputarse el último partido de la competición que la empresa Elosúa dejaría de ser el patrocinador a partir de la temporada siguiente. El apoyo que siempre habían recibido de Elosúa S.A. desde que se fundó el equipo dejaría de recibirse. La marca aceitera era la imagen del Baloncesto León y el nombre con el que era conocido en toda España en sus 13 años de historia. Había sido clave en el crecimiento del club cuando iba ascendiendo una vez tras otra y todavía la instituciones y los políticos no estaban dentro del club. Ahora, con un consejo de administración dividido, serían esas mismas instituciones las únicas que debían hacer frente a los gastos sin el respaldo añadido de una empresa de ese potencial, aunque también había vivido un mal año. Enalsa, una de las empresas del grupo Elosúa, era accionista del club y declaraba en su comunicado del fin del patrocinio que iba a continuar conservando sus acciones y que iba a participar en la ampliación de capital que tenía que poner en marcha el consejo de administración. Luego, a finales del año 1993, llegaba el patrocinio de una empresa leonesa, Congelados Elmar, para ayudar en algunos de los pagos pendientes de la temporada.

Esa ampliación llegaba porque al cierre del ejercicio económico del equipo se anunciaba un déficit de la temporada de 133 millones, y una deuda acumulada en el club de 170, lo que era el primer paso para hacerlo insostenible si no se lograba empezar a reducir. No era una situación exclusiva de León porque otros dos equipos de la Liga ACB renunciaron por esa situación, y es que el coste de mantenerse en esta competición resultaba demasiado gravoso para muchas localidades. En León se decidió reducir el presupuesto y para ello necesitaban deshacerse de los contratos altos y que lastraban al equipo, como eran Crespo y Bustos, a los que se culpaba de una situación que no habían generado puesto que el club siempre pudo haber evitado su contratación. Hubo presiones y conciliaciones con la Asociación de Jugadores y la Delegación Provincial de Trabajo. Finalmente hubo un acuerdo que no dejó satisfecha a ninguna de las partes y en la que las dos posiciones perdieron dinero.

Todo esto repercutió en la plantilla de la nueva temporada 1993-1994. Mantuvieron la columna vertebral con Gustavo Aranzana, Javi Fernández y Reginald Johnson y eso ya era una garantía. En los extranjeros se esforzaron con Harper Williams, de 22 años, pero con una gran carta de presentación, y Joe Wolf, un pívot de 2,10 metros que había sido elegido en su día con el número 13 de draft en Estados Unidos, aunque luego no tuvo una carrera de estrella. Pero para el resto de las plazas optaron por la juventud, en dos de los casos más llamativos de dos leoneses, Óscar Yebra, un alero que se había ido al Joventut en su etapa de cantera, y Mario García, un pívot de 2,12 que todavía estaba en periodo de formación. Ambos tardaron en entrar en los esquemas de un equipo que ya estaba hecho. Llegaba también procedente del Barcelona Paraíso, dentro de la operación de la incorporación de Crespo al conjunto catalán; por su parte Bustos acabó en el Fórum Valladolid.

Deportivamente la temporada, con 20 equipos, se mantenía en los parámetros de la anterior con una competición que no era simétrica en los enfrentamientos. Comenzó bien, con dos victorias seguidas ante conjuntos del potencial del Estudiantes y el TDK Manresa. Eso dio cierta tranquilidad para saber dejar fuera los problemas añadidos que había y, de esta forma, se mantuvo en la parte intermedia prácticamente durante toda la fase regular, para concluir en el puesto 11 después de haber sumado 13 victorias en los 28 partidos disputados.

Yebra, el trabajo bien hecho

Escolta lanzador leonés de casi dos metros de altura, Óscar Yebra (León, 1974) fue un jugador con una carrera larga en la Liga ACB e incluso en el exterior que dio sus primeros pasos en el Colegio Leonés, pero muy cortos, puesto que rápidamente la cantera del Joventut de Badalona se interesó por hacerse con sus servicios y allí estuvo tres años formándose como jugador después de una pelea entre el Baloncesto León y los catalanes sobre los derechos, puesto que el Leonés era un vinculado del Elosúa en esos momentos. En 1993, ya con 19 años, llegaba su momento de saltar a la elite y lo hizo en su ciudad, puesto que el Baloncesto León lo fichó y durante cinco temporadas se convirtió en una parte importante del club año tras año y siendo un clásico de la época más importante del baloncesto en la provincia. Cuando en 1998 abandona el equipo comienza un periplo por otros clubes de la máxima competición como pudo ser el Limoges en Francia, Gijón, Valladolid o Valencia, con los que sumó la nada despreciable cifra de más de cuatrocientos partidos en la máxima categoría. Incluso durante un año se marchó al equipo más potente de Irán, el Mahram Teherán, con el que logró varios títulos. De regreso a España, ya veterano, colaboró unos partidos con un Lliria en crisis con los que estaba entrenando y a los 37 años ponía fin a su larga carrera en la Liga LEB Oro en Melilla. Los banquillos fueron su siguiente paso y lo hizo en China reafirmando su habitual inquietud.

En su trayectoria también fue un jugador que puede incluir en su palmarés haber defendido los colores de la selección española, una aventura que fue corta pero que siempre agradeció, sobre todo al tener la ocasión de acudir a los Juegos Olímpicos, una experiencia siempre muy especial para cualquier deportista. En su caso lo hizo en Atenas en 2004. Con España jugó finalmente en quince ocasiones después de haber sido llamado por Lolo Sainz la primera vez siendo un jugador seguido por la Federación Española al haber estado incluido ya en la selección sub'23 en sus primeros años.

Óscar Yebra, a la derecha, en un partido junto a Aranzana (MAURICIO PEÑA)

Alcanzaban los 'play-off' y debían medirse al Estudiantes de Madrid que finalizó sexto. En el primero en Madrid vencieron los que actuaban de locales por 76-73, pero al imponerse el Elmar León (nombre de esta temporada) en un gran partido en su casa por 99-92, quedaba todo por decidirse en la tercera cita que de nuevo sería en Madrid. En la misma no actuaron igual los de Aranzana y apenas tuvieron opciones al caer por un claro 95-77 ante un equipo que llegó hasta las semifinales. Luego tuvieron que disputar los equipos eliminados una competición llamada Copa de la Liga en la que se iba a determinar el orden de la Liga y se iba a dar un sitio en la Copa. La escasa motivación y la carga de partidos de una plantilla muy corta de efectivos, hicieron que apenas tuvieran interés para el equipo y pronto se descolgó de la misma, por lo que concluía en el puesto 12 la temporada.

También Europa vivió por segunda temporada consecutiva la presencia de un equipo leonés en una de sus competiciones. En este caso de nuevo la Copa Korac de baloncesto y de nuevo con el Baloncesto León luchando desde la segunda ronda, dispuesto a superar dos eliminatorias para acceder a la liguilla de octavos de final. Un modesto equipo austriaco fue el primer escollo que debían superar, y lo hicieron con comodidad ante el Möllersdorf Traiskirchen. En la ida ya ganaron 79-87, en un partido en el que incluso debutaron jugadores como Yebra y Mario, y en la vuelta alcanzaron una gran ventaja: 99-44. Más compleja fue la siguiente ronda ante un equipo con mucha más tradición de baloncesto: Israel. Allí debían medirse al Hapoel Jerusalén, que contaba en sus filas con un mítico jugador de la selección de ese país, Bercowitz, aunque ya veterano con 39 años. Ya pasó más apuros sobre todo cuando llegó a ir perdiendo de 19 puntos en la ida, aunque lo maquilló al final y solamente regresó a León con una desventaja de cuatro: 81-77. En la vuelta fue muy superior y llegó a los octavos de final por segundo año al vencer 98-79.

Los rivales del grupo fueron un italiano (Scavolini de Pésaro), un francés (Olympique Antibes) y un alemán (Alba Berlín). El favorito era el cuadro francés y fue el primer verdugo de los leoneses en el país vecino (89-77). El calendario era complicado ya que jugaban de nuevo fuera en la segunda jornada, en Italia ante el Scavolini y su ruidosa afición. Volvieron a perder (93-84), esta vez en la prórroga, y ya se había acabado su margen de errores. Con la victoria ante el Alba Berlín en León (87-82) abrían de nuevo la puerta a la esperanza al tener ahora otros dos partidos en casa además de haber dejado ya fuera de juego a los alemanes. Esos dos partidos eran como una final y en el primero supieron estar a la altura los de Gustavo Aranzana, se llevaron la victoria por 93-85. Con mucho más sufrimiento acabaron con la imbatibilidad de los italianos del Scavolini (82-80) y se iban a jugar la clasificación en su visita al colista del grupo, el Alba Berlín, que no había ganado ningún partido en las cinco jornadas anteriores. Para clasificarse debían vencer y que el Antibes no lo hiciera en la cancha del Scavolini. Ninguna de las dos premisas se cumplió. Los franceses derrotaron a los italianos y los leoneses, en un día para olvidar, no fueron capaces a hacer su parte y perdieron en tierras alemanas 97-89. Al final, aunque su cancha se había mostrado inexpugnable, su menor rendimiento en los desplazamientos, en los que no pudo ganar ningún partido, le dejaba fuera de esos cuartos de final en los que sí había estado en su primera participación europea.

La parte más negativa de esta temporada en la que los problemas económicos habían sido una constante fue que la asistencia de espectadores a los partidos en casa había empezado a bajar. Ahora las grandes fiestas se estaban limitando a encuentros muy concretos y aquella afición estaba algo desanimada.

También se sumaba que el jugador franquicia del Baloncesto León y el hombre más querido por todos los aficionados, Javi Fernández, no llegaba a un acuerdo para continuar en León y el FC Barcelona se hacía con sus servicios. Aunque el cuadro leonés tenía el derecho

La Liga ACB tuvo al Baloncesto León en la lucha por el título varios años (MAURICIO PEÑA)

de tanteo, que en baloncesto significaba que si se igualaba la oferta seguía en su primer equipo, el Barcelona pagó para que no lo hicieran efectivo. Así, ofrecieron 20 millones de pesetas y la cesión por dos temporadas de un jugador con una enorme proyección, el escolta Oliver Fuentes. De esta forma el último jugador que quedaba del ascenso y uno de los héroes, regresaba a su casa y pasaba a ser ya Xavi Fernández.

Al menos el entrenador de aquella gesta, Gustavo Aranzana, sí continuaba, y junto a Ramón Fernández se dedicaron a buscar la manera de confeccionar la mejor plantilla para la temporada 1994-1995, porque también se iban los americanos y era necesario reforzarse bien porque mantenerse no era sencillo, y mucho menos continuar al nivel que habían mostrado. Y de nuevo obraron el milagro pese a que debían apretarse el cinturón. El sustituto de Fernández iba a ser un jugador contrastado, posiblemente sin poder llegar a la altura del anterior, pero con un buen prestigio como era Dani Pérez, que llegaba del Joventut. Junto a él otros dos nacionales, en este caso de futuro como eran Llorens y Fuentes, que junto a los leoneses Yebra y Mario García, que seguían, ponían un punto de juventud que se esperaba que dieran un paso adelante. Para poner los años de nuevo fueron los jugadores extranjeros los encargados de la veteranía. Para ello se apostó por una pareja de amigos que habían estado en el Joventut como eran Harold Pressley y Corny Thompson. La tercera plaza ya dio más quebraderos de cabeza al cuadro técnico del Baloncesto León y comenzó con Carlus Groves.

Todo esto ofreció cierta dosis de ilusión que se empezaba a notar desde el primer día de presentación ante los leoneses en la pretemporada y pese a que el equipo no iba a jugar competición europea. Y todo ello sin poder contar con un patrocinador privado, porque realmente el club era institucional y el respaldo del Ayuntamiento de León y la Diputación, ambos accionistas, era muy importante. Lo que sí se había reducido era la deuda y se empezaba la temporada con un déficit acumulado de 48,9 millones de pesetas, que era algo más del diez por ciento del presupuesto. Y a ello se añadió el buen comienzo de la temporada, aunque cayeron en el primer partido, pero luego ganaron sobre todo al Estudiantes y al Pamesa Valencia y el objetivo de estar entre los ochos primeros para luchar por el título era posible pelearlo, sin que fuera precisamente sencillo. Y es que la nueva temporada contaba por fin con una liga normal de 20 equipos en el que en la fase regular iban a jugar todos contra todos y los de arriba lucharían por hacerse con el campeonato, y los de abajo (cuatro) por evitar perder la condición de equipo ACB.

Groves (13) no mantuvo regularidad (MAURICIO PEÑA)

No fue la regularidad la principal arma de los leoneses, que tan pronto encadenaban triunfos seguidos como derrotas de forma consecutiva, y uno de esos baches llegó incluso a ser un poco sonrojante al caer ante el TDK Manresa en León por 47-53, un récord negativo de anotación de dos equipos en la máxima categoría desde que era Liga ACB. A esa cita ya llegaban los leoneses con el tercero de sus extranjeros, Groves, en entredicho y meditando el club la opción de 'cortarlo', que significaba cambiarlo por otro.

Y esa extraña marcha del equipo tenía un día destacado al conseguir, en la quinta temporada de su historia en la máxima competición, derrotar al Real Madrid en su propio feudo. Baloncesto León, equipo defensor donde los hubiera, se imponía en la capital de España por 55-63 a un conjunto plagado de estrellas de la talla de Antonio Martín, Kurtinaitis o Arvydas Sabonis y entrenado por un mito como Obradovic. Ese triunfo fue como un empujón de moral y encadenaron varios seguidos. Incluso llegaban a acercarse a los noventa puntos y superarlos, hasta Groves empezaba a rendir como de él se esperaba. Subían a la quinta plaza y en su visita a Barcelona, en plena euforia, también ganaban al otro club español más laureado por 77-82. Parecía un espejismo y más cuando en el ecuador de la competición eran los cuartos en la clasificación. Entonces se lesionó Pressley cuando ganaban en tierras catalanas. Al tener que ser operado, se tuvo que fichar a un jugador para que le sustituyera temporalmente, Tom Sheehey, y el carrusel de resultados de los leoneses entraba de nuevo en la cuesta abajo ya que caían hasta el puesto 13. Todas las alarmas se encendieron de nuevo cuando entraban en puestos de descenso, pese al regreso de Pressley, que estuvo toda la temporada renqueante. Finalmente se hizo realidad el cambio de extranjero y Groves era reemplazado por Reggie Johnson, un viejo conocido que no dudó en volver a León para ayudar. Estos cambios de americanos, además del periodo de adaptación que siempre era necesario, también suponían un desajuste presupuestario por el alto coste de estos jugadores. Por fin se ganaba, de nuevo al Madrid esta vez en León, y se sufría la baja definitiva de Pressley, que debía volver al quirófano. Estuvieron un tiempo con solamente dos norteamericanos pese a que se intentó incorporar a Cliffton, que jugaba en el filial. Finalmente pudieron fichar a un tercero, el alero Rowan, que llegaba con experiencia en la liga italiana.

Regresaba de nuevo la tranquilidad en el momento más difícil. La experiencia de los extranjeros les permitió encadenar una serie de victorias que, al menos, les dejaban respirar un poco más tranquilos respecto a las cuatro últimas plazas y ponían a tiro la octava, que daba derecho a pelear con los grandes. Eran varios los equipos inmersos en esa batalla puesto que, separados por una sola victoria estaban seis y, de esos, cuatro no entrarían. En la penúltima jornada recibían al Barcelona y a Javi Fernández, que vivió un día inolvidable y emotivo en la fiesta que le regaló la afición en su retorno. Al ganar quedaba todo para la última, en la que perdieron, por lo que se debieron conformar con la novena plaza y dar por finalizada una temporada extraña que, en cambio, resultó muy interesante por la entrega de un jugador curtido en mil batallas y con una carrera ya hecha: Corny Thompson, que dio una lección de pundonor y entrega y se ganó a los leoneses.

Amortizada una gran parte de la deuda, que dejó de ser acuciante en esos momentos gracias al respaldo de un presidente, Eugenio Álvarez, que en los momentos difíciles podía adelantar un dinero que evitara multiplicar los gastos financieros, el equipo pensaba en su nueva plantilla y eso implicaba en los dos jugadores norteamericanos que iban a acompañar a Corny Thompson. No en vano el capítulo presupuestario para estos tres componentes de la plantilla era de más de cien millones de pesetas, una cuarta parte del total, lo que indica la importancia que tenían. Y no resultó nada sencillo puesto que, además del alero Grant, se pensó en un pívot ya conocido en la ACB como era Sallier, y esto provocó otro verano movido en los despachos y cerca de los tribunales. El jugador que había militado en Huesca en la anterior campaña tenía dos contratos, uno con el Gran Canaria firmado por el agente y otro con el Baloncesto León hecho

Óscar Yebra realizando un mate, una jugada que siempre sirve para levantar al público (MAURICIO PEÑA)

El 'techo' leonés, Mario García

La altura en el baloncesto siempre ha sido una parte muy importante y el máximo exponente en esa faceta en tierras leonesas ha sido Mario García. Nacido en León en 1973, creció lentamente para el baloncesto y físicamente. Como se suele decir, pegó el estirón en Estados Unidos. Allí se fue a estudiar y jugar al baloncesto que había conocido en las categorías inferiores del Elosúa, con el que tuvo sus primeros minutos en ACB en 1991 con 18 años. Becado por el club se marchó a Estados Unidos a 'curtirse' y regresó midiendo 2,12 metros (se fue con 2,05) después de temporada y media en California donde entrenaban seis horas diarias. Estuvo tres temporadas en la máxima categoría con los de su ciudad, pasando luego por Fórum Valladolid, Ourense, Gran Canaria en la temporada 1998-1999 y Etosa Alicante en la 2006-2007. En medio y más adelante estuvo por varios equipos de la Liga LEB y tras su retirada siguió ligado administrativamente con su deporte.

Mario García tenía un hermano, Óscar (1979), que no llegó a su altura pero tampoco se quedó corto al medir 2,05. También estuvo en Estados Unidos con 17 años y jugó cuatro años en la Liga Universitaria. A su regreso pasó por Grecia y la Liga LEB para recalar en el Tau Vitoria con los que ganó la Copa del Rey y fue subcampeón de Liga formando parte de la plantilla pero sin disponer de una oportunidad. De allí marchó cuatro temporadas a Murcia con los que debutó en la ACB y se fue a Lleida a la LEB.

Mario García con su hermano Óscar, los dos jugadores (MAURICIO PEÑA)

por el jugador, que incluso ya estaba entrenando a las órdenes de Aranzana para comenzar la temporada 1995-1996. Finalmente, el cuadro isleño se retiró de la 'pelea' por el jugador y de nuevo León ganaba una batalla que ni se había buscado pero que se estaban convirtiendo en algo habitual.

Aranzana dirigiendo una sesión de entrenamiento en el Pabellón Municipal (MAURICIO PEÑA)

Despertaba de esta forma muchas ilusiones la nueva campaña ya desde la misma pretemporada; se aspiraba a una de esas ocho primeras plazas (había 20 equipos) y volver a ser ese equipo que alcanzara una de esas plazas europeas, como ya había sucedido en otras ocasiones. No era fácil y el potencial económico de muchos de los rivales como podían ser el Real Madrid, Barcelona, Unicaja Málaga, Estudiantes, Zaragoza, Taugrés Vitoria, Joventut o Caja San Fernando de Sevilla no dejaba mucho hueco a equipos que junto al leonés podían ser el TDK Manresa, Salamanca, Cáceres, Girona, Gran Canaria, Murcia, Valladolid, Ourense, Andorra, Huesca y Gijón. Para ello disponían con una plantilla en la que, además de los tres norteamericanos, se contaba con la presencia de tres leoneses, Josines, Óscar Yebra y Mario García, mucho más asentados en la plantilla. Junto a ellos, un base que llegaba procedente del Real Madrid, José Lasa, y la continuidad de Dani Pérez debían ayudar a luchar por esos objetivos junto a Oliver Fuentes, Jordi Llorens y Juan Rosa.

Pero en el deporte una cosa son las esperanzas y otra las realidades y bien lo supo en esta campaña el Baloncesto León. Lo peor para el equipo fue que, en la primera vuelta, demostró que podía pelear por cotas altas, al concluir los 19 primeros partidos con doce victorias y siete derrotas en quinta posición, lo que le daba derecho a disputar la Copa del Rey reservada a los mejores. No estaba nada hecho ya que la igualdad era grande y el Taugrés, que era el duodécimo, estaba a solamente dos victorias. La desilusión no llegó rápidamente ya que se mantuvo muchas jornadas entre los ocho primeros. El TDK Manresa fue el que sembró las dudas con sus dos victorias sobre los leoneses, primero en la Copa de Murcia y luego en la Liga en León. El equipo dejó de ser fiel a la identidad que había mostrado hasta ese momento y se empezaron a tomar medidas como abrir un expediente sancionador a la plantilla, pero no fue el revulsivo esperado. Cuando se abandonaban los puestos de 'play-off' quedando pocas jornadas para la conclusión, se añadió el elemento de la presión y la situación no llegó a buen puerto, concluyendo en el puesto 12 con 18 victorias y veinte derrotas. Esto significaba que en toda la segunda vuelta solamente se habían sumado seis en los 19 partidos jugados. Todo esto no impidió que la afición leonesa diera el merecido homenaje a Corny Thompson en su último partido en casa. Este jugador se había mostrado siempre muy profesional, pero durante el verano anterior había perdido a su hermano y ya se había planteado regresar a Estados Unidos a la conclusión de la temporada. Los problemas físicos tampoco le permitieron rendir al mismo nivel, pero siempre dando todo lo que podía.

Cada año había varios cambios (MAURICIO PEÑA)

Esa fue la primera de las bajas, pero hubo muchas como las de Sallier, Grant y Dani Pérez, que no continuaron en el equipo y tuvieron que ser indemnizados, por lo que las cuentas de nuevo iban a sufrir. También se iba a ir Mario García.

Lasa fue un base de gran proyección que no tuvo sitio en el Madrid y despegó en León (MAURICIO PEÑA)

Sus puestos se iban a cubrir con Odriozola, un escolta muy trabajador, Diego Pérez, el base veterano Toño Llorente, de la famosa saga de deportistas (de fútbol y baloncesto) y un cedido del Real Madrid, el pívot Martín Ferrer. Este jugador, al que querían ceder al Valladolid (al final lo hicieron con Mario García), dijo a su club que prefería jugar en León, iniciando así una historia que en esos momentos ninguna de las partes sabía que iba a ser como fue. Los norteamericanos, como siempre, se hicieron más de rogar y muchas de las negociaciones se quedaban en el camino. Otros, incluso, daban la 'espantada' después de que el acuerdo parecía que llegaba a buen puerto. Y es que, en el mundo profesional, con un país cuyo conocimiento de la liga española era escaso, los acuerdos con los representantes españoles de los jugadores llegaban, pero al cruzar el océano desaparecían porque el representante de su país no lo veía bien o el propio jugador no estaba convencido de recalar en León. Finalmente llegaron Houston, un jugador de gran fortaleza para dentro de la zona pese a no contar con muchos centímetros y que respondía al sobrenombre de 'Animal'; junto a él todo un veterano curtido en mil batallas como McNealy que, a sus 35 años, ya conocía la liga española de sobra; y LaBradford Smith, un escolta muy dinámico.

La mejor noticia fue que el equipo pasaba a llamarse León Caja España. La entidad bancaria iba a apoyar al equipo, pero la cantidad no era lo suficiente para que llevara el nombre, por lo que se quedó con el apellido. Fue una buena inyección económica. Y en esas condiciones afrontaban esta temporada 1996-1997 con el claro objetivo de no repetir ni de lejos lo de la anterior campaña y regresar a la senda de los ocho mejores para poder volver a ver la competición europea. No fue benévolo el calendario para un equipo en formación, al hacerle enfrentarse al Real Madrid en León en el estreno de la competición. Perdieron los de Aranzana (81-91), pero dejaron un gran sabor de boca y la afición les despedía con una enorme ovación, esperanzada de lo que podía disfrutar durante la temporada. Esas sensaciones se vieron confirmadas durante la primera vuelta. Pronto empezó a estar entre los ocho mejores y, al ecuador, estaba en la séptima plaza con diez victorias en los 17 partidos que componían este tramo de una liga con 18 equipos.

ARANZANA Y RAMÓN SE MARCHAN

Deportivamente la situación estaba viento en popa, pero el primer batacazo llegaba durante esta primera vuelta el 26 de octubre de 1996 con el anuncio del 'manager general' y en realidad hombre fuerte del club, Ramón Fernández, de que presentaba la dimisión después de nueve años siendo el ingeniero encargado de la puesta en marcha de los sueños. Era una salida amistosa pero no por ello menos dolorosa. Nadie podía impedir sus deseos de buscar nuevos horizontes y otro tipo de retos. En su lugar se fichaba a Luis Rodríguez y a principios del año 1997 tomaba las riendas para empezar a construir el futuro. Aquí fallaron los engranajes de una idea (solamente duró cuatro meses) que unía las gerencias del Baloncesto León y la Cultural y Deportiva Leonesa de fútbol, tal y como sucedía con la presidencia en poder de Eugenio Álvarez.

Durante la parte que se jugaba en el año natural de 1997 de la liga, el deseo 'navideño' era evitar una relajación y, para ello, esperaban haber aprendido la lección de la anterior campaña. Así fue. No hubo un bajón, espoleados por el gran ambiente vivido en la celebración de la Copa del Rey celebrada en León y, con un gran esfuerzo, antes de jugarse el último partido se aseguraban su presencia en el 'play-off' por el título al ganar al TDK Manresa en León. Y pese a que en el último partido podían aspirar incluso a la tercera plaza, la derrota los llevó hasta un excelente sexto lugar en la fase regular con 20 victorias en su casillero. Ahora en la lucha por el título el rival iba a ser el Estudiantes de Madrid, que había sido tercero.

Era una eliminatoria al mejor de cinco partidos (sumar tres victorias) pero antes de comenzar la estadística acumulada de ambos equipos mostraba un dato demoledor: Baloncesto León había rotado mucho menos a sus jugadores más importantes, al disponer de un menor 'fondo de armario', y eso resultaría clave. Aunque los favoritos eran los madrileños, su dominio por 3-1 y la facilidad de algunos de los partidos no era la que se esperaba, pero ese final para un agotado equipo no desmerecía la gran temporada realizada y que, de nuevo, León se iba a mostrar por Europa.

La despedida de Aranzana se convirtió en un acto muy emotivo (MAURICIO PEÑA)

La 'bomba' llegaba a la conclusión de la temporada. El 6 de mayo de 1997 el entrenador Gustavo Aranzana, el hombre que había dirigido desde el banquillo al equipo al ascenso, a Europa y a cotas inimaginables, anunciaba que se iba de León pese a tener todavía un año más de contrato. Aseguraba que veía que las opciones económicas se limitaban y, con dos competiciones, la siguiente temporada iba a ser muy complicada. El consejo de administración negaba esa posibilidad y presionó porque deseaba que continuara. Tensó la cuerda, en momentos mucho, y tras varias reuniones y comunicados de ambas partes se llegó al acuerdo de que podía marchar a donde quisiera. Lo hizo perdonando un dinero que todavía no le habían pagado, porque una sociedad anónima valora todo desde el punto de vista económico y eso les lavaba 'la cara'.

Ramón Fernández, una gestión de oro

Cuando el Baloncesto León daba sus primeros pasos, una de las incorporaciones más relevantes fue la contratación de Ramón Fernández. Este asturiano nacido en Navia en 1958 es una persona que descubrió el baloncesto en los Escolapios en su Asturias natal. Como jugador y muy joven todavía, uno de los docentes de la institución, Antonio, algo debió de ver en él que le encargó que se hiciera cargo de los equipos. En esos momentos, aunque no lo sabía, estaba sentando las bases de lo que sería su futuro. Comenzó con dos equipos y 12 años después había 32, logrando llevar uno de ellos a una fase final nacional en la que compitió con todos los grandes (Madrid, Barcelona, Joventut). Realizó la misma tarea cuando estaba en la universidad. Con el conjunto del Universitario de Oviedo militó en una Segunda División en la que también estaba el cuadro leonés del Olímpico Nelson. Pasó a entrenar al Tradehi de Oviedo en Primera y estuvo seis meses, abandonando por discrepancias con la directiva.

Un mes después le fueron a ver Pepe Estrada y Marcial Manzano, que lo conocían porque había estado realizando el servicio militar en León y en ese tiempo había estado muy próximo al baloncesto leonés. Le hicieron una propuesta diferente, ser el gerente (palabra que siempre ha odiado y prefería que le llamaran manager general). Habló con Josecho Pardo, el presidente, y ambas partes quedaron convencidas y se hizo cargo de la gestión del club a partir de ese momento. Era el mes de febrero de 1988 y se hizo oficial para la temporada 1988-1989. En esos momentos el baloncesto español se estaba empezando a profesionalizar y en eso fue un pione-

Ramón Fernández aplaudiendo en el asiento del pabellón en que se sentaba siempre (MAURICIO PEÑA)

ro. Las causas de esta apuesta por una persona nueva en el cargo no eran tan descabelladas, porque Ramón era un gran conocedor de la cantera, no solamente la nacional. Era un hombre que se desplazaba con su propio vehículo y por su cuenta a múltiples competiciones, incluso las internacionales para las que con un Seat Ritmo familiar cubría miles de kilómetros y podía llegar incluso a Finlandia a ver partidos, como en el Europeo en el que descubrió a Perasovic con 17 años y que ya prometía las cualidades que luego tuvo. Al asturiano le convenció en su charla con la directiva la seriedad ofrecida por el club, en una fase de crecimiento espectacular con el respaldo de una empresa del potencial de Elosúa. Sin embargo todo se pudo haber ido al traste porque el equipo antes de su incorporación disputó un 'play-off' de descenso en el que de haber perdido la categoría posiblemente el Elosúa no hubiera podido mantener un cargo como ese en la división inferior.

En tierras leonesas vivió momentos difíciles en el primer año, temporada en la que de nuevo lucharon por eludir descender de Primera División B. Cuando Mariano Parra y el Baloncesto León separaban sus destinos fue cuando tomó una decisión que salió muy bien (costó mucho arrancar): el fichaje de Gustavo Aranzana. La historia varió mucho a partir de entonces. El club hizo una importante apuesta que él supo gestionar y se lograba el ascenso, mantenerse y llegar a competiciones europeas. En el mes de octubre de 1997 anunciaba al consejo de administración leonés su intención de marchar al considerarse cansado y que no iba a poder rendir al cien por cien. Después de la celebración de

Ramón junto a Estrada viendo baloncesto, su vida (MAURICIO PEÑA)

la Copa del Rey en la capital leonesa en 1998 abandonaba definitivamente. Deseaba irse a Estados Unidos a pasar un año conociendo el profesionalismo y la gestión del deporte en ese país, pero no lo hizo. Continuó ejerciendo la labor en la que León había marcado una impronta en Fuenlabrada; luego le llamó el Real Madrid como subdirector deportivo por detrás de Jorge Valdano, que gestionaba el club, y allí pasó más de dos años. Su labor de gestión provocó que los propietarios entonces de la Cultural de fútbol le ficharan para dar un giro a un equipo que no acababa de lograr sus objetivos y no le fue igual. Después continuó en el fútbol como accionista de Fuenlabrada, localidad en la que se asentó a vivir y desde la que con una consultoría siguió siendo un fanático del deporte y del baloncesto. Y pudo hacer aquel viaje a Estados Unidos.

De esta forma la temporada 1997-1998 fue como si un nuevo club llegara a León. Eran grandes los cambios surgidos dentro del mismo y el del banquillo era una gran novedad. Por primera vez era necesario que un nuevo entrenador se encargara de regir los destinos deportivos de un club que no había tenido tantos a lo largo de su trayectoria, tampoco demasiado extensa aunque sí exitosa. La vacante de Aranzana se cubrió con un técnico joven pero de larga trayectoria, el catalán Edu Torres. Llegaba con 33 años y por entonces ya había dirigido al Andorra muchas temporadas y había sido seleccionador nacional sub'22. Era un hombre de consenso dentro del consejo de administración de la sociedad anónima deportiva y eso era un importante paso adelante.

Para la plantilla Joaquín Rodríguez se iba a encargar de las incorporaciones, que iban a ser el base José Luis Galilea y el escolta veterano Joan Peñarroya en el principal apartado nacional y como extranjeros Tellis Frank, Roy Fisher y Harper Williams, que regresaba a León después de haber militado en dos épocas en Estudiantes y una en Manresa.

Edu Torres (centro) el día de su presentación (MAURICIO PEÑA)

Todo ello para una temporada que iba a vivir el retorno a la competición europea dentro de la Copa Korac. Baloncesto León estaba exento de la ronda preliminar y entraba directamente en la fase de grupos, que en esta campaña no iba a ser entre 16 equipos que hubieran superado rondas anteriores y sí 64. Esto hacía que los dos clasificados de cada uno de ellos tuvieran que jugar después más eliminatorias desde dieciseisavos de final. Los primeros rivales que iba a tener el cuadro de Torres iban a ser el Siena Italiano, el Aveiro portugués y el Oberelchingen alemán. Al no haber cribas anteriores el potencial de los rivales no era el mismo pese a que estaba en su grupo un italiano, pero también existía la dificultad de tener que renunciar a un jugador norteamericano al solamente utilizarse dos de los tres (el descartado fue Fisher). Fue inmaculada la fase con seis victorias en los seis partidos disputados, incluida la de la última jornada, que le aseguraba la primera plaza del grupo, puesto que los italianos podían quitársela si ganaban. Ese primer puesto le permitía evitar al Estrella Roja de Belgrado plagado de estrellas y con gran potencial en esos momentos, aunque tampoco le iba a corresponder un rival sencillo, ya que debía medirse al Peristeri griego. Esta ronda de dieciseisavos de final arrancaba en la cancha del rival y ahí conocieron los sinsabores de la primera derrota europea de la campaña, al caer en Atenas por 78-69 en un incómodo encuentro en el que la presión de la grada local fue determinante. Eran nueve puntos los que debían remontar en León en un encuentro con un ambiente navideño al disputarse el 18 de diciembre, pero no fueron capaces. Ganaron, 68-67, pero nunca dieron la sensación de poder recuperar la desventaja adquirida en la ida y, de esta forma, decían adiós antes de lo esperado a su presencia en Europa. Lo que no esperaban en ese momento es que ya sería para siempre.

Una foto de la plantilla de la temporada 1997-1998 en unos coches de choque (MAURICIO PEÑA)

En la liga tampoco fue un año sencillo y la lucha por alcanzar una de las ocho primeras plazas no estuvo lejos pero tampoco clara. Incluso en el ecuador de la liga perdieron el tren de la clasificación para la Copa del Rey reservada para los siete primeros. Los continuos problemas físicos y de actitud de Tellis Frank obligaron a sustituirlo por Dontonio Wingfield, que tampoco se centró demasiado y tuvo problemas de adaptación, lo que unido a las lesiones numerosas que sufrieron (como las de Odriozola, Martín Ferrer y Óscar Yebra de larga duración) dejaban diezmado al equipo, que concluía en la undécima plaza con 14 victorias, seis menos que el octavo, aunque solamente a dos del noveno que finalmente también iba a Europa al ganar el Manresa la Euroliga. Ese noveno lugar correspondió al Fórum Valladolid que entrenaba en esta campaña Gustavo Aranzana y que ganó los dos partidos de la fase regular a los leoneses.

Yebra y Ferrer se lesionaron gravemente (MAURICIO PEÑA)

EL FIN DEL SUEÑO

Edu Torres afrontaba su segundo intento en la temporada 1998-1999 al frente del equipo leonés después de no haber logrado el objetivo máximo, pero tampoco había sido un año sencillo porque la influencia de los tres jugadores norteamericanos en el rendimiento de una plantilla era clave y las lesiones habían hecho daño en esta ocasión en una de las piezas del eslabón. No ayudaba de igual forma que la sociedad estuviera inmersa en ocasiones en guerras políticas y, al no contar con los ingresos de un gran patrocinador, la dependencia de las instituciones era total. Esas premisas no eran precisamente las más adecuadas para afrontar la liga en la que su presupuesto estaba en la parte baja. La primera consecuencia de ello fue que se com-

Los jugadores del Baloncesto León 1998-1999 antes de un partido (MAURICIO PEÑA)

pletaba la plantilla con jóvenes valores y las rotaciones debían de hacerse con jugadores que habían militado en el filial como Chanca, Chagoyen y el internacional en las categorías inferiores Nacho Ordín, que ya con 15 años había estado en algunas ocasiones con el primer equipo y que debía suplir la ausencia del veterano Llorente. Las plazas de extranjeros se mantenían en la figura de Harper Williams y Fisher, a los que acompañaría MacKey para el rebote. Seguían Peñarroya y Martín Ferrer, éste después de haber superado su grave lesión, y por primera vez incluían en su equipo un jugador comunitario, en este caso el italiano Marcaccini, al aprovechar la normativa laboral que hacía que no ocuparan plaza de extranjeros y que hasta el momento no se había puesto en práctica en el baloncesto leonés.

El rendimiento no fue el esperado porque las aspiraciones eran demasiado altas y las miras tuvieron que ponerse rápidamente en eludir las dos últimas posiciones que hacían descender (directamente y sin 'play-off' a la Liga LEB). En el ecuador de la competición estaban solamente en el puesto 15 (seguían siendo 18 equipos), después de haber ganado 6 de los 17 partidos, dos victorias por delante de ese descenso. Y ya habían tenido que cambiar a su primer jugador norteamericano, Mackey, en este caso por causas extradeportivas al haber dado positivo en un control antidopaje por cannabis, lo que le acarreaba dos años de sanción para el baloncesto español (marchó a jugar a Grecia). Su lugar lo ocuparía Tim Perry, un jugador que ya había tanteado el Baloncesto León durante el verano pero que, al estar lesionado en esos momentos, no se le permitió ser de la parti-da. Durante la segunda vuelta la situación no mejoró excesivamente en cuanto a posición aunque sí en cuanto a 'distancia' en victorias respecto a los dos últimos. El Murcia estaba casi desahuciado al no conseguir ganar partidos (sí lo hizo ante el Baloncesto León) y el Granada se mantenía a cuatro triunfos casi siempre. Finalmente lograba la permanencia de forma matemática antes de la conclusión de la fase regular y su puesto definitivo fue el 16 (bajaron el 17 y el 18) al dejarse ir en los últimos partidos. Lograba 13 victorias (las mismas que otros cuatro equipos) en una temporada que tuvo como consecuencia final que no continuara el entrenador, Edu Torres, así como algún jugador como era

Ordín ya destacaba con 15 años (MAURICIO PEÑA)

el caso de Peñarroya pese a tener contrato en vigor con una cláusula para su rescisión.

José Luis Oliete, un aragonés de Zaragoza, fue el elegido para el banquillo. En ACB había entrenado hacía ya varios años al equipo de su ciudad y regresaba a la categoría procedente de la Liga LEB. Se iba a encontrar a un equipo en el que el apartado económico seguía bajando (pasaron a ser el tercer presupuesto más bajo de la categoría). Todavía se mantenía con las aportaciones institucionales pero con escasa contribución empresarial. La había, pero ni de lejos llegaba al porcentaje de presupuesto que existió en la época de Elosúa en la misma categoría. Aquellos tiempos de bonanza se habían terminado. Realmente el objetivo de la temporada 1999-2000 debía ser la salvación, pero en el club y en su entorno se seguía pensando en poder llegar a cotas más altas (los ocho primeros), aunque cada vez con menos fuerza. Continuaba existiendo una afición importante y una repercusión social llamativa, como se pudo ver en la plaza de San Marcelo con motivo de la presentación oficial de la nueva plantilla, pero lejos de lo que llegó a ser, además de que la cantidad de dinero que se movía en las cuentas el apartado de socios era una pequeña parte. Llegaban jugadores como Guillén, Bárcenas o Morales, con ganas de demostrar muchas cosas, y los extranjeros pasaban a ser dos,

lo que suponía una re-
ducción importante en
su coste. La elección
recayó en un base como
Haynes (Galilea se había
marchado) y Kempton,
un pívot con una larga
experiencia en la liga
profesional americana
(NBA) como especialista
defensivo y que ya había
jugado en España, pero
que llegaba en la parte
final de su carrera.

Francisco Fernández (2i) junto a Eugenio Álvarez (i) y Enrique
Gil (d) abandonaba la presidencia (MAURICIO PEÑA)

En la sociedad no hubo la paz necesaria y en el accionariado Eugenio Álvarez, con una cuarta parte del club, intentó comprar la parte
de Ayuntamiento y Diputación para evitar el abandono del mismo. Al
final su parte es la que pasó a las instituciones. Francisco Fernández
presentaba su dimisión como presidente a finales del mes de septiembre alegando motivos personales. Y un mes más tarde regresaba
Josecho Pardo, el hombre del club, que afrontaba su segunda época
al frente del equipo porque no sabía decir que no al Baloncesto León.
Montó un club profesional en su primera época, pero ahora llegaba a
un equipo dependiente de las instituciones públicas.

Las derrotas se fueron sucediendo y se cambiaba a Kempton (jugó
seis partidos) por el nigeriano Oduok. Nueve derrotas consecutivas
hacían fichar a un nuevo comunitario, el base uruguayo Capalbo,
que seguía al escolta Fabón, que había llegado con anterioridad, al
haber comenzado una plantilla muy corta de efectivos. El puesto
que se convirtió en el más habitual fue el de colista (mucho tiempo
con solamente dos victorias) de la categoría y con cinco victorias
eran los penúltimos al concluir la primera vuelta. Era la misma cifra
que la del último, el Cantabria. Para la esperanza estaba que otros
cuatro equipos tenían solamente una victoria más. Esto no dejaba
desahuciado al equipo, que empezaba a poner todas sus esperanzas
en la llegada de McCaskill en el lugar del nigeriano. Walters hacía lo
propio en el de Hayden (regresó al lesionarse su sustituto), pero la
dinámica no variaba y se iban reduciendo tanto las esperanzas como
las posibilidades. Una derrota en casa ante el Cáceres hacía salir a los
cuatro mil aficionados que se dieron cita en las gradas del Pabellón
Municipal cariacontecidos porque el descenso estaba cerca y así fue,

ya que al concluir la temporada finalizaba en la última plaza, la 18, con solamente 10 victorias en 34 partidos. Aunque quedaron a un solo triunfo de la salvación, que estuvo en once, en ningún momento se vio al equipo capacitado de salvarse. La fecha fue el 24 de abril de 2000, un lunes, que vio como el pabellón se llenaba para intentar dar su aliento de apoyo y el empujón necesario. El rival al que debían derrotar, el Fórum Valladolid en cuyo banquillo se sentaba Gustavo Aranzana, uno de los constructores de la gran leyenda. Todo parecía de cara pese a que también necesitaran que el Gijón derrotara al Manresa (lo que sí se dio), pero fallaron estrepitosamente, como habían hecho toda la campaña, y en una pésima segunda parte, en la que estuvieron atenazados por la presión, acabaron perdiendo 66-84 y, como decía el entrenador visitante: "Estoy jodido, pero menos darles balones..."

De esta forma se ponía el punto final a esta trayectoria en la máxima competición del baloncesto español, la Liga ACB, que había durado diez temporadas, todas ellas de un inmenso mérito pero sobre todo de una gran ilusión para toda la ciudad y también para toda la provincia. Incluso alcanzó tres participaciones en la competición europea (la Copa Korac) y aunque se estuvo lejos de poder luchar por los títulos, esa tarea era demasiado compleja ante el enorme poten-

Después de diez temporadas en la élite Baloncesto León se despedía de la ACB (MAURICIO PEÑA)

cial económico que ello conllevaba. Incluso mantenerse no era tarea nada sencilla, como demuestra que, en su descenso, le acompañaba el Manresa, que no mucho antes se había llevado una Copa del Rey, y anteriormente habían desaparecido proyectos muy importantes de otras ciudades incluso más grandes que León.

LA MALDICIÓN DE LOS 'PLAY-OFF'

Ahora la situación era saber asimilar el cambio, con los problemas económicos acarreados por los numerosos cambios que fueron necesarios en la plantilla ante las lesiones y la falta de rendimiento. Era asumir que se podía volver, pero sin que por ello fuera necesario hipotecar el club, que seguía viviendo una mala situación pero que todavía no llegaba a ser desesperada. Para ello tuvo que reducir su capital ante las deudas y disminuir de una manera importante el presupuesto, aunque también los gastos eran menores en una categoría muy distinta a la anterior.

Para esa reconstrucción estaba al frente del equipo un hombre que iba a saber tener los pies en el suelo, Josecho Pardo. Sin lugar a duda era la persona indicada para ello, aunque tenía que lidiar con instituciones públicas que, en muchas ocasiones, para mover el dinero necesitaban demasiado tiempo, y eso el deporte lo lleva muy mal.

Julio González llegó a ganar un 'oro' júnior con España (MAURICIO PEÑA)

Lo primero era decidir la persona que se iba a encargar de la labor técnica del equipo y lo tenían en la propia casa: Roberto Herreras. El 'Gran capitán' en el año del ascenso a la ACB estaba entrenando desde que dejara de jugar y, en esos momentos, estaba en el propio equipo filial del club, realizando una gran labor. A sus 37 años era un buen momento para ello y, además, podía servir para que la afición

Herreras, la familia del baloncesto

Roberto Herreras es un nombre que forma parte de la historia del baloncesto en León desde el comienzo de la fase más importante de su historia. Junto a él otros dos hermanos también tuvieron carreras brillantes en el deporte de la canasta como Carlos y Nacho. Durante los años 90 del siglo XX era fácil hablar de ellos, puesto que eran "Los Hermanos Herreras".

El que abrió el camino fue Carlos, nacido en 1960 en León, que fue el encargado de inculcar la afición a este deporte a sus hermanos aunque la altura de todos ellos les encaminara hacia la canasta, puesto que rondar el 1,90 metros ya era suficiente para ello. Carlos destacó pronto y cuando todavía se encontraba jugando en los equipos de base (en León estuvo en Anejas y Agustinos) fue fichado por el Real Madrid que ya contaba entonces en esos equipos con jugadores de la talla de Romay, Llorente o Iturriaga. Llegó a ser internacional en la selección española juvenil a las órdenes de Aíto García Reneses y allí sufrió una lesión de espalda que le tuvo más de un año sin poder jugar, lo que cortó su trayectoria. Con mucho esfuerzo y trabajo logró recuperarse y el Madrid lo cede a sus conjuntos filiales y luego empezó su andadura por numerosas localidades de la geografía española. En 1984 se va a Gijón a Primera B y luego a Bilbao, equipo con el que conseguía el ascenso a Primera División en 1986 y juega un año en la máxima categoría, que todavía no se llamaba Liga ACB. Regresó a Asturias, ahora a Oviedo, y un problema médico en forma de una infección extraña le volvió a apartar un tiempo de las canchas de juego. Otro leonés, José Alberto Pesquera, que entrenaba al Caja San Fernando de Sevilla

Roberto Herreras dirigiendo un partido desde el banquillo en su carrera como técnico en León (MAURICIO PEÑA)

en la Liga ACB, se llevó a este escolta de 1,93 a recuperarse para el baloncesto a tierras andaluzas en 1989. Lo consigue de nuevo con mucho esfuerzo y llega a jugar en la Liga ACB. Vuelve de nuevo a Primera B en el Cajamadrid donde no le salieron bien las cosas y después de regresar a Asturias a categorías inferiores deja el baloncesto y se quedó allí a ejercer su labor profesional en torno al mundo empresarial.

Por orden cronológico el segundo de los hermanos, que era Roberto (nacido en 1962), siguió los pasos de Carlos en esos comienzos en Anejas con el minibásket y luego en Agustinos con Fernando Alonso y de juvenil con Mantecón un año en Maristas. El equipo leonés más importante era el Santa Claus y este escolta de 1,90 recaló allí como era lógico dada su calidad. Era júnior todavía pero ya destacaba e incluso estuvo en la órbita de la selección española de su categoría pese a militar simplemente en un club de una ciudad pequeña que estaba en la tercera categoría del baloncesto. Juega un año en el Santa Claus y luego pasa al mítico Nelson. Cuando se produce la fusión de este conjunto y un recién llegado pero con un gran potencial, el Elosúa, no forma parte de la nueva plantilla como el resto de sus compañeros. La decisión pudo ser acertada o no, pero sí fue coherente con las ideas que Roberto tenía de disfrutar del baloncesto desde su punto de vista. Estuvo un año en el Casa de Galicia en Tercera cuando el Elosúa jugaba en Segunda. Solamente fue una temporada y ya se fue junto al resto de sus compañeros al Elosúa.

Con los 'aceiteros' conoció la época más gloriosa. Ascendió en la mítica fase de Badajoz a Primera B. Vio la llegada

'Los Herreras' se caracterizaban por la entrega en cada partido como muestra Roberto en la fotografía (MAURICIO PEÑA)

de Aranzana y Ramón Fernández y formó parte de esos jugadores que alcanzaron lo que no podían ni soñar: llegar a la ACB. En la máxima categoría jugó el año del debut siendo el jugador leonés de la plantilla junto a la presencia casi testimonial ese año de Josines. Al concluir la temporada 1990-1991, después de siete años defendiendo los colores del conjunto leonés más prestigioso, causaba baja en la plantilla.

Durante ese verano de 1991 tuvo ofertas para jugar en Primera B, pero siempre tuvo claro que para abandonar León y su puesto de trabajo (había estudiado Veterinaria) en el que se estaba la-

Roberto y Nacho Herreras colaboraron de forma muy importante a crear la leyenda del Elosúa con dos ascensos (MAURICIO PEÑA)

brando un futuro debían ser "espectaculares". Finalmente el club no quiso perder su experiencia y personalidad y le ofreció el club cadete como entrenador y para matar el 'gusanillo' de las canchas de juego estuvo en Ponferrada en el JT, aunque solamente un año. Ya se convirtió en un entrenador y llegó al equipo filial rápidamente con un gran trabajo de formación de los jóvenes valores que llegaban de fuera o procedían de la cantera leonesa.

Cuando llega el descenso de la ACB del primer equipo en el año 2000 se ocupa del equipo 'profesional' para buscar de nuevo el ascenso desde LEB oro. Está dos temporadas en las que incluso abandonó su puesto de trabajo para centrarse en el equipo. Realizó dos fases regulares de un gran nivel, sobre todo la primera de ellas en las que se mostró muy superior al resto de los equipos. Sin embargo no fue igual en las eliminatorias para ascender. La crueldad del baloncesto se reflejó en su trabajo de una manera brutal. Todo lo realizado durante meses no tiene ningún valor si tienes una mala semana en el momento clave. Eso les pasó el primer año en el que tras un mal día en un primer partido en León sin mucho ambiente se puso muy cuesta arriba la eliminatoria y se quedaron fuera. El segundo año dijeron adiós a regresar a la ACB en un quinto partido en el que pudo haber pasado cualquier cosa. En 2002 abandonaba los banquillos y el baloncesto para volver a sus quehaceres para los que se había preparado también con la misma intensidad con la que como jugador se entregaba en los partidos.

El tercero de los hermanos era Nacho y también defendió los colores del conjunto leonés. Nacido dos años después que el anterior (1964) también se decantó por el baloncesto y en este caso como base. Siguió los pasos de sus hermanos en las categorías inferiores y con Roberto en el Nelson, pero de ahí se fue a Gijón antes de recalar en el Elosúa, con el que ascendió en dos ocasiones, tanto a Primera B, como a la ACB, aunque no fue renovado para la temporada del estreno del equipo en esa máxima categoría en la que se quedó sin debutar. Marchó al mítico Askatuak en la competición de plata y luego al Torrelavega. Regresó a León, en esta ocasión a Ponferrada para militar en el JT en lo que sería el final de su carrera.

El 31 de octubre de 1987 fue una fecha especial para la familia al ser la primera vez en la que coincidieron los tres hermanos sobre una cancha en un partido oficial. Era en Primera B y enfrentaba al Elosúa en el que estaban Nacho y Roberto al Tradehi de Oviedo en el que militaba Carlos. Ganaron los asturianos 89-82 con 12 puntos del mayor, mientras que el mediano hizo 3 y el pequeño 15. En la vuelta, el 16 de enero de 1988, y en el último partido de la primera fase fue la única vez que jugaron en León. Ganaron los leoneses 79-78 con 7 puntos de Nacho y 4 de Roberto, mientas que Carlos sumaba 11. En la grada, el cuarto de los hermanos, Alejandro, que jugó en las categorías inferiores, viendo al resto de la familia de corto.

Roberto y Nacho, agachados a la izquierda, en sus inicios en el Olímpico Nelson (CÉSAR)

se ilusionara, como así fue al incrementarse el número de socios. Algunos jugadores del filial tenían sitio en la primera plantilla como Julio González, un asturiano criado en la cantera leonesa y que había sido campeón del mundo júnior con la selección española en 1999 junto a jugadores que luego marcarían una época como Navarro, Raúl López y sobre todo Pau Gasol. También se producía el regreso de Toño Llorente o el fichaje de Miguel Ángel Reyes, un 2,07 que había sido internacional.

La temporada 2000-2001, que se llamaba antes de comenzar 'el año en el infierno', comenzó en la Liga LEB con una derrota inesperada en la cancha del Rosalía de Castro, uno de los equipos más modestos. Nunca son buenas las derrotas, pero en este caso al menos sí ayudó a concienciar a todo el mundo que la competición no iba a ser un camino de rosas y que esta categoría era muy igualada y compleja lejos de casa, por lo que era necesario ponerse el 'mono de trabajo' en todo momento, ya que ningún equipo iba a tender un 'puente del plata' al Baloncesto León por su condición de anterior conjunto de ACB. Pero la situación poco a poco fue al sitio que todos esperaban y el trabajo empezaba a dar sus frutos. Con seis victorias seguidas se auparon a la primera posición y sumaron incluso otras tantas después hasta las doce de forma seguida. Se habían convertido en el equipo a batir. Solamente dos derrotas impidieron que sentenciara la fase regular casi en la primera vuelta. Sus grandes rivales estaban siendo el Manresa, Lleida y Granada, todos ellos equipos que ya conocían la élite. La clasificación para luchar por el ascenso la alcanzaban con soltura y el derecho de cancha en las eliminatorias al concluir en la primera plaza la fase regular después de haber ganado 23 de los 30 partidos jugados y encajar siete derrotas.

Ahora debían superar dos eliminatorias para regresar a la ACB y una fase regular tan buena se pudo volver en su contra. En la primera el rival iba a ser el Menorca Basket y la grada no presentaba el aspecto de una eliminatoria por el ascenso. Los isleños habían sido los octavos y el entorno del equipo no supo valorar la igualdad reinante en la categoría, que se multiplica cuando son partidos de estas características. Además, ese día 'tonto' que los equipos tienen en la temporada llegaba en el primer partido y se veían sorprendidos por 76-88. Ahora debían ir a remolque. Igualaron la eliminatoria en la segunda de las citas también en casa (96-86) y los dos siguientes partidos iban a ser en Menorca, por lo que debían ganar uno de ellos, al menos para seguir vivos (si lo hacían en los dos se acababa al ser al mejor de tres victorias). La desgracia del primer día se vio acompañada de la mala suerte en el tercero, en el que perdían por un solo punto (76-75) después de haber dominado casi todo el partido, incluso con contundencia hasta el descanso, al que llegaron con un marcador favorable de 28-45. Una canasta a falta de seis segundos le ponía en una situación difícil. Esa presión de jugar el cuarto partido a 'vida o muerte' fue determinante, hicieron un nefasto partido en el que caían 89-71 y mucho antes del final ya se veían abocados de forma inesperada a permanecer un año más en la Liga LEB, siglas de (Liga Española de Baloncesto). La maldad de los 'play-off' había dejado al Baloncesto León sin ascenso, tras hacer una de las mejores temporadas de su historia en cuanto a resultados favorables, pero no fue así en el momento determinante.

El pívot mallorquín Martín Ferrer desarrolló una larga carrera en León (MAURICIO PEÑA)

La situación de la temporada 2001-2002 se hizo muy similar. Hubo cambios en la plantilla y llegaban Roberto Núñez, Alex González, Jorge García y los extranjeros Rod Mason y Tim Young. De nuevo la liga de 16 equipos permitiría luchar a los ocho mejores por el ascenso, y otra vez estaban obligados a una de esas plazas. La alcanzaron aunque no con la solvencia del primer año de Roberto Herreras. Había conjuntos muy reforzados y no resultaba sencillo ante equipos como el Manresa, Alicante, Tenerife o Menorca, además de un Ourense con muchas pretensiones y que había hecho una gran apuesta esta temporada. Concluyeron en la quinta plaza después de ser más o menos el lugar más habitual, sin sufrir demasiado, pero sin poder relajarse. Lograron en los 30 partidos 18 victorias y la parte negativa fue que, frente al Tenerife, que fue el cuarto, no tenían la ventaja de cancha en un enfrentamiento que se preveía muy igualado.

Las expectativas de igualdad se vieron ya en el primero de los partidos jugado en las Islas Canarias. Hasta el descanso las ventajas fueron siempre locales, pero sin despegarse excesivamente, en el tercer cuarto se empezaba a vislumbrar la igualdad y en el cuarto y definitivo la situación fue mucho más tensa y se resolvía solamente a tres segundos para el final con unos lanzamientos de tiros libres con el marcador en empate. Morales, que se convirtió en protagonista al ser eliminado por las faltas personales el norteamericano Mason, fallaba el primero, pero al anotar el segundo daba la victoria a los leoneses por un ajustado 73-74 y permitió a los de Roberto Herreras recuperar el factor cancha. Menos igualdad hubo en la segunda cita en Tenerife, en la que los locales vencían cómodamente por 74-60, pero al menos habían conseguido los de León regresar de las turísticas islas a su pabellón con un empate a uno más que esperanzador. Pero una vez más, en el peor de los momentos, desaparecían los dos jugadores clave en el cuadro leonés para la tercera cita. Los dos norteamericanos, Mason y Young, escogieron un mal día para ponerse 'de acuerdo' en que no les salieran las cosas y el Tenerife daba la vuelta a la eliminatoria una vez más, al lograr un triunfo por 83-95. La presión pasaba ahora al bando leonés, que ya no podía perder más partidos para clasificarse para la segunda ronda por el ascenso, la definitiva. En el cuarto encuentro fueron los de Tenerife los que se olvidaron de 'salir a jugar' y perdieron 95-78, por lo que con empate a dos victorias todos debían volver a Tenerife y no precisamente a tomar el sol, sino a jugarse una importantísima clasificación. Regresaba en ese quinto encuentro la igualdad durante la primera parte. Los empates se sucedían siempre, con los visitantes a remolque pero no muy lejos. Una mala salida en el tercer cuarto daba la mayor ventaja a los de Tenerife tras un parcial de 16-4 y, a partir de ahí, sin perder la fe, los de Herreras empezaban a 'remar' para enjuagar la diferencia. Consiguieron reducirla, pero no lo suficiente y perdieron por 95-91 y de nuevo quedaban apeados por segundo año consecutivo de la lucha por el ascenso.

No se le estaban dando bien las rondas de 'play-off' al Baloncesto León en esta Liga LEB. Había fallado en las dos primeras pero iba a seguir intentándolo y se convirtió en una dinámica que se repetía una y otra vez como si se tratara del 'Día de la Marmota'. En la temporada 2002-2003, con Quino Salvo en el banquillo después de que Herreras lo hubiera dejado, se volvía a quedar quinto (con 16 victorias solamente dos por encima del noveno) y se empezaba la eliminatoria ante el Bilbao con una gesta poco habitual (hasta ese momento nadie lo había hecho en la categoría), al superar el 2-0 inicial con el que se habían puesto los vascos en su cancha (78-76 y 96-72); en León cómodos triunfos locales (85-71 y 87-77) para que, en el definitivo, en La Casilla, cuando los vascos las tenían todas consigo por los precedentes, sucumbir 74-80 tras ir siempre a remolque. La última piedra en el camino era de nuevo el Tenerife, pero esta vez el premio era mayor porque el vencedor ascendería. Las plantillas habían cambiado y los canarios habían sido los dominadores de la fase regular con una gran apuesta económica en esta ocasión y, aun así, de nuevo el León Caja España regresaba otra vez con un empate a uno al perder en el primero 87-69 y ganar el segundo 77-84. Pero esta vez falló la cancha talismán de León pese a que recuperaba un lleno que no se veía desde hacía seis años. Venció el Tenerife 69-74 y lo repetía en el cuarto mucho más fácil (62-82) ante un equipo más cansado al que no pudieron aupar los seis mil aficionados.

Quino Salvo dirigió al Baloncesto León también sin suerte en la lucha por el ascenso (MAURICIO PEÑA)

Joaquín Rodríguez, ejemplo de dedicación

Cuando se quiera explicar la dedicación de una persona a un club, la mejor manera de hacerla es contar el ejemplo de Joaquín Rodríguez con el Baloncesto León. Llegó muy joven por un año y 25 años después lo abandonaba al no contar con los respaldos suficientes y haber desaparecido. Conoció el baloncesto en el Colegio Leonés porque creció pronto (era alto pero cada vez menos, como reconocía) y su hermano mayor ya lo practicaba en Oviedo en la universidad. En 1987 se había convertido en un hobby y mientras estudiaba en la universidad disfrutaba con las competiciones internas. Pepe Estrada le llamó en el mes de mayo para decirle si quería colaborar con el Elosúa. Dijo que sí pero no se habló más del tema por lo que pensó que se había olvidado todo, hasta que de repente le dijeron: "Comenzamos ya los entrenamientos". En principio era un complemento con los estudios pero no le fue bien el curso y poco a poco se fue involucrando más en el club, en la época del ascenso como delegado y como ayudante de Ramon Fernández, al lado del cual aprendió mucho. También colaboró ejerciendo esa labor con la Federación Española formando parte de las concentraciones de equipos de

Joaquín celebrando con Aranzana el ascenso del equipo a la Liga ACB (MAURICIO PEÑA)

la selecciones de categorías inferiores.

Con la marcha del manager general asturiano y tras unos meses en el ostracismo con la gerencia de Luis Rodríguez, dio otro paso adelante y pasó a ser el gerente. Le ofrecen el puesto a Joaquín, que lo acepta por un año y siguió quince más. Lo hizo como director general de la entidad leonesa. En esa faceta tuvo que vivir años duros de la sociedad anónima deportiva. En 2008, tras la dimisión de Emilio Fernández, le ofrecen la presidencia y pasa a un nuevo cargo en el club de su vida. Por desgracia para él tuvo que gestionar los momentos más complicados con pocos apoyos, y en 2012 tuvo que ser el que se encargara de anunciar que ante la imposibilidad de hacer frente a las deudas, no se inscribía al equipo en la siguiente temporada y desaparecía. Todavía echó una mano al baloncesto de la ciudad asumiendo la presidencia del Fundación Baloncesto León y después de haber tenido que abandonar su ciudad aun siguió ligado al baloncesto coordinando las escuelas deportivas del Benalmádena y luego siendo el gerente del Almansa en la Liga LEB Oro, club en el que estuvo en su época dorada.

La situación se repetía en las dos temporadas siguientes en las que un nuevo ocupante llegaba al banquillo, Ángel Jareño, un técnico en la órbita del Real Madrid, y que al no ser el segundo del primer equipo (había sido ayudante de Sergio Scariolo el año anterior) se permitió su presencia en León. Pero la maldición de los 'play-off' se hacía más larga, ya que en la temporada 2003-2004 caía de forma contundente ante Bilbao por 3-0 (había sido el mejor equipo de la fase regular en la que León fue cuarto con 20 victorias, en una liga de 18 equipos esta vez, y después de sufrir para imponerse a Menorca por 3-2); para repetir también en la ronda definitiva de la temporada 2004-2005, esta vez ante el Menorca por 3-1. En esta liga realizó un buen papel el equipo y finalizaba tercero con 24 victorias en las 34 jornadas y ante el CAI Zaragoza se llevó su presencia en las semifinales después de un contundente 3-0 y con unas victorias más o menos tranquilas. Frente al Menorca fue clave el primer partido, en el que perdieron por un solo punto 87-86, cuando tuvo en su mano el norteamericano Barnes dos tiros libres para ganar, pero los erró. El 2-0 lo ponía fácil Menorca por 84-67 y aunque Baloncesto León ganaba el tercero por 85-63, esta vez no se produjo el milagro y en el cuarto se acababa al imponerse los de las Islas Baleares por 69-73 con 30 puntos de su norteamericano Stewart que marcó las diferencias.

EL REGRESO DE ARANZANA

El 14 de junio de 2005 se daba un paso importante en el Baloncesto León. Marcial Manzano era presidente de la entidad desde que en 2004 reemplazara a Josecho Pardo, ante los cambios de la toma de decisiones empresariales de la entidad, ahora en manos de Agelco. Y este nuevo mandatario fue el encargado de realizar la presentación oficial del nuevo entrenador, que se puede decir que no la necesitaba. Gustavo Aranzana regresaba. Volvía al equipo el hombre que había formado parte de la leyenda. La

Aranzana y el presidente Marcial Manzano al anunciar su regreso a León (MAURICIO PEÑA)

persona que, en la anterior ocasión era el responsable técnico en el ascenso a la Liga ACB, quería volver a intentarlo. De hecho, era su único objetivo al declarar que "vengo a ascender o ascender".

Había cambios en el club pero no le eran desconocidos, puesto que su anterior delegado, Joaquín Rodríguez, era ahora el director general y el responsable de confeccionar la plantilla junto a él. No eran dos desconocidos y eso ayudaba a la hora de ponerse a trabajar. Y la plantilla sufrió muchas variaciones. Así, los bases iban a ser dos veteranos, Bernabé y Barry (un norteamericano con pasaporte alemán); los aleros eran Rocchia (argentino criado para el baloncesto en España), Bufoni (otro argentino con pasaporte comunitario), Panadero (el único que estuvo la anterior temporada en León), Javier Vaca (de la cantera) y el norteamericano Mills; por último, para el puesto de pívot, solamente una novedad, Rodri, que subía del filial, puesto que los otros cuatro ya estaban en la anterior temporada como eran Dani García, Higgins (norteamericano con pasaporte español), Martín Ferrer y Barnes (el segundo que ocupaba plaza de extranjero). Un equipo cosmopolita formado por cuatro norteamericanos, dos argentinos y otros cuatro españoles (Javi Vaca era jugador del primer equipo pero con ficha del filial). Por primera vez los nacionales eran inferioridad, lo que se multiplicó con la posterior llegada del francés Dumas y otro argentino, Román.

Este importante esfuerzo también se debía ver reflejado en el resultado en la temporada 2005-2006. Se cumplieron los pronósticos al sumar cinco victorias en las cinco primeros partidos y, de esta forma, colocarse como líderes en solitario de la clasificación (anteriormente lo habían sido pero por la diferencia de puntos en las pocas jornadas disputadas). El equipo rodaba perfectamente pese a que en la sexta cita encajaba su primera derrota ante la Unión Baloncesto La Palma por un solo punto 62-61. Siempre formó parte de los primeros lugares y en una fase larga con los contratiempos físicos que sufren las plantillas hubo buenos y malos momentos. Conseguían finalizar de nuevo primeros la fase regular de la categoría, gracias a las 26 victorias sumadas en las 34 jornadas, una más que el segundo, el CAI Zaragoza, pero ya a cuatro quedó el tercero, el Murcia.

Llegaban los temidos 'play-off', esa pelea en la que se atoraban en las últimas temporadas (cinco). Y si temibles resultaban estas eliminatorias, no era menos cuando el rival debía ser un conjunto de unas islas, que se estaban convirtiendo en malditas en cuanto a Baloncesto León se refieren. Y quiso la diosa fortuna que tuvieran que regresar a las Baleares, ahora para enfrentarse al Palma Aqua Mágica. Los isleños habían sido octavos y por una vez no dieron la sorpresa en ninguno de los partidos iniciales en León, donde los de Aranzana se impusieron 86-74 y 71-69 en la cita más igualada de las disputadas. Tras el viaje podía llegar la tensión, pero eran tantos los cambios sufridos que nadie se acordaba de la 'maldición', y con un tercer triunfo por 67-73 cerraban esta primera eliminatoria por un claro 3-0.

Llegaba el momento de la verdad y era en la península, incluso

La afición nunca perdió la ilusión por volver a la élite (M. PEÑA)

no demasiado lejos, en San Sebastián, y el rival el Bruesa. Pese a la cercanía, su pequeño pabellón no permitía que fueran muchos los leoneses que pudieran desplazarse puesto que solamente se ponían a disposición del conjunto leonés 250 entradas. El factor cancha era favorable a los de Aranzana, que eran los claros favoritos. Y ese favoritismo saltaba por los aires en la primera de las citas al perder por 72-79. La situación se volvió dramática tras el segundo de los partidos al caer 72-73; en ambas ocasiones ante más de cinco mil espectadores en las gradas. Quedaba el milagro, pero esta vez no se produjo y el Bruesa sentenció un contundente 3-0 con un nuevo triunfo por 88-81.

No se había roto el maleficio en la primera temporada de Aranzana pero no se arrojaba la toalla y se iba a intentar de nuevo por séptima vez en la temporada 2006-2007. Se produjo el cambio de presidente al dimitir Marcial Manzano, llega en su lugar Miguel Fernández Llamazares (de forma eventual, en medio estuvo José María Rodríguez de Francisco), un hombre metido en la política y que no contaba con el beneplácito de todos los partidos, una parte importante del club. En la plantilla hubo cambios y el más llamativo fue la retirada del baloncesto profesional de Martín Ferrer, después de diez temporadas en el equipo. El mallorquín incluso se quedó en León y jugó de forma amateur en Primera Nacional con el equipo de San Andrés del Rabanedo.

Las principales llegadas fueron para fortalecer el interior de la zona, lo que 'desvistió' algo el exterior. El presupuesto no daba para cubrir todas las zonas y la lista era corta al comienzo, lo que se notaba en las rotaciones y multiplicaba más el perjuicio de los días malos de los extranjeros; en este caso Peterson era un jugador con muchos altibajos, pese a contar incluso con una peña dominicana en los partidos de casa puesto que también tenía esa nacionalidad. Dominar la liga no era la obsesión, pero sí estar entre los ochos primeros para luchar por el ascenso. Pero con Gustavo Aranzana en el banquillo se tenía una pequeña garantía para ello, pese a sus quejas de que el proyecto había perdido fuerza. Al ecuador de la temporada el Climalia León (había encontrado un modesto patrocinador) era el segundo empatado a victorias con el líder. Y ese mismo lugar fue el que se ocupó a la conclusión de la temporada a un solo triunfo del líder Cantabria. Baloncesto León había sumado 22 en las 34 jornadas y parecía estar preparado para afrontar las dos eliminatorias. Además contaba con los precedentes que debían evitar que se confiara.

Y como no, un nuevo viaje a Palma en el camino. Aunque se había roto el maleficio la anterior campaña, de nuevo era un desplazamiento que generaba desconfianza. Esta pareció disiparse después de los dos primeros partidos en León, en los que fueron contundentes los de Aranzana al ganar 87-62 y 99-77. Parecía que no sería necesario volver a jugar en esta ronda en León el definitivo y quinto partido. Pero Palma contra León siempre se transformaba y ganó los dos partidos en su casa (94-89 y 92-66). Llegaba el quinto partido y con un pabellón con una representación en las gradas acorde a la importancia de la cita (como en los viejos tiempos) el Baloncesto León dominaba de principio a fin y se llevaba la victoria por 85-75 con 28 de esos puntos logrados por Bulfoni.

El último escalón, una circunstancia que no era nueva para los leoneses ni mucho menos en las últimas temporadas, era el CAI Zaragoza. Un equipo que tuvo una época dorada en la Liga ACB y que siempre contaba con importantes proyectos en esta categoría. Comenzaban los enfrentamientos en León el 17 de mayo de 2007 y el primer triunfo correspondía a los de casa por 89-75, después de dominar a su rival. El segundo de los encuentros, un par de días después, fue el del apagón, y no solamente de juego, ya que un cortocircuito dejó sin luz la instalación leonesa durante 25 minutos en los que se tuvo que suspender el choque. Pero no solamente fallaron la luces y el CAI se llevó la victoria por 73-88. Estaban 1-1 y todos a tierras aragonesas con la obligación de ganar al menos uno de los encuentros para los de Aranzana. Si en León se llegaba a

El 'play-off' ante el CAI fue intenso (MAURICIO PEÑA)

los seis mil espectadores, el Pabellón Príncipe Felipe de Zaragoza, de mayor tamaño, permitía que hubiera más de diez mil personas para ver un tercer partido marcado por la igualdad y que, en el tramo definitivo, fue mejor solventado por los maños para llevarse la victoria por 79-73. El margen de derrotas para los de Gustavo Aranzana se había agotado. Debían ganar los dos siguientes partidos y el primero de ellos en territorio hostil. También presidió la igualdad la cuarta cita entre Baloncesto León y CAI Zaragoza en los tres primeros cuartos, después de los cuales el marcador era de 55-56 para los visitantes. Ahí surgió la defensa de los de Aranzana y el temple de los grandes jugadores para poder llevarse la victoria (73-82) y pasar a jugarse todo los dos equipos a una carta. Las proféticas palabras de Aranzana antes de comenzar la serie se habían cumplido: "Será largo".

De esta forma llegaba el 26 de mayo de 2007. Muchos partidos y muy intensos en muy poco tiempo pero eran para los dos. Después de todos los intentos anteriores en los 'play-off' era la primera vez que llegaban a un partido a todo o nada. Con la victoria se ascendía y con la derrota se quedaban en la Liga LEB. Volvían a la ciudad las grandes colas para hacerse con las entradas. Si se hubiera dispuesto de una instalación que hubiera sido el doble de grande, también se habría llenado. Y ya estaba todo dispuesto para que los dos equipos lucharan por ese premio tan importante. De salida, después de cinco minutos de tanteo igualados, los de Aranzana se llevaban el primer cuarto por 23-18. Regresaba la igualdad en el segundo que acaba con 15-14, pero sumados los puntos del primero el marcador al descanso (38-32) era muy esperanzador para los seis mil leoneses presentes en las gradas y los otros miles que estaban pendientes desde otros lugares. La renta se ampliaba en los diez minutos siguientes pero muy poquito (tres puntos más al ir tras el tercer cuarto 63-54). Llegaban los cinco con ventaja, pero no lo suficiente para estar tranquilos, y así fue hasta el bocinazo final, que dejaba un marcador de 89-79 y al Baloncesto León de nuevo alcanzando un ascenso. Jugaban esta cita Bernabé (5), Quinteros (24), Bulfoni (5), Hughes (15), Peterson (14), Dumas (7), Lucho (11), Otegui (2) y Leather (16).

Aranzana lo había vuelto a hacer. Dos veces habían conseguido en su historia el baloncesto leonés un puesto en la máxima categoría y en las dos ocasiones con el entrenador vallisoletano en el banquillo. Y, como es lógico, estalló la fiesta y durante una hora el pabellón seguía lleno de leoneses que, desde el centro de la cancha, estaban festejando este gran éxito con unos jugadores exultantes y un entrenador al que se le dio la vuelta a la cancha a hombros como si de un torero en el ruedo se tratara. La fuente de Santo Domingo de la capital leonesa congregaba a cinco mil personas para festejarlo y de esta forma poder olvidar los anteriores sinsabores de las ocasiones en las que habían querido volver y la fortuna no había sonreído.

Los jugadores del Baloncesto León celebrando el nuevo ascenso a la ACB (MAURICIO PEÑA)

Peterson subido a una canasta celebra el ascenso con la afición en la cancha (MAURICIO PEÑA)

80 extranjeros de cuatro continentes

El baloncesto profesional español tiene una gran dependencia a nivel de club de los jugadores extranjeros. Para muchos afecta a la progresión de los jugadores nacionales y para otros ha servido de acicate para que mejoraran y de ahí las medallas alcanzadas por la selección española. Lo que sí es seguro es que en las plantillas de los equipos de muchas categorías están incluidos. Baloncesto León en su trayectoria profesional, que comenzó al llegar a Primera B en la temporada 1986-1987 y finalizó al desaparecer una vez concluida la 2011-2012, siempre contó con jugadores foráneos en sus filas. La lista es de 80 nombres sin incluir casos como el de Silvano Bustos, que era español pero había nacido en Alemania, pero sí otros como el de Mike Higgins, nacido en Estados Unidos pero con pasaporte español.

La procedencia es muy variada incluyendo cuatro continentes. Solamente faltó el asiático y se incluyó Oceanía al fichar en la temporada 2008-2009 a Bradshaw, que había nacido en Nueva Zelanda. El más numeroso es lógicamente el continente americano y por países Estados Unidos se lleva la palma con una amplia diferencia sobre el siguiente, que es Argentina con los ju-

Corny Thompson, uno de los más queridos, en su despedida (MAURICIO PEÑA)

gadores con pasaporte comunitario en el tramo final de su historia. Europeos no ha habido muchos y se han visto con cuentagotas, siendo la mayor curiosidad la del croata Sundov, que fue el más alto que hubo con sus 2,18 metros.

Por temporadas el número de foráneos utilizado ha variado mucho, porque en algunas campañas el bajo rendimiento de algún jugador o una lesión obligaba a reemplazarlo. También porque la normativa ha fluctuado mucho sobre este aspecto y más desde la llegada de los comunitarios. El límite de jugadores no seleccionables siempre ha estado en tres (comunitarios al margen) pero en muchas ocasiones ha sido de uno. Solamente en dos temporadas tuvieron un solo jugador así en el Baloncesto León, el año del ascenso a la ACB con Cherokee Rhone, y el primer año después del descenso con Ronald Coleman. La cifra más alta se ha dado en dos temporadas en las que han contado con ocho, que eran más que los nacionales, en ocasiones no llegaba a haber ninguno sobre la cancha. Con todas las temporadas han sido 109 plazas en las plantillas las ocupadas por esos 80 jugadores.

Los fichajes se convertían en muchos casos en una odisea que se alargaba en el tiempo y en otras ocasiones la incorporación se producía lo más tarde posible. Otros no se acababan de adaptar al estilo del baloncesto europeo y se iban pronto, lo que implicaba muchos problemas burocráticos.

También ha habido casos de jugadores que se han implicado mucho y han sido míticos en León, con dos nombres por encima del resto como Hollis y Corny Thompson. El más longevo fue Reginald Johnson con 117 partidos, seguido de Harper Williams con 99. Otros nueve no llegaron ni siquiera a los diez partidos al ser eventuales.

Hollis, que dejó una profunda huella, el día de su llegada (MAURICIO PEÑA)

Harper Williams estuvo más de una vez (MAURICIO PEÑA)

Una vez cumplido el apartado deportivo de conseguir el ascenso, ahora era la sociedad la que debía hacer frente a la situación de tener que afrontar la nueva temporada en la Liga ACB. Algunos aspectos del canon para tomar parte en esa competición o del pabellón le valían por haber estado recientemente y cumplirlos, ya que no habían variado. Un presupuesto mínimo de más de tres millones de euros era una cantidad importante, ya que los ingresos no eran como la primera vez que se había ascendido. Las instituciones seguían estando detrás pero no en las mismas cantidades. Pocos días después de subir, el presidente presentaba su dimisión. El partido político en el que estaba y que le había ubicado en ese puesto había sufrido un varapalo en las elecciones municipales y ahora su representación al frente del equipo de baloncesto no hubiera conseguido la unión necesaria cuando se necesitaba que todos remaran en la misma dirección. La persona que se buscó fue un miembro del consejo que siempre se había caracterizado por su gran trabajo oscuro en torno a los números y que era capaz de dialogar con todas las partes. Emilio Fernández era esa persona y fue el elegido para estar al frente del Baloncesto León en el retorno a la ACB. También se aprobaba un presupuesto de cuatro millones que cumplía con los requisitos de la competición.

En ese tiempo de relevo apenas se pudieron tomar decisiones aunque sí que se realizaban trabajos. Aranzana tenía una cláusula por la que podía desvincularse del club para evitar que sucediera lo mismo de la anterior ocasión. No la hizo efectiva. Los jugadores tardaron más en llegar. No se podía repetir lo de otras temporadas puesto que había un cupo mínimo de jugadores nacionales en la plantilla para evitar un exceso de extranjeros por los pasaportes comunitarios. Estaban con contrato Bernabé y Bulfoni. Dani García también, aunque había una cláusula para romperlo antes del 30 de junio, pero el cuadro leonés se quedó con este gran jugador que había destacado en el Joventut y se había adaptado perfectamente a la vida de León, aunque los problemas físicos no le permitieron rendir como esperaba durante su estancia en el equipo. Pese a ello era el capitán y en el interior del vestuario era una pieza clave. Finalmente los nombres con los que se comenzaba la temporada eran los de Carles Marco, Bernabé, Bulfoni Strong, Yáñez, Evans, Urko Otegui (tras unas dudas de cesión pudo quedarse en León), Dani García, Kevin Thompson, Hughes y Barnes. Solamente uno de los jugadores (Otegui) estaba por debajo de los

30 años, pero se buscaba el arma de la experiencia para salvar la categoría.

Lógicamente no iba a ser sencilla la temporada 2007-2008 y se notó desde el primero de los partidos, que perdieron ante el Granada. Después de tres derrotas de forma consecutiva, por fin podían ganar el primer partido de la temporada en la cuarta jornada al superar al Bilbao Basket, no sin sufrimiento al hacerlo en la prórroga por un ajustado 77-76. Los triunfos llegaban con cuentagotas y el

Una imagen del último partido en la ACB (MAURICIO PEÑA)

segundo no se alcanzaba hasta la octava jornada en la que eran los penúltimos solamente por delante de un sorprendente colista, el mítico Estudiantes de Madrid. La desastrosa primera vuelta concluyó con solamente una victoria más para sumar tres en los 17 partidos, lo que no impidió que fueran últimos. No había 'play-off' de descenso y los dos últimos volvían a la Liga LEB. Al menos el puesto 16 de la clasificación solamente tenía dos victorias más que ellos.

Se buscaron soluciones en la segunda vuelta como se había hecho en la primera cuando Urtasun había reemplazado a Strong, que llegó lesionado y nunca se recuperó. El propio Aranzana decía que se iría si el problema era él, pero como no era así continuaba. Lo mismo sucedía con el presidente en el consejo de administración, pero tampoco era la causa, y la primera medida fue la de cambiar a Thompson por Germaine Jackson después de un tiempo de problemas para efectuar la sustitución al no poder tirar de talonario sin más para incorporar a jugadores y tener que mirar cada céntimo que se gastaba. Y para el interior de la zona se buscaron 'centímetros' al incorporar al jugador más alto de su historia, Bruno Sundov, un pívot croata de 2,18 que había intentado abrirse camino en la NBA desde muy joven.

Pero los rivales seguían sumando algunas victorias más que ellos y la brecha se iba haciendo mayor, por lo que empezaban a tener prisa por sumar triunfos que los sacaran del pozo. Dos triunfos casi consecutivos ante Fuenlabrada y Taugrés (en medio se perdió con el Real Madrid), este último en Vitoria, acercaron a los rivales y se veía que, sin ser sencillo, se podía lograr. Pero no llegaron las victorias necesarias y antes de que concluyera la fase regular, la temporada ya se había cumplido al consumar el descenso cuando quedaban tres jornadas. Concluyeron los últimos con tan solo ocho victorias en su casillero, a cuatro de la salvación. La nueva estancia en la elite había sido efímera. Pese a que se consideraba un fracaso, solamente el hecho de estar ahí era muy importante y además daba más valor a lo logrado en la primera ocasión en la que estuvieron, puesto que competir en la Liga ACB es muy complicado y requiere de muchos esfuerzos, principalmente en el apartado económico.

El presidente Emilio Fernández, por problemas personales, dejaba el club y Joaquín Rodríguez debía asumir el cargo en esos momentos difíciles para que el equipo pudiera avanzar, al no encontrar a otra persona de consenso y ante la posibilidad de que no avanzara el equipo. Cuando había un problema siempre estaba allí Joaquín para intentar resolverlo anteponiendo incluso los intereses personales.

Aranzana, Javi de Grado y Vaquera, desolados por la mala situación del equipo (MAURICIO PEÑA)

En el banquillo Gustavo Aranzana dejaba el club y se hacía cargo del puesto el que había sido su segundo, Javi de Grado. Era un hombre de la casa que asumía la responsabilidad de coger las riendas en el momento que se presentaba más complicado, puesto que la crisis económica se empezaba a vislumbrar, no solamente en el baloncesto, sino en toda la economía. La plantilla buscó acomodo en la mayoría de los casos en la máxima categoría y, por este motivo, se tuvo que confeccionar una nueva casi en su totalidad. Solamente la continuidad de Bernabé recordaba el efímero nuevo paso del equipo por ACB. Si en la anterior campaña todos los jugadores iniciales menos uno superaban los 30 años, en esta ocasión era a la inversa y solamente uno superaba la treintena. La plantilla la formaron Bernabé, Alex González (regresaba al club en el que se formó), Stacey, Jorge Calvo, Rocchia (volvía después de dos años de cesiones), Gilbert, Vega, Báez, Bradshaw y Leiva.

Lógicamente se soñaba con volver a luchar por el ascenso en esta temporada 2008-2009. Habían cambiado las cosas en el año de ausencia de los leoneses. Seguía habiendo 18 equipos pero se denominaba LEB Oro porque había una tercera categoría que era LEB Plata (antes LEB 2). El primero iba a ascender directamente a la ACB (de haber sido así en los años anteriores lo había logrado mucho antes el Baloncesto León) y los clasificados del 2 al 9 jugarían una eliminatoria al mejor de tres partidos, disputando una Final Four los cuatro vencedores, en una sede con semifinales y final (a un solo partido) en la que el vencedor acompañaría en el ascenso al campeón de la categoría.

El inicio leonés fue espectacular al ganar por 32 puntos al Gandía en su propio feudo (60-92) y convertirse en el primer líder, pero no significaba eso que la liga se fuera a desarrollar así. En la tercera jornada perdían el primer partido y empezaban a tener que pelear por encontrar su identidad. En la octava jornada llevaban tantas derrotas como victorias y el primer puesto se empezaba a alejar, pero no así esas plazas de los cruces para jugarse la Final Four. Al ecuador su puesto era el séptimo formando un pelotón de equipos muy apretado que llegaba hasta el puesto 12, lo que hizo que en alguna jornada de la continuación llegara a estar fuera de esos lugares. Finalizó en la octava plaza con 18 victorias y 16 derrotas, el mismo bagaje que tuvo el décimo clasificado, por lo que tuvo que esperar al último partido en Burgos para conseguirlo, eso sí, lo hizo con un buen encuentro. En el 'play-off' el rival iba a ser el Melilla, que había sido tercero y no le dio ninguna opción al imponerse 79-56 en su feudo y 75-76 en León después de una prórroga sin que el pabellón viviera una de sus grandes jornadas pese a contar con una buena entrada de 4.000 espectadores.

Pero la conclusión de la temporada también era época de números, pero económicos. El club empezaba a ver cómo la losa que tenía encima de la deuda, cuantificada por el alcalde de la ciudad (el Ayuntamiento era el máximo accionista) en un millón de euros, hacía peligrar el futuro. Sin embargo las propias instituciones públicas mantenían una importante deuda con el club en esos momentos lo que hubiera paliado mucho la situación en la que también había quebrado el patrocinador. Todo esto provocaba que se tuviera que buscar una plantilla ilusionante pero para no descender. El presupuesto debía bajar de 1,7 millones a 1,2. Y por desgracia empezaba a sonar una palabra ante la crisis económica: desaparición.

La plantilla que afrontó la temporada 2010-2011 (MAURICIO PEÑA)

Joaquín Rodríguez con su ímprobo trabajo conseguía parchear la situación y casi en el tramo final disponer del aval para poder formalizar la inscripción. Hubo que sacrificar la cantera en la que la colaboración de la Universidad era clave con el filial. También hubo que hacer un gran esfuerzo para hacerse con una plantilla que generara que la afición se enganchara al equipo pese a saber que las aspiraciones debían ser menores. Se trajo incluso a un ex jugador de la NBA que había estado con Gasol como el pívot Hamphrey y junto a él regresaba Hughes. Repitió actuación el Baloncesto León en esta temporada 2009-2010 con algo más de tranquilidad. Estuvo siempre en torno a la séptima plaza, que fue la que consiguió al final (19 victorias y 15 derrotas), y lograba su presencia en el 'play-off' antes de la última jornada. Se abandonó la Final Four y para la segunda plaza de ascenso (la primera era para el campeón) había que superar tres eliminatorias de nuevo al mejor de cinco partidos. Para recordar viejas tradiciones algo 'olvidadas', regresaba a las islas de nuevo el cuadro leonés. En esta ocasión ante Ciudad La Laguna canario y de ese viaje regresaban los de Javi de Grado con un marcador adverso de 2-0 tras sendas derrotas por 72-65 y 82-62, con pocas oportunidades. Cerraban su temporada al caer de nuevo en casa 73-83 y se alejaba otra opción.

Para la temporada 2010-2011 el dinero se iba a seguir reduciendo y el presupuesto se quedaría en 830.000 euros. Los jugadores con fichas altas pasarían a la historia y los que tenían contrato debían renegociarlo por más años para poder continuar como era el caso de Bernabé, que lo entendió y como

Javi de Grado fue el último entrenador (MAURICIO PEÑA)

capitán lo asumió. Los viajes se harían en el día y la renovación del cuadro técnico con Javi de Grado a la cabeza se hacía con un contrato a la baja, que aceptaban para poder dar viabilidad a la sociedad. En la época de bonanza económica solamente los ingresos del patrocinador de aquellos años (Elosúa) eran al cambio a euros de 720.000, cerca del presupuesto que tenían en la actualidad para todos los gastos. Regresaban antiguos jugadores del equipo como Julio González y Jorge García, se fichaba un solo norteamericano, Seawright, y a un joven dominicano por 'explotar' como Quezada. También se incorporaba al maragato Múgica después de varias temporadas en la LEB 2 y Plata, y continuaba el berciano Calvo. Un equipo con ilusión pero con limitaciones. No se vieron tanto en la cancha, aunque hay que reconocer que todo el deporte español estaba levantando el pie del acelerador y los presupuestos se reducían de forma generalizada. El comienzo no se lo esperaban los leoneses, que habían bajado su presencia en los partidos en el Pabellón Municipal. Sumaron seis victorias consecutivas en los seis primeros partidos. Ver para creer. La primera derrota llegaba en la séptima en Melilla después de una semana en la que la plantilla sufrió un virus intestinal. Estaban todos recuperados para el partido, pero nunca se sabrá si, de haber entrenado en condiciones, hubieran ampliado esa marca. Fueron cinco las derrotas al finalizar la primera vuelta (17 partidos) y 14 al concluir la temporada, pero finalmente acababan en la quinta posición, que fue la peor que ocuparon en toda la temporada. El rendimiento de su norteamericano Seawright, el segundo con mejor valoración fue clave para ese éxito.

Para luchar por el ascenso (en las mismas condiciones que en la anterior campaña) no tuvieron que ir muy lejos. Su rival fue el Breogán de Lugo, el propietario de la cancha de aquel mítico año en el que lograban el ascenso a la ACB por primera vez en su historia los leoneses. Aunque comenzaron ganando los de Javi de Grado el primero de los partidos en casa, 82-69, la derrota en el segundo por 76-82, y la mala fortuna en los instantes finales en los partidos de Lugo, en los que dominó pero sucumbió en el último minuto (75-73 y 76-74), dejaron un año más en la cuneta al cuadro leonés a la primera.

Una marcha para buscar la salvación del equipo cuando estaba moribundo (MAURICIO PEÑA)

Ese gran éxito en pésimas condiciones creó una imagen de que no era tan grave la situación de la sociedad, cuando lo era y mucho. Se hizo un nuevo equipo y se continuaba con presupuestos reducidos, más cuando se perdían otros patrocinadores como podía ser el caso de Caja España. Y claro, en la temporada 2011-2012, mientras surgían nuevos equipos con las cuentas a cero, Baloncesto León arrastraba problemas y no podía mejorar, por lo que su lucha se convirtió en eludir las tres últimas plazas (una de ellas de descenso directo y las dos de un 'play-off') para conocer el otro equipo que perdería la categoría. Estuvo en el noveno lugar en varias jornadas por la igualdad existente, pero la mirada de los de Javi de Grado, que seguía al frente del equipo, debía ser hacia abajo pese a que solamente perdió las opciones de estar entre los nueve mejores a tres partidos para el final. Concluía en el puesto 14 (de 18) con quince victorias y 19 derrotas. Cerró la liga en un intrascendente encuentro disputado el 20 de abril de 2012. Lo hizo en casa en una jornada en la que tuvo lugar el 'Día del aficionado'. Perdieron 65-76 con un equipo formado por Bernabé, Quezada, Julio González, Durley, Mortellaro, Mario, Múgica, Lucho y Rocchia.

Pero lo peor era la situación económica. La Sociedad Anónima Deportiva no podía hacer frente a las deudas. Se ejecutaba el aval por las deudas con los jugadores y el propietario del club, el Ayuntamiento de León, solamente encontraba un camino para el futuro, el concurso de acreedores que pudiera hacer frente a los pagos de una manera más asequible. Seguían saliendo deudas y se informaba de un déficit acumulado de 2.206.452 euros. Era insostenible la situación pese a los intentos de evitarlo. La masa social, ya más reducida, no quería que eso pasara y lanzaba un grito de socorro en forma de una manifestación en la ciudad con un millar de seguidores, pero no había nada que hacer. No era una situación única y ese mismo verano de 2012, compañeros de fatigas en la última temporada como Menorca, Lleida, La Palma y Granada echaban el cierre. No consolaba, pero sí era una prueba de que la crisis del baloncesto era generalizada, aunque en León tenía unos condicionantes especiales con un accionariado entre instituciones y empresarios, que ya no se presentaban a los consejos de administración. Para evitar que las embargaran, se paralizaban las subvenciones, por lo que tampoco llegaban. Se daba la carta de libertad a todos los jugadores y se barajaban mil opciones, como continuar en categorías con menos gastos, pero eso también implicaba menos ingresos y que la deuda siguiera ahogando. Esa deuda crecía desde que en 2007 se pidiera un crédito de dos millones para poder jugar en la ACB ya que era obligatorio estar saneados. Luego no se pudo hacer frente a los pagos de una parte del mismo.

No hubo nada que hacer. El 5 de julio de 2012 desaparecía el Baloncesto León.

Baloncesto León se fue, pero su leyenda y sus grandes historias siempre se recordarán (MAURICIO PEÑA)

UNA NUEVA ERA

Desde que Benigno Paramio (un trabajador incansable del baloncesto) pusiera en marcha en 1964 un equipo con el nombre de James Naismith en honor del creador del baloncesto, cambió la forma de afrontar las competiciones en la provincia de León. No es que no hubiera equipos antes, pero casi siempre dependientes de organismos del movimiento y controlados por la OJE, no por un par de entusiastas como eran él y Amez. Incluir a la OJE fue obligatorio en su nombre puesto que los anglicismos no se aceptaban y ese equipo que puso en marcha se tuvo que llamar Juventud OJE. A partir de ese año empezaron a surgir muchos equipos, la mayoría con un recorrido muy corto y de participación en ligas locales, pero cuando había que desplazarse fuera de la provincia, tenían que abandonar al ser muy escasos los ingresos. Otras veces desaparecían porque la persona que se había decidido a poner en marcha al equipo se cansaba y no había nadie que le diera continuidad.

Un partido en el Seminario, ejemplo de que en cualquier sitio se jugaba (ARCHIVO LAURE)

Lo que sí ha habido son muchos equipos que han formado parte de la historia del baloncesto leonés y que con el paso del tiempo han seguido siendo recordados por sus buenos resultados o por su propia idiosincrasia. La lista es muy grande en toda la provincia, aunque algunas localidades tuvieron más afición que otras. Algunos de ellos consiguieron llegar alto en las competiciones masculinas y vivieron su momento de gloria al margen de lo que hizo el Baloncesto León.

Tanto el baloncesto masculino como el femenino han sufrido cambios a lo largo de su historia en lo que se refiere a la denominación de las diferentes categorías, lo que a veces hace difícil el seguimiento del verdadero nivel de los equipos. De forma resumida, se puede afirmar que la primera de las categorías desde los orígenes a nivel competitivo es la que menos ha cambiado. Entre 1957 y 1983 fue la Primera División, a partir de entonces Liga ACB (Asociación de Clubes de Baloncesto).

Paramio (I), Estrada (2d) y Quintanilla (d) son tres históricos 'constructores' de equipos en León (ARCHIVO JANDRI)

La segunda categoría se denominó Segunda División entre 1957 y 1978, fecha en la que pasó a conocerse como Primera División B y que duró hasta 1990. Ese año se llamó Primera División sin más pero solamente hasta 1994, que pasó a denominarse Liga EBA, que significa Liga Española de Baloncesto Aficionado. Así fue solamente un par de temporadas y en 1996 pasó a ser Liga LEB (Liga Española de Baloncesto) ya que aquella denominación de "aficionado" a ese nivel no era muy cierto. Ese ha sido su nombre desde entonces, aunque en ocasiones con apellidos como LEB1 o LEB Oro, que empezó a ser en el año 2007.

El tercer nivel o categoría comenzó siendo local y se llamaba así a la Tercera División. Duró hasta 1978 pero con muy diferentes formatos porque a medida que avanzaba, el baloncesto pasaba a ser interprovincial o 'interzonal'. En la reestructuración de 1978 su nombre pasó a ser Segunda División, competición algo más potente al existir menos grupos, pero seguía siendo la tercera categoría. Así fue hasta 1996 cuando la Liga EBA llegó a este nivel hasta el año 2000, luego fue LEB2 hasta 2007 y desde esa fecha LEB Plata.

La cuarta categoría también fue local mucho tiempo y entre 1978 y 1983 se llamó Tercera División, para volver luego a ser la de categorías inferiores (no nacionales). En 1996 recuperaba un carácter nacional con el nombre de Segunda División hasta el año 2000 en el que esa denominación desaparecía. A partir del año 2000 fue la Liga EBA hasta 2007, entre 2007 y 2009 LEB Bronce para regresar en 2009 a ser la Liga EBA.

Hubo más niveles y así en el siglo XXI había hasta una quinta categoría nacional, que entre 2000 y 2007 se llamó Primera División (luego siguió bajando peldaños hasta ser un par de años de carácter autonómico con el nombre de Primera). Entre 2007 y 2009 este quinto escalón lo ocupó la Liga EBA, que había llegado a ser incluso el nombre del segundo nivel, para volver luego a llamarse Primera División que bien podía ser 'Quinta División'.

FORECU

A mediados del siglo XX se crea el club Forecu, siglas que responden al comienzo de las palabras 'Formación Recreativa y Cultural'. Fue en 1964, más con el objetivo de fomentar cualquier actividad de índole cultural, sobre todo el teatro, que con el objetivo de la práctica deportiva cuando aparece este club. Al poco tiempo se creó la sección de baloncesto, que fue ganando importancia tanto en las competiciones masculinas como femeninas. Además de salir en Televisión Española, lo más importante en aquellos momentos para el deporte leonés fue que la sociedad sobrevivió con las aportaciones y la colaboración de sus socios, sin que intervinieran los organismos oficiales, algo muy poco visto en aquellos años. Esto les acarreaba en ocasiones pequeños problemas puesto que el régimen dictatorial existente en aquellos momentos quería controlarlo todo.

El Forecu llegó a tener dos equipos, uno competitivo y el Atlético Forecu más 'lúdico-deportivo' (ARCHIVO ALBINO)

La formación femenina y masculina de los equipos del Forecu (ARCHIVO MAXI CAÑÓN)

Además de jugar al baloncesto, esos jóvenes organizaban cine-fórum y obras de teatro, escapaban a su control aunque ellos lo último que querían en esos momentos era tratar temas políticos. Solamente buscaban la diversión y este deporte, que poco a poco se hacía un hueco entre la juventud, era una buena manera de hacerlo. Hicieron dos equipos, uno masculino y otro femenino que se apuntaron en las competiciones provinciales y acabaron llegando los éxitos. En su primer año ya fueron subcampeones jugando sus partidos en la cancha de los Agustinos, que les ayudaba en estos comienzos con las instalaciones que este colegio tenía en el centro de la ciudad de León junto a la 'plaza de la Inmaculada'. Llegaron a tomar parte dos temporadas en las eliminatorias de la Copa del Rey, siendo eliminados en una de ellas por el equipo que contaba con la colaboración del Atlético de Madrid de la capital de España, a la que se desplazaron para jugar en lo que fue la experiencia deportiva más llamativa que tuvieron pese a saber que no tenían ninguna posibilidad de clasificarse por la diferencia entre uno y otro.

En categoría femenina, el Forecu fue campeón provincial la temporada 1966-1967 en lo que fue su primer título y les obligaba a tomarse el baloncesto de forma más 'seria'. Esa circunstancia hacía que parte de los ingresos de la sociedad se destinaran a la práctica del baloncesto, lo que generaba alguna división interna. las chicas disputaban en la temporada 1971-1972 la fase de sector de ascenso

Armendáriz, de chico alto a jugador

A finales de los 60 había escasez de altura en el baloncesto español, y por todos los rincones del territorio nacional se buscaban jugadores con esa condición antropométrica. En León había uno de casi dos metros, Manolo Armendáriz estaba en un equipo como el Forecu en el que la actividad deportiva no era lo principal. De hecho, este joven de Padre Isla que jugaba en San Esteban, comenzó a practicar baloncesto por las actividades culturales que se hacían en el club, entre ellas algo de deporte en las canchas de baloncesto. A los 18 años fue fichado por el San José de Badalona por su estatura ya que como él mismo reconocía "no sabía jugar". Empezaron entonces las horas de entrenamiento y se convirtió en un buen jugador. Su especialidad era la defensa y en las plantillas destacaba en los entrenamientos porque le tocaba cubrir al americano del equipo, que solía ser un pívot, por lo que tuvo que fajarse contra jugadores de mucha calidad como era el caso de Charles Thomas. Ficharon a este jugador por un millón de pesetas y el otro que tenían en cartera valía dos y no pudieron llegar a hacerse con él. Se trataba de Lew Alcidor, un norteamericano que luego se cambió el nombre y pasó a ser Kareem Abdul-Jabbar. Pese a ser ya una estrella, estaba enfrentado a su país por el racismo y no descartaba abandonarlo. Para Armendáriz su labor era un trabajo duro, pero no desconocido para él que ya había comenzado a hacerlo con catorce años. No era una época en la que hubiera dinero y además del baloncesto era necesario tener un trabajo. Los equipos pagaban el hotel, la comida y las zapatillas las compraba el jugador, que en muchos casos hasta las remendaba. Fue fiel a su equipo incluso cuando perdió el patrocinador y jugó en Provincial. Luego fue al Español y a Mallorca, ciudad en la que fijó su residencia definitivamente.

Un equipo del Forecu con un jugador que ya destacaba por la altura, Armendáriz (ARCHIVO PARAMIO)

a Segunda División, pero cayeron en las semifinales celebradas en Salamanca. Repitieron la siguiente campaña (lo hacía el campeón provincial) y sucumbieron en las eliminatorias previas.

En lo que se refiere a la competición masculina hubo temporadas que presentaron dos equipos, al que luchaba por los puestos de honor se unía el Atlético Forecu, que era para los que querían practicar deporte pero su calidad era algo inferior. El mayor éxito del club fue jugar la liga de Tercera División Nacional de la temporada 1970-1971, con numerosos desplazamientos a Valladolid y Asturias. Concluyeron en la parte baja de la clasificación. Poco a poco fueron disminuyendo su participación como Forecu, aunque uno de los miembros de la sociedad, Albino de la Varga, no quiso arrojar la toalla debido a su gran afición por este deporte y continuó creando distintos equipos tanto de chicos como de chicas a partir de mediados de la década de los setenta.

GRUPO DE AMIGOS DEL BALONCESTO (GAB)

El GAB (Grupo de Amigos del Baloncesto) fue un equipo muy especial en toda su trayectoria, un verdadero ejemplo de cómo afrontar la competición deportiva de otra manera, sin renunciar a ganar, pero sin que eso fuera el argumento preferencial o su razón de ser. Creado en 1972 por una de las personas que más ha hecho por el baloncesto en sus comienzos: Quintanilla. Lo formaron en principio en el apartado masculino antiguos jugadores de la OJE, la base la formaban Quintanilla, Pablo, Jandri, Bellet, Zayas, Fernando, Félix, Toño y Santy. Tal y como reconocen Jandri, también muy destacado por su labor en Trinitarias, y el propio Quintanilla "el nombre lo puso un gallego de Agrícolas". En la 'Laboral' en Zamora se conocieron Quintanilla y Jandri pese a ser los dos de León. Allí descubrieron el baloncesto

El GAB tuvo un gran recorrido (ARCHIVO JANDRI)

puesto que "en el fútbol no tocaba el balón", comentaba Quintanilla, que empezó a destacar y se enganchó hasta los 55 años, que fue cuando dejó de jugar. Como lo primero era ser un grupo de amigos, como el propio nombre indica, para evitar discusiones sobre el 'deporte rey', entre los que eran del Barça y del Madrid, la camiseta se escogió azul con ribetes blancos. Jugaban en la cancha de las Trinitarias, que no era la más adecuada y apenas contaba con instalaciones, ni vestuarios, y se tenían que cambiar en el gallinero. Pese a ello llegó a ser campeón provincial masculino en la temporada

Un partido del GAB en Ponferrada (ARCHIVO JANDRI)

1980-1981, cediendo solamente un empate y una derrota en toda la temporada. También destacaban en la faceta organizativa. Crearon una Liga de Veteranos que se llamaba Liga GAB, que contó con una enorme aceptación varias temporadas, al permitir a muchos aficionados poder seguir practicando este deporte y contando con equipos de otras localidades de la provincia como podían ser Toreno, Astorga y Fabero; para reducir gastos incluso era arbitrada por los propios jugadores. También tuvieron un importante Torneo de Navidad y crearon la distinción 'Guzmán del GAB' que entregaban a personas distinguidas del deporte, principalmente baloncesto. La lista de premiados la formaron Hansi, Chichi Creus, Roberto Herreras, Josecho Pardo, Ademar de balonmano (ellos incluso se apuntaron a un torneo de este deporte en una ocasión haciendo un brillante papel), Antonio Vecino, Manolo Cadenas, Enrique Gil, Pepe Estrada, Benigno Paramio, antiguos profesores de Educación Física de León (alma máter de muchos deportes) y Emiliano Rodríguez. Recibieron la distinción de mejor Club de Baloncesto en la Gala del deporte de 1987 y fueron muchos años el conjunto decano del baloncesto hasta su retirada, más por motivos físicos a causa de la edad que por falta de ilusión.

BÁSKET BIERZO

Comenzó llamándose Básket Ponferrada y en su tramo final Básket Cenco, pero el nombre que le hizo más popular fue Básket Bierzo. Este equipo nacía en Ponferrada en 1978 y comenzaba simplemente como un equipo de baloncesto. No pertenecía a una sociedad como el Club de Tenis, que fue el anterior equipo que llevó las riendas de este deporte en Ponferrada en la competición nacional, o a una empresa como Endesa, que fue el que más éxitos había conseguido hasta ese momento, simplemente era la aventura de unos entusiastas como Jesús Pascual, José Ángel Lana y María José Rodríguez. En una época en la que no había apenas canchas y mucho menos cubiertas, se lanzaron aprovechando los jugadores del Santa Marta y el Ipove. Federativamente llevaba el nombre del primero, de esta forma pudo comenzar la competición en Tercera División, porque a Ponferrada le ofrecieron dos plazas en la categoría y decidieron hacer un solo equipo que de esta forma contaría con mayor potencial. El objetivo era competir con los equipos de Asturias, León y Palencia, tal y como el propio Suso Pascual había expuesto en una reunión del baloncesto ponferradino. Uno de sus primeros deseos era conseguir cierta masa social. El baloncesto tenía un grave problema a finales de los años 70, sobre todo a nivel provincial, que a pesar del aumento del número de practicantes, no contaba con seguidores. Comenzaron un trabajo 'puerta por puerta' colocando carteles en muchos locales co-

Era un club avanzado y contaba con mercadotecnia (ARCHIVO PEPA)

Ellos hacían carteles para recaudar fondos (ARCHIVO SUSO PASCUAL)

merciales para su captación. Deportivamente la primera temporada no resultó del todo mala y concluyeron en una meritoria sexta plaza, al sumar seis victorias con un plantel muy joven dentro de un grupo de nueve equipos. La plantilla la formaban Nacho, Cruz, Neira, Pela, Savi, Lolo, Barral, Javu y Salvi, siendo el entrenador Lana.

Una de las alineaciones del Básket Bierzo (ARCHIVO PEPA)

Al perder el respaldo del Santa Marta en 1980, ya federativamente aparecía con el nombre de Básket Bierzo, un club que al no contar con patrocinador y solamente la colaboración de algunos industriales, afrontaban los gastos con sus exiguos socios, venta de lotería, rifas, baile y hasta la venta de objetos pintados a mano en un mercadillo. Una nave en Cuatrovientos era su cancha de entrenamiento y los viajes los tenían que hacer en coches particulares.

Así fueron sumando temporadas con resultados de diversa índole en la Tercera División con un premio año tras año, la tremenda ilusión mostrada del "equipo más pobre de la provincia y que menos ayuda recibe", como reconocía Pepa, uno de los eslabones más sólidos para su continuidad. Después de haber estado a punto de desaparecer tras la temporada 1981-1982, surgió la empresa Cenco que les hizo vivir los mejores años económicamente, al llegar a cubrir en alguna temporada hasta el 70 % del presupuesto. De ahí que se llamara Básket Cenco. No se limitaron en estos años al club sénior de Tercera y contaban con una amplia base y un equipo femenino, que dio muchos días de gloria a la entidad. Para la temporada 1984-1985, cansados de pelear y al perder a muchos jugadores que se habían ido fuera, arrojan la toalla y deja de existir uno de los equipos que fue clave para el inicio de la afición en Ponferrada a este deporte.

Los equipos alineados para un partido (ARCHIVO SUSO PASCUAL)

Pepa, en lucha constante por el deporte

Si hay una persona conocida en toda la historia del deporte berciano, esa es Pepa; así conoce todo el mundo a María José Rodríguez, una educadora que dedicó gran parte de su tiempo al baloncesto. Aunque nació en Oviedo por motivos laborales de su padre, sus raíces son de Cacabelos y su vida la ha desarrollado en Ponferrada. En medio pasó su infancia en León, Fabero, Villaseca de Laciana y Bárcena del Bierzo. Ya joven empezó a practicar deportes, principalmente fútbol en el País Vasco mientras cursaba estudios en el instituto (había comenzado en el 'Gil y Carrasco' ponferradino) cuando todavía en la provincia de León no lo practicaban las mujeres. Fue una pionera en la lucha por la igualdad real de oportunidades entre hombres y mujeres, cuando todavía era una quimera esa pelea; destacaba en una entrevista realizada en 'meprestaelbierzo.com', cómo la sociedad vasca era diferente, señalaba que veía en el autobús cómo las mujeres se levantaban del asiento para ceder su sitio a los obreros de las fábricas. Encaminó sus estudios hacia la Educación Física y regresaba en 1973 a Ponferrada para desarrollar su labor

La ficha de árbitro de María José 'Pepa' (ARCHIVO PEPA)

hasta que se jubiló en el Instituto Álvaro de Mendaña tras un fugaz paso por Flores del Sil. Organizadora incansable, su labor, junto a la de un nutrido grupo de entusiastas bercianos, llevó a que Ponferrada disfrutara de eventos como los inolvidables Juegos Deportivos del Bierzo a imitación de unas olimpiadas; en relación con el baloncesto fue una de las creadoras del Básket Bierzo. Ejercía de delegada del conjunto masculino en unos años en los que no era habitual que las mujeres desarrollaran ese tipo de funciones. También, junto a personas como Suso Pascual, recorría los comercios y empresas de la zona para conseguir 'duro a duro' (todavía estaban las pesetas) el presupuesto y poder participar en la competición nacional sin ayudas de ningún tipo. Luego creó el Aros 5 de gimnasia rítmica que casi se puede decir que llevó este deporte hasta El Bierzo y permitió practicarlo a muchas niñas. Fue una más que merecida portadora de la antorcha olímpica en Ponferrada camino de Barcelona 92 pese a que nunca buscó protagonismo ni homenajes. Como declaraba un entrenador de baloncesto y exjugador, Rycardo de Paz: "Deberían poner una plaza con su nombre".

Un equipo con Pepa de delegada junto al Castillo (ARCHIVO PEPA)

SANTA CLAUS Y NELSON

Aunque son dos nombres se trata prácticamente del mismo equipo. Tuvo una corta trayectoria pero muy intensa y con una enorme importancia para el baloncesto de la ciudad de León. Comenzó con la primera de las denominaciones al estar patrocinado por una tienda de deportes que haciendo un enorme esfuerzo lo creó en la temporada 1977-1978 para participar en la competición provincial. Se alzó con el título, y en la fase de ascenso se quedó en el camino ante la Atlética Avilesina en una eliminatoria un tanto extraña. En la ida los leoneses ganaron 101-70 con un equipo formado por Lobato, Carballo, Cueto (hizo 41 puntos), Alonso, Pedro, Paco y Martínez. La diferencia parecía insalvable para los asturianos pero el equipo leonés, tras ciertas discrepancias, no pudo contar con su entrenador: Mantecón. Dirigió el partido de vuelta Vázquez, que había militado en la OJE y siempre había mostrado sobre la cancha madera de entrenador. Inesperadamente el Santa Claus perdió 102-50 y se quedó sin aspirar al ascenso después de haber recibido ni más ni menos que seis técnicas que eliminaron a cuatro de los jugadores del equipo leonés antes de la conclusión.

Una alineación del Santa Claus entrenado por Vázquez en 1979 (CÉSAR)

Nelson y Elosúa se enfrentaron en Segunda (MAURICIO PEÑA)

Aquel verano de 1978, la Federación Española de Baloncesto modificó las categorías, por esta causa fueron incluidos en Tercera División. Era en realidad la cuarta categoría en el baloncesto nacional, pero para León era una cota importante. Su presidenta y responsable del patrocinio, Felisa L. Flórez, aceptó el envite de los posibles nuevos gastos que llevaba esa categoría. Como reconocía el entrenador que continuaba, Carlos Mantecón, todo eso pese a que a ella "lo que le gusta de verdad es el balonmano".

Su estreno en la competición nacional, en la que para los gastos recibían una ayuda de la Federación Española de kilometraje que se hacía en coches particulares, no fue malo entre equipos asturianos, de Palencia y otro leonés, el Básket Ponferrada. Finalizaron en tercera posición con solamente cuatro derrotas en su casillero en las 16 jornadas, a dos del dúo de equipos que dominó la categoría, el Alfonso II de Oviedo y la Atlética Avilesina.

Repitió en su tercera campaña de historia (1979-1980) en Tercera División y se mostró fuerte en la categoría al estar luchando en todo momento por la primera plaza. Perdió a su entrenador a mitad de la liga al presentar la dimisión Carlos Mantecón. El partido decisivo lo disputaron ante el CAU de Oviedo, que estaba a solamente una victoria de los leoneses en el tramo final. Era en León y se celebraba en el Pabellón Municipal, pese a que otros conjuntos de su mismo nivel seguían haciéndolo en el 'Globo' para sentirse más arropados. Se impusieron los locales por un claro 92-74 y se aseguraban la primera plaza del grupo con solamente dos derrotas en toda la temporada. Con los numerosos cambios que estaba sufriendo el baloncesto, en ese momento, no sabían todavía qué iba a pasar en el futuro y por fortuna para ellos se confirmaba en el mes de mayo de 1980 que tenían una plaza en la Segunda División, una competición mucho más dura y cara.

Santa Claus no podía continuar con ese importante esfuerzo y se retiraba del equipo de baloncesto. Durante meses las dos personas que regían los destinos del club, Josecho Pardo y José Luis López-Dóriga, buscaron un patrocinador para poder hacer frente a Segunda. A

La presentación en la cafetería que patrocinaba en 1982 (CÉSAR)

pesar de no haber encontrado espónsor, comenzaron la competición con el nombre 'Olímpico León'. Pero nada más iniciarse la liga y después del primer partido, llegaba la salvación con Nelson, nombre de una cafetería y una discoteca muy populares en la ciudad que dirigía Hilario Martínez Cabero. Así, pasaba a llamarse Olímpico Nelson. La responsabilidad del banquillo se le dio a José Manuel Vázquez, que contaba con una plantilla que era una mezcla de jugadores júnior y sénior; 17 jugadores entre los que destacaban Joven, Lanza, Calvo, Valdés, Roberto Herreras o Nacho Herreras, de estos dos últimos el primero con 18 años y el segundo todavía con 16. Con el retraso del patrocinio incluso tuvo que iniciar la temporada con unas camisetas cedidas por la Federación Leonesa, que eran las que utilizaba cuando jugaba algún encuentro la selección de León. No fue la temporada 1980-1981 sencilla para el Olímpico Nelson; entre los retrasos de patrocinio, la inseguridad y la 'mili' del entrenador, que estaba en Zaragoza y volvía los fines de semana, por lo que los entrenamientos los llevaban entre los dos directivos con la colaboración de un profesor de Maristas, Víctor. Al final ocuparon la octava plaza de doce equipos con nueve victorias y catorce derrotas, no muy lejos de la segunda plaza de descenso, que acabó con siete victorias, pero asegurando la permanencia antes de la última jornada.

Pagada la novatada y asegurada la continuidad económica con la presencia de Nelson, el club pudo preparar con mayor tranquilidad su segundo año en Segunda División. Vázquez quería dedicarse a la base y por este motivo se contrató a un entrenador de un enorme prestigio y calidad, el asturiano Ricardo Hevia, que un día a la semana entrenaría al equipo y dirigiría los partidos. Ante la juventud de muchos de los componentes de la plantilla, sus enseñanzas fueron muy importantes y el propio baloncesto leonés lo notó. La plantilla de la temporada 1981-1982 continuaba siendo muy joven y los 'viejos' eran tres jugadores de 22 años, estando el resto (otros cinco) entre los 19 y 20 además de los nueve júnior que no llegaban a los 18 años y compaginaban su presencia en ambos equipos. La plantilla sénior la formaban Lanza, Morales, Roberto Herreras, Joven, Aliende, Joaquín, Neira y José Carlos, mientras que los que llegaban desde abajo eran Gelo, Mario, Mena, Nacho Herreras, Roberto, Sanguino, Rico, Bodelón y Ramón. Doblaron el presupuesto y afrontaron la temporada dispuestos a crecer, lo que consiguieron ya que terminaron en sexta posición, con trece victorias y un empate en los 24 partidos disputados. Las últimas plazas quedaron muy lejos y estuvieron más cerca de las de arriba.

Cerraban su corta e importante historia en la temporada 1982-1983 también en Segunda División. Habían perdido a su entrenador Hevia, que había fichado por el Oviedo, y se hacía cargo de nuevo Vázquez ya que no pudieron repescar a Mantecón al no poder darle un puesto de trabajo en un centro docente. La juventud seguía siendo la tónica y no dejaban de incorporarse jugadores de equipos juveniles de centros como el Instituto Padre Isla, que tenía una gran cantera. Repitieron trayectoria con exactamente los mismos números que en la temporada anterior. En esta ocasión les valió para ser quintos, lejos de los dos primeros, Breogán de Lugo y Gijón Baloncesto, que sumaron diez victorias más. Fue una liga de Segunda División que compartieron con el Elosúa León, que acabó descendiendo.

Los problemas acabaron llegando a la conclusión de la temporada. Nelson abandonaba y nuevamente había una plantilla con un enorme potencial pero sin garantías de futuro económico. También surgieron problemas con la Federación Española, que les sancionó sin la subvención del kilometraje al no acudir con el equipo júnior a la fase final del campeonato de Segunda categoría. El motivo fue que entre jugadores lesionados, enfermedades y exámenes, no disponían de jugadores suficientes y optaron por renunciar, lo que no sentó bien en Madrid. Mientras se decidía si llegaba la sanción o no, se entablaron negociaciones con el recién llegado a la capital leonesa, el Baloncesto León, y se unieron. Uno ponía una gran parte de los jugadores que acabarían haciendo historia, y el otro un patrocinador estable y de garantías como era la empresa Elosúa. Como nombre quedó el de este último como era lógico; empezaba así otra gran historia, la del Elosúa, pero el impulso al baloncesto lo dieron el Santa Claus y Olímpico Nelson con la suya.

CASA GALICIA

Otro de los equipos que empujó al baloncesto leonés en la explosión de comienzos de los años 80 del siglo XX fue el Casa Galicia. Se le puede considerar el heredero del Forecu porque uno de los integrantes de aquel club fue el que se puso en marcha para mantener su gran afición, el baloncesto. Se trataba de Albino de la Varga. Había jugado en el Atlético Forecu, que era el segundo equipo, únicamente por diversión y con poco ánimo competitivo. Le llamaban 'Chova de oro', en realidad era conocido porque incluso dejaba un cigarro encima de la mesa de anotadores en algunas ocasiones, y entre ataque y ataque le daba una calada. Una vez que vio que no era posible 'triunfar' en su gran afición, no quiso que muriera el aspecto deportivo del Forecu y creó el Albinos. Desde su local de hostelería buscaba patrocinador y se hacía cargo de la gestión. Al proclamarse campeones provinciales en la temporada 1975-1976, alcanzaban el ascenso a Tercera División y en ese momento era necesario algo más que publicidad en las camisetas para hacer frente a los numerosos gastos que tenía esa nueva categoría, con desplazamientos a otras provincias. No lo encontró y tuvo que renunciar a ese ascenso. Lograba otros dos títulos provinciales y en la temporada 1979-1980 por fin hacía realidad su objetivo y

Albino de la Varga

Los comienzos del Casa Galicia como Albinos (CÉSAR)

salía en Tercera División como Casa Galicia Albinos, quedándose para siempre ya como Casa de Galicia.

Fue un clásico de Tercera División y un equipo modesto con los pies en el suelo en el que lo primero era hacer buen baloncesto y jugar con una dedicación profesional, pero sin remuneración alguna. En sus filas estuvieron hombres importantes entre los que se debe destacar a Hansi, un jugador de alto nivel que conocía otro baloncesto y que además de jugar hizo las labores de entrenador. Jugaba sus partidos en el 'Globo' del Estadio Hispánico inicialmente y crearon una afición joven que les seguía semana tras semana sabiendo de antemano las limitaciones con las que se iban a encontrar.

Una formación del Casa de Galicia en 1980 en el 'Globo' (CÉSAR)

Para su primera temporada en la competición nacional, 1979-1980, contaron en la plantilla con Ángel Fernández Calderón, Carlos Suárez, Ricardo Rubio, Luis Ángel Alonso ('Bruji'), Enrique Ramos Plaza (Sabugo), José Alberto Sandoval, Ángel Gordo (Gelo), José María de Dios, Claudio Garrido ('Popi') y José Manuel Rodríguez Steudel ('Hansi'). Albino iba a ejercer la figura del delegado. Fue una liga que contaba con la presencia del Santa Claus de la capital leonesa y los bercianos del JT y el Básket Ponferrada. Estos encuentros de rivalidad provocaron una gran emoción a la liga pese a que los 'gallegos' se encontraban en el medio de la tabla. Épicos fueron siempre los enfrentamientos entre el JT y el Casa de Galicia. Su puesto en la tabla estuvo en la zona intermedia. Durante muchos momentos llegó a pensar en alguna de las primeras plazas, aunque al final no lo pudo conseguir, además de que pensar en el apartado económico del ascenso también era una situación que les daba vértigo. Ocuparon finalmente la tercera posición, lo que fue un gran éxito tratándose de su estreno. Destacó el enfrentamiento que tuvo lugar en el 'Globo' ya en la segunda vuelta con el Santa Claus, que ocupaba la primera posición con dos derrotas en su casillero y el Casa Galicia como tercero con cuatro. En las victorias la diferencia era mayor al haber jugado más partidos en esos momentos el conjunto que iba a actuar como visitante, el Santa Claus, que fue el que se llevó la victoria por 80-84. Fue un partido de los que se han denominado siempre como de "los que crean afición" y en el que las gradas estaban prácticamente llenas, algo que se había visto en muy pocas ocasiones hasta ese momento.

Los partidos del Casa de Galicia siempre tenían un ambiente especial (CÉSAR)

Habiendo superado el estreno en la Tercera División, continuaron en la 1980-1981, temporada que pensaban haber aspirado a algo más ya que desapareció el Santa Claus. Sin embargo, había llegado el Elosúa para mantener los enfrentamientos entre equipos de la misma ciudad. En un grupo que se había visto reducido en el número de equipos hasta ocho (JT Ponferrada no salió) concluyó en la primera posición con cuatro derrotas en su casillero en una pelea con el CB Oviedo que se decidió en la última jornada (el Casa de Galicia tenía un partido aplazado todavía, lo que generó las protestas de su rival). En tierras asturianas se impusieron los 'gallegos' por un claro 47-74, con lo que además le dieron la segunda plaza al Elosúa. En el banquillo esta temporada se había sentado Calderón en el lugar de Hansi, que por motivos laborales quedó solamente como jugador.

Todos los equipos del Casa de Galicia en 1983 en el Pabellón Municipal (MAURICIO PEÑA)

Pese a su excelente puesto, la Segunda División era una quimera para ellos en el apartado económico. De hecho en la anterior campaña la Federación Española les había invitado a ocupar una plaza a la que tuvieron que renunciar, por lo que este primer puesto tampoco iba a variar mucho las circunstancias del club.

Esa limitación sin embargo no les impedía seguir creciendo como club, y las categorías inferiores se iban multiplicando con la llegada de nuevos patrocinadores para esos equipos de base. La nueva Ley del Deporte obligaba a que el club tuviera una organización 'menos casera'; en esa faceta la continua labor de Julio Crespo resultó inestimable, siendo capaz de organizar el club de forma más moderna, con la creación de una junta directiva y sobre todo creando un club menos personalista de lo que había sido hasta ese momento. Incluyeron equipos femeninos dirigidos por personas de valía entre las que destacaban exjugadoras como Ana Fernández o Marisa Barrientos, ésta con una gran bagaje a sus espaldas en el apartado técnico.

Deportivamente la temporada 1981-82 invirtió los papeles en la clasificación final de Tercera División y fue el Elosúa el que superó al Casa de Galicia por cuatro puntos, ya que lograron once victorias y un empate por trece de su rival, que también sumó un empate en lo que fue el primero de los enfrentamientos entre ambos disputado en esta liga.

Mantuvo el club su trayectoria de luchar en la parte alta en una Tercera División que cambiaba su formato en las temporadas siguientes y se dividía en fases, estando el conjunto del Casa Galicia siempre destacado en los lugares de honor de una competición que vivía sus últimas campañas con esa denominación. En la temporada 1986-1987 llegaban los primeros problemas, en la sociedad recreativa aparecieron un mayor número de actividades, con lo que la sección de baloncesto vio reducido su presupuesto; repercutió sobre todo en el equipo femenino, que tuvo que limitar su competición a la liga provincial. El cuadro masculino fue cambiando a los 'clásicos' por nuevas generaciones como era lógico, pero la entidad ya estaba herida de muerte y en el verano de 1987, sólo un año después, renunciaba a continuar participando en las competiciones y el club ponía el punto final a su trayectoria. Muchos de sus grandes baluartes, tanto en la parte masculina como en la femenina, seguían ligados al baloncesto en otros equipos. Con su adiós lo hacía también esa Tercera División, que pasaba a ser autonómica.

JT PONFERRADA

El 14 de marzo de 1975 se constituía oficialmente en Ponferrada el Club Deportivo, Recreativo y Cultural Jóvenes Trabajadores. Era el comienzo oficial del JT Ponferrada, el conjunto que recuperó el baloncesto masculino berciano en las competiciones nacionales unos años después. Pero esa inscripción era la oficial con el número 9 de Registro Nacional de Clubes, aunque no su andadura. Ya un tiempo antes se hablaba de este equipo en el parque del Plantío. En esas instalaciones, por llamarlas de alguna forma al ser simplemente una plancha de hormigón que ni siquiera cubría toda la parcela, jugaban los niños ponferradinos en gran número como reconoce José María Vecino, a fútbol, patinaje, balón prisionero, la comba, el peón, los pitos, al cepo, a de nada, tres navíos en el mar y otras actividades lúdicas pero poco deportivas. Colocaron allí unas canastas que llegaron en

Uno de los primeros equipos del JT formado por Toni Muner, Carlos López Rivera, Román y Toño Balsa; agachados Jesús Álvarez Courel, José Castro, Chema Vecino y Alfonso Linares (ANTONIO VECINO)

un camión. El estreno para muchos fue simplemente quince o veinte niños con un balón deshinchado intentando introducirlo a través del aro. Ese fue el primer baloncesto para algunos jóvenes que aún no lo conocían. Uno de los habituales del barrio, Toni Munera, estudiaba en la Escuela Sindical de Ponferrada, donde sí conocían el baloncesto y tenían equipo. Fue al Plantío con unos compañeros de clase y entre los del centro educativo y los del barrio empezaron ya a jugar como equipos de verdad. Munera también solía ir por un centro social que se llamaba Jóvenes Trabajadores que estaba vinculado a la Basílica de La Encina, y tenía su sede en los bajos del despacho parroquial. De ese centro sacó el nombre, algún balón en mejores condiciones y una equipación de un color que se podría decir que estaba entre el naranja y el marrón junto con un pantalón negro, como recuerda Vecino. Ya eran un equipo, no oficial pero en marcha. Tras ese movimiento se involucraron los padres, y fue cuando se le dio oficialidad al equipo más de un año después con una primera junta directiva que estaba constituida por Antonio Vecino como presidente, José Arias de vicepresidente, de tesorero Ángel Castro, de secretario Mariano Rascón y como vocal Pedro Fernández Matachana.

Arrancaron con mucha fuerza incluso antes de formalizar esa inscripción, de hecho en la temporada 1973-1974 ya figuraban entre los equipos que utilizaban esa cancha del Parque Gil y Carrasco (que era el nombre oficial del Plantío) como podían ser Institución Sindical Virgen de la Encina, Endesa, Santa Marta, Juventud de Flores del Sil,

OJE, San Ignacio, Toreno del Sil, Colegio Nacional Campo de la Cruz, Instituto Nacional Gil y Carrasco y Jóvenes Trabajadores. Contaban cuando formalizaron su nombre con un equipo juvenil masculino, uno juvenil femenino, un cadete masculino y otro femenino y uno infantil masculino. También realizaban otras actividades como balonmano o atletismo, y en sus pretensiones estaba incluir ajedrez, esquí nórdico, natación, hockey sobre patines entre los deportes y fotografía, teatro, pintura y música en las culturales.

A medida que se asentaba el club, el conjunto sénior pasaba de la competición provincial a la Tercera División, y el femenino lo hacía en Segunda Femenina aunque su recorrido fue más bien corto. En 1985 la sección femenina desaparece porque se quedaban sin jugadoras, gran parte de ellas emigraban lejos de Ponferrada por motivos laborales o académicos, o simplemente porque lo dejaban; jugar esos años al baloncesto era complicado. En los partidos de casa jugaban en El Plantío, una cancha descubierta y los partidos eran en los meses más fríos del año. Los viajes se hacían en coches particulares de socios del propio club al no haber presupuesto para más. Lo que nadie les podía quitar era la ilusión como la que tenía la plantilla de la temporada 1978-1979 y que formaban Marisa, Fra, Isabel Sevilla, Elvira Barba, Mariam, Tere Pacios, Tere Calleja, Esther Torrón, Pili Durán, María Encina, Luisa Santigosa, Maribel, Ana María y Cruci, que entrenaba José Castro. Más adelante, en la temporada 1982-1983, entrenadas por Chema Vecino, fueron el único representante leonés

En sus comienzos el JT tenía equipos femeninos y se jugaba aunque hubiera niebla (ANTONIO VECINO)

Un partido del JT en 'La Sindical' (ANTONIO VECINO)

en la Segunda División por lo que incluso contaban con jugadoras de la ciudad de León como fueron Camino Sobrín, Ana Fernández y María José Calvete. Con el patrocinio de Manasul, el equipo consiguió acabar en una excelente sexta plaza.

El JT que entrenaba Balsa y al que luego se le unió Chema Vecino, que era el masculino, comenzó con malas clasificaciones o renuncias a disputar la competición nacional. Se producían muchas bajas anualmente y no se podía mantener una regularidad entre los numerosos cambios de competiciones. Cuando por fin se asentaba el equipo fue a finales de los años 80 del siglo XX con la llegada de una competición interautonómica, en la que tomaba parte en la temporada 1987-1988, a partir de ahí ya con su flamante pabellón empezaba a asentarse el club en las competiciones nacionales siendo el representante berciano de este deporte en la categoría masculina.

La temporada 1990-1991 supuso el punto de inflexión para el club. Fue invitado a integrarse en la Segunda División masculina y cambió completamente su estructura. Llegaba de León un entrenador que sería clave en la historia del club, Luis Alberto Fernández. También tenían en el Grupo Cenco a un patrocinador importante con su división de supermercados Mas y Mas, un nombre que le acompañaría varias temporadas. Entre sus refuerzos contaban con antiguos jugadores de Elosúa como podía ser el caso del base Urbano. Finalizaban en la novena posición de un grupo formado por catorce equipos que no era nada sencillo; en el que había nombres de tanto potencial como el Vetusta de Oviedo.

Crecieron en la siguiente temporada con la sexta plaza final después de cosechar 19 victorias en los 30 partidos y poco a poco

Antonio Vecino, el hombre del JT

La historia de Antonio Vecino es una gran parte de lo que fue el baloncesto berciano en los años 80 y 90 del siglo XX. Nació en Astorga en 1932 y siempre le gustó el deporte. Así lo demostró en Huesca, donde vivió sus años de juventud y se casó. Allí practicó el montañismo y el esquí nórdico. Su trabajo le llevó por numerosas localidades hasta que en 1961 llegó a Ponferrada y se quedó definitivamente asentado. Cuando los niños ponferradinos, entre ellos sus hijos (tuvo cinco), jugaban en el parque, junto a otros padres quisieron que esos juegos se convirtieran en deporte más organizado y surgió el Jóvenes Trabajadores, al que todo el mundo conocía como JT.

Antonio Vecino

Su labor en el equipo ponferradino a lo largo de 20 años fue la del asentamiento del club tras unos comienzos complicados. Destacó inicialmente al ser la persona que más inquietud mostró por conseguir que esos niños pudieran entrenar en una instalación cubierta. Con la ayuda del Ayuntamiento de Ponferrada, que sin embargo no estaba en esos momentos por la labor de construir un pabellón, una sociedad lo hizo realidad y la ciudad dispuso de su primera instalación de estas características con una construcción en La Borreca, que ahora lleva su nombre y que se inauguró en 1981. También puso en marcha ferias deportivas como Deporcamp de material deportivo cuando esas cosas todavía eran muy poco habituales, o las 24 Horas del Deporte en Ponferrada con el encendido de la antorcha como uno de los actos más populares. Llamativo fue cuando se hizo en el Botafumeiro de la Catedral de Santiago de Compostela. No olvidó el resto de los deportes y el montañismo, ajedrez, fútbol, fútbol sala o atletismo aprovecharon su gestión, aunque el baloncesto era su 'niño mimado'.

Fallecido en 2006 a los 74 años, este hombre, que declaraba siempre que "no sé estar parado", obtuvo numerosos reconocimientos federativos y como mejor dirigente en la Gala del Deporte Leonés y en la autonómica, pero como recordaba su hijo Chema, también ligado y con una larga trayectoria en el JT en diversas facetas: "El reconocimiento más valioso es el de los cientos de chavales que pasados los años siguieron demostrándole su afecto".

Vecino recibiendo un galardón en la Gala del Deporte 1978 (ARCHIVO ANTONIO VECINO)

El JT en una visita a León para jugar contra el Casa Galicia en el 'Globo' (MAURICIO PEÑA)

se notaba que el equipo se iba a acercando a cotas más altas. Atrás habían quedado aquellos partidos intensos y a veces no exentos de polémica en la Tercera División y que habían hecho de la cancha de Ponferrada una complicada visita, sobre todo para los equipos de la capital leonesa con la enorme rivalidad existente destacando la que hubo con el Casa Galicia. También en esta temporada 1991-1992 tenían como rival al Vetusta de Oviedo y curioso resultó el enfrentamiento entre ambos equipos al haber dos parejas de hermanos leoneses que militaban en cada uno de los conjuntos. En el Vetusta estaba Carlos Herreras y en el Mas y Mas lo hacía Roberto Herreras; y en los bercianos estaba Dani Salvadores mientras que con los asturianos jugaba su hermano Jorge Salvadores.

Ante una posible reestructuración de Primera B, el presidente del JT pidió a la Federación Española una de las plazas que se iban a dar por invitación. Finalmente no fue de los elegidos y en la temporada 1992-1993 siguió estando en Segunda División, que se dividió en dos fases. En la primera acabaron primeros de su grupo y por este motivo entraron en la segunda con los mejores para buscar una de las dos plazas que daban derecho a disputar la fase de ascenso. En el transcurso de estos partidos la directiva quiso hacer un gran esfuerzo fichando a un jugador norteamericano, Charly Jordan. No se plasmó porque el jugador anunció su llegada a Ponferrada para entrenar y nunca lo hizo. Se cansaron de esperar al pasar los partidos y apareció más adelante formando parte de la plantilla de uno de sus rivales, el Círculo de Zamora. En su lugar ficharon a Chente, un jugador que había ascendido al Elosúa a Primera B. Tuvieron opciones de estar entre los dos pri-

El equipo que consiguió el ascenso a Segunda (ANTONIO VECINO)

meros casi toda la fase hasta que una derrota en casa ante el Autoseat de Burgos le alejó de las mismas.

Al finalizar la temporada, el presidente Antonio Vecino anunciaba que dejaría la presidencia del equipo después de haber sido presidente desde su inscripción. Le había llegado el momento de la jubilación laboral y también la aplicó en el equipo para dar entrada a nuevas ideas. Uno de los cambios en la asamblea de la despedida, todavía auspiciada por Vecino, fue el cambio de denominación a Baloncesto Ponferrada, para pasear el nombre de la ciudad por todas las canchas de juego y por la ayuda recibida desde el Ayuntamiento de Ponferrada, clave para la continuidad del equipo. La presidencia la asumía otro hombre de club y de baloncesto en la ciudad, Antonio Balsa, para que no hubiera un vacío de poder.

Una fase de ascenso fue la gran protagonista de la temporada 1993-1994. A la misma llegaron después de haber realizado una gran temporada en Segunda que fue de menos a más. La primera fase fue en un grupo de ocho equipos, en el que alcanzaron la tercera plaza con mucha ventaja sobre los perseguidores lo que les permitió entrar en la fase por el ascenso. Esta segunda liga, con el mismo número de equipos, era para conocer quién estaría en la fase de ascenso. El primer puesto fue para los ponferradinos con solamente dos derrotas en su casillero y mejorando lo realizado anteriormente.

Villagarcía de Arosa fue el lugar escogido para que los clubes que se lo habían ganado en la cancha lucharan por jugar al año siguiente en Primera. Eran dieciséis equipos divididos en dos grupos de ocho, que jugarían todos contra todos a una sola vuelta. Serían siete partidos en siete días, una verdadera prueba física para todas las plantillas.

La del Ponferrada la formaban Alijas, Urbano, Dani Salvadores, Eloy, Vuelta, Víctor, Chente, Tito, Agustín, Sanguino, Natal y Diego. Algunos de ellos habían militado en el Elosúa o habían salido de su cantera, y todos ellos bajo la dirección técnica de Luis Alberto. El comienzo fue ante uno de los favoritos, el Lliria valenciano que había estado en la ACB y que tras su vertiginosa caída quería resurgir. Fue un rival muy duro para empezar y el Ponferrada cayó 84-68. Ante el Dribling de Madrid sufrieron pero se llevaron su primera victoria en la fase al ganar 69-60. Todo se puso muy cuesta arriba tras su segunda derrota en la tercera jornada por 77-81 y sin conseguir en ningún momento ir por delante en el marcador. La situación se volvió límite con la nueva derrota ante el Vinoselección de Sevilla 88-81. Una derrota más y se quedarían fuera.

En la temporada 1993-1994 lograban un puesto en la Liga EBA (ANTONIO VECINO)

Era un momento difícil y ante las situaciones complicadas decisiones arriesgadas, y el técnico Luis Alberto tomaba una poco habitual; decidió hacer terapia de grupo desplazando al equipo a la Isla de Arosa a desconectar. Estaba viendo que el principal problema al que se estaban enfrentando era el de la presión que se habían autoimpuesto, y decidió que todos juntos hicieran un 'conxuro' y se reinventaran para las jornadas que restaban. A su favor también jugaba que, excepto el Lliria que sumaba sus partidos por victorias, había mucha igualdad. Se vio que era así en la quinta jornada ante el Dálamassera valenciano y después de mucha emoción el triunfo cayó del lado berciano por 87-82. Continuaron escalando con su triunfo ante el Valls catalán por un claro 96-82 y en la última jornada podía suceder cualquier cosa. El segundo de la clasificación sumaba cuatro victorias y detrás de ellos había cuatro equipos con tres, uno de ellos el Ponferrada. Su rival en esa octava jornada era el Alsasua, y después de ganar con una remontada en la segunda parte (79-73) quedaron terceros de su grupo (sextos de la clasificación final de la categoría) con las mismas victorias que el segundo, teóricamente el último que ascendía y con peor diferencia de puntos.

Fue teóricamente porque ya en la propia fase de ascenso se daba por hecho que estaban ascendidos diez equipos por la reestructuración de la Primera, que pasaría a convertirse en Liga EBA y era la segunda de las categorías del baloncesto español en esos momentos. Lo que molestaba a muchos de los equipos era el alto coste de una fase de ascenso que finalmente no iba a tener el mismo valor que al inicio, y que la reestructuración se hiciera después de concluir y se conociera incluso antes.

La altura a la que había llegado el Baloncesto Ponferrada, o JT Ponferrada como seguía siendo conocido en muchos ámbitos, era impensable para muchos en el Bierzo cuando el club compartía la Tercera División junto al Básket Bierzo con no muy buenos resultados. La paciencia y el continuo trabajo del equipo gestor capitaneado por Antonio Vecino (unos meses antes había dejado de ser el presidente y luego realizaría labores de gerencia) recogía sus frutos. En el apartado técnico estaba el leonés Luis Alberto que supo manejar las dificultades de una plantilla que muchos días no entrenaba junta para ahorrar costes (los de León tenían que hacerlo en las pistas exteriores de Puente Castro) y que casi una mitad debía desplazarse en dos coches desde León para poder trabajar juntos. Luis Alberto había comenzado en el Colegio Leonés y ya nunca más abandonó el baloncesto. Como técnico trabajó principalmente la base como en el Elosúa júnior; en Ponferrada llegó en el mejor momento de su carrera y lo demostró con su larga trayectoria en tierras bercianas y sus buenos resultados.

La nueva categoría tenía además la condición de poder emplear a un jugador extranjero de forma opcional y el Ponferrada lo fichó. Tras el problema de su anterior intento, en la pretemporada se hizo con los servicios de Todd Hill, un alero de 2,03 que en caso necesario podía ayudar en el rebote. A sus 25 años ya conocía la competición española al haber estado en la temporada anterior en el Mollet ca-

Todd Hill fue su primer extranjero

talán en Primera División. Se convirtió en el primer jugador profesional extranjero de la historia del baloncesto berciano.

La temporada 1994-1995 fue la del importante estreno en una categoría que también era nueva; la formaban 56 equipos que se dividían en cuatro grupos que fueron denominados Conferencias, una imitación al estilo norteamericano, y serían Norte, Este, Sur y Centro. Los seis primeros lucharían por el título, y los seis últimos por la permanencia. La Conferencia Norte era la de los bercianos y la del otro equipo leonés que había sido invitado a participar pese a no haber estado en la anterior fase de ascenso, el filial del Baloncesto León. Los otros doce equipos iban a ser Caja Cantabria, Espada Tizona, Caja Bilbao, Zuasti, CAB Coruña, Arrasate, Fórum Valladolid sub'23, Viña Costeira, Askatuak, Trébol Gijón, Concello Portas y Vino de Toro. Con la modestia económica del club el objetivo sería eludir los puestos de descenso.

La plantilla la iban a formar Nacho Herreras, Chente, Urbano, Otero, Víctor, Agustín, Sanguino, Aguado, Iturralde, Ángel, Vuelta y Diego. Arrancaron en casa ante el CAB Coruña que entrenaba un gallego, Chiqui Barros, que no muchos años después haría historia en el baloncesto berciano, en este caso el femenino. Fue el 1 de octubre de 1994 en un partido que fue una fiesta en La Borreca, que estuvo casi lleno, en la que incluso hubo un homenaje de la gran peña del equipo, 'Infierno Verde', a su expresidente Antonio Vecino. El comienzo no fue el habitual al tener que estar diez minutos sobre la cancha inmóvil su jugador Agustín al lesionarse y tener que esperar a una ambulancia. Todo esto provocó muchos nervios en los locales que fueron a remolque durante muchos minutos. Cuando consiguieron templar los nervios ya empezaron a jugar mejor y se llevaron finalmente su primera victoria por 66-57. Luego en la temporada resultó muy complicado eludir las seis últimas plazas. En ningún momento dieron la impresión de poder hacerlo, como así fue. Quedaron en el puesto 13 con seis victorias en los 26 partidos, en tierra de nadie.

Entre esos seis últimos jugarían un 'play-off' en el que los tres derrotados acabarían descendiendo a Segunda División de nuevo. A los bercianos les correspondió el Viña Costeira Verín, que había tenido tres victorias más en la liga. Al tener mejor puesto empezaron en su pabellón de Verín y lo hicieron con una derrota por solamente dos puntos (75-73) con polémico final al no considerarse que el norteamericano Hill, que hizo 33 puntos, hubiera recibido una falta personal en el tiro sobre la bocina. Otro partido polémico fue el segundo, en el que los bercianos llegaron a ir ganando de 15 puntos y se vieron remontados al ir viendo cómo eran eliminados por personales hasta cuatro de sus jugadores; la eliminatoria se ponía 2-0 tras el 72-69 final. Estaba muy complicado pero ahora se jugarían los dos partidos de casa y luego otro en Galicia; debían ganar los tres. El primero lo consiguió con soltura ante un pabellón totalmente lleno por 64-47. El segundo fue más igualado y una fiesta berciana con otro gran lleno en 'La Borreca'; después del 64-59 final se jugaban los dos equipos todo a una carta. Los aficionados bercianos acompañarían al equipo y la directiva solicitaba árbitros neutrales con los dos precedentes anteriores. Fue un partido de alternativas que se decantó del lado local en el tramo final por 71-67 y el Ponferrada decía adiós a la categoría después de un año que, pese a todo, había resultado muy intenso en la ciudad.

No tuvieron que esperar mucho en Ponferrada para conocer su futuro y de nuevo hubo cambios sobre la marcha. La Federación Española decidía ampliar la categoría a 64 equipos, lo que suponía que hubiera dos más en cada uno de los grupos, y estos serían los mejor clasificados de los dos descendidos entre los que se encontraban los bercianos. De esta forma en la temporada 1995-1996 estaban de nuevo en una competición muy adulterada al no haber ascensos (la ACB quería ser una liga cerrada), pero sí descensos. En esta ocasión entre los 16 equipos los ochos últimos serían los del 'play-off' y bajarían los cuatro perdedores. El Pabellón de La Borreca se convertía gracias a la ayuda municipal en una cancha de baloncesto con parqué por fin y lo estrenaban con la competición ya iniciada. Aunque tuvieron un buen comienzo, la temporada se fue torciendo poco a poco y se acercaron a la parte baja. Tenían problemas con su extranjero Fred García. La derrota en casa ante el Arteixo por 18 puntos provocó un 'gabinete de crisis' en el club y el banquillo fue el damnificado. Otro entrenador leonés, José Manuel Vázquez, reemplazaba a Luis Alberto. Vázquez ya contaba con una importante trayectoria desde muy joven. Había jugado en la OJE y entrenado al Nelson posteriormente, aunque el servicio militar le impidió hacerlo con regularidad. También en Asturias había trabajado en categoría sénior aunque siempre declaró querer hacerlo con la base. Tras una vida en los banquillos también fue Delegado Provincial. Ya no había tiempo para eludir las plazas de abajo y tuvieron que afrontar un nuevo 'play-off de descenso'. Otra vez tuvo que trasladarse a tierras gallegas, en esta oportunidad ante el Cíes Vigo, llegando al quinto partido. El orden de las victorias fue diferente, ganaron cada uno de los equipos un partido, y en el quinto caían los bercianos por 71-60.

La foto oficial de la temporada 1996-1997 dentro de la Liga EBA (ANTONIO VECINO)

Un nuevo cambio federativo a nivel nacional se producía en el baloncesto la temporada 1996-1997. Se iba a crear la Liga LEB y la EBA pasaría a ser la tercera categoría, por lo que se suprimían los descensos. Esto ya era un rumor mientras se jugaba la eliminatoria y todos lo daban por hecho, por lo que no fue catastrófica la derrota; por tercer año consecutivo iban a jugar en la Liga EBA, aunque ahora con otra categoría en medio para acceder a la ACB, que no cerró nunca sus puertas. Tras esa buena noticia llegaba el cambio en la junta directiva al renunciar a continuar Balsa. Su lugar lo ocupaba José Manuel González, un médico apasionado del baloncesto que por desgracia fallecía a los pocos meses víctima de las secuelas de una enfermedad. Era incierto el año ante los cambios que hubo, pero el rendimiento del equipo mejoró muchos enteros pasando a lucha por la zona noble. Los dos primeros del grupo de catorce equipos lucharían por el ascenso junto a los vencedores de una eliminatoria de los que quedaran entre el tercero y el sexto; el resto lo haría por la permanencia. Concluyeron quintos con 18 victorias, ocho derrotas y una amplia renta sobre el séptimo, por lo que antes de la conclusión ya sabían que estaban salvados. El siguiente paso era superar la eliminatoria, curiosamente ante el Cíes Vigo, ambos ahora con otro objetivo. Los bercianos se impusieron por 2-1 en victorias (esta vez era al mejor de tres) y de esta manera formarían parte de la eliminatoria, ya entre todos los grupos, por entrar en la fase final. No fue sencillo el rival que le tocó puesto que tuvo que medirse a La Salle Mahón que había dominado la Conferencia Este. Hizo lo propio ante el Ponferrada de Vázquez por un claro 3-0.

JT Ponferrada siempre intentó contar con equipos de todas las categorías (ANTONIO VECINO)

El crecimiento del equipo se mantuvo en la temporada 1997-1998 que comenzaba de una manera extraña al no jugar su partido contra el Fórum Valladolid B. El Ponferrada, con el nombre del patrocinador Ferroser por delante, tenía que cumplir un partido de sanción con la cancha cerrada de la anterior temporada. Anunció a la Federación que se jugaría en León al superar los 100 kilómetros obligatorios y los árbitros fueron a León, pero los vallisoletanos no se dieron cuenta del escrito recibido al haber un cambio de directiva en el equipo y se fueron a Ponferrada. La cancha estaba cerrada a cal y canto y cuando quisieron darse cuenta los colegiados les declararon no presentados. Recurrieron y el partido al final se jugó en otra fecha. Aparte de ese anecdótico comienzo, el Ferroser Ponferrada hizo una gran temporada y concluyó en segunda posición la Liga con solamente cinco derrotas en la temporada. Ese puesto le permitía esquivar la primera de las eliminatorias y entraba directamente al 'play-off' por el título. En la misma el Enkartaciones, que había sido tercero en su grupo, no le dio opción alguna de llegar a la fase final y le derrotó por 3-0 para luego seguir adelante y acabar proclamándose campeón de la Liga EBA.

La temporada 1998-1999 reducía las plazas en los 'play-off' por el ascenso a solamente tres y uno de ellos iba a ser el Ferroser Ponferrada, que finalizó segundo con 20 victorias y ocho derrotas. Antes de la conclusión de la fase regular, y con el equipo virtualmente clasificado, José Manuel Vázquez presentaba su dimisión por discrepancias con miembros de la directiva; su puesto lo ocuparía Luis Daniel Enríquez. En la eliminatoria para llegar a la final a ocho de Gandía por el ascenso le correspondió el Aracena catalán y se llegó de nuevo al quinto partido que iba a ser en Ponferrada. La Borreca presentaba su mayor lleno con 1.300 personas y el ambiente era excelente, pero el resultado no lo fue y perdieron su opción al salir derrotados 71-78, lo que no impidió que el público obligara a salir a los jugadores a saludar tiempo después de haber concluido el choque ante la gran temporada que habían hecho.

Ferroser fue el patrocinador en las últimas temporadas del club (ANTONIO VECINO)

Surgió entonces un error administrativo grave que le llevó a la Primera División (la antigua Segunda) por no entregar en la Federación Española el aval a tiempo en un momento en el que conseguir liquidez no era sencillo. En esa categoría autonómica cambiaron de siglo en la temporada 1999-2000 regresando a Liga EBA de nuevo tras la ampliación después de haber perdido el ascenso contra el Navas. Incluso optaron a una plaza en la nueva categoría de LEB-2 por las renuncias, aunque finalmente no recayó en los bercianos. En la presidencia Chema Vecino dejaba el cargo y en su lugar entraba Jorge Nieto para afrontar en la temporada 2000-2001 el regreso a la

Liga LEB. No fue el esperado y concluyeron en la última posición con diez victorias en las 30 jornadas y ocupando una de las tres plazas de descenso directo. No se hizo efectivo en esta ocasión porque con la ayuda del Ayuntamiento ponferradino compraron la plaza del ascendido Maristas de Valladolid, que no tenía liquidez para afrontar esa competición.

Tampoco resultó como deseaban la temporada 2001-2002. Con el puesto 16 (de 18 equipos) después de lograr 12 victorias; fueron uno de los cuatro descendidos tras quedarse a dos victorias de la salvación. Este nuevo revés ya supuso el punto final de la historia del equipo ponferradino que más larga trayectoria había tenido hasta ese momento y que más cerca había llegado a estar de los más grandes.

AGUSTINOS ERAS

Muchos equipos han surgido y creado equipos de cantera, algunos otros han llegado como continuidad de la base, uno de ellos es el Agustinos. Como cantera contaba con una gran tradición desde los primeros años del baloncesto leonés, pero nunca había pensado en 'hacerse mayor'. Sus primeros pasos en esa dirección fueron formando parte de la Escuela de San Andrés desde el año 2000, con un equipo sénior que jugó las competiciones autonómicas y la Primera Masculina, donde era conocido como Leclerc Agustinos San Andrés.

En el año 2007 se puso en marcha con otra filosofía, al juntarse el colegio con el trabajo realizado por Paramio en el IES Eras de Renueva y formar el Agustinos Eras, que con aspiraciones ya se convertía en un club con espíritu profesional. Primero estuvo ligado al Baloncesto León hasta que a partir de 2010 se desligaron y empezaron a convertir el equipo de los 'mayores' en el estandarte buscando el ascenso en las competiciones. En 2010 estaban en la Liga Provincial en la zona intermedia, y en la temporada 2012-2013 dominaron la competición autonómica llegando al primer puesto tres jornadas antes del final. Bajo la presidencia de Miguel Ángel Rodríguez Sierra y con Adrián Álvarez como entrenador fueron a Torrelavega a la fase de ascenso a la Liga EBA en la que también iban a participar el CD.Art-Chivo de Oviedo, Zaratán de Valladolid y el propio Torrelavega local. Ascendieron por la vía rápida al conseguir la victoria ante los asturianos y los castellanos en las dos primeras jornadas por 76-52 y 63-50.

La plantilla de Agustinos celebrando su clasificación por el ascenso en 2014 (MAURICIO PEÑA)

Entraban en esta competición nacional en la temporada 2013-2014 junto al Fundación de León como máximos representantes de la ciudad al estar todavía abierta la herida de la desaparición del Baloncesto León. Se estrenaron a lo grande con el primer puesto del subgrupo de 12 equipos en el que estaban incluidos. Lo hicieron cosechando solamente cuatro derrotas en 22 partidos como continuidad del excelente trabajo de la campaña anterior en la que estuvieron a punto de acabar imbatidos. Los dos primeros de cada uno de los subgrupos (se hacía para que fueran menos desplazamientos en la fase regular) entraban en la fase final. Era una liguilla a una sola vuelta de grupos de cuatro equipos en la que el primero lograba el ascenso a la Liga LEB Plata. En Sabadell, que fue la sede, vieron frenada su imparable racha al no lograr ninguna victoria.

Puso en marcha un nuevo intento en la temporada 2014-2015 al acabar de nuevo primero (esta vez con solamente dos derrotas en un grupo de 14). Debían viajar a las Islas Baleares y allí se iban a medir al Ardoi navarro, Sant Nicolau de Sabadell y los locales del Andraitx. Arrancaron fuerte al ganar 52-81 a su primer rival y continuaron por el buen camino al superar a los catalanes 76-71. Llegaban a la última jornada contra el equipo local, que como ellos llevaba dos victorias, por lo que el partido era una final. El vencedor ascendería y el perdedor no. Ganaron el primer cuarto por 13-17, pero a partir de ahí todo cambió y empezaron a verse por debajo en el marcador hasta el 94-75 que no le dio ninguna opción de luchar por una plaza en la categoría superior.

Por tercera vez concluyeron la primera fase al frente de la clasificación en la temporada 2015-2016, con cuatro derrotas en la temporada; la fase final en esta ocasión iba a ser en casa. León era la sede escogida en la que se iban a jugar su plaza en LEB Plata. Ante más de 1.000 espectadores se estrenaron frente al Córdoba al que superaron por su buena defensa por 59-48. El primer pilar estaba puesto, pero en una competición tan corta no se puede fallar porque siempre hay un equipo que no lo hace y solamente subía uno; ese fallo lo cometieron contra el Myrthia de Murcia. Fue de forma contundente en un mal día en el que perdieron 74-95. Ya solamente les quedaba un milagro en la tercera jornada y tampoco optaron al mismo al perder de nuevo, en esta ocasión frente al Albacete por 64-83 yendo siempre a remolque. Los manchegos fueron finalmente los que celebraron en León la fiesta del ascenso.

No se consiguió deportivamente y sí por las vacantes. Después de tres intentos, la Federación Española acabó por conceder una de esas plazas al Agustinos Eras, que se convertía en equipo de LEB Plata después de haber conseguido, con algún apuro, el aval de 60.000 euros y la inscripción de 10.000. La gran preocupación de la directiva leonesa era afrontar el medio millón de euros necesario para el primer equipo y la cantera en la nueva campaña. Para la temporada 2016-2017 optaron por la experiencia de Ángel Jareño como entrenador. Había estado antes en el banquillo del Real Madrid como asistente, también había sido entrenador del Baloncesto León entre 2003 y 2005 y reemplazó a Adrián Álvarez. La plantilla estaba formada por Medina y Libroia como bases, Millaud Meunier, Staselis, Domínguez y Mbamalu como aleros y Lacunza, Sergio Martínez, Crook (un inglés de 2,10 metros de altura) y Dieng de pívot. Arrancaban la nueva categoría en Valladolid y estuvieron en el partido durante muchos minutos hasta que en el tramo final ya no aguantaron el ritmo de los locales y perdieron 74-67. Sumaron el primer triunfo en su estreno en casa contra el Queso Zamorano al que superaron por 87-75. La liga la formaban 16 equipos por lo que incluía treinta partidos en los que salvar la categoría era el primer gran objetivo. No tuvieron problemas para conseguirlo y la mayoría de las jornadas estuvieron en la zona intermedia e incluso en algunos momentos llegaron a acercarse a un puesto de 'play-off' de ascenso que conseguían los clasificados del segundo al noveno. Su puesto final fue el 11 lejos de ese sueño superior y con una renta de dos victorias sobre los puestos peligrosos, por lo que no tuvieron que sufrir en las últimas jornadas. Su estreno en esta tercera categoría había sido positivo deportivamente.

Sólo la escasez de presupuesto frenó al Agustinos (MAURICIO PEÑA)

Cambió completamente el Agustinos en su segunda temporada en la categoría de bronce del baloncesto español. Económicamente no había salido como esperaban y aunque tuvieron buen respaldo con los supermercados E. Leclerc, no fue suficiente y tuvieron que optar por hacer una plantilla más acorde a sus posibilidades. También el ocupante del banquillo era nuevo al abandonar el puesto Jareño. Su relevo iba a ser Jorge Álvarez, que llegaba de triunfar junto a Ricard Casas entrenando en Angola. La temporada 2017-2018 no cumplió las expectativas que se habían creado y la parte baja de la clasificación se convirtió en su pelea final. No parecía así cuando en el ecuador de la competición estuvieron por la zona media e incluso llegaron a ser novenos en la jornada 17 con ocho victorias en su casillero. A partir de ahí la situación se torció, solamente sumaron dos más en los trece últimos partidos, finalizando penúltimos en la clasificación (puesto 15) con diez victorias, con lo que perdieron la categoría.

Regresaba el baloncesto de la capital leonesa a la zona oscura de la Liga EBA, interesante pero que sabía a poco para los aficionados. Se hablaba casi como todos los veranos de fusión entre los equipos del Básket León (antes Fundación), San Andrés y el propio Agustinos para así reducir costes. No llegó a buen puerto entre todos y sí los dos últimos, que pasarían a ser el Reino de León, club que se nutriría de jugadores leoneses para afrontar hasta donde pudieran las siguientes temporadas. El que para muchos seguía siendo el Agustinos con otra denominación acabó descendiendo a Primera Masculina en la temporada 2018-2019 con una sola victoria.

En el año de la pandemia (2019-2020) lograba recuperar su presencia en la Liga LEB, tras un año en una competición autonómica muy descafeinada, con pocos equipos y en la que fue uno de los mejores. Volvía entonces a la competición nacional en la temporada

2020-2021 con una sexta plaza en el subgrupo que incluía a los equipos leoneses sin problemas para seguir en la categoría. Y de nuevo se acercaba a los puestos de honor en la temporada 2021-2022 al acabar tercero en dura pugna con el otro representante de la capital, el ULE Básket León, de hecho entró en la 'Final Four' por mejor diferencia de puntos al haber concluido los dos equipos con 22 victorias. En esta fase en Santiago de Compostela cayó en semifinales ante el Mondragón por 79-68 y puso fin a su intento de regresar a LEB Plata. El verano de 2022 pasó a estar vinculado con la Cultural, y algunos de sus jugadores, junto a los del Básket León, conformaron esa plantilla.

FUNDACIÓN BALONCESTO LEÓN

Cuando el Baloncesto León, entonces más conocido como Elosúa, se hizo Sociedad Anónima Deportiva, la cantera no quedó incluida dentro de la misma. Formaba parte de la fundación de esa SAD denominada Fundación Baloncesto León. Y ese es el nombre del equipo que en el año 2012 llegó al baloncesto leonés al formalizar su inscripción en la Liga EBA, en esos momentos la cuarta categoría, tras la desaparición del propio CB León. La directiva del club la formaron de inicio los tres patronos de esa fundación, que eran los accionistas de la quebrada sociedad, y su presidente fue José Antonio Domínguez.

La plantilla del Fundación Baloncesto León en su estreno en 2012 (MAURICIO PEÑA)

Como entrenador en su estreno contaron con Miguel Ángel Estrada, la persona que había dirigido al San José femenino desde la base hasta la elite. El error fue su reclamo de querer ser el heredero del Baloncesto León en vez de un equipo en formación. Esa aspiración tan alta fue siempre una 'espada sobre su cabeza' y le colocó demasiada presión incluso antes de jugar el primer partido. Todo lo que no fuera acercarse a los números de ese equipo o un ascenso vertiginoso sería considerado un fracaso.

Deportivamente en la temporada 2012-2013 de su estreno iban a contar con dos africanos, Webber Lufanga y Prosper Ngardinguim, que no llegaron al inicio por problemas con el visado. No se estrenaron como esperaban y concluyeron en su subgrupo los décimos de once pero salvando la categoría porque solamente había un descenso. La temporada no cumplió las expectativas, tan sólo sumaron tres victorias en 20 partidos.

La Universidad colaboró con el Fundación con un convenio de colaboración (MAURICIO PEÑA)

Cambiaron el entrenador y llegó Tino Ugidos. El club en virtud del acuerdo con la Universidad de León y el patrocinio de Puertalia se llamaba ULE-Puertalia, pero no arrancó tampoco en una segunda temporada en la Liga en la que ahora había dos equipos de la capital leonesa, lo que muchos consideraban como dividir las opciones. Para el Fundación salvar la categoría en el tramo final fue el único premio de este segundo año en el que tardaron doce partidos en conseguir la primera victoria. En la segunda vuelta incluso contaron con el refuerzo de Julio González, que había regresado a León pero al que sus problemas de espalda le obligaron a retirarse al concluir la temporada 2013-2014.

Cambiaron los patronos del equipo en la fundación y se empezaba a hablar de fusión de los dos equipos, aunque no llegaba a producirse. Empezaron a mejorar su rendimiento en los siguientes años con dos quintas posiciones. Hubo cambios en el banquillo, ya que Tino Ugidos fue fichado para el cuerpo técnico del Palencia, con lo que se quedó Julio González e incluso durante un par de meses contaron con Ángel Jareño.

Su éxito llegó en la temporada 2016-2017 en la que concluyeron en la tercera posición de su subgrupo y entró a formar parte de los que iban a luchar por el ascenso. Fue una temporada en la que lograron 18 victorias y en la fase de clasificación se deshicieron de sus rivales en las semifinales y la final para llegar a disputar el grupo del ascenso. Era una liguilla entre cuatro a una sola vuelta que tuvo lugar en Villaviciosa de Odón; no pudieron ganar ninguno de los tres partidos y perdieron este tren por llegar a la LEB Plata.

Tras una cuarta plaza en la temporada 2017-2018 cambió su nombre por el de Basket León, pero sin querer olvidar al Elosúa al poner incluso el mismo color en las camisetas. Hubo dos temporadas más; la primera finalizaron en la zona media de la clasificación, y la segunda en la parte baja hasta que la pandemia obligó a su suspensión sin que hubiera descensos. Fue el ocaso del equipo sin que llegara nunca a conseguir ese deseo de aproximarse a lo que fue el Baloncesto León.

CIUDAD DE PONFERRADA

En el verano del año 2002 la ciudad de Ponferrada había perdido a su representante en las competiciones nacionales de baloncesto, no su afición por este deporte. En ese momento los que eran entrenadores en el desaparecido JT deciden poner en marcha un nuevo proyecto para mantener viva la llama. Luis Daniel Enríquez, entrenador de la Liga EBA en ese club en campañas anteriores, junto a Antonio López, Santiago Crespo y Alberto Cordón son los que forman parte de su constitución y forman una directiva presidida por Francisco Cabo. En el acto de presentación estuvo presente hasta el concejal de Deportes, el exfutbolista Manuel Peña, para dar su respaldo a este proyecto que además de un equipo sénior masculino iba a tener uno femenino más los equipos de cantera.

Estrenan su trayectoria en la temporada 2002-2003 en la máxima competición autonómica que entonces tenía el nombre de Primera Masculina al aprovechar una vacante que les permitió eludir la competición provincial.

Un equipo de los inicios del club ponferradino (CDP)

No fue un buen año deportivamente, ocuparon la penúltima plaza que implicaba el descenso de categoría a la que se denominaba Autonómica. Fueron repescados y en la temporada 2002-2003 pudieron volver a Jugar en Primera con mejores números en la zona media y una sexta plaza que permitía asentarse al club que en el verano anterior había perdido a su presidente después de haber sufrido un grave accidente de tráfico. En su honor realizaron antes de comenzar esa temporada un gran memorial con la presencia de equipos de la ACB.

Fueron progresando en la categoría los dos años siguientes con un quinto y un tercer puesto hasta que en la temporada 2006-2007 dieron el salto al finalizar segundos y de esta forma entrar a la fase de ascenso a la Liga EBA que iba a tener lugar en Torrelavega. El CDP (nombre recortado que empezaba a usarse del Ciudad de Ponferrada) se iba a medir al Zarzuela Maristas de Valladolid, Grupo Covadonga de Gijón y los locales del Merkamueble. Empezaron con una victoria ante los castellanos por 82-80 en un partido que dominaron y que se complicó al final. En la segunda jornada superaron a los locales 83-80 y se la jugaban al día siguiente ante los asturianos. No podían perder y no fallaron al conseguir el tercero de los triunfos, el más claro, por 71-78 y de esta forma certificar su ascenso a la Liga LEB, categoría que volvía a contar con un representante berciano.

El regreso en la temporada 2007-2008 no fue el deseado y no pudieron conservar la categoría al concluir en el puesto 14 de los 16 equipos de una Conferencia Norte en la que bajaban los cuatro últimos. Fue en una competición que había perdido a algunos equipos importantes porque la Federación Española había creado la LEB Bronce que hacía bajar un escalón a esta liga hasta la quinta categoría, en un experimento fallido que solamente duró dos temporadas para regresar de nuevo a lo anterior. En esta temporada iban a tener un extranjero en su plantilla muy remozada, el nigeriano Aleburu, que había estado en la Liga Árabe. Unos problemas de rodilla y su mala evolución provocaron su cambio y en ningún momento se acertó con el jugador adecuado. Pese a ello hicieron una buena primera vuelta (llegaron a ser quintos) y se sentenciaron en una segunda mucho peor.

Estuvieron a partir de entonces en Primera Masculina con un proyecto deportivo coherente, siendo conscientes de la realidad económica que tenían; incluso renunciando a entrar en la puja por alguna plaza que se vendiera. La desgracia se volvió a cebar con el club al fallecer repentinamente en 2009 su presidente José Manuel San Miguel cuando llevaba tres años en el cargo. Llegó a jugar incluso en Provincial y a partir de ahí iniciaron el regreso a las competiciones nacionales que solicitaron en el verano de 2016. Pidieron una plaza en la Liga EBA de la temporada 2016-2017 con el club mucho más asentado y la tuvieron. Esa mejoría en el equipo se notó al conseguir mantenerse con solvencia en esta liga a diferencia de su primera visita. Fueron sextos en el subgrupo e incluso mirando más hacia la parte alta que la baja; terminaron sumando 15 victorias y 11 derrotas en las 26 jornadas.

El Ciudad de Ponferrada de la temporada 2010-2011 (CDP)

Sufrieron más en la temporada 2017-2018 al ser los últimos que eludieron los puestos que iban a luchar por mantenerse, el once, con una renta de tres victorias sobre su perseguidor que les permitió afrontar con tranquilidad el final. El 'boom' llegó en la temporada 2018-2019 con el equipo al frente del subgrupo. Cediendo solamente seis derrotas en la primera fase. Debían afrontar un partido contra el campeón del otro subgrupo por una plaza en la fase de ascenso final y se hicieron con ella al conseguir derrotar al Megacalzado Ardoi navarro y jugando en su cancha (93-95).

La fase final de 16 equipos se dividía en dos sedes con dos grupos de cuatro en cada una de ellas y de esos ocho tres lograrían el ascenso a LEB Plata. Ponferrada la solicitó y jugaron uno de los grupos en el Pabellón ponferradino del Toralín, con el nombre de la haltera Lydia Valentín, y el otro en Bembibre. Fue una fase apoteósica para los bercianos, tanto los componentes del Ciudad de Ponferrada como los aficionados. Ganaron los tres partidos ante el Alcobendas, Marbella y Jairis Alcantarilla, sin tener que esperar a la eliminatoria de los segundos clasificados se auparon a una categoría que les iba a exigir en lo económico y en lo deportivo como nunca hasta ese momento.

El 21 de septiembre de 2019 arrancaron en la nueva categoría en la aciaga temporada 2019-2020. No se pudo concluir por la pandemia que obligó a suspender las competiciones y hasta ese momento el CDP ya había dejado su impronta con un quinto puesto en la primera fase del Grupo Oeste formado por doce equipos y entrando en el grupo que iba a luchar por el ascenso. En esta segunda fase de liga fue cuando todo tuvo que darse por finalizado.

Sí pudo acabar la temporada 2020-2021, con muchos sustos y las gradas vacías durante mucho tiempo o con la asistencia limitada más adelante. De nuevo mirando hacia la parte alta de su grupo que había cambiado el formato de competición. Ahora regresaban las eliminatorias y en ellas se plantaron. En la primera ronda les correspondió luchar contra La Roda y no pintaba bien cuando perdieron 82-66 en el partido de ida. La diferencia que debían remontar era de 16 puntos y se antojaba complicada. La transformación del equipo fue total y ya lo había logrado en el tercer cuarto para acabar ganando por 33 puntos de diferencia (88-55), accediendo a la segunda eliminatoria. Ahora era frente al Cantabria y cuando la ilusión se apoderaba de la ciudad (desde la distancia), el coronavirus 'atacó' al equipo en la semana clave y afrontaron el partido de ida en casa con solamente ocho jugadores y algunos sin apenas haber podido entrenar. Perdieron 54-82 y decían adiós a sus opciones al afrontar el choque de Cantabria con pocas esperanzas (perdieron 79-65). Aun así, fue un año para acabar muy contentos.

La última temporada del Ciudad de Ponferrada fue la 2021-2022. En ella se quedaron en tierra de nadie al no poder entrar entre los ocho primeros y salvarse antes de la conclusión tras sumar 12 victorias. El club quería seguir creciendo, en el año 2022 firmaban un convenio de colaboración con la Universidad de León y se integraba también en la estructura de la Ponferradina.

LOS EQUIPOS DE FÚTBOL

El baloncesto poco a poco se fue diluyendo en las ciudades de León y Ponferrada. Los equipos no conseguían el potencial necesario y en muchos casos duraban poco tiempo en la tercera o cuarta categoría, sin apenas reunir a los aficionados que se habían visto en las gradas tiempo atrás. En esas condiciones se necesitaba un giro al enfoque y entonces surgieron los equipos de fútbol más importantes de la provincia, Sociedad Deportiva Ponferradina y Cultural y Deportiva Leonesa. Esta situación no era nueva en baloncesto y de hecho, a nivel nacional los más laureados son secciones de los clubes de fútbol Real Madrid y FC Barcelona. Otros, como el Atlético de Madrid, fueron como el Guadiana apareciendo y desapareciendo.

La Cultural de baloncesto durante uno de sus partidos (MAURICIO PEÑA)

En el caso de la capital leonesa fue en el año 2022 cuando se toma esta decisión, de la mano del Director General de la Cultural, Felipe Llamazares, que había sido árbitro de la Liga ACB muchos años y presidente de clubes femeninos o de atletismo, una persona siempre ligada al deporte. En esos momentos estaban en la ciudad el Basket León, heredero del Fundación Baloncesto León, y el Reino de León, que federativamente era el Agustinos. Los dos militaban en la Liga EBA. Después de muchos intentos, en esta ocasión se llegó al acuerdo y se produjo la fusión. Esta fue que la Cultural cogía la plaza del Basket León mientras que el Agustinos renunciaba a la suya y jugaría en Primera (competición autonómica). También había un acuerdo de vinculación con el Colegio Leonés como cantera de este club. El entrenador sería Luis Castillo, que se encargaría de aglutinar lo mejor de los dos equipos y crear un proyecto que primero debería asentarse y luego buscar hasta donde podían llegar sin hipotecar el futuro.

En su estreno en la temporada 2022-2023 realizó una excelente campaña con una cuarta plaza que no le daba opción a mejorar de categoría. Sirvió para asentar el equipo, y lo que fue más importante, para conseguir llevar al Pabellón Municipal de los Deportes a tres mil personas; una base sólida para el futuro.

Por su parte la Ponferradina lo que hizo fue dar nombre al Ciudad de Ponferrada. En este caso era un equipo que ya se encontraba asentado. También sucedía en 2022 y ya estaba en LEB Plata, la tercera categoría, cuando dio comienzo su andadura en la temporada 2022-2023 con una meritoria sexta plaza. Este puesto les dio derecho a disputar las eliminatorias por el ascenso comenzando en los octavos de final. Fue contra el Sant Antoni de Ibiza ante 2.000 espectadores, en un partido que se jugó en Ponferrada y ganaban por 82-80. Una sola canasta parecía una diferencia escasa para afrontar la vuelta, pero no fue así, y los bercianos dominaron el partido de principio a fin para imponerse por 86-91 después de haber llegado a ir ganando hasta por 16 puntos. De nuevo un rival de las Islas Baleares en los cuartos de final, el Menorca, que les ganó en la ida 66-77 en un pabellón totalmente lleno y lo confirmaba en la vuelta por 91-66.

EQUIPOS FILIALES

Varios han sido los equipos 'B' en la trayectoria del baloncesto. Al principio se trataba de equipos en los que incluir a los jugadores que no se utilizaban en el que se podría denominar primer equipo. Con los cambios de normativa era el escalón para que siguieran con su evolución los jugadores que habían concluido su trayectoria en la base y que todavía eran muy jóvenes y con escasa experiencia para encontrar acomodo en la plantilla 'profesional'. El que mejores resultados obtuvo y contó con una larga trayectoria fue el filial del Baloncesto León en los años dorados de este equipo en la Liga ACB. Comenzó en una Liga sub'22, llegando a jugar muchos años en la Liga LEB. De hecho se promocionaba la presencia de este tipo de equipos en esa segunda categoría para que los jugadores que tuvieran que dar el salto notaran menos la diferencia. En León allí se curtieron jugadores como Óscar Yebra,

Elmar fue años el filial del Baloncesto León (MAURICIO PEÑA)

Mario García, Nacho Ordín o Julio González, por mencionar a algunos de la larga lista que posteriormente tuvo una carrera en el baloncesto profesional.

POR LA PROVINCIA

Muchas localidades de la provincia de León han formado parte de las competiciones provinciales que año tras año se han desarrollado sin descanso. Algunas de ellas llegaron en su día a las competiciones nacionales en un principio y a las autonómicas en otros muchos casos. De todos ellos el más destacado que se hizo un hueco de forma más constante en los primeros años fue La Bañeza. La denominación de Legumbres Luengo se convirtió en clásica junto a nombres como el Casa Galicia o JT de Ponferrada. En 1983 este equipo llegaba a Tercera División a competir fuera de la provincia tras hacerse con el campeonato provincial que en aquellos años contaba con equipos de Santa María del Páramo, Veguellina, Astorga, Fabero o Trobajo del Camino. Llegaba incluso a Jugar en Segunda a partir de 1988 como

San Dimas o Tetramín La Bañeza y no hizo mal papel. Tuvo que abandonar esa categoría por la ausencia de patrocinador en 1990. Posteriormente un club bañezano se hizo un habitual en las competiciones autonómicas como Construcciones Miguel Lobato.

Un equipo de La Bañeza del año 1985 (MAURICIO PEÑA)

Sorprendente resultó la presencia de una localidad pequeña y con afición como Toreno en Tercera. Más normal fue cuando lo hizo Astorga con el Básket Rus. La localidad maragata de todas formas no tuvo mucha continuidad en este deporte pese a contar con una cantera como La Salle.

En el inicio del siglo XXI La Virgen del Camino fue protagonista con una rápida ascensión desde la competición provincial a la de Primera con un paso arrollador por la Autonómica en unos años que fueron explosivos en este club. Onzonilla y luego San Andrés, tras fusionarse con el anterior, fueron las otras dos poblaciones cercanas a la capital que se hicieron con un puesto en las competiciones de mayor nivel autonómicas con la Primera División. Este conjunto llegó incluso a alcanzar la Liga EBA sin llegar a salir al unirse al Agustinos, para los dos juntos afrontar esa categoría con la denominación de CB Reino de León.

La Robla, Villacelama, Villafranca del Bierzo o Valencia de Don Juan son algunas localidades que han formado parte en el siglo XXI de la competición provincial en categoría sénior en algunos casos con alguna intermitencia. Hay otros equipos de base que surgen en poblaciones donde sus centros escolares hacen esa conciliación entre la vida académica y la práctica del deporte, baloncesto en el caso que nos ocupa.

CB Coyanza en la temporada del año 1999 (MAURICIO PEÑA)

Paramio, creador de ilusiones

Benigno Paramio es como si fuera uno de los apellidos que habría que dar al baloncesto en León. Son numerosos los nombres que a lo largo de la historia de este deporte en la provincia han puesto su granito de arena para el desarrollo y asentamiento. En el caso de Paramio llevó un carretillo entero, pero lo hizo 'de noche', porque siempre ha estado alejado de los focos.

Nacido en 1948 llega al baloncesto cuando está

Paramio, a la izquierda, recibiendo un premio como capitán de Los Pedrines (CÉSAR)

interno en los Salesianos de Bilbao. Allí no había balonmano, que era lo que practicaba, pero sí baloncesto. Con 13 años y su carácter inquieto se puso a jugar al baloncesto para practicar deporte. Allí aprende el juego y no se le daba mal. De regreso a León descubre que, aunque ya existía este deporte, estaba mucho más anquilosado que el vasco que había conocido. Implanta un juego más moderno que enseña a otros aficionados y empieza a evolucionar este deporte.

Pero para poder jugar al baloncesto se necesitaban equipos, y junto a Amez crea uno al que quiere poner el nombre del inventor de este deporte, pero los anglicismo no estaban bien vistos y la maquinaria del Movimiento absorbió la idea y pasó a ser Juventud OJE. Aunque nunca congenió con esas ideas, con su corta edad no tenía ni la fuerza ni el poder para oponerse al sistema. Como jugador destacaba en los equipos en los que militaba y era imprescindible en las estructuras que quisieran prospe-

rar. Destacó mucho en el Forecu y fue nombrado mejor jugador de León por delante incluso de Toño Garrido, que hizo carrera en Cataluña.

No se limitó a esa faceta y todos esos años la compaginó con labores técnicas o de dirigente, incluso sin haber llegado a la mayoría de edad. Siempre le gustaba estar a la última de las evoluciones de su deporte y asistía a cursos en los que por edad no podía. El mini-básket, con el Hesperia, es un ejemplo de ello al montarlo junto a otro jugador, López Dóriga. Aprendía si era posible hasta en el Nodo cuando iba al cine y mostraban imágenes de partidos de equipos como el Real Madrid que dominaban en Europa.

Fue tal su actividad que enumerar su trabajo y el nombre de los jugadores que formó se haría eterna. San Claudio o el Instituto Eras fueron centros que se beneficiaron de su intensa labor como entrenador de baloncesto, que como cuando jugaba siempre se lo tomado "como un profesional pero sin serlo".

Capítulo 5
Más baloncesto

LA BASE DE TODO

Las canchas o las calles siempre han servido para jugar al baloncesto (MAURICIO PEÑA)

Los colegios e incluso todas las instituciones académicas han sido claves en el baloncesto leonés y también en el de toda España. Cuando apenas se conocía el reglamento fueron los encargados de transmitirlo de ciudad en ciudad.

En tierras leonesas era una actividad recreativa dentro de los centros como una parte educativa más. En las instituciones académicas dieron los primeros pasos muchas de las personas que luego vivieron el baloncesto con gran intensidad. Eso sucedía tanto en categoría masculina como femenina. En el fútbol, el deporte más popular, se contaba con los clubes existentes en diversas localidades, esa función la llevaban en baloncesto los colegios e institutos.

El Colegio Leonés en los años 50 (ARCHIVO HISTÓRICO DE LEÓN SIG. 4-8-101)

Un equipo en el estadio Hispánico (ARCHIVO LAURE)

Por este motivo los campeonatos de escolares fueron siempre muy populares y contaron con muchos leoneses disputándolos. A finales de los años 40 y comienzos de los 50 del siglo XX ya se celebran estos campeonatos, primero como la suma de muchas especialidades y luego ya específicos de cada deporte. Los niños de aquella época se curtían practicando el deporte, también el baloncesto, a pesar de que las canchas no reunían las condiciones más adecuadas. Un ejemplo de esto es la final del año 1958 en categoría infantil. Se enfrentaban en el Hispánico, un terreno neutral, los colegios Agustinos y Maristas. La lluvia lo había dejado impracticable y el barro era el protagonista. El balón se escurría de las manos de los jugadores con facilidad y era totalmente imposible botarlo. Era tan difícil jugar que al descanso los propios árbitros propusieron trasladar el resto del partido a la cancha de baloncesto del Colegio de Nuestra Señora del Buen Consejo. Ganaron los Agustinos por 8-4.

Tardaron un tiempo en llegar los equipos y sus canteras, por lo que estos campeonatos marcaban la dinámica. Sobre todo en la competición masculina, a León le costó años superar muchas rondas en los nacionales. En la femenina iban con un mayor retraso respecto a otras provincias. A nivel local se veían enfrentamientos con mucha rivalidad tanto en la zona de León como en la berciana. Los campeones variaban según las generaciones, y los que dominaban las competiciones solían ser el Instituto Padre Isla, Colegio de Huérfanos Ferroviarios, Colegio Leonés, Maristas, Loyola o Agustinos.

Precisamente el equipo Agustinos conseguía en los años 70 llegar a una fase final de estos Juegos cuando ya eran específicos de cada deporte. Agustinos siempre se había mostrado como un centro muy destacado deportivamente con el Padre Jesús Murubarren. En 1971 alcanzaron el cuarto puesto en juveniles después de haber superado al Maristas de Alicante y el Nuestra Señora del Prado de Ciudad Real. El partido decisivo para alcanzar la final lo tenían bien

Alineación del Colegio Agustinos que fue campeón interprovincial (REVISTA AGUSTINOS)

encarrilado, cuando a falta de 45 segundos ganaban por 60-54 al Juan Bosco de Barcelona. En ese momento se 'bloquearon' los jugadores leoneses por los nervios de verse en la final y se dejaron remontar de forma inexplicable viéndose abocados a disputar la final de consolación que también perdieron. El jugador más destacado de este campeonato fue uno del Claret de Madrid (fueron los campeones), Corbalán. Este mismo equipo agustiniano fue octavo en el Nacional Federado. Se había juntado una importante generación de jugadores

Maristas y Elosúa de las categorías inferiores en un partido en el 'Globo' (CÉSAR)

que mostraron un alto nivel; destacaba por encima del resto el base Pedro Callejo. Este jugador llegó a estar en el mítico Kas de Bilbao, que lo fichó por sus buenas actuaciones cuando todavía estaba en la base de Agustinos al desplazarse a León para hacerle una oferta.

El equipo del Colegio Leonés que fue al Mundial de Turquía en 1991 (MAURICIO PEÑA)

Algunas otras actuaciones aisladas se dieron en estas categorías, y con la llegada de Pepe Estrada al Colegio Leonés, este centro se convirtió en el dominador de las competiciones escolares tras el bajón sufrido por otros colegios, que centraban su actividad en otros deportes en los que también destacaban. El 'Leonés', como se le conoce coloquialmente, siempre tuvo equipos, pero el trabajo se hizo más moderno y no como una actividad de 'recreo'. Empezó a despuntar en unos Juegos Escolares que habían perdido algo de importancia a medida que iba subiendo la competición federada (en la que también participaban). No era sencillo llegar a las fases finales, pero los cadetes del Leonés ya fueron quintos en 1984. En el año 1985 obtuvieron el mejor puesto hasta ese momento, con una medalla de plata en Madrid ante el representante gallego, que les superó en la final por 89-65. Fue el comienzo de una participación escolar que llegaba a sumar 3 presencias en campeonatos del mundo, un subcampeonato de las series colegiales ACB, 6 títulos de campeón de España escolar, tres subcampeonatos y dos medallas de bronce, además de un triunfo en los Juegos de la Fisec.

Esos campeonatos del mundo lógicamente fueron lo más llamativo. Dos veces en Turquía y una en Israel fue la presencia del equipo leonés en estas citas. Comenzaron en este último país con un excepcional cuarto puesto de los cadetes en 1987; otro buen puesto fue el séptimo alcanzado en 1991 en Turquía.

A nivel federado el mayor éxito de la cantera leonesa llegaba también con el propio Colegio Leonés en categoría infantil. El cuadro de Estrada en el año 1985 se clasificaba para la fase final que se celebraba en Granada y se alzaba con el primer puesto en un éxito sin precedentes para el baloncesto provincial. Existía el precedente del año anterior, en el que fueron quintos en la misma categoría. Para ese 1985 la lista de equipos participantes estaba formada por el San Viator de Vitoria, Joventut de Badalona, Real Madrid, Vicente Tofiño de San Fernando (Cádiz), FC Barcelona, Náutico de Tenerife, Canoe Natación de Madrid y los leoneses. Era una competición de alto nivel con la presencia de los tres conjuntos dominadores del baloncesto español sénior. Y ante uno de ellos, el FC Barcelona, arrancaban la competición perdiendo por un solo punto, 87-86, tras una prórroga. La situación se puso muy complicada con su segunda derrota ante el Canoe por 86-80. El tercer partido ante el Náutico fue el inicio de la transformación. Ganaron por 74-59, diferencia de puntos que fue clave para ser segundos del grupo ya que los tres equipos quedaron con una victoria por detrás de un Barcelona que lo ganaba todo. En la semifinal se midieron al Joventut, que contaba en sus filas con jugadores como Jofresa o Morales, que años después estarían en la selección española. No dieron ninguna opción los de Estrada con un contundente e inesperado 95-62. La final que alcanzaban por primera vez en su historia en el centro iba a tener como rival al Barce-

Una destacada plantilla del Leonés en 1983 (CÉSAR)

Pepe Estrada, el nombre del baloncesto

Son muchos los nombres importantes dentro de la historia del baloncesto y siempre se pueden quedar fuera algunos, pero cuando en León se habla del deporte de la canasta, a lo largo de su historia surge uno en la boca de todos: Pepe Estrada.

Nació en 1947 en Palacios de Rueda, aunque se crio en Escuredo. Su madre era maestra y su padre falleció cuando contaba con

Pepe Estrada en 1981 con un niña refugiada de Laos (CÉSAR)

solo un año de edad. A los once fue a estudiar al Seminario y su vida deportiva dio un paso que luego sería el que marcaría el resto de sus vida: conoció el baloncesto. Al principio fue simplemente porque era alto y esa condición era muy importante en los comienzos para que te 'escogieran' para el equipo. No jugaban en verdaderas canastas, sino con una cesta de patatas colgada de un árbol. Al poco tiempo ya pusieron las canastas y se hizo un poco más 'seria' la práctica del baloncesto.

Una misa en los Agustinos fue el siguiente avance para él, puesto que a la salida le 'ficharon' para uno de los equipos que empezaban a surgir gracias a otra de esas personas claves en el desarrollo del deporte de la canasta en León, Quintanilla. De esta forma empezaron los partidos en la siempre igualada competición provincial que en esos años 60 no era muy técnica, aunque sí había una gran intensidad en cada enfrentamiento. Jugó en la OJE, en un equipo del Ademar que como él reconocía "solamente los cogió todos altos, sin un base que dirigiera". También

en el Loyola que entrenaba Soriano y en el que todo el equipo se trasladaba en un '4L'. Estando allí conoció a un jugador que pese a ser infantil ya jugaba con los mayores porque era muy bueno: Antonio Garrido. Esa fue su carrera local mientras cursaba estudios.

Aunque llegó a la Selección de León en alguna ocasión, el futuro como jugador no era su destino. Mientras estudiaba Magisterio las chicas hicieron un equipo y le pidieron que las entrenara. Hasta que llegaron las buenas instalaciones, comenzaron como muchos años antes él en el propio Seminario, con una canasta en un palo y la otra en un nogal en un patio de no muy grandes dimensiones. Tenía entonces 18 años.

En el baloncesto femenino dio sus primeros pasos como entrenador con equipos en los que se hizo una labor intensa y básica para que la semilla de ese incipiente baloncesto se sembrara en León ante la dura competencia del balonmano. Fue un trabajo con muchos nombres clave y en el que uno de ellos era el suyo. En esos equipos de Teresianas, Dominicas y la OJE conoció la com-

Elosúa del que ya se conoce su historia.

Fue el primer entrenador de este club, y con personas tan importantes a nivel de gestión como Alberto Sobrín y Lisardo Martínez, padres de jugadores, fueron apuntalando un equipo que en el momento de llegar debía competir con algunos que ya contaban con una parte de la afición de León a su favor. Regalaban las camisetas por los colegios, buscaban tiendas que ofrecieran descuentos a los que se hicieran socios o colaboraban en causas sociales con los más desfavorecidos como cuando invitaban al baloncesto a unos refugiados de Laos que habían llegado a diversas partes de España ante la situación por la que atravesaba su país. No era un club familiar pero todos ponían su 'granito de arena' y en muchos casos en labores oscuras o de segunda fila. Este era el caso de las mujeres de algunos

Con el número 4 Estrada en su época de jugador (ARCHIVO LAURE)

petición nacional en sus categorías más bajas y las duras gestiones que eran necesarias para poder realizar los entrenamientos y conseguir la financiación necesaria para jugar.

En ese tiempo también alternaba los equipos masculinos, y uno de ellos, el de la OJE que también entrenaba, tanto en sénior como en júnior según el año, dejaba de competir porque sus recursos se habían reducido al cambiar el panorama político en España. Al no querer perder todo el trabajo que se había estado desarrollando, tanto Pepe Estrada como algunos otros de los más cercanos al equipo, decidieron poner en marcha un equipo, el Club Baloncesto León. Era el año 1980, Estrada conocía a un empresario con quien coincidía durante el verano en el pueblo, y gracias a esa amistad, la mediación de Pepe, y la buena voluntad de la persona con el capital, llegaba un

Ejerciendo labores de entrenador con el equipo de la OJE (CÉSAR)

Una de las primeras plantillas del Elosúa, equipo que entrenó en sus primeros años (ARCHIVO LAURE)

de los componentes de la primera directiva. Esa historia que apenas se ha reconocido incluye a María Aurelia Rodríguez y María Jesús Estrella, 'Mari' y 'Chusa'. Casadas con Estrada y Lisardo, desde el primer momento y hasta muchos años después, hicieron labores que iban desde buscar socios, lavar la ropa, cuidar de los jugadores si se ponían enfermos o estar en la taquilla del Pabellón Municipal en los partidos. Nunca recibieron el homenaje que se merecían y en algún momento hasta recibieron algún 'batacazo', como cuando a 'Mari' le retiraron el número 1 en el carné de socia que tenía desde la fundación al considerar que se iniciaba una nueva relación. Ahí pasó a ser una aficionada más, mientras que 'Chusa' fue una de las tres personas que más años estuvo relacionada con el club, incluso se habían hecho las primeras reuniones

en el salón de su propia casa al menos una vez al mes. Por su parte Pepe Estrada tuvo que dejar el banquillo al sufrir una enfermedad que logró superar y continuó ligado al equipo hasta su desaparición como miembro del Consejo de Administración y formando luego parte de otros proyectos en la capital leonesa.

La otra faceta en la que ha hecho historia el 'nieto de Baldomero' como le gusta que le reconozcan por su pasado ganadero y rural, fue en un colegio. Después de haber concluido Magisterio empezó la labor profesional de la enseñanza en Luis Vives y San Francisco. El servicio militar de Beaumier dejó un puesto libre en la Educación Física del Colegio Leonés. Había dos candidatos, Julián López (un prestigioso entrenador de balonmano en la ciudad y que llevaría incluso a División de Honor al

Ademar) y Pepe Estrada. Al final Julián López haría su labor en San Francisco y Estrada se iría al Colegio Leonés.

No inventó el baloncesto en el colegio puesto que ya hacía muchos años que se practicaba, pero lo transformó. Empezaron a surgir muchos equipos de diferentes categorías en el centro, y esta actividad se convirtió en la más importante en el apartado deportivo. Allí fueron creciendo poco a poco y empezaron a llegar los éxitos que se convirtieron en los triunfos de la cantera de León. Fue el primer equipo leonés en sumar un Campeonato de España y en participar en un Campeonato del Mundo que también en ciertos momentos tuvo que pelear en los despachos. La participación era una actividad que se realizaba a través del Consejo Superior de Deportes, y algún año no querían que fueran los leoneses, al considerar que iban a tener pocas opciones de hacer un buen papel. En ese momento surgía el recio carácter de alguien criado en el duro mundo rural leonés con sus crudos inviernos para defender lo que consideraba justo. Ese torneo era un premio para los niños y por encima de todo era un educador. Llegó a amenazar con tomar medidas de protestas en caso de dejarles fuera y los llevaron.

En el Leonés desarrolló toda su vida laboral y deportiva más destacada. Su labor como responsable del baloncesto en el colegio continuó incluso después de haber abandonado por la edad su labor docente. Por sus manos pasaron muchas generaciones de leone-ses que hoy día siguen recordando su trabajo, para unos más acertada y para otros menos, pero en la que nadie puede poner ni el más mínimo reproche a su dedicación y entusiasmo con cada uno de los equipos que entrenó. Y por un deporte como el baloncesto al que llegó por casualidad y en el que una gran parte de sus éxitos han contado con algún contacto con esa labor que desarrolló. En una entrevista en un medio de comunicación le definía el autor, López Castellanos, como "un obrero del baloncesto".

Dos figuras clave, Estrada y Paramio (MAURICIO PEÑA)

Homenaje del GAB a antiguos profesores de Educación Física impulsores de muchos deportes; de izquierda a derecha Jandri, Pin, Toño, Quintanilla, Severino, Córdoba, Pellitero, Rufino, Luque, Leandro, Rosa, Hermida, Santi, Paco y Estrada (ARCHIVO JANDRI)

lona, con los que ya habían perdido, pero ante los que habían estado compitiendo hasta el final. En esta ocasión los leoneses se superaron a sí mismos y vencían por 90-82. Ese triunfo era el mayor éxito de la historia del baloncesto leonés hasta ese momento en categoría infantil. Fue un éxito cuando todavía sus equipos debían contar solamente con jugadores que pertenecieran al centro (al ser federada la competición podían tenerlos de otra procedencia) y se personalizaba en la labor de Estrada, que siempre quería destacar el enorme apoyo que recibían desde la dirección del centro para la práctica deportiva, el respaldo de otro técnico del colegio, Ricardo de Dios, cuyo deporte era el balonmano (llegó a ser entrenador del Ademar) y de la labor técnica de Gavela, que había sido árbitro y luego un gran técnico de las categorías de base con un trabajo en segundo plano y lejos de 'los focos'. Los jugadores que lograron el título fueron Moro, Luis, Carlos, Ordás, Nando, Adolfo, Pablo, Corraliza, Frías, Jorge y Fanjul, todos ellos nacidos en 1970. Completaron este gran éxito con galardones individuales como el de Pepe Estrada, nombrado mejor técnico, y Frías como mejor reboteador. En el cinco ideal del campeonato dos de sus jugadores, Fernando y Frías.

La labor del Colegio Leonés no fue flor de un día o de una generación que cosechaba importantes éxitos, durante muchos años continuó luchando en fases finales con el respaldo en muchas ocasiones del Baloncesto León al ser un equipo vinculado. En 1998 dentro de la categoría cadete regresaban al podio con una tercera plaza por detrás del Unicaja Málaga y el Joventut.

Entre los mayores, los júnior, León estuvo durante muchos años incluido tanto en esta categoría como en juveniles en una Segunda División que tenía su propio título. Se había creado para que muchos equipos tuvieran oportunidades de acceder a otras fases ante la diferencia existente y era para las federaciones con menos palmarés como la Leonesa. El Olímpico Nelson en 1981 había alcanzado el mejor lugar con una fase final en la que fue segundo de su grupo con dos contundentes victorias y una única derrota ante el Maristas Tito de Valladolid. Solamente el campeón de esta división entraba en la fase final del nacional absoluto. Unificada la categoría en la temporada 1984-1985 el Elosúa, antes de estar en la ACB, se plantaba en la fase final, terminando en el octavo puesto de la competición nacional. En aquellos años comenzaba una época de fases finales en júnior para Baloncesto León (1996-1997) o Colegio Leonés (1997-1998, 1998-

1999, 2001-2002 y 2003-2004), siempre sin poder acceder a las semifinales.

En la competición femenina costó arrancar. La primera piedra y de un nivel muy alto en esos momentos tanto para chicos como para chicas, la puso en 1983 el Casa Galicia femenino, que en categoría infantil había logrado un subcampeonato que supuso un giro definitivo para el baloncesto femenino leonés en la repercusión que iba a tener el excelente trabajo que se estaba realizando. Perdieron la final ante el Islas Canarias de Las Palmas por 107-81 después de haber superado a conjuntos con mucha más tradición como eran el Canoe, Hispano Bailén y Ensino de Lugo. Entrenadas por la siempre activa Marisa Barrientos la plantilla la formaban Porto, Eva, Bea, María Jesús, Yoli, Olga, Iciar, Encina, Carmen y Piluca Alonso, que luego llegaría a la selección española.

El equipo júnior del Elosúa de 1984 con Gavela de entrenador (CÉSAR)

El Páginas Amarillas juvenil en el año 1989 con las hermanas Pulgar en el equipo y entrenadas por Tito Sobrín hicieron una gran fase final en Linares y solamente los problemas físicos les impidieron conocer hasta dónde podrían haber llegado. Pese a esos contratiempos finalizaron en la excelente cuarta posición después de haber comenzado muy fuertes.

Agustinos cadete luchó por el título nacional en León en 2015 (MAURICIO PEÑA)

Hubo que esperar muchos años para volver a ver a un conjunto infantil en las medallas de los campeonatos federados. Fue el Aros en 2011 con un equipo que contaba en sus filas con jugadoras que fueron llamadas a la selección de la categoría, Ángela Salvadores, María Herrero y Lucía Alonso, la primera con una gran carrera internacional posteriormente. En ese campeonato solamente las pudo frenar el Ros Casares valenciano en las semifinales por cinco puntos de diferencia (64-59). Luego en la lucha por la medalla se mostraron intratables venciendo al Canterbury por 74-41 con 32 puntos de Salvadores.

En la categoría cadete se resistieron más las medallas y hubo que esperar al año 2015 para que el Agustinos se hiciera con el bronce en una fase final que tuvo lugar en León. Las leonesas cayeron en las semifinales ante el Sant Andriá por 44-63 con un Pabellón Municipal que alcanzó los 1.500 espectadores. En el encuentro por la medalla tuvieron que sufrir hasta los últimos segundos frente al Claret pese a que llegaron a ir ganando de 27. Se pusieron a solamente dos puntos en el último minuto y las leonesas, entrenadas por Diego Cuesta, supieron mantener la tensión y acabaron ganando 68-64. El equipo de Agustinos estuvo formado por Tania González (27), Andrea Marcos (2), Paula López (15), Estela Gómez (2), Claudia Ayuso (15), Mónica Pérez (3), Sandra Llorente y María Zorita (4).

En la competición júnior el listón más alto lo alcanzaba el Baloncesto Femenino León con la cuarta plaza alcanzada en Punta Umbría con un triple en el último segundo de Julia Martínez en la temporada 2020-2021. Repetían este puesto en la siguiente y un sexto en la 2022-2023 que confirmaba que este club había cogido el relevo de la cantera leonesa. También llegaban a fases finales de cadetes, en una de ellas coincidiendo con la pérdida de Tino, una figura clave en el crecimiento de este club siempre volcado en ayudar en lo que hiciera falta, por lo que era muy querido desde todos los estamentos del baloncesto.

La organización de fases finales de base en la provincia ha permitido a los aficionados conocer a muchos jugadores que posteriormente fueron muy importantes en el panorama nacional o defendiendo los colores de España en las competiciones internacionales más importantes. Todo comenzó en 1976 con el XXIII Campeonato de España juvenil. Anteriormente hubo fases de sector y en esta ocasión el campeón de España se iba a conocer en León. La nómina de equipos la componían los más ilustres y en este Trofeo 'General Moscardó' iban a estar Real Madrid, Barcelona, San Viator de Vitoria, Barcelona B, Canoe de Madrid, Santa María del Mar de La Coruña, Joventut de Badalona (entonces Juventud), La Salle de Barcelona, Estudiantes, Vallehermoso OJE de Madrid y Caja Rural de Tenerife. Fueron impares tras haber una renuncia. Entre los jugadores presentes en León un joven gallego en las filas del Real Madrid, Fernando Romay, que pese a su edad ya medía 2,11 centímetros y era mucho más grande que el resto. Estaba dando sus primeros pasos en el mundo del baloncesto al que su tremenda altura para la época le había abierto la puerta de este deporte… y las zapatillas, puesto que en la prueba que le hicieron no encontraron ninguna de su número (56) y le tuvieron que dejar unas de un americano con la puntera cortada. Su equipo, el Real Madrid, se proclamó campeón al derrotar en la final al Juventud por

El Baloncesto Femenino León, el último en disputar fases finales (ARCHIVO RAFAEL GONZÁLEZ)

106-75 con otro jugador muy destacado, el base José Luis Llorente que hizo 31 puntos.

En 1980 León fue la sede de fase final del Nacional Júnior. Ocho equipos con jugadores muy importantes para el futuro se dieron cita en el Pabellón Municipal buscando el título de campeón de España. Los nombres, muy reconocibles: Real Madrid, Náutico, Barcelona, La Salle, Cotonificio, Loyola, Estudiantes y Peñas Recreativas. A la final llegaron el Barcelona y un Estudiantes que contaba en sus filas con Fernando Martín. Los catalanes fueron los que se llevaron el triunfo al final.

Ponferrada tuvo su estreno en las fases finales con el VII Campeonato de España juvenil femenino en 1985, también sin equipos leoneses. Fue el pabellón del JT que se había inaugurado unos años antes el lugar elegido para esta competición junto al recién llegado municipal de Flores del Sil. Hospitalet, Mary Ward de San Sebastián, Hispania de Almería, Jorge Juan de Novelda, Hogar Escuela de Tenerife, Dulciora Universidad de Valladolid, Mollet y Canoe de Madrid fueron los equipos presentes. La final la disputaron el cuadro vallisoletano y el Hogar Escuela canario, con victoria para las primeras por un apretado 58-55; la tercera plaza se la llevó el Mary Ward ante el Hispania por un tanteo más ajustado, 41-40.

La cantera no se detiene y más generaciones juegan hasta en el Palacio de Congresos (MAURICIO PEÑA)

Equipo juvenil Escuela Sindical de 1968 (ARCHIVO ÁNGEL SEVILLA)

Santa Marta, cantera de fútbol y baloncesto (ME PRESTA EL BIERZO.COM)

El Elosúa júnior de 1981 con el club recién creado (CÉSAR)

Equipo juvenil de Maristas del año 1983 (CÉSAR)

Un equipo del Reino de León, una de las canteras del siglo XXI

Inempi, el equipo del Instituto Padre Isla con Paramio como entrenador (MAURICIO PEÑA)

Los equipos del Mendaña (ARCHIVO RYCARDO DE PAZ)

JT también tuvo base femenina (ANTONIO VECINO)

Básket Bierzo, un clásico (MEPRESTAELBIERZO.COM)

Campo de la Cruz, otra cantera (ARCHIVO PEPA)

Alevín femenino del Ciudad de Ponferrada (CDP)

El Plantío vio muchas generaciones (CÉSAR)

El Lioness femenino infantil del Campeonato de España de Clubes (en Marín, Pontevedra), 2023

Las infantiles del Aros de 2011 (MAURICIO PEÑA)

El equipo cadete de Agustinos de 2017

El BF León empezó a trabajar desde las categorías inferiores, la fotografía en 2014 (MAURICIO PEÑA)

Minibásket, la opción para niños

Un partido alevín en el patio del Colegio de las Teresianas de la capital leonesa en 1983 (MAURICIO PEÑA)

En un deporte en el que la altura puede ser importante, y en el que los aros por los que se debe encestar se encuentran a 3,05 metros, los niños siempre tuvieron dificultades. Por este motivo desde principios de los años 60 se decidió adaptar las condiciones para los más pequeños. Un balón de diámetro inferior, unas canchas más reducidas y un aro a una menor altura (2,60) permitían que se divirtieran al poder alcanzar la canasta con el balón, así era más sencillo que se 'engancharan'. En 1963 se empezaba ya a hablar de "hermano pequeño del baloncesto" que se había creado en 1950 en Estados Unidos. Lo hizo un profesor de Educación Física, Jay Archer, y tuvo gran aceptación. También dio sus primeros pasos en España, el minibásket adquirió protagonismo y se propagó rápidamente, principalmente en Guipúzcoa en los comienzos.

En 1967 en León ya eran dos los centenares de equipos con menores de trece años, que era la edad que se consideraba adecuada para dar el salto al 'baloncesto grande'. Ese año ya ocupaba el puesto 14 entre las provincias españolas respecto al número de equipos de esta especialidad gracias a la labor que realizaba a nivel nacional el Club Hesperia. Su responsable era el vicepresidente de la Federación Española, y a nivel local dos jugadores y grandes aficionados como José López Dóriga y Benigno Paramio eran los encargados de que funcionara y se podría decir que sus representantes.

Localidades como Cubillas de los Oteros, Vega de Espinareda y Santa Lucía fueron de las primeras, además de León, en disponer de centros con minibásket. Para poder incrementarlo estaban las ayudas que se daban para los que solicitaban canastas, balones y camisetas para poder hacer que los niños jugaran. También era competitivo, los colegios celebraban ligas internas de las que saldría una selección local y luego provincial, que daba acceso a una fase de sector entre provincias limítrofes, que daba acceso a una fase final. Los encargados de arbitrar los encuentros no se llamaban 'árbitros' y sí 'amigos' para que se les viera así.

Era importante la celebración del Día Nacional del Minibásket, una fiesta en la que se reunían numerosos equipos con las canastas que se colocaban en la calle, habitualmente en el Paseo de Papalaguinda, y que servían para hacer un pequeño torneo de las diferentes categorías de base. Otra gran ocasión tuvo lugar cuando se jugaba en una instalación cubierta en 1971 en el Pabellón Municipal con la I Gala del Minibásket. Para ello se pintaron tres canchas a lo ancho de la propia pista

Un partido en los comienzos en la MSP (ANTONIO VECINO)

Minibásket en el Colegio San Ignacio de Ponferrada (ANTONIO VECINO)

En la capital leonesa Papalaguinda acogía el Día del Minibásket (CÉSAR)

En categorías inferiores, el baloncesto también es un deporte inclusivo, donde niños y niñas juegan juntos (MAURICIO PEÑA)

del palacio y allí 400 deportistas pudieron disfrutar de la práctica deportiva con un techo.

Otras actividades estaban pensadas en los inicios del baloncesto para conseguir jugadores y una de las más llamativas fue la Operación Altura. Su objetivo era encontrar a los niños que podían llegar a ser más altos o que ya lo fueran y que practicaran el baloncesto con el fin de conseguir en el futuro que la estatura media de los equipos fuera superior. Duró muchos años y se realizaba en muchas provincias, pero en la actualidad se considera ya una costumbre ciertamente anticuada como forma de captar el talento. Un ejemplo de los resultados fue la incorporación de Beirán al programa nacional y que luego llegó a la selección española. El sistema de funcionamiento estaba a cargo de la Federación Española a través de las locales. Los jugadores que destacaran (por ejemplo en 1970 fue para niños de entre 13 y 17 años) acababan fichados por equipos punteros y ellos se encargaban de impartir los conocimientos básicos necesarios para la práctica del baloncesto.

La selección comenzaba con concentraciones como la que tuvo lugar en el Colegio de Huérfanos Ferroviarios de León en 1971. Cuarenta jugadores se formaron en la misma procedentes de toda España cuya media sobrepasaba el 1,85. Un entrenador de Estados Unidos afincado en España como era Hermes Bill fue el director y durante 15 días tenían un régimen de entrenamientos de mañana y tarde en los que se buscaba impartir sobre todo técnica individual. A una escala solamente local el propio Elosúa en sus comienzos tuvo la suya propia con el fin de captar jugadores para los equipos infantiles y juveniles dirigida por Estrada y Paramio para chicos entre 13 y 15 años. "Intentamos conseguir jugadores altos aunque no sepan nada de baloncesto", reconocían los técnicos. Allí se les empezaban a ojear las posibilidades de futuro y de aprendizaje al enseñarles fundamentos básicos como adaptar el balón, botar, pasar o lanzar a canasta. Muchos jugadores que pudieron haber tenido lejos de León una trayectoria más importante eran descartados porque en las pruebas médicas que se les realizaban se descubría que ya no iban a crecer más. Otros en cambio continuaban porque las previsiones pudieran indicar que podía superar los dos metros de altura y no eran muchos los que había en aquellos momentos.

También se buscaban jugadores cada vez más jóvenes al existir la teoría en los años 70 que para alcanzar la "perfección individual" era necesario comenzar a trabajar los fundamentos entre los diez y los doce años. De ahí surgía la 'Operación nuevos valores' en la que ya no se limitaba por la talla y había 'bajitos' que podían ser buenos en el baloncesto.

Poco a poco se fue incorporando el baloncesto femenino y continuaron las concentraciones como en el programa 'Objetivo siglo XXI. Apúntate al futuro' que también regía la Federación Española en varias sedes repartidas por toda España a la que irían los jugadores y jugadoras que hubieran superado las fases locales. Un ejemplo de una jugadora que estuvo incluida en esta campaña fue la berciana (aunque nacida en Suiza) Carmen Ares, que en 1988 a los 16 años fue incluida en el programa al medir entonces 1,87.

El juego debe ser una parte más de la educación (MAURICIO PEÑA)

La participación de equipos leoneses en la Copa ha sido más bien escasa. El baloncesto prácticamente nunca ha 'masificado' esta competición que se reservaba en la mayoría de las temporadas a los equipos de la elite, e incluso dentro de los de la máxima categoría muchos años para los mejor clasificados, ya fuera a la conclusión de la liga o en su ecuador.

Las primeras opciones fueron en los comienzos de los años 60 cuando participaban los mejores de Primera. Allí estaba el Endesa, que quedó lejos de esa oportunidad. La primera participación de los equipos de León en alguna eliminatoria copera fue en 1967, cuando era la Copa del Generalísimo. El motivo fue que se abrió a todos los equipos nacionales de Primera, Segunda y Tercera y los campeones de algunas provincias como León. La final leonesa la disputaron la OJE y el Forecu, que habían dejado en la cuneta a la Hispánica y el CLAA respectivamente. Esta final estuvo presidida por los nervios de ambos conjuntos y se disputaban la plaza leonesa en las eliminatorias nacionales de la Copa. Al descanso el Forecu superaba a la OJE por 15-12 después de haber realizado un mejor juego y contar con el regreso de su pívot Manuel González. En la segunda parte se rehicieron los de la OJE y se llevaron finalmente la victoria por 31-27. Los anotadores de cada uno de los equipos fueron Quintanilla (15), Estrada (12), Porrero (2) y Del Carro (2) por los vencedores y por los subcampeones Pérez de Lis (6), Blanco (8), González (11) y Díez (2).

La sorpresa al comunicar a la Federación Leonesa el calendario de esa primera eliminatoria nacional fue que se incluyó en la misma a los dos equipos leoneses que habían disputado la final. El sorteo les deparó equipos complicados de Segunda Nacional, y la clasificación se iba a decidir a doble partido. La OJE se midió al Grupo Covadonga de Gijón, que se había impuesto anteriormente a La Salle de Corrales de Buelna cántabro, primero en tierras asturianas y luego en las leonesas. Por su parte el Forecu debutaba en casa y luego jugaría fuera frente al Ensidesa de Avilés. Este equipo ya era conocido porque se había medido al Loyola, que había sido el campeón de Liga en León y había disputado la fase de ascenso.

En esas eliminatorias de 1967 el baloncesto leonés descubría que todavía le quedaba mucho camino por recorrer al estar todavía en sus comienzos. Los dos cayeron de forma contundente. La OJE lo

El Forecu llevó a León a la capital de España en la Copa del Rey (ARCHIVO ALBINO)

hacía por un claro 124-39 en la ida y repetía derrota en la vuelta por 37-72. Por su parte el Forecu perdió por 24-63 en su feudo y 76-26 en Asturias. Eran diferencias amplias pero no era un caso único de los leoneses puesto que muchas de las eliminatorias acabaron de esta forma y quizá fuera uno de los motivos por los que se acababa la copa 'amplia'.

La segunda de estas participaciones contó de nuevo con el Forecu, patrocinado por Cementos La Robla, y su rival resultó ser un equipo de postín, el Atlético de Madrid en la edición de 1968. Fue una fiesta para el equipo leonés al ser conocedor de la inferioridad con este equipo que tenía un acuerdo con el CD Ateneo de Madrid. En León ya ganaron los madrileños 33-58 y en la vuelta repitieron triunfo por 63-20.

La visita a Madrid fue una fiesta para los jugadores (ARCHIVO ALBINO)

Después de esta experiencia fue necesario esperar muchos años para que la competición copera y la provincia de León volvieran a cruzar sus caminos. Ya había cambiado su denominación al fallecer el dictador y convertirse el país en monárquico, por lo que pasaba a llamarse Copa del Rey y de la Reina la femenina. Hasta que el Elosúa León llegó a la ACB no se volvió a luchar por este título.

En la temporada 1990-1991 se estrenaba en la máxima categoría el Baloncesto León, en esos momentos todavía conocido como Elosúa. Esta temporada jugaban todos los equipos de esta categoría la Copa del Rey. Los mejores clasificados del año anterior (cuatro) entraban directamente en la fase final, los cuatro siguientes entraban en tercera ronda y el resto (16) debían superar dos eliminatorias para llegar a esa tercera ronda, en la que cuatro equipos llegarían a la fase final al ser 24 los componentes de la ACB.

El estreno se produjo contra el Granollers en León. Fue el 3 de octubre de 1990, y aunque era el partido de ida de la primera ronda copera que suponía algo especial para los leoneses, solamente se juntaron 2.500 espectadores en las gradas. Vencieron los de Gustavo Aranzana por 75-73 en un encuentro muy igualado en el que destacaron los 33 puntos de Schlegel; junto al norteamericano se alinearon De la Fuente, Francisco, Ferrán Heras, Javi Fernández, Wallace, Guerrero, Willy Villar, Roberto Herreras y Gustavo. La diferencia de puntos era muy exigua para la vuelta en tierras catalanas, lo que convertía en favorito al Granollers. Sin embargo, el crecimiento del cuadro leonés en esa temporada fue espectacular y también consiguió llevarse la victoria (75-78), lo que le permitió acceder a la siguiente ronda. En la segunda su rival fue el Cajacanarias. Aquí el dominio leonés fue completo, venciendo ya en la ida en tierras canarias por un claro 90-108 y 98-89 en la vuelta en León. El último escollo era el Valvi Girona siendo el primer partido en León. Los catalanes dominaron pero finalmente conseguían remontar los locales para ponerse por delante y llevarse el triunfo con una ventaja de tres puntos para la vuelta (84-81). El segundo partido resultó más sencillo, fueron siempre por delante y se llevaron la victoria una vez más por 89-101.

Inesperadamente un novato de la categoría estaba entre los ocho mejores (además imbatido) en una competición que se desarrollaba por concentración en una única sede con cuartos de final, semifinales y final a un solo partido. El estreno en la 'fiesta' del baloncesto para un equipo leonés se produjo en Zaragoza y para tan importante fecha el sorteo deparó un rival de postín: el Real Madrid. Como era lógico, todos los equipos querían enfrentarse al Elosúa, ya que nunca un recién ascendido había logrado esta hazaña; los madrileños se consideraban afortunados con el resultado del 'bombo'. Lo que no sabían en ese momento es que iban a tener que sudar lo suyo para lograr la clasificación ante un equipo al que no conocían, puesto que en la liga estaba situado en el otro grupo. El laureado conjunto de la capital de España estaba entrenado aquel año por un mítico exjugador como era Wayne Brabender, y en sus filas contaba con internacionales tan reconocibles como

El Elosúa jugando la Copa contra el Madrid (MAURICIO PEÑA)

Romay, Biriukov, Antonio Martín o José Luis Llorente, y extranjeros de la calidad de Stanley Roberts o Carl Herrera. El entrenador 'aceitero' pedía "desparpajo" a sus jugadores y vaya si lo tuvieron, puesto que tuvieron el partido en su mano cuando el marcador señalaba 71-70 a favor del Real Madrid. Anotó Schlegel un triple que por unas décimas de segundo entró fuera de tiempo e impidió el 'campanazo' que hubiera supuesto el triunfó del Elosúa. Eso sí, ya se ganó el respeto del baloncesto español. Pese a la derrota cumplieron con creces en esta primera participación y empezó a adquirir un protagonismo especial esta competición que a partir de entonces comenzó a ser un premio más en el desarrollo del equipo.

En la edición copera de 1992 se repitió ese gusto leonés por ir superando eliminatorias para conseguir entrar en la fase final, ya que no quedaba exento de alguna de ellas por su puesto en la liga del primero de los años de ACB. En esta temporada 1991-1992 se estrenó ante el Breogán de Lugo al que derrotó 52-72 en tierras gallegas y en el de vuelta, con todo prácticamente decidido salvo una hecatombe, se dio un resultado que ya solía ser un recuerdo de otras épocas en el baloncesto español: empate a 64, que era posible al ser una eliminatoria por diferencia de puntos pese a que ya hacía mucho tiempo que no se permitía en las diferentes ligas y se jugaban prórrogas. El Pamesa Valencia fue su siguiente víctima, después de imponerse en León por un ajustado 76-74, para de nuevo lejos de su pabellón estar intratable y vencer 77-85. De la fase final ya solamente le restaba una eliminatoria, que fue a tocar contra el Fórum Filatélico de Valladolid, el equipo con el que tenía mayor rivalidad. El cuadro castellano se presentaba en León con un equipo creado en torno a una estrella mundial como era Sabonis y además había sido el equipo que se había llevado al norteamericano Schlegel del cuadro leonés a la conclusión de la anterior temporada. También 'mordió el polvo' después de perder 83-75 en un Pabellón Municipal con 6.000 espectadores, lejos ya de aquellos 2.500 que vieron la eliminatoria copera el año anterior. En la vuelta nuevo triunfo leonés, más apurado (83-84), pese a los 36 puntos y 16 rebotes conseguidos por el gigante lituano. Segunda participación y segunda fase final en solamente dos años para el Elosúa que además seguía sin conocer la derrota en las eliminatorias.

Granada fue el lugar elegido este año 1992 para acoger los partidos, y si en la primera ocasión tocó el Real Madrid, esta vez no iba a ser menos y se tuvieron que enfrentar al FC Barcelona, el otro gran conjunto del baloncesto español al contar con el respaldo de un club de fútbol detrás. Nuevamente los aficionados pudieron disfrutar de rivales perfectamente reconocibles por su participación en la selección española, ya que contra el Barcelona iban a competir frente a jugadores como Solozábal, Montero, Jiménez y sobre todo Epi, una leyenda con la que disfrutaban los leoneses no hacía demasiados años, al que veían solamente por la tele y que ahora se media al equipo de su ciudad. Estuvieron cerca, pero de nuevo los cuartos de final eran su tope al perder por 62-67 en un partido muy trabado que aun así no empañaba este nuevo éxito del Elosúa.

Y llegaba la tercera participación consecutiva, la de la temporada 1992-1993, en la que el éxito liguero de la anterior campaña del Elosúa le permitía quedar exento de las dos primeras eliminatorias, lo que suponía cargar con cuatro partidos menos a sus jugadores. El sorteo no fue benévolo en la tercera ronda y le emparejó con el FC Barcelona. Los catalanes tenían que jugar esta previa porque quedaron fuera de los cuatro primeros de la liga y en la nueva temporada querían repetir presencia en la fase final que iba a ser en La Coruña. Primero se jugó en Barcelona y el Elosúa encajaba la primera derrota de su historia en una eliminatoria copera al caer 100-91. De nuevo ganaban los azulgranas en León por 92-97 y por primera vez se quedaban fuera los de Aranzana de estar en una fase final desde que estaban en la Liga ACB.

Sevilla fue la sede de la edición de 1994 a la que tampoco pudo llegar el Baloncesto León, que ya no contaba con el patrocinio de Elosúa. Esta vez se interpuso en su camino el Taugrés Vitoria que estos años luchaba por todos los títulos (de hecho jugaría la final copera en este año). Los dos equipos habían entrado en la tercera ronda tras estar exentos de las anteriores y en tierras vascas el cuadro local logró una ventaja de seis puntos (79-73). Ese marcador fue suficiente puesto que solamente perdieron por uno en la vuelta (96-95), aunque en la primera parte la diferencia se pudo igualar, en la segunda los vitorianos ya fueron por delante en muchas ocasiones y no pasaron apuros.

La clasificación para la fase final de la Copa del Rey que se iba a celebrar en Granada no fue sencilla. Al potencial de los rivales, había que sumar el galimatías organizativo, nada fácil de entender. Desaparecían las eliminatorias anteriores y se había celebrado la Copa de la Liga la anterior temporada, que fueron unos grupos entre los eliminados de la lucha por el título, como el Baloncesto León. Jugaron en un grupo con Andorra, Lugo y Valencia; en juego estaba optar a la siguiente Copa y los leoneses en medio de un ambiente descafeinado fueron los primeros de su grupo al ganar cinco de los seis partidos, perdiendo solamente el último cuando ya estaba todo decidido en la clasificación. De esta forma entraban en el sorteo con uno de los cuartofinalistas de la anterior edición junto al segundo de su grupo; le correspondió el Orense como rival ya en un 'play-off' al mejor de tres partidos, no en una eliminatoria por diferencia de puntos. El primer partido fue en Orense, con victoria leonesa por 74-82, que la refrendó en León al sumar el segundo triunfo por 84-81. De nuevo estaban en una fase final, lo había logrado en el mes de mayo de 1994, es decir, en la temporada 1993-1994, para una competición que se iba a disputar durante el mes de marzo de 1995, ya dentro de la temporada 1994-1995 en la que las plantillas podían ser totalmente diferentes en los equipos. Lo que no varió demasiado fue el sorteo de cuartos de final, ya que le volvía a tocar el Real Madrid. Los blancos no estaban en su mejor año, pero no por ello dejaban de ser el Real Madrid, con un enorme potencial y una gran plantilla. La sorpresa en esta ocasión se quedaba mucho más lejos, los de Obradovic, que era ahora el entrenador del cuadro 'merengue', se impusieron a los de

Aranzana por 88-74 en un partido que tuvieron controlado en todo momento.

Un método más sencillo en cuanto a complicaciones de rondas y eliminatorias dirimió los equipos de la fase final de 1996 en la que de nuevo Baloncesto León metía la cabeza. Para ello 'solamente' era necesario estar entre los siete primeros (la octava plaza era para el organizador) al concluir la primera vuelta de la temporada en juego. Y en uno de esos lugares estuvieron los leoneses, acudieron a Murcia para medirse a un rival nuevo y lejos de los 'equipos de fútbol', el Manresa. Los cuartos de final eran el tope del equipo, lo volvieron a ser perdiendo 72-58 ante un equipo que estaba en mejor forma, que defendía muy fuerte, y que estaba liderado por una leyenda como Creus, un veterano jugador que se encontraba en su segunda juventud y que fue el que les dio el triunfo en esta competición con un tiro sobre la bocina en lo que supuso el primer título de la historia para los manresanos.

Murcia también recibió la Copa (FEB)

1997 fue el año de la edición más especial para el equipo leonés, la afición leonesa y para toda la ciudad. El Palacio Municipal de los Deportes de León fue la sede que acogería este año la fase final con los ocho mejores equipos, y como organizador el Baloncesto León estaba incluido. Una de las principales novedades de aquella edición es que por primera vez se podía seguir el resultado de los partidos en directo vía internet, algo que luego se convirtió en habitual aunque entonces sonaba como algo inaudito. 400 lotes de Productos de León fueron repartidos por la Diputación Provincial entre los equipos, invitados y medios de comunicación con el fin de promocionar lo bueno de la provincia. La ciudad estuvo volcada prácticamente entera (hubo hasta una semana de cine y se asfaltó la calle del propio pabellón), no había un rincón en el que no se hablara de lo que iba a acontecer entre el 31 de enero y el 3 de febrero de 1997, de hecho no había manera de encontrar una habitación de hotel libre en el casco urbano. Lógicamente, en estas condiciones estaban vendidas todas las entradas.

Deportivamente el sorteo había deparado un enfrentamiento de cuartos de final entre el Baloncesto León y el Manresa, su verdugo el año anterior y campeón vigente de esta competición, que para el cuadro leonés solamente tenía una pega como era la despedida de su manager general, Ramón Fernández. Cuando por fin ya estaba en movimiento el balón para todos los leoneses, los que abarrotaban el pabellón y los que no habían ido, Lasa, Odriozola, Labradford Smith, Houston y Mcnealy formaron el equipo inicial de los 'locales, que también alineaban a Martín Ferrer, Barneda, Toñín Llorente y Carlos Díaz. Ellos fueron los que llevaron por primera vez y última, al Baloncesto León a las semifinales de la Copa del Rey superando ese listón que hasta ese momento habían supuesto los cuartos de final. Ganaron 88-85 en un partido de alternativas en el que ambos conjuntos estuvieron por delante en el marcador, pero el que lo hizo en el tramo final y cuando sonó la bocina fue el de Aranzana.

En el año 1997 León acogió la fase final de la Copa del Rey en el Pabellón Municipal.

El escollo que debían superar para llegar a la gran final, a ese sueño de todos, era un clásico del baloncesto español como el Joventut de Badalona. La primera parte del encuentro fue toda una maravilla de los de Aranzana, que fueron por delante en el marcador y se retiraron a los vestuarios ganando 39-36 después de que en el primer cuarto hubieran acabado doblando a sus rivales (20-10). Mejoraron los de la 'penya' y entraron en partido, que no se pudo resolver hasta casi el final. Con 72-71 en el marcador y dos minutos para la conclusión surgió la magia de la gran estrella de los visitantes, el norteamericano André Turner, que con dos triples de forma consecutiva daba una ventaja clara a su equipo y enfriaba las ilusiones locales que acabaron perdiendo 72-80.

La afición disfrutó en la grada de una gran edición copera a pesar de que no estaba el equipo leonés en la cancha cuando se celebraban los cuartos de final. Este partido lo disputaron el Barcelona y Real Madrid, y se impusieron en un excepcional encuentro los catalanes por 115-110; posteriormente les pasó factura el esfuerzo y perdieron en semifinales con un Cáceres que fue la gran sorpresa. La lucha por el título no era la primera vez que se iba a celebrar en la capital leonesa, puesto que en 1971 el evento escogido para inaugurar el pabellón fue una final de la Copa del Generalísimo entre el Real Madrid y el Juventud de Badalona (su nombre en aquellas épocas). Entonces fue campeón el Madrid del leonés Emiliano por 73-62; en 1997 los de Badalona esta vez no fallaron y se llevaron el título al imponerse en la final por 79-71.

La despedida de las participaciones masculinas en las competiciones coperas no podía haber sido más espectacular, pese a que entonces nadie pensara que iba a ser la última.

La Copa de la Reina quedó a un paso para el San José (FEB)

En la Copa de la Reina fue cuando llegó la siguiente participación leonesa al ser en esta época cuando hubo equipos de la provincia en la máxima categoría que tampoco estaba abierta a todos los clubes, ni siquiera de la elite, y se reservaba a los mejor clasificados, en muchas ocasiones solamente cuatro. El primer contacto llegaba mucho antes, en la primera con esa denominación y que tuvo lugar en 1978, después de que la anterior edición hubiera sido en 1975 con el nombre de Copa del Generalísimo. El motivo fue que León acogió la final en los primeros años de su pabellón en los que se celebraban muchos eventos nacionales. A la capital leonesa llegaban los cuatro primeros de la liga: Picadero, Celta de Vigo, Alcalá L'Oreal y Club de Vacaciones de Madrid. El título se lo disputaron el Celta de Vigo y el Picadero de Barcelona, dos de los conjuntos más poderosos en esos años, con grandes estrellas de la selección como podían ser Rosa Castillo en las catalanas o Marisol Paino en las gallegas. El Picadero conseguía el doblete (62-55) ante dos mil espectadores y con Televisión Española ofreciendo el choque en directo.

De nuevo León acogía la fase final copera entre el 6 y el 8 de enero de 2006 y esta vez con un representante local, el San José con la denominación de Acis Incosa León por sus patrocinadores en aquel momento. Logró su plaza en la cancha clasificado entre los ocho mejores a la conclusión de la primera vuelta, de hecho era el quinto.

Tuvo que medirse a uno de los equipos con mayor palmarés, el Ros Casares de Valencia. Las gradas batían un récord para un partido de baloncesto femenino en León al llegar a reunirse 4.500 espectadores. Las de Miguel Ángel Estrada, el entrenador del San José, hicieron un excepcional partido y estuvieron siempre con opciones de dar la campanada aunque al descanso fueran seis abajo (30-36). Le dieron la vuelta a la situación en el tercer cuarto con un parcial de 17-8 y en la conclusión con el marcador empatado tenían la posesión de ataque para ganar, pero una personal sin tiros libres frenó sus aspiraciones. En el tiempo suplementario no hubo color y las valencianas llegaron a las semifinales al poder lanzar hasta 14 tiros libres en este corto periodo de tiempo por las numerosas faltas con las que fueron sancionadas las leonesas, incluida una antideportiva; el Acis cayó derrotado 68-74 con la cabeza muy alta.

Después de quedarse fuera de las plazas de clasificación al año siguiente, en la edición 2007-2008 escribieron la mayor gesta leonesa en las competiciones coperas. Con el tercer puesto en la liga al concluir la primera vuelta lograban una de las plazas para la competición que se iba a desarrollar en Sevilla. Además ese lugar les permitía ser uno de los cabezas de serie en el torneo y por lo tanto en los cuartos de final conseguían eludir a los grandes favoritos. De esta forma le correspondió el Extrugasa gallego, rival al que dominaron (71-61 al final) y ante el que cumplieron su papel de favoritas para alcanzar por primera vez a unas semifinales con unos excepcionales 32 puntos de Allison Feaster. Llegaba la penúltima ronda y el Perfumerías Avenida de Salamanca ya eran 'palabras mayores'. El conjunto salmantino era uno de los dominadores de la competición en los últimos años; contaba con dos copas en su sala de trofeos, una de ellas lograda en la fase final celebrada en León. Ya no eran favoritas las de Miguel Ángel Estrada aunque contaban con algo muy importante: hambre de títulos. Realizaba el San José un primer cuarto para enmarcar, logrando una ventaja de 22-7 que nadie se esperaba. Todavía quedaba mucho y cuando al descanso se había logrado ampliar esa ventaja hasta el 42-24 fue cuando empezaron a creer en sus propias posibilidades. Se esperaba la reacción del Avenida en el tercer cuarto;

Las jugadores del San José en la Copa 2008 (FEB)

se produjo, y pudo ser frenada a tiempo, se redujo la ventaja en tres puntos. Ya en el cuarto las leonesas se dedicaron a saber mantener su renta y se llevaban la victoria por 76-63 logrando plantarse en la gran final.

La final del 2008 la disputó el San José leonés (FEB)

El Ros Casares valenciano, el mejor equipo de la década en el baloncesto femenino, era el escollo que separaba al modesto San José del título nacional. Este 17 de febrero de 2008 ponía en liza inicialmente el técnico leonés a Liron Cohen, Allison Feaster (había jugado con las valencianas), María Revuelto, Muriel Page y Cindy Lima, jugando después Anna Gómez, Paula Seguí y Luci Pascua. La igualdad presidió el choque en todo momento, como demuestra que dos de los cuartos acabaron en empate y los otros dos con una diferencia de un solo punto. El primer paso estaba dado, habían evitado ser arrolladas y por lo tanto se podía creer en la victoria. Al descanso la ventaja era favorable al Ros Casares por 35-36, renta que se mantenía al concluir el tercer cuarto para llegar a los últimos diez minutos con las espadas en alto. En los dos últimos el San José llegó a estar siete puntos abajo. Pudo rehacerse, fue esquilmando esa desventaja hasta que se puso a solamente dos y con el balón en su poder. Había tiempo para un lanzamiento más y forzar la prórroga o incluso ganar si era un triple. Liron Cohen, la mejor jugadora de la Copa de la Reina, asumió la responsabilidad y casi sobre la bocina lanzaba de dos puntos, pero no entró después de unos instantes de suspense y el título se le escapaba entre los dedos (66-68) a un San José que había hecho de todas formas una gesta inolvidable que una treintena de leoneses que había viajado hasta Sevilla pudo disfrutar en el propio pabellón.

Todavía hubo tiempo en la historia del San José para una presencia más en la fase final de la Copa, la tercera, que al año siguiente se celebraba en Salamanca. Esta temporada 2008-2009 el conjunto leonés no llegaba como cabeza de serie y el Ros Casares fue su rival en los cuartos de final reeditando la final del año anterior. No fue igual en esta ocasión y la diferencia entre los dos conjuntos fue mucho mayor, imponiéndose las levantinas por un claro 88-60. De esta forma se cerraba la historia de León en la Copa.

El baloncesto español de todas maneras disponía de otras competiciones de segundo orden para diferentes categorías entre las que destacaba la Copa Príncipe (posteriormente Princesa). Primero fue para los equipos de la ACB que se quedaban fuera de la lucha por el título y posteriormente, bajo la organización de la Federación Española, para los conjuntos de la Liga LEB, la segunda categoría del baloncesto español. La jugaban los mejores de esta categoría en una fase final por concentración en una sede. En el año 2007 en Melilla el Baloncesto León la disputaba por tercera vez después de dos participaciones cayendo en la primera eliminatoria. En esta edición superaban a Los Barrios en la semifinal por 91-76 disputando de esta forma el partido que servía para hacerse con el título. Lo alcanzaron al vencer al Cantabria por 92-71 y se llevaban este trofeo de segundo orden a sus vitrinas.

Por último, la tercera de las categorías del baloncesto en ciertas fases de su historia celebró durante cuatro temporadas (entre 1996 y 2000) su propia Copa EBA para los campeones de los cinco grupos de esta división. El filial del Baloncesto León (en esa temporada Elmar León), entonces entrenado por Roberto Herreras, disputó en el Pabellón Municipal de León la cuarta y última edición superando la eliminatoria previa (79-69 ante Ciudad de Algeciras) y la semifinal (83-70 ante Helios). Su rival por el título fue el Cornellá, dominador de esta competición, que se impuso (79-90) al joven cuadro leonés en el que destacaba una joven promesa como Julio González y empezaba a despuntar José Luis Llorente.

Dani García ofreciendo a los aficionados la Copa LEB que consiguió el Baloncesto León (MAURICIO PEÑA)

León ha contado con árbitros en la máxima categoría del baloncesto español con carreras particularmente longevas. La mayoría de los años de la Liga ACB, en su nómina de colegiados siempre ha habido alguno leonés, lo que es el resultado de un buen trabajo que se realizó desde el comienzo. Cuando empezaban a proliferar los equipos en los años 60 y 70 del pasado siglo era necesario que alguien arbitrara los partidos y se hacían cursos para que surgieran más 'amigos'. Esa era la fórmula que se quería emplear a la hora de definirlos para alejarlos de las polémicas y los enfrentamientos y la tensión que se provocaba en otros deportes.

El primer colegiado que alcanzó un nivel importante, fue una persona que durante décadas tuvo una gran influencia en el deporte leonés: Enrique Gil Alonso. Nacido en Bilbao en 1934 se trasladó pronto a Vitoria y pudo acabar en Italia, puesto que allí se trasladó su madre al casarse durante la guerra con el cónsul italiano. El abuelo no le dejó ir ante la situación de inestabilidad que había en España y en toda Europa. A los 16 años entró a trabajar en una fábrica en Jalón de la que su tío era gerente, y a los 17 se trasladaba a León para entrar en Antibióticos, empresa en la que estuvo 45 años. Deportivamente en León jugó al fútbol en el Juvenil Armunia y el Numancia incluso le hizo entrenador. Pasó pronto al baloncesto porque un amigo era árbitro y empezó a dirigir encuentros. Durante muchos años estuvo en Segunda y en cuatro temporadas también lo hizo en Primera en algunos partidos.

Enrique Gil en 1972 cuando era árbitro (CÉSAR)

El apartado al que más tiempo dedicó fue al organizativo. Ya en Antibióticos era el organizador de los deportes de la empresa, que llegó a contar hasta con campo de fútbol y un buen equipo. Al llegar Pin Vélez a la Federación Leonesa lo llevó con él de secretario y encargado de los árbitros. Fue la época de mayor crecimiento del baloncesto en la provincia al aumentar el número de licencias y el de colegiados. Continuó siendo el encargado de este sector tan importante del baloncesto muchos años en los que también fue asambleísta y formó parte de la Federación Española, llevando por ejemplo el área internacional con Pedro Tull. Fue la política la que le llamó con la llegada de la democracia a España. Militó en UCD y el PP, fue concejal primero en San Andrés del Rabanedo y posteriormente en León con Juan Morano, además de Diputado Provincial, principalmente llevando la faceta deportiva. Su cercanía a la Federación y a la política le permitió organizar y traer a la provincia en muchas ocasiones a la selección española con torneos como el que se celebró con la presencia de Rusia, Checoslovaquia, la Universidad de St John's y España, torneo que hasta dio beneficios.

Después de Enrique Gil, el segundo nombre que transformó el arbitraje leonés fue Felipe Llamazares. Nacido en Santibáñez de Rueda en 1958, destacó desde muy joven en este apartado. Antes de cumplir los 20 años ya estaba en Segunda División,

Felipe Llamazares (d) fue el primer 'ACB' (CÉSAR)

con apenas 23 años era incluido en la nómina de Primera. Después de algún pequeño vaivén inicial, se asentó en la élite con la llegada de la Liga ACB. Estuvo 24 temporadas en la máxima categoría, dirigiendo más de 600 partidos desde que le llamaran para dirigir un La Salle-Real Madrid. En 1991 adquirió la condición de internacional, debutando en la Copa Ronchetti en Francia, una competición femenina. Dirigió dos finales de la Liga ACB y una de Copa del Rey. A lo largo de su vida se dedicó también al mundo empresarial, en muchos casos con empresas relacionados con deporte, y también fue presidente de un equipo de baloncesto femenino o de atletismo en León, además de director gerente de la Cultural de fútbol.

Sus grandes números en el arbitraje se complementaron con la creación en 1984 de uno de los más grandes logros para el baloncesto leonés, la Escuela de Árbitros. Con el lema de 'Arbitrar puede

Logotipo de los árbitros de Lolo.

ser tu deporte' iniciaron este trabajo, que luego dio grandes frutos. Fue una escuela avanzada para su tiempo al incluir a médicos o psicólogos además de los lógicos encargados de cubrir el apartado técnico. Las inscripciones en ese tiempo superaron incluso el cupo previsto de 60, que fue el que realizó el primero de los cursos en las instalaciones del polideportivo cubierto del Hogar Suero de Quiñones en la avenida de Antibióticos.

Un producto de esa escuela fue Vicente Bultó, que también tuvo una larga trayectoria en la ACB, categoría a la que llegó en 1992 y se retiró en 2023 después de haber dirigido 851 partidos oficiales. Nacido en Oviedo en 1968, hizo su vida en León. Con menos de 14 años ya dirigía partidos de baloncesto después de haber conocido el deporte en el Colegio Luis Vives. Arbitró partidos en Tercera, Segunda y Primera División B antes de llegar a la elite con 24 años, en esos momentos el más joven de los que había en la categoría. En 2001 acudió al Curso

Bultó tuvo una longeva carrera (MAURICIO PEÑA)

Internacional, lo que le permitió estar posteriormente en los Juegos Olímpicos de Atenas en 2004. También dirigió partidos en Europeos tanto absolutos como de categorías inferiores y la final de un Mundial Femenino en 2010 entre Estados Unidos y la República Checa. Todo ello para acabar sumando más de mil partidos oficiales.

Estas dos últimas carreras fueron las más longevas en el arbitraje en la elite de la ACB. Hubo más colegiados que permitieron que León llegara a contar con cuatro árbitros en la nómina de la ACB a la vez. Una carrera corta y de gran nivel la tuvo Rubén Iván Tascón, que también se vio aupado por Felipe Llamazares en sus comienzos. Este leonés nacido en Londres por circunstancias familiares ascendió a la

Manso: mesa, informador y hombre del deporte

Si se repasa la hemeroteca de Proa y su heredero, La Hora Leonesa, periódicos leoneses de titularidad pública, sus secciones de deportes guardan, entre la década de los setenta y los ochenta, de manera permanente una firma, González-Posada, que servía de eco fiel, en un momento en que el fútbol monopolizaba la mayor parte de la información, a la acción y la circunstancia en la ciudad de León de deportes, entonces alternativos y minoritarios, como el baloncesto, el balonmano o el voleibol. El autor de los cientos y cientos de crónicas que daban cuenta de la actividad de aquellos equipos cuyo campo de acción se situaba en el Palacio Municipal de los Deportes y el Globo del Estadio Hispánico fue José Luis Manso González-Posada, a quien la muerte le asaltó el primer día de 2019 con 74 años de edad y sin que el deporte leonés, que tanto y tanto le debía, reaccionara como merecía un personaje de su envergadura. Fue en el terreno de la información deportiva, que también desplegó en la emisora La Voz de León, donde la figura de Manso cobró mayor entidad. Sin embargo, su ininterrumpida labor como cronometrador en el Palacio Municipal de Deportes sobre todo (era árbitro de diferentes disciplinas deportivas), y su especial pericia en el manejo de todo el aparataje técnico que implicaba cualquier competición que se disputara en este recinto deportivo, lo volvió imprescindible en el buen desarrollo de una serie de deportes de sala que iban dejando atrás su carácter primigenio y balbuceante y que lucían ya con brillo propio. Manso fue testigo privilegiado de los primeros grandes éxitos de Baloncesto León y Ademar, además de las trayectorias oscilantes de aquellos equipos que vivían la aventura de la competición federada en categoría nacional. Él, que había destacado sobremanera como árbitro de hockey, colaborado con diferentes federaciones y mostrado talento para el ajedrez, vivió en primera fila la evolución del deporte leonés en cuya mayoría de edad participó activamente siempre dispuesto a ayudar en lo que fuera necesario.

Manso a los mandos del marcador electrónico del Pabellón Municipal (CÉSAR)

vez que Bultó y solamente estuvo dos años en la categoría y en el arbitraje. La labor científica le llamaba más y acabó trabajando desde Irlanda para la Unión Europea en esa faceta.

Juan José Martínez fue el representante de este colectivo que llegó desde El Bierzo. Nacido en 1971 alcanzó en 2001 la máxima categoría después de haber sido jugador de las categorías inferiores del Ciudad de Ponferrada. Fueron 16 años los que estuvo en la misma con más 400 partidos arbitrados.

Jorge Martínez por su parte llegó a la ACB en 2010 con 29 años al haber nacido en León en 1980. Otro ejemplo es el de un nacido en León en 1978, Fernando Calatrava, que empezó en la Escuela de León y se hizo para el arbitraje en Valencia. Llegó a la ACB en 2011 y también alcanzó la condición de internacional.

Un caso destacado con el arbitraje sin ser árbitro es el de Alejandro Vaquera. Estudiante de Inef, finaliza su formación académica cuando obtiene el doctorado en el año 2010. El tema de su tesis doctoral era la validación de un Test Interválico para la Valoración de la Resistencia Específica (TIVRE), y su vida ya siempre ha estado ligada a la preparación física en baloncesto. Además fue entrenador del equipo filial de Baloncesto León, cargo que compaginaba con el de preparador físico del primer equipo. Asumió el cargo cuando recibió una llamada de Hansi porque este tenía una molestia en el hombro... maldita molestia. Era el año 2001, y consiguió en su primer año como entrenador el ascenso a la Liga EBA. No era fácil ya que sin duda Hansi era toda una institución y su trayectoria estaba plagada de éxitos. Fue cuando se realizó la fusión del equipo de Liga EBA con el Baloncesto León, siendo Marisa Barrientos directora del Servicio de Deportes de la Universidad de León. En el año 2004 recibe la llamada de Miguel Ángel Betancor, quien le invita a dar una conferencia sobre preparación física a los árbitros FIBA de Europa. En un principio le respondió que el arbitraje no era su especialidad pero este le insistió. Desde 2005 fue nombrado responsable de la preparación física de los árbitros FIBA, con lo que pronto abandonó su relación con un debilitado baloncesto masculino leonés. En ese intervalo, tuvo colaboraciones con la Federación Española de Baloncesto, trabajando la preparación física en las categorías inferiores masculinas sub'18 y sub'20, con jugadores como Ricky Rubio o Marc Gasol, habiendo conseguido la medalla de bronce en el año 2006 en el Campeonato de Europa sub-18 celebrado en Grecia.

La cancha del Hispánico, sede de numerosos partidos (ARCHIVO JANDRI)

LAS INSTALACIONES

Jugar al baloncesto no requiere de tanto espacio como podría ser el caso del fútbol, en cambio sí resulta conveniente que se juegue a cubierto en zonas en las que el clima suele ser frío o llueve habitualmente. No fue siempre así y en los comienzos en la provincia los sufridos jugadores de baloncesto tuvieron que soportar situaciones muy adversas, pero su afición era tan grande que superaban esos inconvenientes (incluso tener que limpiar la cancha de nieve para poder empezar) para poder disfrutar de su deporte preferido a pesar de no ser profesionales.

Las primeras instalaciones fueron los cuarteles, porque los militares fueron los que primero jugaban al ser un periodo de guerra y posguerra en el que empezaron a verse partidos. También se aprovechaban los campos de fútbol, que eran las instalaciones deportivas que existían en muchas localidades al ser el deporte de moda. Estos campos de juego habilitados en ese tipo de instalaciones tenían el problema de no ser perfectamente llanos, contar con agujeros en los que botar el balón era una auténtica odisea, sin olvidar que con la lluvia se encharcaban y el peso del balón convertía en una hazaña encestar al tener que lanzarlo hacia arriba.

Poco a poco se fueron haciendo canchas específicas para baloncesto, en las que las botas de fútbol no se convirtieran en sus principales enemigos. También se aprovechaban lugares como la Plaza Mayor en la ciudad de León, que no era perfecto, aunque al estar tan bien ubicado en la ciudad permitía una mayor afluencia de público que poco a poco fuera conociendo el deporte. También en el Paseo de Papalaguinda se pusieron canastas en la zona del parque allí ubicado y duraron muchos años, incluso celebrándose allí una fase final nacional de la Sección Femenina.

El patio de los Agustinos en León (ARCHIVO LAURE)

Al principio el problema no era muy grave, ya que los equipos existentes eran escasos. Posteriormente en León se construyó el Estadio Hispánico, que incorporó una zona reservada para el baloncesto con pistas de ceniza. Al ir creciendo el número de clubes y ascender de categoría, ya en los años 60 se empezó a pedir 'a gritos' un pabellón cubierto; la ciudad de León se puso a ello aunque sin demasiadas urgencias. En 1964 se anunciaba a 'bombo y platillo' que se iba a construir, y se presentaban oficialmente los primeros bocetos de una instalación que iba a tener una capacidad de 3.000 espectadores y una cancha polideportiva capacitada de acoger los deportes más populares de sala como eran el propio baloncesto, el balonmano o el voleibol, entre otros, en una superficie total de 3.600 metros cuadrados. Además del Ayuntamiento se buscaron subvenciones de la Diputación y la Delegación Nacional de Educación Física y Deportes.

En 1968 se empezaron las obras con los terrenos en el Paseo Sáenz de Miera, al considerar mejor esa orilla del río que la de Papalaguinda, donde había menos espacio para construirlo. Con esos trabajos en marcha el Delegado Nacional de Deportes en esos momentos, Juan Antonio Samaranch (años después muy conocido por ser el presidente del Comité Olímpico Internacional desde 1983) visitó las obras y por ejemplo, gracias a sus 'consejos', el suelo de la cancha en vez de hacerlo de terrazo como estaba previsto se puso un parqué (no fue bueno el inicialmente escogido y tuvo que ser cambiado muy pronto). El arquitecto que se encargó de su diseño fue Efrén García Fernández y las obras fueron realizadas por Constructora Asturiana.

Samaranch (c) en las obras del pabellón de León (CÉSAR)

A medida que se iba levantando llamaba la atención su cubierta inclinada de 2.675 metros cuadrados a una altura y sujetada por tubos redondos que forman figuras geométricas (fueron necesarios seis kilómetros y medio de tubos). Los dos laterales estaban acristalados y en el frente había amplios ventanales, siendo esta parte de 17 metros de altura y en la posterior de nueve. A la par se inició la construcción de una pasarela peatonal por encima del río Bernesga, porque para poder llegar al mismo solamente se podía hacer por el Puente de los Leones o la carretera de Circunvalación.

Por fin llegó a buen puerto el proyecto que se procedió a inaugurar el 23 de abril de 1970. Se eligió para ello un acontecimiento de baloncesto, con la disputa de la final de la Copa del Generalísimo entre el Real Madrid y el Juventud de Badalona. Uno de los motivos fue que en esos momentos el deportista nacido en la provincia más internacional (aunque criado en Bilbao) era Emiliano Rodríguez, jugador del Real Madrid que logró clasificarse para la cita leonesa después de haber eliminado al Estudiantes y al Kas. Los leoneses pudieron disfrutar de grandes estrellas y así el conjunto madridista alineaba a Carmelo Cabrera (23 puntos), José Ramón Ramos (14), Emiliano (19), Luyk (26), Cristóbal (4), Brabender (10), Vicente Ramos y Rullán (6), su entrenador era otra leyenda, Pedro Ferrándiz. Por su parte el Juventud no le andaba a la zaga y puso en liza a

El baloncesto local tardó en llenar el Pabellón (CÉSAR)

Buscató (25), Guifredo Gol, Oleart (2), Enrique Margall (10), Santillana (23), Rabassa, Narciso Margall (14) y Alfonso Martínez (16). El partido acabó con la victoria blanca por 102-90.

Debido a los requisitos para jugar en la Liga ACB, en el verano de 1992 se hizo una profunda remodelación en el Palacio Municipal de los deportes; se quitaron las cristaleras de los fondos, que se dotaron de nuevas gradas, con lo que se amplió su capacidad en casi 2.000 personas.

Las comunidades educativas también cubrían sus instalaciones con una pequeña grada como fue en el Colegio de Huérfanos Ferroviarios y el Colegio Marista San José, aunque ninguno de los dos tuvo el baloncesto como principal deporte. Todo lo contrario sucedió cuando se decidió cubrir la cancha del Estadio Hispánico. Esta instalación sí que se utilizó mayoritariamente para el baloncesto leonés. No fue una cancha en la que se necesitara mucha obra puesto que se trataba de un globo (nombre popular con el que lo conocía toda la ciudad) de un plástico muy resistente que se hinchaba mecánicamente por una entrada de aire de grandes dimensiones. Una curiosidad era la entrada, que era por una puerta giratoria para evitar las pérdidas de aire. Fue una idea de Ángel Fernández Córdoba. Aunque se hablaba en su inauguración a comienzos de 1975 de que estaba climatizado, en los días más crudos del invierno hacía bastante frío y no es extraño ver incluso a jugadores con guantes mientras no jugaban o con una camiseta por debajo de la reglamentaria de tirantes. Esos inconvenientes

El Globo del Hispánico registró muchos derbis y partidos de rivalidad 'hasta la bandera' (CÉSAR)

fueron mínimos tal y como se pudo ver en los continuos llenos para ver partidos de OJE, Casa Galicia o incluso en los primeros años del Elosúa, que los disputaba también allí y se sentía tan respaldado que en su primera temporada en Segunda División, antes de coger la plaza del Nelson, no jugaba en el Pabellón Municipal. Otro aspecto que han reconocido algunos de los jugadores que actuaban allí con asiduidad era que los aros no eran del todo reglamentarios al ser cinco centímetros más bajos, lo que propiciaba que algunos que en otras canchas no llegaban, aquí podían hacer 'mates'. Un ciclón tropical, con vientos muy fuertes en el año 1984, hizo inestable la instalación, que ya desapareció definitivamente del ámbito deportivo, y pudo ser reemplazada gracias a la construcción de pequeños pabellones por la ciudad a cargo del Ayuntamiento, como el de San Esteban, Gumersindo de Azcárate, Margarita Ramos, La Torre o Luis Vives.

El Plantío de Ponferrada acogió el baloncesto local varias temporadas (ANTONIO VENCINO)

En Ponferrada costó tiempo disponer de una instalación cubierta. Endesa, el primer equipo en jugar en competición nacional, disputaba sus partidos en Compostilla, y el resto lo hacía en el campo de la Ponferradina de fútbol de Santa Marta. Más adelante el lugar más popular y en el que se desarrolló principalmente era El Plantío, pero también era una cancha descubierta que los propios jugadores debían limpiar en ocasiones cuando caía la nieve. Como reconocía Vecino, del JT: "Al principio no había vestuarios y los equipos nos cambiábamos en los servicios públicos del parque que estaban pegados al bar El Plantío". Los integrantes del banquillo debían sentarse en el suelo, el terreno estaba mal acondicionado para la cantidad de partidos que allí se disputaban; pero no era el único sitio con esa problemática, y por ejemplo la cancha de minibásket, en la que jugaban los más pequeños, era de tierra. El respaldo que daba el Ayuntamiento de Ponferrada no era demasiado grande en aquel momento, y hasta 1974 no se acondicionó debidamente; se echaba de menos un polideportivo cubierto como los que empezaban a proliferar en muchas ciudades.

Un partido en 'La Sindical' en Ponferrada (ARCHIVO SUSO PASCUAL)

El Ayuntamiento sí dio facilidades cuando en 1978 un club, el JT, solicitaba la cesión de unos terrenos para ser la misma sociedad la que pusiera en marcha la construcción de un pabellón. Fue una concesión por 30 años en La Borreca y en 1981 se inauguraba este pabellón con una fase de ascenso a Primera B masculina en la que tomaron parte Caja Madrid (fue el vencedor), Mongat, San Isidoro, La Orotava, Juventud de Córdoba, Calasancio de Pamplona y Universitario de Valladolid.

Aunque así contado puede parecer sencillo, no lo fue en absoluto. Hasta la inauguración, Antonio Vecino, presidente del club, tuvo que dar muchos pasos y fueron muchas las peticiones que le desestimaron. Solamente su perseverancia consiguió llevar a buen puerto ese sueño. Ya en 1975 se enviaba a la Corporación Municipal un escrito firmado por numerosas personas relevantes del ámbito del baloncesto, pero no lo consiguieron. Vecino lo expresaba en sus escritos como era él, con claridad: "Pues bien, un día viendo que nuestros requerimientos a nivel municipal no tenían la respuesta apetecida y considerando indispensable el disponer de instalación cubierta, nos 'liamos la manta a la cabeza' y con la ayuda de la Delegación de Deportes, Federaciones, etc, y sin un duro (que se dice) nos dispusimos a construir un Pabellón. Conseguimos que el Ayuntamiento nos cediera los terrenos por 30 años, la colaboración del arquitecto Sr. Cabo y su ayudante Sr. Iribarne, la excavadora de no sé quién, la 'pisonadora' de Manceñido y nos pusimos manos a la obra. Proyecto en regla y

Cartel de la primera gran competición en el pabellón del JT (ANTONIO VECINO)

ya el muro de contención realizado... llegaron los 'nuevos tiempos'. Y paralizaron la obra, volvieron a llevar a Pleno lo ya concedido anteriormente y siguió 'el Calvario'... Seguramente en algún recorte se diga algo de los 'ricos' y del 'último resquicio franquista' o cualquier cosa que pudiera impedir que alguien hiciera lo que nadie tenía arrestos para hacer. Se logró vencer este tipo de dificultades, se acopió material de donde se pudo, se aportó económicamente lo que se podía, muy modestamente, se trabajó directamente conforme a nuestras posibilidades con el carretillo, la pisonadora o la brocha, y ahí está para el servicio de todos. Se estaban colocando los cristales cuando entraban los equipos aspirantes al ascenso a Primera División del baloncesto nacional. Una anécdota. Resta decir sobre el Pabellón que aquel que dijo 'no sé qué del régimen franquista' fue de los primeros que lo utilizó, por cierto en una actividad no muy deportiva. Lo fue para la Asamblea del Metal. Menos mal que allí reconoció nuestra labor deportiva y nuestra independencia política y religiosa. Aquí se está abierto a todo el mundo".

Ponferrada ya tenía instalación cubierta gracias al ímpetu de una persona y no de una institución, que era lo habitual. Esto iba a permitir que se pudiera ascender a otras categorías que ya lo empezaban a exigir. Al ser una sociedad hubo polémica sobre el uso, problemas que se solucionaron unos mejor que otros; lo importante es que en 1984 el propio Ayuntamiento de Ponferrrada inauguraba el Pabellón de Flores de Sil (ya llevaba un tiempo jugándose allí), posteriormente el Pabellón de La Borreca pasó a ser de propiedad municipal y se le puso el nombre de su gran impulsor, Antonio Vecino.

Poco a poco se fueron incorporando una larga lista de localidades de la provincia a disponer de una instalación polideportiva cubierta de la que se veía beneficiado el baloncesto. Algunos como Bembibre llegaron a tener más de uno. Debido a la progresión tan importante de este deporte en la villa, se mejoró el pabellón inicial, y el último en construirse, el Bembibre Arena, se convirtió en sede de los partidos de la máxima categoría.

La presencia de las selecciones en la provincia siempre han generado gran expectación (MAURICIO PEÑA)

LAS SELECCIONES

En la provincia de León se han disputado muchos partidos internacionales de diversas categorías, tanto la selección nacional española como de otros países han hecho disfrutar a cientos de aficionados. La mayoría fueron partidos amistosos o torneos que siempre tuvieron una gran acogida allí donde se celebraban. El primer intento ya se realizó en 1965 en Ponferrada, pero fue denegado ante la falta de instalaciones adecuadas para acoger un partido de estas características. Por este motivo hubo que esperar a la inauguración del Palacio Municipal de los Deportes de León para un encuentro internacional. Fue con motivo del preeuropeo júnior que tuvo lugar en el año 1972, con la presencia de Suecia, Inglaterra, Polonia y España. Había dos plazas en juego, la primera fue para los españoles después de haber ganado los tres partidos en juego en un pabellón que estaba lleno. En el equipo español la figura más destacada era Corbalán, el mítico jugador del Real Madrid, y en el banquillo estaba Antonio Díaz Miguel, seleccionador durante 27 años. Volvieron a León jugadores de este nivel en 1975 para un partido de preparación ante Estados Unidos que por cierto, fue televisado. Pese a ser en pleno verano, llevó a tres mil espectadores a las gradas del Pabellón Municipal y la victoria fue para los españoles.

La selección española júnior logró en León un éxito con Díaz Miguel y un pabellón abarrotado (CÉSAR)

En 1985 se disputó un gran torneo masculino de categoría absoluta, con la presencia de los equipos de España, Universidad de Saint John's, URSS y Checoslovaquia. Era ya un equipo de renombre con grandes estrellas como De la Cruz, Epi, Sibilio, Jiménez, Margall, Villacampa, Costa, Llorente, Gil, Iturriaga, Fernando Martín y Romay el que visitaba la ciudad. No desmerecían los nombres que llegaban de los soviéticos, con algunos tan legendarios como Tkachenko con sus 2,23 o un joven Sabonis, además de Kurtinaitis o Marchulonis. Este equipo ganó los tres partidos, con un ambiente excepcional que no se había dado en el baloncesto y que no se conocería de nuevo hasta unos años después en la ACB. Los españoles por su parte, además de perder con la URSS, lo hicieron con los jóvenes jugadores norteamericanos de Lou Carnesecca, entrenador de gran carisma.

Otro de los equipos españoles que participó al año siguiente en este torneo internacional fue el promesas. Contaba con nombres que luego se hicieron famosos como Orenga, Antúnez, Vecina o Villalobos, y se enfrentó a los equipos absolutos de China y Cuba, completando

Pesquera, el apellido de los banquillos

Hubo dos hermanos que hicieron carrera en los banquillos de la máxima categoría fuera de su ciudad natal, Mario y José Alberto.

Mario Pesquera, nacido en 1952, descubrió el baloncesto y su poco talento como jugador en Valladolid, donde estudiaba Medicina. Nada más comenzar su formación como técnico asistiendo a cursos de formación, se hizo cargo de un equipo femenino y posteriormente del Universitario. De allí saltó al banquillo del Valladolid, en el que adquirió un gran prestigio que confirmó en Málaga y Zaragoza. Estuvo ocho años en la ciudad castellana, tres en tierras andaluzas y una en las aragonesas. Fue nominado mejor entrenador en la temporada 1988-1989, y después se pasó a los despachos para ser el director general de la sección de baloncesto del Real Madrid. Su carrera llegó al cénit cuando después de 11 años sin entrenar, fue llamado por la Federación Española para convertirse en seleccionador nacional tras la dimisión de Moncho López; restaba muy poco tiempo para la disputa de los juegos Olímpicos de Atenas. Curiosamente para ese puesto el otro nombre que más sonó inicialmente fue el de Gustavo Aranzana. En la fase preliminar España ganó sus cinco partidos, pero tuvo que enfrentarse en la primera eliminatoria a Estados Unidos, que se había relajado en la primera fase y fue cuarto de su grupo. Los norteamericanos dejaron en la cuneta a los españoles en los cuartos de final frenando cualquier opción de medalla. En el mes de diciembre de 2005 prescindían de sus servicios después de un aceptable cuarto puesto en el Europeo donde no pudo contar con Gasol.

Su hermano José Alberto (León, 1950) también comenzó en Valladolid a entrenar como segundo entrenador, incluso de su hermano. Se estrenó como primer entrenador en 1984 en el Tizona de Burgos de Primera B, donde estuvo cuatro años. El Caja San Fernando, un equipo ascendente de Sevilla, se hizo con sus servicios en 1988; en tierras sevillanas estuvo hasta 1996, también como director técnico, allí se hizo con un nombre importante en la Liga ACB. Cáceres y Granada fueron sus otros equipos en la élite. Nunca pudo olvidar el día de 1990 en que tuvo a Michael Jordán a sus 'ordenes', al ser uno de los entrenadores escogidos para el partido de presentación de la Liga ACB de aquel año. Ese partido era una fiesta con los mejores jugadores de la liga y algún invitado de honor, siendo ese año Jordan el que maravilló a todos los presentes que llenaron el pabellón en Barcelona.

Mario Pesquera llegó a ser seleccionador (MAURICIO PEÑA)

Beirán, la constancia tiene un premio

José Manuel Beirán llevó a rajatabla la profesión de militar de su padre, pero en el baloncesto. Nace en León en el año 1956, y se inició al baloncesto en el Instituto Padre Isla, formando parte de un equipo muy recordado en la institución académica. Beirán era conocido por la constancia y disciplina que se imponía, practicando el tiro a canasta una y otra vez; de ahí pudo nacer ese gran anotador en el que se acabó convirtiendo. Siendo juvenil ya jugaba en Tercera División con el equipo de la OJE. Destacó en una operación altura (era el más alto en esos momentos) y el Real Madrid decidía hacerle una prueba, pasando a ser el segundo leonés en el laureado Real Madrid después de Emiliano. Siempre estuvo cerca del equipo madridista como en su vinculado del Vallehermoso o luego una cesión a Valladolid para que se curtiera. Llegó la hora de jugar en el Real Madrid pero dos lesiones graves de rodilla le impidieron tener continuidad en el equipo blanco en el que llegó a estar en tres ocasiones diferentes, con las que tuvo tiempo de engordar su palmarés con tres ligas, una copa y una Copa de Europa.

El leonés estuvo en el Real Madrid

Fue en la selección española donde entró a formar parte de la leyenda al ser un integrante de aquel equipo que lograba la medalla de plata en los Juegos Olímpicos de 1984 en Los Ángeles y que durante muchos años fue uno de los mayores hitos del deporte español. Aunque había debutado con 19 años en el equipo nacional en unos Juegos del Mediterráneo en 1974, siempre había estado a las puertas hasta que volvía para esos Juegos en los que tuvo que regresar de un viaje a la India para incorporarse al equipo para sustituir a Villacampa.

Más adelante la saga familiar ha continuado con su hijo Javier Beirán, ya nacido en Madrid, que también ha alcanzado la internacionalidad con España como jugador de baloncesto.

Beirán, arriba a la izquierda, muy joven en la OJE de León (CÉSAR)

El II Torneo Ciudad de León con tres selecciones y un equipo americano fue un éxito (MAURICIO PEÑA)

el cartel el Estrella Roja de Belgrado. No tuvo el mismo gancho que el anterior y solamente se veía algo más de color en las gradas cuando jugaba España, pero demasiado poco. Cuando era un partido entre los otros equipos la asistencia apenas superaba la centena. Incluso el palco estaba tan vacío que el vicepresidente de la Federación Española optaba por irse a la grada para evitar estar solo.

El equipo femenino juvenil volvía a dar color en 1989 a una competición oficial, una vez más de clasificación para un Europeo. Portugal, Italia y Bélgica no pudieron frenar a las españolas, que en León se hicieron con el objetivo previsto de la clasificación. Lo hicieron con gran diferencia y además muy buena respuesta del público. Se estrenaron ante Portugal con 2.500 espectadores en la grada; el partido finalizó con un escandaloso (90-25). Se aseguraron una de las dos primeras plazas ante Bélgica ganando por 68-33, rematando el primer puesto al superar a las italianas por 73-50.

La preparación para los Juegos Olímpicos de Barcelona 92 generó una gran expectación con la llegada a León del equipo que seguía entrenando Antonio Díaz Miguel. Era simplemente una preselección de la que saldrían los elegidos, pero coincidió que estuvieron entrenando en el Pabellón Municipal más de diez días en la época de mayor euforia en la ciudad con este deporte y la fiebre olímpica que vivía todo el país. La formaban Montero, Mike Hansen, Pepe Arcega e Ismael Santos como bases; Javi Fernández, Xavi Crespo, Manel Bosch, Fran Murcia y Lalo García, como aleros; y Quique Andreu, Reyes, Bustos, Llopis y Aldama, como pívots. La presencia de Javi Fernández, entonces en el equipo leonés, era un aliciente más. Remataron esos días en la ciudad con un torneo en el que se midieron a Ucrania, México y Eslovenia. Comenzaron perdiendo

La selección con Javi Fernández en León (MAURICIO PEÑA)

con los ucranianos, que con la escisión sufrida en la URSS eran una incógnita. Mostraron gran nivel y se impusieron 103-109. Los españoles derrotaron a los mexicanos en la segunda jornada por 110-69 y a los eslovenos 89-78. Los mexicanos no cumplieron y acudieron a León sin el equipo absoluto y se tomaron con mucha tranquilidad los partidos. De hecho quince minutos antes de estrenarse el primer día no habían ni llegado al pabellón. Un miembro de la organización salió y los vio paseando tranquilamente por la calle. Al acuciarles ante el poco tiempo que restaba para el inicio del encuentro respondieron: "No se preocupen, sobra tiempo".

La llegada de Lolo Sainz al banquillo de la selección absoluta también se vio en León en un torneo en el año 1996, en el que se midieron a Angola y Croacia en encuentros poco vistosos y con poco aliciente competitivo en esa ocasión. Ganaron 78-53 y 91-80.

El Pabellón Municipal de León le siguió dando suerte al equipo nacional con el preeuropeo de Francia 1999. En la fase de clasificación, todavía en el año 1998, dos de los partidos del grupo se jugaron en tierras leonesas con rivales de diferente orden. El flojo era Inglaterra y ganaron fácil por 74-58, y el complicado parecía Ucrania, al que también superaron por 80-51.

La llegada de nuevos pabellones en la provincia también sirvió para que los partidos internacionales visitaran otras localidades, como fue el caso de Bembibre, con un encuentro de preparación del combinado absoluto femenino contra Lituania. Era el año 2002, estaban preparando el Mundial de China y en España jugaba una estrella del carisma de Amaya Valdemoro. Bembibre se volcó y el equipo correspondió con una clara victoria por 76-35. El mismo equipo estuvo disputando unos días después un torneo en León junto a los equipos de Polonia, Senegal y Lituania. Dos claras victorias ante los dos primeros por 93-75 y 104-48 y una derrota ante las lituanas (67-85) a las que habían ganado en El Bierzo fue el bagaje.

La selección masculina a nivel absoluto regresó a León en un partido del preeuropeo en el año 2003 ante Grecia. Lo hizo con un equipo sin los internacionales presentes en la NBA como solía ser habitual en estos partidos, con lo que un plantel de jugadores más jóvenes, liderados por Juan Carlos Navarro que hizo 30 puntos, se llevó la victoria por 94-91.

La competición más provincial fue la desarrollada en el verano del año 2005 de la categoría cadete masculina al acoger León el Europeo. Astorga y Ponferrada serían las sedes de la primera fase y en León los ocho clasificados disputarían el título en una fiesta de la base continental que empezó con un torneo de preparación en Ponferrada. España, Letonia, Serbia, Francia, Bélgica, Eslovenia, Ucrania y Turquía jugarían en la ciudad maragata y Grecia, Islandia, Italia, Polonia, Israel, Lituania, Rusia y Croacia lo harían en la berciana. Después de numerosos partidos España vio cerrado su camino de la final por Turquía y acabó ganando la medalla de bronce mientras que los turcos se llevaron el título ante Francia.

ESTADOS UNIDOS SIEMPRE EN EL HORIZONTE

El baloncesto español siempre ha tenido un ejemplo en el que mirarse como es el baloncesto de los Estados Unidos. Allí se creó en su momento y allí se desarrolla la liga profesional más potente del mundo, a la que todos aspiran a llegar; en sus universidades muchos jugadores quieren realizar su formación al poder conciliar la actividad deportiva de alto nivel y la académica a la vez.

Para la ciudad de León, el primer contacto que se recuerda con los americanos fue en 1972, cuando la Delegación Provincial de la Juventud organizaba un gran partido internacional que iba a medir al Club OJE, que militaba en la Tercera División, con el Lakeland College que iba a estar en España y aprovechaba la circunstancia para jugar partidos. En un Pabellón Municipal con 2.500 espectadores vencieron al cuadro leonés reforzado con algún jugador de superior categoría por un claro 83-66. La alineación leonesa la formaron Villanueva I (19), Ruano (2), Del Río, Carriedo, Santamarta, D. Rodríguez (2), Villanueva II (2), Pernas (4), Beirán, Bellet (2), Callejo (15), Montesinos (6), Garrido (14) y Alejandro. Al celebrarse un 22 de diciembre como actividad casi navideña, los jugadores de 'casa' que estaban por otros equipos de la geografía española, como Callejo, Garrido o Montesinos, fueron refuerzos de nivel pero insuficientes ante el poder de los norteamericanos.

De los Estados Unidos también llegaba un equipo más cercano a lo circense que a lo deportivo y que maravilló a miles de niños del mundo, entre ellos los leoneses. Se trataba de los Harlem Globetrotters. Este equipo fue fundado en 1927 por Abe Saperstein en la localidad de Chicago. Al principio eran cinco chicos negros que se enfrentaban a todo equipo que quisiera retarlos en el salón de baile del Savoy.

Los Harlem Globetrotters entusiasmaron a miles de leoneses en sus visitas (MAURICIO PEÑA)

Un año después empiezan a hacer exhibiciones y en 1930 fueron invitados a tomar parte en competiciones que empiezan a ganar, así como en las primeras ligas profesionales USA, anteriores a la NBA. Para entonces ya habían adquirido el nombre que les hizo famosos. En 1935 abandonan ese mundo porque las giras de exhibición les proporcionan más dinero y empiezan a recorrer el país. Su popularidad era tan grande que hasta grabaron una película en Hollywood titulada 'Campeones de ébano'. Al proyectarse en numerosos países su fama se extiende y las giras pasan a incluir numerosos países de Europa. León empieza a descubrirlos en la segunda parte de los años 70 y la magia se trasladaba a las gradas del Pabellón Municipal, que se abarrotaba cada vez que realizaban uno de sus particulares shows. Los niños salían entusiasmados con los malabares que hacían con el balón, las canastas inverosímiles (incluidos los 'mates' que entonces eran una quimera para los jugadores nacionales) y las jugadas humorísticas ante un equipo 'sparring' que formaba parte de la 'troupe'. Fueron además una de las mejores promociones que en muchas localidades se podía hacer del baloncesto, ya que todos querían jugar como ellos.

Ese deseo también se vio plasmado muchos años cuando leoneses que despuntaban en los equipos de base emigraban a Estados Unidos. Lucía Alonso, Paula López, Marina Ramón, Celia Gallego, Ángela Salvadores, Lucía Pablos, Jorge Calvo, Carlos Fernández Riol, Guillermo Fernández o el berciano David Velasco emigraron a equipos de ese país en las competiciones universitarias. Muchos acudían becados, sobre todo entre las jugadoras, al haber sido internacionales en las categorías inferiores y contar con un futuro prometedor.

Sí hubo en Estados Unidos descendientes de leoneses con una llamativa carrera en el baloncesto de ese país. El más conocido fue un entrenador, Pete Carril. Su verdadero nombre era Pedro Carrillo y era hijo de emigrantes españoles. Su padre era de Riaño y su madre de Salamanca. Ese leonés de la montaña se había ido a trabajar a Bilbao a los Altos Hornos y de allí se fue a Pensilvania a una fábrica de acero porque como reconocía su hijo "eran los únicos que aguantaban el calor". Pete Carril ya hizo su vida allí y aunque su padre seguía jugando a la brisca y al fútbol, él se decantó por el baloncesto. Su labor fue muy destacada y se le considera el precursor del baloncesto moderno, llegando a figurar en el Salón de la Fama de este deporte al haber sido una figura clave en su evolución desde la Universidad de Princeton en la que estuvo décadas.

Juan José Barea por su parte estuvo 14 temporadas jugando en la NBA en Dallas Mavericks y Minnesota Timberwolves. Con los primeros llegó a conseguir un título. Había nacido en Puerto Rico y en su país siempre fue un icono del baloncesto. Su relación con León era algo más lejana al ser de la provincia la abuela, que había nacido en Ribota de Sajambre. El jugador jugó unos meses con poco éxito en el Estudiantes de Madrid y al firmar reconocía que para él España era un lugar ideal para jugar (llegó ya en su ocaso) y además su padre quería visitar León para conocer sus orígenes.

El Colegio Leonés acoge el torneo más importante de baloncesto en León (MAURICIO PEÑA)

TROFEOS, CAMPUS, 3X3, LOS COMPLEMENTOS

El Colegio Leonés cuenta con el trofeo más importante de los que se celebran en la capital leonesa y pese a ser de base y no congregar a miles de espectadores, si son miles el número de jugadores que han pasado por ese patio para competir al minibásket. Son más de cuarenta las ediciones que se han celebrado en la competición masculina y más de veinte de la femenina. Corría el año 1979 cuando este centro ubicado en las proximidades de la Colegiata de San Isidoro decidía ponerlo en marcha para todos los centros educativos de la ciudad y la final se celebraría coincidiendo con las fiestas patronales. La primera la disputaron el anfitrión y el Colegio Anejas, ganando los primeros, y se repitió en la siguiente ganando el visitante. Al principio tomaron parte solamente seis colegios para acabar extendiéndose mucho más y tener que realizar fases previas por grupos. Otro de los aspectos más destacados del mismo era que en la final se contaba con la presencia de personajes importantes del ámbito del baloncesto, casi siempre jugadores profesionales, y de este forma los niños recibían emocionados los trofeos de manos de aquellos 'gigantes' que en la época de la presencia leonesa en la máxima categoría eran de 'casa'.

Otro torneo muy destacado en la ciudad de León era el que se organizaba en Trinitarias de la mano del incansable Alejandro García, Jandri. Era modesto y una fiesta más entrañable del deporte en un centro muy especial que siempre congregó a ese baloncesto que estaba alejado de la fama.

En El Bierzo la base contaba con ideas originales que se pusieron en marcha también cuando estaba en proceso de franco crecimiento en Ponferrada. El CD Santa Marta organizó en 1976 las primeras 12 horas de baloncesto con la inestimable colaboración de la Delegación Comarcal de la Federación Leonesa. Tuvo una gran acogida y propició que tuvieran continuidad, desplazándose incluso equipos de otras localidades no solamente de la comarca. Fue tan grande el éxito que luego se celebraron las 24 horas para dar cabida a más equipos.

Muchas generaciones de jugadores pasaron por el patio del Colegio Leonés (MAURICIO PEÑA)

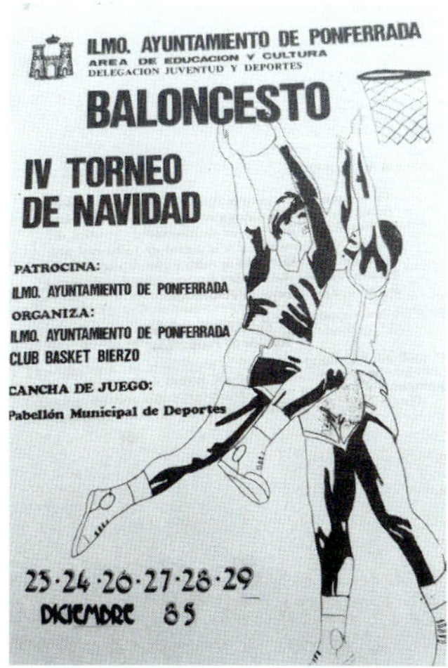

Cartel de una edición del Torneo de Navidad en Ponferrada (ARCHIVO PEPA)

Más adelante, en 1989, el Instituto Álvaro de Mendaña puso en marcha el Trofeo de Reyes masculino que adquirió prestigio nacional. Para las categorías de base inicialmente, y luego centrándose en la cadete, tuvo como campeones a conjuntos de la talla del Real Madrid, Estudiantes o Joventut.

Entre 1982 y 1993 se celebró el Trofeo de Navidad, al igual que el anterior con el patrocinio del Ayuntamiento de Ponferrada, y en este caso organizado por uno de los grandes clubs en esos momentos, Básket Bierzo. Normalmente era para equipos de categoría sénior, pero en algunas ediciones fueron sub'22, júnior o juveniles. Más modesto en su nómina de equipos sí contaba con equipos de alto nivel de la provincia pero también de las más cercanas como podían ser Asturias, Lugo, Ferrol Zamora o Valladolid. Un recorrido más corto tuvo el torneo Ciudad de Ponferrada, Celebrado en 1995 por las fiestas de La Encina con la participación de Baloncesto León, Ovarense de Portugal y Ciudad de Ponferrada, apenas encontró respaldo y su futuro no fue muy largo.

Torneo de fiestas hubo por San Juan y San Pedro en León siendo el primero un homenaje a Emiliano Rodríguez en 1973. Recuperado unos años después como deporte popular, fue una más que interesante propuesta que reunía en la ciudad a todos los jugadores que estaban fuera

El Torneo Ciudad de León arrancó en 1984 (CÉSAR)

con los que estaban en casa para jugar entremezclados en muchas ocasiones y fortalecer su afición.

El I Trofeo Ciudad de León por su parte llegaba en 1984 como una propuesta de ver a 'profesionales' cuando el baloncesto en León todavía estaba en categorías alejadas de la elite. En esa edición jugaron una selección leonesa reforzada por jugadores como Biriukov o Rullán, OAR Ferrol, Fórum Valladolid y All Stars. Este último equipo solía ser un conglomerado de jugadores norteamericanos que hacían giras para darse a conocer en el baloncesto europeo y encontrar acomodo en algún

Las competiciones de 3x3 son populares (MAURICIO PEÑA)

club al no haber llegado a la liga profesional de Estados Unidos. Fue deficitario en su primera edición y con la presencia de la selección española en la segunda todo cambió al ser una gran fiesta del baloncesto. Fue la única vez que el pabellón se llenaba porque de nuevo

Las concentraciones 'modernas' son los campus con estrellas como Hollis en 1991 (MAURICIO PEÑA)

bajaba muchos enteros en las siguientes ediciones y se fue diluyendo hasta su completa desaparición rápidamente.

Un torneo por el VIII Centenario de las Cortes de León o un Ciudad de León femenino fueron competiciones con muy poco calado y continuidad a medida que los torneos de varios equipos que no fueran de base se iban muriendo en todas partes ante el incremento notable de las competiciones oficiales.

Mayor participación de jugadores de baloncesto llegaba con la moda de los torneos del 3x3 al estilo de las calles de Estados Unidos. En estas competiciones medían sus fuerzas tres jugadores por cada equipo en una sola canasta (en la plantilla eran cuatro para que hubiera un cambio). Se hicieron muy populares por la facilidad para montar un equipo y celebrarse en un solo fin de semana con infinidad de encuentros que no eran muy largos.

En verano, Navidad o Semana Santa por las vacaciones escolares, se pusieron de moda los campamentos específicos de distintas modalidades deportivas, siendo el baloncesto uno de los precursores con los conocidos como Campus. Los niños que se inscribían tenían una convivencia, normalmente en albergues de alguna localidad pequeña, con el deporte como aspecto básico del trabajo diario que se realizaba entre juegos y momentos para la diversión. Uno de los más populares y longevos fue el Campus Continente que tuvo lugar por diversas ciudades de la provincia y en el que la presencia de Essie Hollis como profesor, era el complemento perfecto a la asistencia de otros destacados técnicos de la provincia.

LA UNIVERSIDAD DE LEÓN Y EL BALONCESTO

El baloncesto siempre ha estado muy vinculado al ámbito universitario. Desde su origen a finales del siglo diecinueve, atribuido a un profesor de Educación Física que trabajaba como entrenador de una Universidad en Massachussets para mantener activos a sus alumnos durante el invierno, hasta la actualidad en países como Estados Unidos. Se ofrecen distintas posibilidades para conciliar la vida académica con la práctica del deporte de la canasta, como becas en las 'High School' para competir en ligas americanas de divisiones inferiores, u otras opciones como los 'Summer Camps' cada vez más frecuentes en América o las 'Prep Scholls'; una especie de academias dirigidas a deportistas que preparan a los estudiantes exclusivamente para acceder a la universidad.

Hubo un tiempo en el que algunos jugadores de baloncesto en España, sobre todo jugadoras, renunciaban a jugar en categorías superiores para hacerlo en la liga universitaria específica que comenzó su rodaje en el curso 1987-88, con el reclamo de las ayudas que recibían en concepto de matrícula de estudios o alojamiento. No era así en la de León. Es a partir del año 2016 cuando se empiezan a ofrecer desde el Vicerrectorado de Responsabilidad Social, Cultura y Deportes, ayudas para matrícula a los deportistas de alto nivel,

alto rendimiento y todos aquellos deportistas que representan a la Universidad de León en competiciones oficiales. Hasta ese momento y sólo desde principios del año 2000, las ayudas que tenían los estudiantes universitarios que hacían no sólo baloncesto, sino los que representaban a la Universidad de León en cualquier modalidad deportiva, era contar con la figura de un 'tutor'. Esa persona hacía el seguimiento del itinerario académico del deportista, se encargaba de asesorar sobre cuestiones pedagógicas y didácticas, y sobre todo contactaba con profesores o responsables de los centros, haciendo de intermediario cuando surgía algún conflicto con alguna asignatura o docente por tener que modificar grupos de prácticas, fechas de exámenes, o por tener que asistir a entrenamientos y competiciones en horarios de clase. Actualmente los deportistas tienen reconocida la condición de Alto Nivel o Alto Rendi-

Algunos de los primeros 'tutores' para los deportistas en 2005. Arriba: Isidoro Martínez, Luis Carlos Robles, Marisa Barrientos, Elena Cardeñoso, Cristina Hidalgo, Antonio Vega y Alejandro Vaquera; abajo: Pepe Valladares, Delia Fernández, Beatriz Abella, Ana Bernardo, Mª Mercedes López y Ramón Ángel. (ULE)

miento y tienen más regulados sus derechos; la figura de tutor la realizan tanto el Director del Servicio de deportes como el propio vicerrector.

Quizás por imitación de aquellos países, el baloncesto también en España ha sido una de las modalidades deportivas con más arraigo universitario. La de León ha tenido regularmente equipos participando en ligas universitarias y además, salvo alguna excepción, ha llegado a fases finales del Campeonato de España Universitario tanto en categoría masculina como femenina.

Pero la presencia del baloncesto como deporte universitario en la Universidad de León es algo más antiguo. Los primeros registros de los que se tiene constancia son del curso 1980-1981, cuando un total de 1239 chicos y 208 chicas de distintos centros universitarios, más el Colegio Mayor San Isidoro y la Residencia Europa, participaban en las competiciones internas organizadas por lo que se denominaba el Servicio de Educación Física, siendo Francisco Rodríguez Alonso el Jefe del Servicio. Ese curso fueron campeones la Escuela de Agrícolas en baloncesto masculino, y la Escuela de EGB en femenino.

En el curso siguiente aumentó la participación en las ligas internas universitarias que comenzaron en el mes de noviembre. En baloncesto masculino se hicieron dos grupos, estando formado el 'A' por Veterinaria, Agrícolas, Biológicas y E.G.B., y el 'B' por Derecho, Empresariales, Industriales y el Colegio Mayor San Isidoro; y en categoría feme-

La entrega de trofeos de un torneo universitario en 1983 (MAURICIO PEÑA)

nina participaron en un grupo único Veterinaria, Filosofía, Derecho, EGB, Agrícolas y Biológicas. En junio de 1982 el rector, José Luis Sotillo Ramos, hizo entrega de los trofeos del Deporte Universitario 1981-1982, anunciando que la Universidad de León sería la sede, en mayo de 1983 del Campeonato de España de Deporte Universitario, y para cuyo desarrollo se contaría con las deseadas y nuevas instalaciones deportivas. Esa temporada, León participó en el Campeonato de Deporte Universitario, saliendo claramente triunfador en la primera fase celebrada en Asturias, y donde el equipo de baloncesto masculino de la Facultad de Veterinaria salió vencedor; la competición femenina fue para las asturianas. Destacaron los 249 partidos que se celebraron en las competiciones internas, con 30 equipos de baloncesto masculino y 20 en femenino; ese curso salieron victoriosas las Facultades de Veterinaria en categoría masculina y EGB en femenino.

El día 16 de abril de 1983, se presentó el III Trofeo Universidad de León de baloncesto, que se celebraría durante los días 25 y 26 de ese mismo mes como

Un partido de la Universidad en 1989 (MAURICIO PEÑA)

un acto más de las fiestas en honor al patrón San Isidoro. En el acto estuvieron presentes el rector Andrés Suárez y Suárez, el vicerrector de Extensión Universitaria Diego Manuel Luzón Peña, el jefe del Servicio de Educación Física, Francisco Rodríguez, y el profesor del mismo Joaquín Martínez Pellitero. Aunque en realidad no había existido la primera ni la segunda edición de este "Trofeo Universidad" que se decía era el tercero, se debía a que en años anteriores se había denominado "Trofeo Rector", pero Andrés Suárez, en su programa electoral había manifestado su deseo de darle un signo institucional más que personal, con lo que le llamó así "porque así sería más perdurable"; y "III" aunque por coherencia debería haber sido la primera edición. Lo que sucedía era que las primeras ediciones se habían dedicado al balonmano masculino la primera y al femenino la segunda. El seleccionador fue Morales (relacionado con el departamento deportivo de la Universidad), quien solicitó colaboración a José Manuel Vázquez, entrenador del Nelson, y más avezado en estas tareas. Los equipos participantes serían el Club Atlético Universitario de Oviedo, La Universidad de Valladolid, la de León, y un grupo de estudiantes de COU del Instituto Padre Isla dirigidos por Paramio, que sustituyó a la Universidad de Salamanca ya que declinó la invitación a participar en el último momento. La eliminatoria entre los dos equipos leoneses fue claramente ganada por el equipo de Morales, formada por tres jugadores del Nelson y siete del Elosúa. La otra semifinal fue ganada por la Universidad de Valladolid, que a la postre fue el campeón del torneo, venciendo en la final a la Universidad de León por un cómodo 68-89.

En marzo de 1985, la selección Universitaria de León se adjudicó el III Trofeo Universidad de León de baloncesto, en un partido no apto para cardiacos por un marcador de 101-100, aunque durante prácticamente todo el partido el equipo leonés fue por debajo. Representando a la Universidad de León estaban Roberto Herreras (25), Gelo (13), Chente (19), Calderón (25), Sanguino, Mena (2), Javi Lanza (13), Andrés, Morales y Félix (4). El tercer puesto fue para la Universidad de Oviedo, que se impuso a la de Salamanca por 90-81.

El 19 de septiembre de 1986, y siendo rector Juan Nieto Nafría, se anunció la creación de la sección federada de baloncesto en la Universidad de León en las categorías sénior y júnior. Al frente de la misma, como presidente, figuraba Carlos Álvarez Morales, y como secretario, al igual que de otras secciones,

Orencio Rodríguez 'Chencho'. Se comenzó con equipo masculino y femenino, a los que se integró en la categoría provincial. Como responsables técnicos estaban Vázquez para los equipos femeninos y Mantecón para los masculinos. Se consiguió un acuerdo con el Colegio Mayor para ayudar en el problema del hospedaje de jugadores de fuera de León, y se trató de encontrar algún tipo de ayuda más como la matrícula gratuita, aunque finalmente no se consiguió. Se aprovechó el paso a la vida universitaria de las chicas que se habían formado en la cantera de colegios locales como Teresianas, Agustinas o GAB, y esa misma temporada 1986-1987 se formaba también el CDU femenino, proclamándose ese año campeón provincial y afrontando el reto de participar en la Liga Interautonómica, en la que consiguieron un honroso quinto puesto. El reto fue superado y el club ya tuvo vocación de continuidad, abriéndose también una puerta importante para este equipo con el proyecto de creación por parte del CSD de una Liga Universitaria, orientada de cara a la Olimpiada del 92, con 21 equipos de toda España y donde el CDU León también participaría.

Se consiguió el ascenso a Tercera División con el equipo masculino, pero se renunció a la plaza en la categoría para entrar en la nueva competición universitaria ya comentada, creada y financiada por el CSD en la temporada 1987-1988. Era tan firme el propósito de imitar el sistema de competición americano en la modalidad de baloncesto, que aquellos jugadores con licencia en liga universitaria no podían tenerla en ninguna otra competición federada. Las diez universidades que participaron en este proyecto piloto fueron: Autónoma, Complutense y Politécnica (las tres de Madrid), Santiago de Compostela, Cantabria, León, Valladolid, Salamanca, Oviedo y Navarra; quedándose en la lista de espera ante posibles renuncias las de Comillas, Deusto, País Vasco y Alcalá de Henares. El equipo de Mantecón consiguió estrenarse con una clasificación para la fase final de esta nueva competición universitaria.

Además de esta liga universitaria, también era frecuente que los equipos de baloncesto leoneses tomaran parte en los Campeonatos de España universitarios, como el sector de la zona noroeste de España celebrado en abril de 1988 en Oviedo y Gijón; una competición abierta únicamente a cuatro disciplinas -fútbol, balonmano, voleibol y baloncesto- en su doble vertiente, masculina y femenina excepto el fútbol. De aquella era responsable del Servicio de Educación Física y Deportiva de la Universidad de León Antonio Laborda, un gran impulsor de las actividades deportivas como complemento a la formación integral de la vida universitaria.

Era frecuente que los dos equipos universitarios de baloncesto de León consiguieran clasificarse para las fases finales, como las que se celebraron en el mes de abril de 1989 en la ciudad de Málaga en la temporada siguiente.

En la temporada 1991-1992 se produce un gran cambio en el baloncesto femenino universitario, se hace cargo del equipo Nacho Coque. Aunque ese primer año no comenzaron demasiado bien las cosas, ya que costó adaptarse a una metodología absolutamente novedosa, jugadoras como Mar, Marisol, Dori, Mónica, o Yoli valoraron muy favorablemente su trabajo y siguió al frente del equipo otras 5 temporadas. Llegó a

Nacho Coque, un entrenador que se hizo en la 'casa' en las ligas universitarias (FEB)

León a estudiar INEF, y tuvo a Marisa Argüello, gran conocedora del baloncesto leonés, como mentora. Había entrenado equipos masculinos en el Colegio Maristas de Valladolid, pero no hubo dudas en darle la responsabilidad de entrenar a las universitarias. Cuentan que en los primeros entrenamientos sus jugadoras acababan tiradas literalmente en el suelo. Lo que más le gustaba de aquella época es que podía hacer los entrenamientos técnico-tácticos junto con el trabajo físico, parcela esta última de la que llegó a ser un referente a nivel mundial, ya que al finalizar sus estudios trabajó como preparador físico con el equipo nacional absoluto durante más de una década; se puede decir que en el ámbito del baloncesto fue un adelantado a los tiempos.

El nivel competitivo que iban adquiriendo era tal, que en la campaña 1992-1993 gran parte del equipo femenino universitario, que había quedado fuera de la fase final (aunque parece ser que fue debido a la ayuda arbitral que recibieron las salmantinas cuando recibieron a la Universidad de León y que las alejó de la fase final de Toledo), asistieron como refuerzo a la fase de ascenso de un equipo local a 1ª B; allí estuvieron Marisol, Dori, Mar, Chusa y Yoli; incluso a la temporada siguiente recibieron la oferta de permanecer en ese equipo, pero todas decidieron seguir en el equipo de la Universidad. Esta misma temporada los chicos finalizaron campeones de la Liga Universitaria, pudiendo contar los de Hansi con el refuerzo del exjugador del Elosúa Roberto Herreras, ya retirado de la actividad deportiva y estudiante de Veterinaria.

Como muestra de la apuesta de la Universidad por el deporte de la canasta, para mantener la actividad durante el parón navideño, se creó el Torneo de Reyes en 1993, con un total de 8 equipos: el JT de Ponferrada, Cristalerías Vielba de Aguilar de Campoo, Maristas Fórum de Valladolid y Universidad de León en categoría masculina; y en féminas el Código 100 Básket Base, Unión de Baloncesto de León, Páginas Amarillas y Universidad de León. El triunfo fue para el Universidad de León en chicos, que sorprendieron a los dos favoritos para el triunfo; y el Código 100 para las chicas, que vencieron a las universitarias en la final por 70-50.

La temporada siguiente de liga se invirtieron los resultados y fueron las chicas entrenadas por Nacho Coque las que consiguieron clasificarse para la fase final universitaria que se celebraría en Granada, quedando fuera los de Hansi.

En septiembre de 1994, siendo rector Julio César Santoyo, se firma un amplio acuerdo de colaboración entre la Universidad y Baloncesto León. En el mismo se detallan desde descuentos de hasta el 40 % para universitarios a la hora de hacerse abonados del Baloncesto León, hasta la posibilidad de diversas actividades de investigación; también se comprometen ambas instituciones a crear la Semana del Baloncesto en la Universidad de León, en la que jugadores del primer equipo leonés promoverían este deporte incluso estando presentes en varios partidos de promoción. Ese mismo año se volvió a celebrar el Torneo de Navidad en el pabellón universitario, compartiendo el equipo universitario cartel con los mejores equipos de la Segunda División Nacional: León El Árbol, entrenado por Roberto Herreras como filial del entonces Elmar León, Ponferrada y Viajes Leontur.

Ese año 1994 se presenta en León el tradicional Trofeo Rector, que enfrenta a los equipos de las cuatro universidades públicas de Castilla y León. En la presentación celebrada en el Pabellón de Gobierno de la Universidad de León estaban presentes además del rector, el vicerrector de Estudiantes, Vicente García Lobo, y Marisa Argüello, Vicente Fernández y Pellitero, como cabezas visibles del deporte universitario leonés. Por parte de la Junta de Castilla y León acudieron el consejero de Cultura y Turismo, Emilio Zapatero, el director general de Deportes, Miguel Ángel García Recio, el delegado en León y posteriormente alcalde de la ciudad, José Antonio Díez, y Enrique Hermida, encargado de Cultura y Deportes de la Junta en León. Los dos equipos de baloncesto participaron en esta competición obteniendo la medalla de plata los chicos y la de bronce las chicas.

Si a finales de marzo se celebraba el Trofeo Rector, a los pocos días las chicas participaban en la fase final del Campeonato de España Universitario en el pabellón de Aynadamar, Granada. Sevilla, Comillas y Salamanca eran las rivales a batir para acceder a la final, sin

Las jugadoras del Universidad femenino del año 1994 que estuvo plagado de éxitos (MAURICIO PEÑA)

La recepción oficial del rector Julio César Santoyo a los equipos medallistas en 1995 (MAURICIO PEÑA)

duda era el grupo más fuerte. Cumplieron el objetivo, pero no fueron capaces de superar al UPV Vizcaya en la final, perdiendo por 50-75 en un partido cuyas anotadoras fueron: Mar (2), Yoli (8), Dori (2), Carolina (17), Ruth (4), Sole (6) Marina (2), Ana (3), Chus (4) y Laura (2). Para las de Nacho Coque, la verdadera final la habían jugado ante Salamanca cuando lograban el pasaporte para la lucha por el título, asegurando con ello la medalla de plata, después de varios años de ausencia en fases finales nacionales universitarias.

En la temporada 1994-1995 la Universidad de León entra en la historia al proclamarse bicampeona de España en el pabellón Teatinos de Málaga. Las chicas, que ya habían mostrado su nivel durante la competición derrotando incluso al campeón en esos momen-tos, la UPV de Vizcaya que llevaba 22 meses imbatido, se clasificaron para la fase final nuevamente, aunque como segundas de grupo, con lo que tendrían que enfrentarse con los primeros clasificados de las conferencias centro y sur. Los chicos, después de estar en la parte alta de la clasificación durante toda la temporada tuvieron que ir a la repesca, pero lo consiguieron. Los de Hansi querían repetir el éxito logrado en Toledo hacía dos temporadas, y las chicas querían mejorar el segundo puesto de la temporada anterior, lo que consiguieron superando al anfitrión, que partía como favorito al jugar en casa. Los de Hansi batieron a la Universidad de Valladolid en la final por un resultado de 67-52, siendo los máximos anotadores leoneses Mendi (18), Óscar (13) y Rafa López-Dóriga (12).

En la temporada 1995-1996 los de Hansi quedaron por vez primera en el primer puesto del grupo norte en la fase regular, siendo segundas las de Coque, un buen puesto sabiendo que competían con la siempre potente UPV; precisamente en Bilbao se iba a celebrar la fase final de la Liga Universitaria donde consiguieron la medalla de bronce. Los chicos se quedaron en la fase final a las puertas de las medallas.

También se clasificaron para la fase final que se celebraba en esta ocasión en el 'Triángulo de Oro' de Madrid la temporada 1996-1997, campeonato en el que el Universidad masculino logró el tercer campeonato de España de su historia. Las chicas por su parte fueron cuartas en el grupo en la fase regular y no se clasificaron.

Sin duda ha sido el baloncesto la modalidad deportiva que más éxitos ha dado al deporte universitario leonés, y se confirmaba cuando los dos equipos volvieron a conseguir sendas medallas de oro la temporada 1997-1998 en el Campeonato de España celebrado en Badajoz; cuarta para los chicos y segunda para las chicas. En categoría masculina los de Hansi perdieron el último partido de la fase regular un domingo 29 de marzo, rompiendo una racha de tres años de imbatibilidad en el pabellón universitario, pero ya estaban clasificados para la fase final, donde obtuvieron el primer puesto ganando una final de infarto contra la Complutense de Madrid por un solo punto 66-65. La alineación de la Universidad de León fue: Óscar (17), Samuel (13), Lera (23), Rafa, Vidal (2), Carlos (2), Javi (9), Miguel, Pablo, Charli, Héctor y Borja. Ese mismo domingo 29, las chicas, entrenadas por Moro, vencieron al todopoderoso y en ese momento campeón de España, UPV Guipúzcoa, con un abultado 61-47. Precisamente este fue el rival al que se tuvieron que enfrentar en una final espectacular en la que rompieron todos los pronósticos y vencieron por nueve puntos de diferencia 61-52; la alineación fue: Mónica, Ana (13), Eva (8), Marina (7), Yoli (17), Elena, Marta (2), Laura (4), Miriam (2), Maena (8), Cheto y Marisa.

La temporada 1998-1999 se celebró en San Sebastián y nuevamente la Universidad de León tuvo representación tanto femenina como masculina. Tras casi una década muy fructífera y en la que el baloncesto daba gran visibilidad a la Universidad de León, en la temporada 1999-2000 ninguno de los equipos

El deporte universitario creció junto a la institución (M. PEÑA)

consiguió la clasificación para jugar las fases finales, terminando en 5º puesto el equipo masculino y en 8º el femenino, ambos encuadrados en la zona norte en grupos de 10 equipos.

La temporada 2000-2001 está marcada sin lugar a duda por el fallecimiento de Juan Manuel Rodríguez Steudel, 'Hansi'. El viernes 27 de julio de 2001 el baloncesto leonés recibió esta triste noticia. Dedicó su vida a este deporte pese a que su llegada a León fuera por otro motivo, los estudios. Agustinos y Casa Galicia lo conocieron como jugador y como entrenador cuando sus quehaceres laborales se lo permitían. Con los universitarios sumaba un título tras otro y, hasta que la enfermedad le obligó a retirarse, dejó su impronta como técnico y, sobre todo, como persona. La amabilidad mostrada en todos sus quehaceres y su ánimo a colaborar en cualquier faceta de su vida fueron aspectos que marcaban su personalidad. Por eso no es de extrañar que después de esa irreparable pérdida se sucedieran los homenajes a su persona por ejemplo con la entrega a la familia de la medalla al Mérito Deportivo Municipal, y que en 2002 la Universidad de León le pusiera el nombre a su pabellón deportivo del campus de Vegazana para que las siguientes generaciones siguieran su ejemplo.

Se hizo cargo del equipo la temporada siguiente Alejandro Vaquera consiguiendo el ascenso matemático a la Liga EBA en junio de 2002 al aguantar el 'básket average' en Gijón. Tras ese logro el deporte de la canasta se volvería a convertir en el primer referente de la actividad deportiva universitaria, no en vano fueron un grupo de estudiantes los que consiguieron dicho ascenso. Al Campeonato de España acudieron una vez más los dos equipos, encuadrados en el grupo de 10 equipos de la zona Norte, finalizando quintos los chicos y octavas las chicas, con lo que ninguno consiguió la clasificación para la fase final. El Elmar León y la Universidad unieron sus fuerzas y firmaron un acuerdo de colaboración cuyo efecto más inmediato era la fusión de ambos para evitar que en la capital leonesa hubiera dos equipos en la categoría. Al club le supo-

Sobre estas líneas Hansi en 1979 y a la derecha jugando con el Casa Galicia en el Globo del Hispánico (CÉSAR)

nía ahorrarse una importante cantidad de dinero, y a la institución académica continuar con la política de expansión deportiva que había mostrado en otros deportes como atletismo o balonmano. La temporada 2002-2003 el equipo masculino se llamaría 'Baloncesto León-Universidad', que sería el filial del Club Baloncesto León SAD y participaba en Liga EBA. La mayoría de los jugadores participaron en el Campeonato de España Universitario donde volvieron a conseguir la medalla de oro frente a Málaga, rememorando los gloriosos tiempos del siempre añorado Hansi. Casi no pudieron celebrar el triunfo porque se tenía aun que celebrar la última jornada de la Liga EBA frente al campeón del grupo, el San Narciso, que a la postre derrotó al equipo por 79-86, finalizando la ULe en sexta posición.

En la 2003-2004 el Universidad de León volvió a conseguir una nueva medalla de oro en el Campeonato de España tras derrotar en la final a la selección de universidades del País Vasco (73-68). Josines, nuevo técnico del equipo universitario, no pudo contar con algún jugador para esta competición porque no tenían la condición de universitarios o porque estaban convocados con el primer equipo para la disputa de encuentros por la lucha al ascenso en la LEB; aun así el camino hasta la final fue asequible. Derrotaron por 84-57 a la Universidad de Castilla-La Mancha la primera jornada, a Murcia que era el organizador por otro contundente 62-88 y la Universidad Pública de Navarra por 76-67 la tercera jornada.

En la temporada 2004-2005, el equipo de baloncesto masculino participa nuevamente en la liga regular federada EBA con el nombre de 'Universidad

Cartel del memorial de homenaje al entrenador universitario

Baloncesto León', con un equipo totalmente renovado en cuanto a plantilla y el joven entrenador Luis Castillo. De los 30 partidos ganaron solamente 10, consiguiendo un total de 40 puntos, que fueron insuficientes para mantener la categoría, aunque realizaron una muy buena segunda vuelta. Esa temporada el equipo femenino, entrenado por Juan José Moro, participó en la liga regular federada de 1ª División Nacional Femenina (tercera categoría en el baloncesto femenino español) con el nombre de 'Universidad de León – Grupo Robles'. Estuvieron prácticamente toda la temporada en puestos de cabeza a pesar de ser el segundo año en esta categoría. El equipo estaba amparado por el convenio entre la Universidad de León y el Club Deportivo Leonés Antiguos Alumnos (CLAA).

En el curso 2005-2006 el Campeonato de España Universitario fue organizado por la Universidad Politécnica de Madrid y se celebró en las instalaciones del INEF, pero ninguno de los dos cuadros leoneses consiguió clasificarse para la fase final.

La temporada 2006-2007 el equipo femenino terminó en 10ª posición en un grupo de 14 de la 1ª División Nacional Femenina, finalizando con 37 puntos, 11 partidos ganados, 15 perdidos y un average de 1.582 puntos a favor y 1.584 en contra. Ese mismo año se quedaron a dos puntos del bronce en el Campeonato de España Universitario celebrado en Córdoba del 7 al 11 de mayo al perder por 59-61 con la UCAM. Fue un cuarto puesto muy meritorio para las chicas de Juanjo Moro, ya que era una plantilla muy joven y además esa campaña sufrieron más de una inoportuna lesión. El equipo masculino entrenado por Diego Cuesta participó en la liga regular federada de 1ª División Nacional obteniendo el 8ª puesto en un único grupo de 16 equipos. Los chicos tampoco accedieron a las medallas en el Campeonato de España Universitario.

La campaña 2007-2008 se podría caracterizar por la firma de un nuevo convenio entre la Universidad de León y en este caso entre el 'Club Baloncesto León SAD'. El equipo masculino vuelve a participar en la 1ª División Nacional Masculina, finalizando en 4ª posición con un total de 17 partidos ganados, 9 perdidos, y un average de 1.981 puntos a favor y 1.804 en contra. Las chicas, que firmaban convenio con el Baloncesto San José, volvieron a formar un equipo joven pero muy competitivo, obteniendo la mejor clasificación hasta ese momento en la 1ª División Nacional, con un 4º puesto empatado a puntos con las terceras, lo que las dejó a un paso de la fase de ascenso a la LF2. En la competición Universitaria, fallaron contra la Universidad de Valladolid, con lo que quedaron fuera de la fase final del CEU que se celebró en la Universidad Jaume I de Castellón. Sí participaron los chicos, encuadrados en el grupo 'B' junto a la U. Católica San Antonio de Murcia, la Universidad de Zaragoza y la Jaume I, obteniendo finalmente la medalla de bronce.

La temporada 2008-2009 el Campeonato de España se celebró en el Campus de Huesca de la Universidad de Zaragoza; sólo se clasificó el equipo femenino entrenado nuevamente por Juanjo Moro, que habían sido las mejores de la fase zonal. No consiguieron acceder al medallero ya que en su grupo estaban la siempre potente Universidad de País Vasco, y las Politécnicas de Madrid y Cataluña.

La 2009-2010 volvió a ser positiva tanto para el equipo masculino como el femenino en la competición federada. Terminaron los chicos en tercera posición, con 14 victorias y 8 derrotas a un paso de la fase de ascenso a Liga EBA. Las chicas dieron un paso más y mejoraron la clasificación de la temporada anterior. Tras pelear toda la campaña por meterse en los dos primeros puestos de la clasificación y así poder disputar la fase de ascenso a Liga Femenina 2, las chicas de Juanjo Moro tuvieron que rendirse ante la superioridad de otras dos 'hermanas', las Universidades de Oviedo y Valladolid, que dominaron tanto la competición federada como la universitaria. Hay que señalar que la UVA fue plata en el Campeonato de España celebrado en San Sebastián y

La plantilla masculina de 2010 en el pabellón universitario (ULE)

incorporaron muchas caras nuevas, como Silvia Romero (jugadora del Aros la temporada anterior y de LF1 y LF2 con Badajoz), Inés Martínez (fichada del Carmelitas Orense en LF2), Paula Bayón (júnior del Aros León), María Cordón (base júnior procedente de Bembibre) o Carolina Ramos (júnior con 1,90 m de estatura y un grandísimo futuro); además del incombustible Juanjo Moro, se fichó como segunda entrenadora a Beatriz Pacheco, que había estado como primera entrenadora del Bembibre en LF2; pero a pesar de que algunas de ellas tenían experiencia en ligas superiores y quedaban de temporadas anteriores jugadoras importantes, tras una durísima pretemporada se advirtió falta de experiencia en el inicio de la competición y en los dos primeros meses ya habían perdido tantos partidos como en la temporada anterior.

Fue muy dura esta campaña para el Universidad Baloncesto León masculino; la juventud, las lesiones, y las necesidades del equipo LEB al que estaban

consiguió el ascenso a LF2, y que Oviedo ganó la Fase Zonal en la que participamos, clasificándose ellos también para el Campeonato de España. Aún así, el histórico tercer puesto en la liga federada se diluyó por el sabor amargo; la ULe fue el único equipo que había ganado los dos partidos en la Liga Regular a la UVA, pero luego cayeron con las pucelanas en la final Universitaria de Castilla y León tras haber eliminado a Burgos en semifinales, con lo que no se consiguió el objetivo de clasificarse para el Campeonato de España Universitario.

Comenzó el equipo femenino la temporada 2010-2011 con aspiraciones de llegar a las cotas más altas. El protagonismo lo habían llevado los años anteriores el CB San José en la élite y el Aros para los equipos de cantera. Tras la desaparición del primero hacía un par de temporadas, volvió a coger fuerza el Universidad de León, que de la mano del Club Baloncesto Femenino León proponen un proyecto atractivo. Se

El cuadro femenino con los trofeos logrados en 2012 (ULE)

Las plantillas universitarias de la temporada 2014-2015 (ULE)

Baloncesto el 'Primer Clinic de Baloncesto Hansi Rodríguez', al que asistieron técnicos como Aíto García Reneses (ex entrenador del Barcelona, Joventut, Unicaja o la selección nacional española), Porfirio Fisac y Javier H. Bello (entrenador y preparador físico del equipo de la ACB de Valladolid) más el leonés Javier de Grado (técnico del Baloncesto León).

En la temporada 2011-2012 el equipo masculino, entrenado por Estrada terminó en 3ª posición y a un paso de jugar la fase de ascenso en el mes de mayo. Esa temporada se valoró muy positivamente tanto por los resultados deportivos obtenidos en la liga regular, como por la aportación de jugadores jóvenes al equipo. La cruz fue que, en las fases previas de los Campeonatos de España Universitarios, no pudieron pasar a la fase final al caer eliminados por el potente equipo de la Universidad de Valladolid.

Las chicas finalizaron quintas, peleando hasta la última jornada por el cuarto puesto. Las dos primeras plazas que daban acceso a la fase de ascenso a LF2 estuvieron ocupadas toda la campaña por la universidad de Oviedo (que finalmente consiguió el ascenso) y la Universidad de Salamanca. Fueron las charras las que apearon a León en la eliminatoria del CEU que se celebraría en Almería, imponiendo su veteranía y mejor condición física; esa campaña tan sólo tres de las jugadoras superaban los 20 años. Esa temporada aparecía una iniciativa que a la postre tuvo un gran arraigo no sólo en el deporte universitario, la modalidad 3x3. La ULe tuvo representación femenina en el Campeonato de España, cayendo en cuartos de final ante la Pompeu Fabra

vinculados hicieron que la temporada fuera muy irregular. A pesar de ello finalizaron en 6ª posición. En el cuerpo técnico estaba el que fuera jugador del primer equipo leonés Martín Ferrer.

Del 27 al 29 de abril, la capital leonesa acogió el Campeonato de España Universitario de baloncesto, que se celebró entre el pabellón Hansi Rodríguez y el de La Torre. La competición se organizó en cuatro grupos de tres equipos, quedando las chicas junto a la Universidad de Valencia y la Politécnica de Madrid, y los chicos junto con la Universidad de Cantabria y la Politécnica de Cataluña; todo fueron alabanzas hacia la organización, pero los dos equipos 'locales' no llegaron a entrar en la lucha por las medallas. Ese mismo fin de semana se celebró, organizado por el Área de Deportes de la ULe y la Asociación Castellano Leonesa de Entrenadores de

Los medallistas leoneses en el campeonato 3x3 (ULE)

catalana. Todos los partidos fueron muy espectaculares e igualados, incluso con las a posteriori campeonas, la UCAM, cayendo por un solo punto al final.

Temporada 2012-13. Las chicas finalizaron en 6º lugar, peleando hasta la última jornada por el cuarto puesto, tras competir con equipos de Valladolid, Salamanca, Palencia, Santander, Asturias y Galicia. Con un equipo nuevamente muy joven, finalizaron la temporada con un balance de 9 victorias y 8 derrotas. Ninguno de los equipos logró clasificarse para el CEU celebrado en Murcia. La temporada 2013-2014, el equipo masculino 'ULe Puertalia' entrenado nuevamente por Faustino Ugidos, finalizó en 10ª posición en un grupo de 12 equipos de la Liga EBA, con un escaso balance de 6 victorias y 16 derrotas. Tuvieron más suerte en el Campeonato de España Universitario, en el que nuevamente como anfitrión, jugó la final contra la Universidad de Málaga en el pabellón Hansi, obteniendo una nueva medalla de oro para la institución académica al vencer por 67-61. En esta ocasión completaron al equipo de la Universidad de León jugadores de Agustinos, del Fundación y 'fichajes' de otros clubes. La alineación de la final fue la formada por Azores, Diéguez (15), Llamas (7), Dustan Moreira (10), Javi Múgica (21), Guille Cueto (3), Manu Mezo (3), Labarca, Sergio Martínez (1) y Manu Parada (7). Las universitarias volvieron a recuperar el tercer puesto en la 1ª División Nacional, lo que les permitió participar en la fase de ascenso a la categoría superior, aunque no fue posible. En el CEU celebrado en León no tuvieron suerte ya que quedaron encuadradas en un grupo muy fuerte junto a la UCAM, Politécnica de Madrid y la Universidad de Valencia.

También tuvo la Universidad leonesa representación en el Campeonato de España 3x3 que se celebró en Barcelona, consiguiendo sendas medallas de oro. El equipo femenino, dirigido por Juanjo Moro, venció al equipo local en la final, y estaba formado por Laura Barrientos, Eva García, Sandra Martínez y Carolina Ramos; el masculino, con Tino

Los equipos de baloncesto de la temporada 2015-2016 (ULE)

Ugidos en el banquillo, dieron cuenta de la todopoderosa UCAM, y estaba formado por Javi Múgica, Lautaro Labarca, Diego Azores y Dustan Moreira. Esta campaña sin duda la ULe realizó una de las temporadas más espectaculares en los Campeonatos Universitarios, llegando a situarse entre las dos o tres mejores universidades a nivel deportivo entre las 72 participantes.

Un salto de calidad tuvo el equipo masculino (ULe Fundación Baloncesto León) en la temporada 2014-2015 tras los cambios realizados en la plantilla por Faustino, que se adaptaron perfectamente a la categoría. Se finalizó en 5ª posición teniendo incluso opciones de disputar la fase de ascenso hasta las últimas jornadas; el balance final fue de 18 victorias y 8 derrotas. Las chicas, entrenadas por Richard y Cristina, finalizaron en 7ª posición, pudiendo considerarse una buena campaña debido a las bajas respecto a la anterior, lo que hizo que fuera un año de grandes altibajos. Se participó en el CEU celebrado en Sevilla, pero con un escaso bagaje.

La temporada 2015-2016 empezó marcada por la marcha del vallisoletano Tino Ugidos al Quesos Cerrato Palencia de la Liga LEB Oro a principios de diciembre, pasando a ocupar el banquillo del ULe Fundación el madrileño Ángel Jareño, quien fue entrenador del extinto Baloncesto León con el que luchó por el ascenso a la Liga ACB. Finalizaron la competición federada en quinta posición y en séptima las chicas. Ninguno de los conjuntos leoneses se clasificó para el Campeonato de España Universitario que se celebró en Sevilla.

Tercer puesto para el ULe Fundación Baloncesto León en la 2016-2017, en la que Julio Alberto González, quien fuera uno de los 'Júnior de Oro' del equipo nacional español y ya había formado

Un nuevo trofeo se añadía en 2017 a las vitrinas deportivas universitarias gracias al baloncesto (ULE)

Las plantillas de los equipos universitarios que disputaron las diversas competiciones en el año 2019 (ULE)

parte del cuerpo técnico universitario, pasó a ejercer las funciones de técnico. Se trataba de recuperar el prestigio que tuviera el baloncesto masculino hacía años, incorporando jugadores que elegían destinos como León para dar el salto a Europa y crecer como jugadores; el presidente José Antonio Domínguez incorporaba en el mes de septiembre a foráneos como Matt Wilson y Ted Hinnenkamp al ULe Fundación, refuerzos que sirvieron para que el equipo leonés conquistara la Copa Castilla y León tras imponerse con claridad en la vuelta de la final al Basket Burgos. Las universitarias finalizaron esta temporada en sexto puesto, realizando una temporada en la que dieron una de cal y otra de arena, siendo capaces de ganar al campeón de la temporada pasada, el San Isidro de Valladolid, y perder contra rivales de inferior nivel. Tampoco hubo participación en el CEU que este curso celebró el baloncesto en Murcia entre el 2 y el

La recepción al equipo femenino tras un ascenso de categoría (ULE)

sificándose para la final contra el campeón del otro grupo. Las chicas finalizaron en 4º puesto en la competición federada, y este curso ninguno de los representantes leoneses se clasificaron para el CEU.

No fueron mejor las cosas en la campaña 2019-2020, donde el equipo masculino, con el apellido de ULe RBH Global León, fue el último clasificado en un grupo de 14 equipos de la Liga EBA; la vinculación con la Universidad era escasa, limitándose a un convenio entre la Institución académica y el Club Deportivo Básket León 2015. Al

5 de mayo.
Las siguientes temporadas no tenían nada que ver con otros tiempos, así, en la 2017-2018 el Universidad Baloncesto León entrenado por Julio González, terminaba cuarto y las chicas del ULe-BFL entrenadas por Richard séptimas, con un balance de 7 victorias y 11 derrotas en la competición universitaria federada; tampoco consiguieron clasificarse ninguno de los dos equipos para la fase final del Campeonato de España Universitario que se celebraba en la Universidad Politécnica de Madrid.

Buscaban apoyos los chicos para tratar de recuperar el prestigio que tuvieron los equipos de baloncesto universitarios, y en la siguiente campaña pasaron a ser el ULe Iriego-Básket León, finalizando en un 6º puesto en liga; estuvieron cerca del título de copa al superar al Aquimisa Carbajosa por 70 a 66 cla-

finalizar esta temporada Julio González decide abandonar el cargo. Las chicas del ULe-BFL se clasificaban para la fase de ascenso en la liga federada, aunque no lo consiguieron. Ese curso se suspendieron las competiciones universitarias, también el baloncesto, que se iba a organizar en Burgos, por motivos de la pandemia.

En la temporada 2020-2021 las chicas del ULe-BFL finalizaron campeonas del grupo noroeste de 1ª Nacional, ganando en la final al eterno rival, Ponce de Valladolid; eso dio pase a la fase de ascenso a LF2 que se celebró en Alhaurín de la Torre (Málaga), donde lograron el deseado ascenso.

En la 2021-2022 'Rafa' coge el equipo de 1ª Nacional y Carlos Fernández el recién ascendido a LF2. Volvieron a finalizar en tercer puesto de la zona noroeste, habiéndose consolidado el equipo universitario como el vivero del primer equipo, donde jugadoras jóvenes como Lucía García, Natalia González, Sara Brandy, Julia Martínez o Alicia Flórez, adquirirían experiencia y minutos en competición que no podían tener en el primer equipo. Esta última jugadora fue la máxima anotadora del Campeonato de España señalado anteriormente en Huelva del 2021, y formó parte de la selección española en la U-18, y U-19 siendo subcampeona del mundo en julio de 2023, en una apretada final contra USA; luego fichó por el Valencia Básquet.

La temporada del equipo universitario femenino fue excelente, ya que sin duda era la plantilla más joven de los 28 equipos participantes, con el hándicap de no tener ningún objetivo competitivo al no poder ascender a LF2 donde ya se encontraba el primer equipo del BFL. El colofón a ese buen trabajo fue la medalla de plata en el CEU celebrado en Madrid frente a la todopoderosa UCAM, un rival inasequible que fichaba jugadoras profesionales para representar a esa universidad privada en los Campeonatos de España; esta competición se celebró en el mes de septiembre porque fue aplazada por la pandemia. Ese mismo año se clasificaron para el CEU que se celebró en el mes de mayo en Murcia, aunque no consiguieron clasificarse para las semifinales.

El equipo masculino de básquet no pasaba por los mejores momentos tanto deportivos como a nivel burocrático, pero seguían luchando por recuperar el prestigio de tiempos pretéritos los chicos del ULe-Basket, y en esta campaña, con Álvaro Barrioluengo de presidente, finalizaron en el cuarto puesto.

La temporada 2022-23, El ULe Plus Contacto femenino consiguió el primer puesto con 22 partidos ganados y 2 perdidos con el equipo universitario, que participa en 1ª Nacional. Esa temporada fueron particularmente intensos los derbis entre el equipo universitario y el Patatas Hijolusa. También se clasificaron para la fase final del CEU celebrada en Segovia, pero no consiguieron acceder a la lucha por las medallas.

El bagaje de los equipos universitarios de León es muy amplio en su participación en los Campeonatos de España. A lo largo de la historia los chicos han conseguido ocho medallas de oro y una de bronce; y las chicas tres oros, dos platas y un bronce. Unos números que sitúan al baloncesto como una de las especialidades deportivas que un mayor número de triunfos ha dado a la institución.

La plantilla femenina de 2023 que compite federado (ULE)

F7-2